797,885 Books
are available to read at

Forgotten Books

www.ForgottenBooks.com

Forgotten Books' App
Available for mobile, tablet & eReader

ISBN 978-1-332-64629-6
PIBN 10353420

This book is a reproduction of an important historical work. Forgotten Books uses state-of-the-art technology to digitally reconstruct the work, preserving the original format whilst repairing imperfections present in the aged copy. In rare cases, an imperfection in the original, such as a blemish or missing page, may be replicated in our edition. We do, however, repair the vast majority of imperfections successfully; any imperfections that remain are intentionally left to preserve the state of such historical works.

Forgotten Books is a registered trademark of FB &c Ltd.
Copyright © 2015 FB &c Ltd.
FB &c Ltd, Dalton House, 60 Windsor Avenue, London, SW19 2RR.
Company number 08720141. Registered in England and Wales.

For support please visit www.forgottenbooks.com

1 MONTH OF FREE READING

at

www.ForgottenBooks.com

By purchasing this book you are eligible for one month membership to ForgottenBooks.com, giving you unlimited access to our entire collection of over 700,000 titles via our web site and mobile apps.

To claim your free month visit: www.forgottenbooks.com/free353420

* Offer is valid for 45 days from date of purchase. Terms and conditions apply.

English
Français
Deutsche
Italiano
Español
Português

www.forgottenbooks.com

Mythology Photography **Fiction** Fishing Christianity **Art** Cooking Essays Buddhism Freemasonry Medicine **Biology** Music **Ancient Egypt** Evolution Carpentry Physics Dance Geology **Mathematics** Fitness Shakespeare **Folklore** Yoga Marketing **Confidence** Immortality Biographies Poetry **Psychology** Witchcraft Electronics Chemistry History **Law** Accounting **Philosophy** Anthropology Alchemy Drama Quantum Mechanics Atheism Sexual Health **Ancient History Entrepreneurship** Languages Sport Paleontology Needlework Islam **Metaphysics** Investment Archaeology Parenting Statistics Criminology **Motivational**

DEUTSCHE GRAMMATIK

GOTISCH, ALT- MITTEL- UND NEUHOCHDEUTSCH

VON

W. WILMANNS
O. PROF. DER DEUTSCHEN SPRACHE UND LITTERATUR
AN DER UNIVERSITÄT BONN.

———

ERSTE ABTEILUNG: LAUTLEHRE.

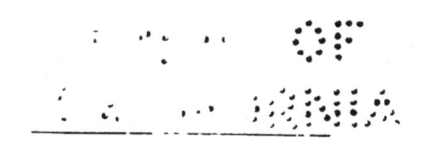

STRASSBURG
VERLAG VON KARL J. TRÜBNER
1893.

Vorrede.

Als ich vor siebzehn Jahren meine deutsche Schulgrammatik ausarbeitete, erwachte der Gedanke, ihr ein mehr wissenschaftliches Buch als Hilfsmittel für Lehrer zur Seite zu stellen. Ich schwankte, ob ich es in der Form eines Commentars halten sollte, in dem einzelne wichtige Punkte behandelt und Litteraturnachweise gegeben würden, oder ob ich, wie einst Adelung, dem Schulbuch ein 'umständliches Lehrgebäude' sollte folgen lassen. Schwerlich hätte ich mich für das letztere entschieden, wenn ich vorausgesehen hätte, wie viel Zeit über der Ausführung verstreichen würde; denn eine innere Neigung, Jahre meines Lebens in den Dienst der Grammatik zu stellen, beseelte mich keineswegs. Müllenhoffs Vorlesung über deutsche Grammatik, die ich einst mit regelmässigem Fleiss gehört hatte, wäre wohl geeignet gewesen, ein lebhafteres Interesse für grammatische Fragen zu wecken; aber ich hörte sie, wie leider noch jetzt viele, ohne gehörige Vorbereitung. Gotische Sprachformen drangen damals zuerst an mein Ohr, ein mittelhochdeutsches Buch hatte ich kaum in der Hand gehabt, geschweige denn gelesen; wie ich es von der Schule her gewohnt war, sah ich in der Grammatik nur ein notwendiges Übel, ein Mittel zum Lesen der Texte zu gelangen, und mehr wollte ich auch in der Vorlesung nicht erwerben; ihr eigentlicher Zweck und Gehalt blieb mir also verborgen. Ganz fern lag mir, wie allen meinen Genossen, das Studium des Sanskrit und der vergleichenden Grammatik. Bopps Name übte keine Anziehung, ich habe den berühmten Mann nie gesehen. An Lerneifer hätte es mir nicht gefehlt, aber die Aufgabe lag ausserhalb des engen Gesichtskreises, den zu durchbrechen die eigene Kraft nicht ausreichte.

Eine Ahnung von den hohen und anziehenden Aufgaben der Sprachwissenschaft gab mir erst sechs Jahre später Scherers berühmtes Buch 'Zur Geschichte der deutschen Sprache', ein Werk, in welchem der ideenreiche Geist und die wunderbare Combinationsgabe des glänzend beanlagten Mannes sich aufs herrlichste offenbarte. Persönliches Interesse veranlasste mich zunächst, das Buch in die Hand zu nehmen, das mich mit einer Fülle neuer Probleme bekannt machte, ungeahnte Mittel zeigte, sie zu lösen, und Zusammenhänge erkennen liess, wo ich sonst nur zufällige Einzelheiten wahrgenommen hatte. Ich fühlte wohl, dass es mir an Kenntnissen fehlte, den Reichtum zu bewältigen und richtig zu schätzen, aber ich freute mich an dem kühn in die Höhe geführten, breit und tief gegründeten Bau und las nicht ohne einen gewissen Unwillen A. Kuhns doch anerkennende Recension, die mir den Glauben an die Zuverlässigkeit des Werkes in manchen Punkten zu erschüttern drohte.

Aber die Anregung, die Scherers Buch mir gegeben hatte, blieb zunächst ohne Frucht. Das Schulamt gewährte nicht viel Musse und zwang die wissenschaftlichen Liebhabereien einzudämmen. Das grammatische Interesse blieb wesentlich beschränkt auf das Gebiet, auf welches der Unterricht hinwies, auf die Elementargrammatik und die Methode des grammatischen Unterrichts. Eine Änderung brachte die Berufung zum akademischen Lehramt und die Nötigung Vorlesungen über die ältere deutsche Sprache zu halten. Die Wendung fiel in eine günstige Zeit. Die Thätigkeit für die deutsche Grammatik hatte zwar in den letzten Jahrzehnten nicht geruht, besonders hatte Weinhold mit unverdrossenem Fleisse die deutschen Mundarten in ihrer historischen Entwickelung verfolgt; aber die Teilnahme der Fachgenossen an diesen Arbeiten war im ganzen gering, das allgemeine Interesse auf andere Aufgaben gerichtet. In den siebziger Jahren wurde das anders. 1870 erschien A. Holtzmanns Altdeutsche Grammatik, 1874 R.

Heinzels Geschichte der Niederfränkischen Geschäftssprache und O. Erdmanns Untersuchungen über die Syntax der Sprache Otfrieds, 1875 H. Rückerts Geschichte der neuhochdeutschen Schriftsprache, 1877 K. Weinholds Mittelhochdeutsche Grammatik, und unmittelbar darauf folgten dann die epochemachenden Untersuchungen, die bald eine völlige Umgestaltung der indogermanischen Lautlehre herbeiführten. Die neue Zeitschrift, die Paul und Braune seit dem Jahre 1874 herausgaben, hatte schon in ihrem ersten Hefte wichtige Beiträge zur germanischen Lautlehre gebracht und wurde der eigentliche Mittelpunkt für die Arbeiten, in denen die neuen Theorieen auf die germanischen Sprachen angewandt und weiter ausgebildet wurden.

Keiner, der berufen war, die deutsche Grammatik zu lehren, konnte sich dieser Bewegung entziehen; die überraschenden Aufschlüsse, die neuen Probleme, die Bedenken und Zweifel, zu denen sie führte, bannten auch den Widerstrebenden in ihren Kreis. Oft genug habe ich mich ungern von andern lieb gewordenen Arbeiten getrennt, um diesen grammatischen Studien nachzugehen, aber der reiche Gewinn den ich heim brachte, entschädigte für das Opfer; und trotz der Qual, die es bereitet, wenn man sich von alten festgewurzelten Anschauungen los sagen muss, kann ich doch sagen, dass ich ihnen viele glückliche Stunden verdanke. Der Abschluss des geplanten Buches freilich wurde durch diese gährende Entwickelung der Wissenschaft in weite Ferne gerückt; doch das bekümmerte mich wenig; ich vertraute, dass die Zeit von selbst mich ihm wieder näher bringen würde.

Den bahnbrechenden Untersuchungen folgten bald Lehrbücher; zuerst 1880 W. Braunes Gotische Grammatik, dann die Mittelhochdeutsche von H. Paul, die den Blick auch auf die jüngere Sprache richtet und sich dadurch auszeichnet, dass sie die Syntax nicht ausschliesst; endlich 1886 W. Braunes Althochdeutsche Grammatik, die mit musterhafter Klarheit und Sicherheit ausgeführt, zum ersten Mal einen Überblick über die sprachlichen Erscheinungen in dem ahd. Zeitraum ermöglichte. Und ihr folgte noch in demselben Jahre der erste Band von K. Brugmanns Grundriss der vergleichenden Grammatik, ein

Werk, das eine empfindliche Lücke glücklich ausfüllte und allen denen, die den Wunsch und das Bedürfnis haben, die Grammatik der einzelnen Sprachen auf den unentbehrlichen gemeinsamen Unterbau zu stellen, höchst willkommen sein musste.

Neben diesen Werken und durch sie gefördert gestaltete sich allmählich meine Arbeit. Der erste, jetzt vorliegende Teil war im wesentlichen schon vor vier bis fünf Jahren abgeschlossen. Ich verschob es, die letzte Hand anzulegen und ihn druckfertig zu machen, weil ich erst das Übrige weiter fördern und wo möglich das Ganze in ununterbrochener Folge wollte erscheinen lassen. Aber ich kam zu der Überzeugung, dass ich auf diese Weise vielleicht nie fertig werden würde, ich musste einen Teil abstossen, um ungestört an der Fortsetzung arbeiten zu können. Den Aufschub bedaure ich gleichwohl nicht; denn die Beiträge Kluges und Behaghels zu Pauls Grundriss der germanischen Philologie sind mir noch sehr zu statten gekommen. Im September des vorigen Jahres habe ich das Ms. abgeschlossen; einige später erschienene Abhandlungen haben, wenigstens in den ersten beiden Lieferungen, noch bei der Correctur Erwähnung gefunden.

Ob nun neben den Arbeiten, die ich benutzt habe, überhaupt noch ein Bedürfnis nach meinem Buche vorhanden ist, werden andere beurteilen. Ich selbst weiss, dass ich meinen Vorgängern das Beste verdanke, und dass die, welche die grammatische Forschung der letzten zwanzig Jahre verfolgt haben, kaum etwas finden werden, das sie nicht wüssten; aber vielleicht wird auch diesen die Zusammenstellung brauchbar sein. Einen guten Dienst hoffe ich den Jüngeren, die sich mit den Ergebnissen der historischen Grammatik bekannt machen wollen, geleistet zu haben.

Den Plan habe ich ausgeführt, wie ich ihn ursprünglich entworfen hatte. Mein Ziel war, ein Lehrbuch der historischen Grammatik für die zu schreiben, die sich für das höhere Lehrfach vorbereiten. Daher habe ich mich beschränkt auf die Sprachen, deren Kenntnis von ihnen vorausgesetzt wird, auf das Gotische, Althochdeutsche, Mittelhochdeutsche und Neuhochdeutsche. Dass ich das Gotische zum Ausgangspunkt nahm, obwohl es nicht die Muttersprache des Deutschen ist, erschien mir durchaus unbedenklich und wird niemanden irren. Die andern germanischen Sprachen habe ich bei Seite gelassen, so viel als möglich auch das vielgestaltige Leben, welches die deutschen Mundarten neben der Schriftsprache entfalten. Selbst die Fremdwörter sind fast ganz ausgeschlossen, weil ihre Behandlung auf andere Gebiete führt und die einfache Entwickelung des heimischen Sprachgutes verwirrt hätte. Also weder eine historische Grammatik in dem weiten Rahmen, den Grimms umfassender Geist einst erfüllte, noch eine Darstellung des gesammten deutschen Sprachlebens war mein Ziel. Ich führe den Leser durch ein schmales Gebiet und suche seinen Blick auf bekannte Erscheinungen zu beschränken, dass er mit ihnen um so vertrauter werde und den Zusammenhang um so leichter erkenne. Von fremden Sprachen habe ich aus demselben Grunde fast nur das Griechische und Lateinische herangezogen und bloss construierte Sprachformen, so viel es anging, gemieden. Überall habe ich mich bemüht, die Hauptsachen und die wichtigsten Gesichtspunkte hervorzuheben und eine Form der Darstellung zu gewinnen, die dem Leser das Verständnis leicht macht. Dass auch der Verleger durch die Ausstattung des Buches alles gethan hat, was diesem Zweck dienen kann, wird jeder gern anerkennen.

Schliesslich gedenke ich mit warmem Herzen der immer bereiten Teilnahme und Förderung, die J. Franck mir gewährt hat, nicht nur beim Abschluss des Werkes in der Durchsicht des Ms. und der Druckbogen, sondern auch während der Vorbereitung in jahrelangem, nie getrübtem freundschaftlichem Verkehr. Vielleicht wäre die Arbeit doch liegen geblieben, wenn nicht ein gütiges Geschick mir diesen gleichstrebenden Freund zur Seite gestellt hätte. Möge es mir nun vergönnt sein, das Begonnene zu Ende zu führen.

Bonn, den 12. April 1893.

W. Wilmanns.

Berichtigungen.

Das got. *w* und das hd. *ĕ* sind namentlich in der ersten Hälfte nach lässiger Gewohnheit oft durch *v* und *e* bezeichnet. Von sinnstörenden Druckfehlern habe ich folgende bemerkt:

S. 28. § 41. Z. 17: l. *z* und *k* statt *z* und *h*.
S. 121. Z. 19: l. *lĕgar* st. *lēgar*.
S. 164. § 181. A. 1. Z. 6: l. *e* < idg. *e* st. *e* > idg. *e*.
S. 176. Z. 9 von unten l. Vor *w* st. Vor *a*.
S. 206. Z. 3 von unten l. md. Hss. st. nd. Hss.

Inhalt.

Übersicht der Laute.

Allgemeines § 1. 2. S. 1. Vocale § 3. S. 2. Einfache Vocale § 4. S. 2. *ö, ü* § 5. S. 3. Diphthonge § 6. S. 3. Halbvocale § 7. S. 4. — Consonanten. Allgemeines § 8. S. 4. Articulationsstellen § 9. S. 4. Articulationsarten § 10. S. 5. Nasale § 11. S. 6. Liquidae § 12. S. 6. Silbenbildende Consonanten § 13. S. 6. Spiritus lenis § 14. S. 6. *h* § 15. S. 7. Aspiraten und Affricaten § 16. S. 7.

Geschichte der Consonanten.

Erstes Kapitel.
Die idg. Verschlusslaute.

Germanische Lautverschiebung. Allgemeines § 17. 18. S. 8. Idg. *bh, dh, gh, (ph, th, kh)*: germ. *b, d, g (f, þ, h)* § 19. S. 9. Idg. *p, t, k*: germ. *f, þ, h* § 20. S. 10. Idg. *b, d, g*: germ. *p, t, k* § 21. S. 11. — Übergang stimmloser in stimmhafte Spiranten (Verners Gesetz) § 22. S. 11. Lautgesetz und Systemzwang § 23. S. 12. Bedenken § 24. S. 14. — Germ. *ƀ, đ, ʒ : b, d, g* § 25. S. 15. Inlaut § 26. S. 15. Anlaut § 27. S. 16. Ergebnis und Chronologie der Lautverschiebung. § 28—30. S. 16. — Labialisierte Gutturale. Allgemeines § 31. S. 18. Verschiebung § 32. S. 20. Erlöschen des labialen Elementes § 33. S. 20. Erlöschen des velaren Elementes § 34. S. 20. Assimilation der beiden Elemente § 35. S. 22. Störungen der Lautverschiebung. Die idg. Verschlusslaute vor suffixalem *t* (und *s*); germ. *ft, ht, ss* § 36. S. 22. Inlautend (*st, sk, sn*) § 37. S. 23. Germ. *sp, st, sk*; *ft, ht* § 38. S. 25.

Zweites Kapitel.

Hochdeutsche Lautverschiebung. Allgemeines § 39. S. 26. Germ. *p, t, k*. Einfacher Anlaut. Germ. *t*:*z*, *p*:*pf (f)* § 40. S. 26. *k*:*k (ch)* § 41. 42. S. 28. — In- und Auslaut. Germ. *t*:*ss, p*:*f, k* : *ch* § 43. S. 29. Geschichte der Schreibung und Lautwert § 44. 45. S. 30. Lage der Silbengrenze § 46. S. 32 Inlautend *pp, tt, kk* : *pf, z, ck* § 47. 48. S. 33. — *p, t, k* nach Liquida und Nasal § 49. S. 34. — Beseitigung der Affricata im Wort- und Silbenauslaut § 50. S. 35. — Störungen der Verschiebung. Germ. *sp, st, sc, ft, ht* § 51. S. 37. — Tenuis vor Liquida und Nasal: *tr, kr, kl, kn, pr, pl* § 52a. S. 38. Tenuis in niederdeutschen Lehnwörtern § 52b. S. 39. Berührung der Tenuis mit der Media; *b, d, g* für *p, t, k* § 53. S. 40; in Fremdwörtern § 54. S. 40. — Jüngere Entartungen. *z* : *s, ch* : *h* § 55. S. 42. *z* : *sch, ch* : *g* § 56. S. 43. *sk* : *sch (š)* § 57. 58. S. 44.

Germ. *d* : hd. *t* § 59. Vermischung mit *d* aus germ. *þ* § 60 S. 47. hd. *d* = germ. *d* im Inlaut (*nd* u. a.) § 61. S. 48. im Anlaut § 62. S. 50.

Germ. *b, g* § 63. S. 51. — *b, g* als Verschlusslaute. Bezeichnung § 64. S. 51. Notkers Kanon § 65. S. 52. Aussprache im Oberdeutschen § 66. S. 53; im Oberfränkischen § 67. S. 54. — *b, g* als Spiranten. *b* : *v, w* § 68. S. 54. *g* : *h* § 69. S. 55. *g* : *ch* § 70. S. 56. *g* : *j* § 71. S. 58. *g* : *gh* § 72. S. 58. — Jetzige Aussprache. *b* § 73. S. 59. *g* § 74. S. 60. Mustergültige Aussprache § 75. S. 61. — Verdoppelung *pp, ck (bb, gg)* § 76. S. 61. Jüngere Entartungen. Stimmlose Verschlusslaute: *p* für *b*, *k* für *g* § 78. S. 63. Spiranten: *f* für *b*, *j* für *g* § 79. S. 65. Assimilation von *mb, ng* § 80. S. 65. — Schwund von *b* und *g* zwischen Vocalen § 81. S. 66.

Germ. *þ* : hd. *d (f)* § 82. 83. S. 67. *þþ* : *tt, þ* : *t* § 84. S. 69. *þw, dw* : *tw* : *zw, qu* § 85. S. 70.

Germ. *h*. Aussprache und Bezeichnung § 86. S. 71. — Anlaut § 87. S. 72. — Inlaut nach Vocalen § 88. S. 73; nach Consonanten § 89. S. 75. Auslaut § 90. S. 75. *h* als Verschlusslaut: *hs* : *s, x* § 91. S. 76. *h* : *k* § 92. S. 77.

Germ. *f*. Aussprache und Bezeichnung § 93. 94. S. 78. — *fs* : *s, ps, sp*; *ft* : *pt* § 95. S. 82. *mt* : *mft, nft* § 96. S. 82. — Wechsel von *f* und *b* § 97. S. 83. *ft* : *cht* § 98. S. 84. — Romanisches *v* § 99. S. 84.

Drittes Kapitel.

Der *s*-Laut. Allgemeines § 100. S. 85. *s* : *g. z*, hd. *r* (Unterdrückung des Lautes und Hinzufügung) § 101. S. 85. — Jüngere Spaltung § 102. S. 87. *s* : *sch* im Anlaut (Articulationsstelle des alten *s*, Hannöversches *sp, st*) § 103. S. 88; im Inlaut § 104. S. 89. Stimmhaftes und stimmloses *s* § 105. S. 90.

Die Nasale. Arten und Bezeichnung der Nasale. *m* und *n* im Anlaut § 106. S. 91; im Inlaut. Schwund und Hinzufügung eines

Nasals § 107. S. 92. — *m:n* § 108. S. 93. *n:m* § 109. S. 94. — Übergang von Nasalen in andere Laute § 110. S. 94.

Liquidae. Zwei Liquidae *l* und *r* § 111. S. 95. — Veränderungen des *l* § 112. S. 95. Unterdrückung (und Hinzufügung) von inl. *r* § 113. S. 96. *r:l* (Aussprache des *r*) § 114. S. 96.

Halbvocale.

u. Bezeichnung und Aussprache (Übergang in *b* und *g*) § 115. S. 97. — Got. *w* (Schwund) § 116. S. 98. — Hd. *w* im Anlaut, vor Vocalen § 117. S. 99; nach Consonanten § 118. 119. S. 100; vor Consonanten § 120. S. 101. Im Auslaut (*w:o*) § 121. S. 101. Im Inlaut § 122. S. 102; im Nhd. § 123. S. 103. — Einfluss des *w* auf vorangehende Vocale § 124. S. 103. — Geschärftes *w* § 125. S. 104.

i. Beschränkter Gebrauch § 126. S. 106. Bezeichnung und Aussprache § 127. S. 106. — *j* im Anlaut § 128. S. 107. Im Inlaut, im Got. § 129. S. 108; im Hd. nach Consonanten § 130. S. 109; nach Vocalen § 131. S. 110. — Geschärftes *j* § 132. S. 110.

Viertes Kapitel.

Consonantverdoppelung. Allgemeines § 133. 134. S. 111. — Assimilationen. Assim. des *n* § 135. S. 114. Gedehnte Medien und stimmlose Spiranten § 136. S. 116. Assimilation anderer Consonanten § 137. S. 117. — Consonantverdoppelung im Hochdeutschen; vor *j* § 138. 139. S. 118; vor *w* § 140. S. 120; vor *l, r* § 141. S. 121; vor *m, n* § 142. S. 121. Unregelmässigkeiten in der Lautverschiebung als Zeugen der Dehnung § 143. S. 123. — Nhd. Consonantverdoppelung durch Verschiebung der Silbengrenze § 144. S. 125.

Wechsel stimmhafter und stimmloser Spiranten im In- und Auslaut. Gotisch § 145. S. 128. Ahd. § 146. S. 128. Mhd. und Nhd. § 147. S. 130.

Schwund von Consonanten im Wortauslaut. Allgemeines § 148. S. 131. Abfall von *m, n, d, t* in vorhistorischer Zeit § 149. S. 131. Abfall von *s* im Hd. § 150. S. 133. Jüngere Erscheinungen § 151. S. 134.

Epithese von Consonanten. *t, d, r, n* § 152. S. 135.

Consonantische Zwischenlaute; zwischen Consonanten § 153. S. 137. — Intervocalische Zwischenlaute. Allgemeines § 154. S. 138. *h, w, j* in den Verba pura auf *ā, uo* § 155. S. 139; in andern Wörtern § 156. S. 140. Erlöschen der Übergangslaute § 157. S. 140.

Ekthlipsis § 158. S. 141.

Metathesis von Vocal und Consonant § 159. S. 143; von zwei Consonanten § 160. S. 144.
Partielle Assimilation § 161. S. 145.

Geschichte der Vocale.

Ablaut. Allgemeines § 162. 163. S. 146. — Die *e*-Reihe. Hochstufe § 164. S. 147. Wurzeln mit *i̯* und *u̯* § 165. S. 148. Tiefstufe § 166. S. 148. Liquida und Nasalis Sonans § 167. S. 150. Lange Vocale § 168. S. 151. Übersicht der Vocale in den *e*-Wurzeln § 169. S. 152. — Andere Ablautreihen § 170. S. 152. Verhältnis zur *e*-Reihe § 171. S. 153.

Vocale in betonten Silben.

Erstes Kapitel.

Die Vocale im Gotischen § 172. S. 155. Idg. *e, i* : g. *i, ai* §. 173. S. 156. — Germ. *u* : g. *u, au* § 174. S. 156. — Germ. *eu* : g. *iu* § 175. S. 157.

Zweites Kapitel.

Die Vocale im Hochdeutschen. Idg. *e* : ahd. *ĕ, i. ĕ* erhalten § 176. S. 157. *e* zu *i* vor Nasalverbindungen § 177. S. 158; vor *i* und *j* § 178. S. 158; vor *u* (und *w*) § 179. S. 159. Unregelmässigkeiten § 180. S. 160. Idg. *i* : hd. *ĕ* (Aussprache) § 181. S. 162. Germ. *u* : hd. *u, o* § 182. — Germ. *eu* : ahd. *iu, io* § 183. S. 166; oberdeutsch *iu*, fränkisch *io* (*iu, io* anderes Ursprungs) § 184. S. 166. — Germ. *ai, au* : ahd. *ei, ou* (Aussprache von g. *ai, au*) § 185. S. 168. Zusammenziehung der Diphthonge. *ei : ê* § 186. S. 169. *ou : ô* § 187. S. 171. — Idg. *ê*, g. *ê* : hd. *â* § 188. S. 171. — Diphthongierung von germ. *ê* und *ô. ê : ia, ie* § 189. S. 172. *ô : uo* § 190. S. 173.

Drittes Kapitel.

Umlaut. Allgemeines § 191. S. 174. — *a : e* (alter Umlaut) § 192. S. 175. Hemmungen des Umlauts durch lautliche Einflüsse § 193. S. 176; durch Systemzwang § 194. S. 177. Einfluss der Tonverhältnisse § 195. S. 178. Wirkung eines *i* in der dritten Silbe § 196. S. 179. Qualität des Umlaut-*e* (Umlaut von *ĕ*) § 197. S. 179. — *a : ä* (junger Umlaut) Qualität und Aussprache des Lautes § 198. S. 182. Bereich der Geltung § 199. S. 182. Orthographie § 200. S. 183. Nhd. Aussprache der *e*-Laute § 201. S. 184. — Andere Umlaute. Bezeichnung § 202. S. 185. *o : ö* § 203.

S. 187. *u : ü* § 204. S. 187. *â : œ* § 205. S. 188. *ô : œ* § 206. S. 189. *û : iu, ü* § 207. S. 190. *uo : üe, ü* § 208. S. 190. *ou : öu, äu* § 209. S. 191. *iu : iü* § 210. S. 191. — Wesen des Umlautes. Alter § 211. S. 192. Ursprung § 212. S. 193.

Viertes Kapitel.

Jüngere Monophthongierungen und Diphthongierungen. Monophtongierung von *iu* § 213. S. 195. — Diphthongierung von *ô, î, û.* Allgemeines § 214. S. 196. Ausbreitung in der Schrift § 215. Verhältnis der jungen zu den alten Diphthongen; *î : ei, û : ou* § 216. S. 199. *û : iu : öu* § 217. S. 200. Unregelmässigkeiten im Nhd. § 218. S. 202. — Monophthongierung von *ie, uo, üe.* Allgemeines § 219. S. 202. *ie : î* § 220. S. 203. *uo, üe : û, ü* § 221. S. 205.

Fünftes Kapitel.

Einzelne Störungen des Vocalsystems. Übergänge zwischen den benachbarten Lauten *i : e* § 222. S. 206. *ĕ, e : i* § 223. S. 207. *o : u* § 224. S. 207. *u : o, ü : ö* § 225. S. 208. *â : o* § 226. S. 209. *ô : a* § 227. S. 209. *â : ô* § 228. S. 209. — Übergänge zwischen *ô, ü, eu : e, i, ei.* Allgemeines § 229. S. 211. *e, ĕ, ê : ö* § 230. S. 211. *i, î : ü* § 231. S. 213. *ei : eu* § 232. S. 214. *ü, üe : i* § 233. S. 214. *öu, iu : ei* § 234. S. 215. — Berührung zwischen Diphthongen und einfachen Vocalen. *ei : e, oi : ö, ou : o, a* § 235. S. 215. *â, ô : au* § 236. S. 216.

Sechstes Kapitel.

Änderungen in der Quantität. Allgemeines § 237. S. 216. — Dehnung kurzer Vocale. Allgemeines (Leichte und schwere Consonanz. Silbenscheide. Einfluss der Ableitungssilben *-er, -el, -en*) § 238. 239. S. 218. Dehnung in offner Silbe. Stämme mit vocalischem Auslaut § 240. S. 221. Stämme mit consonantischem Auslaut § 241. S. 222. Ausnahmen § 242. S. 223. Stämme auf *m, t, (p, k)* § 243. 244. S. 224. — Dehnung in geschlossener Silbe. Durch Systemzwang § 245. S. 226. Spontane Dehnung vor einfachen Consonanten § 246. S. 228; vor *r* + Consonant § 247. S. 229. — Verkürzung langer Vocale in der älteren Sprache § 248. S. 229. Lange Vocale in geschlossener Silbe bewahrt § 249. S. 230; verkürzt vor Consonantverbindungen § 250. 251. S. 231; in Stämmen, die auf einen einfachen Consonanten ausgehen § 252. S. 232.

Vocale in den unbetonten Silben. Allgemeines § 253. S. 234.

Erstes Kapitel.

Flexionssilben. Die sog. Auslautgesetze. Allgemeines (Ursachen, Zeit, Unsicherheit der Resultate) § 254. 255. S. 235. — Kurze Vocale in urspr. letzter Silbe. Gotisch § 256. S. 238. Ahd. § 257. S. 238. Qualitative Änderungen (*e* : *i*) § 258. S. 240. — Lange Vocale in urspr. letzter Silbe verkürzt; Gotisch § 259. S. 240; Ahd. § 260. S. 241. Lange Vocale, die im Got. erhalten sind § 261. S. 242; dieselben im Ahd. § 262. S. 243. — Silben, die nicht unter das Auslautgesetz fallen § 263. S. 246. — Änderung des Vocales durch vorangehendes *j* im Ahd. § 264. S. 247.

Verfall der Endungen im Ahd. und Mhd. Allgemeines § 265. S. 248. Notkers Sprache: lange Vocale § 266. S. 249; kurze Vocale § 267. S. 249. Formübertragungen § 268. S. 250. Erlöschen der Vocalunterschiede im Mhd. § 269. S. 250. — Unterdrückung der unbetonten Vocale. Elision (Got. Ahd. Mhd.) § 270. S. 251. — Apokope und Synkope im Ahd. § 271. S. 253. Apokope und Synkope im Mhd. Allgemeines § 272. 273. S. 253. In der Sprache der Minnesänger. Unterdrückung des *e* nach langer Silbe § 274. S. 255; nach kurzer Stammsilbe § 275. S. 255; nach Ableitungssilben § 276. S. 257; in zweisilbigen Flexionen § 277. S. 257. — Epithese eines *e* § 278. S. 258.

Unterdrückung des *e* im Nhd. Allgemeines § 279. 280. S. 258. — Verba. Apokope § 281. S. 261. Synkope § 282. S. 261. Verba auf *-er, -el, -em, -en* § 283. S. 263. — Adjectiva. Erhaltung der flexivischen, Apokope des stammhaften *e* § 284. 285. S. 264. Adjectiva auf *-el* und *-er* § 286. S. 265. Adjectivische Adverbia § 287. S. 265. — Substantiva. Flexivisches *e* nach betonter Stammsilbe. Apokope im Plural § 288. S. 266; im Dativ § 289. S. 266. Synkope § 290. S. 267. Flexivisches *e* nach Ableitungssilben § 291. S. 267; in Compositis und minderbetonten Wörtern § 292. S. 268. Apokope des stammhaften *e*. Allgemeines § 293. S. 269. Feminina § 294. S. 270. Neutra § 295. S. 271. Masculina § 296. 297. S. 272. — Partikeln § 298. S. 273.

Zweites Kapitel.

Ableitungssilben. Die Ableitungssilben in der älteren Zeit. Verfall des Ablauts § 299. S. 274. Entwickelung neuer Vocale im Ahd. § 300. S. 275; im Mhd. § 301. S. 275. Assimilationen im Ahd. § 302. S. 276. Schwächung zu *e* § 303. S. 277.

Die Ableitungssilben im Mhd. und Nhd. Vocale in den Ableitungssilben: *e* § 304. S. 278. *i* § 305. S. 279. *a*

§ 306. S. 280. Erhaltung ursprünglicher Vocale § 307. S. 280.
Synkope. Allgemeines § 308. S. 281. Synkope vor *t, d, st,
sc*: Prät. der sw.V. § 309. S. 282. Substantivische und verbale
Ableitungen § 310. S. 283. Superlative § 311. S. 283. Adjectiva
auf *-isch* § 312. S. 284. — Synkope vor Gaumenlauten § 313.
S. 284. — Synkope vor Nasalen und Liquiden § 314. 315. S. 285.

Drittes Kapitel.

Abschwächung des zweiten Compositionsgliedes § 316. 317. S. 287.
Der Vocal in der Compositionsfuge. Gotisch § 318. S. 289.
Synkope im Ahd. § 319. S. 290. Ausnahmen bei Otfried § 320.
S. 291. Qualität des Vocales im Ahd. § 321. S. 292. Später
§ 322. S. 298.
Unbetonte Vorsilben. Allgemeines § 323. S. 293. *ent-* § 324.
S. 295. *er-* § 325. S. 296. *ver-* § 326. S. 296. *zer-* § 327. S. 297.
be- § 328. S. 297. *ge-* § 329. S. 298. — Unterdrückung des Vocales
in *az-, gi-, bi-, ver-* § 330. S. 298.
Lautschwächung in pro- und enklitischen Wörtern. Verkürzung und Schwächung des Vocales § 331. S. 300. Elision
und Synaloephe im Ahd. § 332. S. 301; im Mhd. (Verstärkung
des Vocaleinsatzes) § 333. S. 303. Unterdrückung eines Vokales
zwischen Consonanten § 334. S. 303. Unterdrückung consonantischer Laute § 335. S. 304. Nhd. Verschmelzungen § 336. S. 304.

Der Wortaccent.

Der germanische Accent. § 337. S. 306. Grund der Accentverschiebung § 338. S. 307. Verschiedene Qualität des Wortaccentes
§ 339. S. 308.
Hauptton. Unregelmässige Betonung nicht zusammgesetzter Wörter
§ 340. S. 309. Betonung der Composita. Allgemeines.
Wechselnde Betonung § 341. S. 310. Alte Ausnahmen. Partikelcomposita: Verba im Gotischen § 342. S. 311; im Hd. § 343.
S. 312. Nomina § 344. S. 313. *voll-, miss-* § 345. S. 314. *all-*
§ 346. S. 315. Jüngere Verschiebungen des Haupttones: Adjectiva mit *un-, ur-, erz-* § 347. S. 315. Andere Adjectiva § 348. S. 316. Substantiva § 349. S. 317. Verba § 350. S. 318.
— Composita, welche die Betonung ihrer Bestandteile
festhalten. Substantiva § 351. S. 318. Adjectiva, Zahlwörter,
Pronomina § 352. S. 319. Adverbia § 353. 354. S. 320.
Nebentöne. Allgemeines. Tonabstufungen § 355. S. 322. Verschiedene Qualität § 356. S. 323. — Lage des Nebentones im

Gotischen § 357. S. 324; im Ahd. Allgemeines. Nebenton und Ictus § 358. S. 324. Einfluss der Quantität der Stammsilbe § 359. S. 325. Der Nebenton auf Stammsilben § 360. S. 326. auf Ableitungs- und Flexionssilben § 361. S. 327. Kraft der Nebentöne (Nebenton und Ictus) § 362. S. 327. — Accentverschiebungen in nicht zusammengesetzten Wörtern § 363. S. 328. in zusammengesetzten § 364. S. 329. — Einfluss der Nebentöne auf die Lautentwickelung § 365. S. 330.

Einfluss des Satzaccentes auf den Wortaccent; auf den Hauptton § 366. S. 330; auf den Nebenton § 367. S. 331.

Abkürzungen.

Die meisten der gebrauchten Abkürzungen dürfen als bekannt vorausgesetzt werden; so die Bezeichnung der grammatischen Termini (N. = Nominativ, Pl. = Pluralis, sw.V. 1 = schwaches Verbum der ersten Conjugation, st.M. (a) = starkes Masculinum der a-Declination etc.), der Sprachen (l. = lateinisch, mlat. = mittellateinisch, ai. = altindisch, ndl. = niederländisch etc.); der wichtigsten ahd. Denkmäler (Is. = Isidor, O. = Otfried, N. = Notker, T. = Tatian). Anführen will ich die Zeitschriften und Bücher, die mit Sigeln oder nur mit dem Namen der Verfasser citiert sind.

AfdA. Anzeiger für deutsches Altertum und deutsche Litteratur. Berlin 1876 f. vgl. ZfdA.

von Bahder, Grundlagen des neuhochdeutschen Lautsystems. Strassburg 1890.

BB. Beiträge zur Kunde der indogermanischen Sprachen herausg. von A. Bezzenberger. Göttingen 1877 f.

Br. Gotische Grammatik von W. Braune. 3. Aufl. Halle 1887.

„ Althochdeutsche Grammatik von W. Braune. 2. Aufl. Halle 1891.

Brgm. Grundriss der vergleichenden Grammatik der indogermanischen Sprachen von K. Brugmann. Strassburg 1886 f.

DWb. Deutsches Wörterbuch von Jacob und Wilhelm Grimm. Leipzig 1854 f.

Franck, Wb. Etymologisch Woordenboek der nederlandsche Taal door J. Franck. s'.-Gravenhage 1892.

Frangk. Fabian Frangk, Orthographia (1531); abgedruckt in J. Müller, Quellenschriften und Geschichte des deutsch-sprachlichen Unterrichtes bis zur Mitte des 16. Jahrh. Gotha 1882.

Franke. Grundzüge der Schriftsprache Luthers. Versuch einer historischen Grammatik der Schriftsprache Luthers. (S. A. aus dem Neuen Lausitzischen Magazin. Bd. LXIV). Görlitz 1888.

Germ. Germania. Vierteljahrsschrift für deutsche Altertumskunde, herausg. von Franz Pfeiffer etc. Wien 1856 f.

Gr. Deutsche Grammatik von Jacob Grimm. 2. Ausg. neuer vermehrter Abdruck. Berlin 1870 f. (Die Citate bezeichnen die Seitenzahlen der Original-Ausgabe.)

Graff. Althochdeutscher Sprachschatz von Dr. E. G. Graff. 6 Bde. Berlin 1834 f.
Grdr. Grundriss der germanischen Philologie. Herausgegeben von H. Paul. Strassburg 1891 f. Darin:
    Fr. Kluge, Vorgeschichte der altgermanischen Dialekte. I, S. 300—406.
    O. Behaghel, Geschichte der deutschen Sprache. I, S. 526—633.
Helber. Sebastian Helbers Teutsches Syllabierbüchlein (1593), herausgeg. von G. Röthe. Freiburg und Tübingen 1882.
Heyse. Dr. J. C. A. Heyse's ausführliches Lehrbuch der deutschen Sprache. Neu bearbeitet von Dr. K. W. L. Heyse. 2 Bde. Hannover 1838.
Ickelsamer. Valentin Ickelsamer, Teutsche Grammatica. s. Frangk.
Kelle. Die Formen- und Lautlehre der Sprache Otfrids, bearbeitet von J. Kelle. Regensburg 1869.
Kluge, Wb. Etymologisches Wörterbuch der deutschen Sprache von Fr. Kuge. 5. Aufl. Strassburg 1891.
  „ **Luther.** Von Luther bis Lessing. Sprachgeschichtliche Aufsätze von Fr. Kluge. 2. Aufl. Strassburg 1888.
Kögel, K. Gl. Über das Keronische Glossar, Studien zur ahd. Grammatik von R. Kögel. Halle 1879.
Kolross. Johann Kolross, Enchiridion; s. Frangk.
KZ. Zeitschrift für vergleichende Sprachforschung von Th. Aufrecht und A. Kuhn etc. Berlin 1851 f.
Lexer. Mittelhochdeutsches Handwörterbuch von Dr. M. Lexer. 3 Bde. Leipzig 1872 f.
Mhd. Wb. Mittelhochdeutsches Wörterbuch. Mit Benutzung des Nachlasses von G. Fr. Benecke, ausgearbeitet von W. Müller und Fr. Zarncke. 3 Bde. Leipzig 1854 f.
Orth. Die Orthographie in den Schulen Deutschlands. Zweite umgearbeitete Ausgabe des Kommentars zur preussischen Schulorthographie von W. Wilmanns. Berlin 1887.
Paul. Mittelhochdeutsche Grammatik von H. Paul. 3. Aufl. Halle 1889.
PBb. Beiträge zur Geschichte der deutschen Sprache und Litteratur, herausg. von H. Paul und W. Braune. Halle 1874 f.
QF. Quellen und Forschungen zur Sprache und Culturgeschichte der germanischen Völker, herausg. von B. ten Brink und W. Scherer etc. Strassburg 1874 f.
Scherer. Zur Geschichte der deutschen Sprache von W. Scherer. 2. Ausg. Berlin 1878.
Socin. Schriftsprache und Dialekte im Deutschen nach Zeugnissen

alter und neuer Zeit. Beiträge zur Geschichte der deutschen Sprache von A. Socin. Heilbronn 1888.

Trautmann. Die Sprachlaute im Allgemeinen und die Laute des Englischen, Französischen und Deutschen im Besondern. Leipzig 1884—86.

Weigand, Wb. Deutsches Wörterbuch von Dr. Fr. L. K. Weigand. 3. Aufl. 2 Bde. Giessen 1878.

Whd. Mittelhochdeutsche Grammatik von Dr. K. Weinhold. 2. Ausg. Parderborn 1883.

„ **a. Gr.** Alemannische Grammatik von Dr. K. Weinhold. Berlin 1863.

„ **b. Gr.** Bairische Grammatik von Dr. K. Weinhold. Berlin 1867.

ZfdA. Zeitschrift für deutsches Altertum, herausg. von M. Haupt etc. Berlin 1841 f.

ZfdPh. Zeitschrift für deutsche Philologie, herausg. von Dr. E. Höpfner und Dr. J. Zacher etc. Halle 1869 f.

ZfdU. Zeitschrift für den deutschen Unterricht. Unter Mitwirkung von Prf. Dr. R. Hildebrand, herausg. von Dr. O. Lyon. Leipzig 1887.

ZföG. Zeitschrift für die österreichischen Gymnasien, herausg. von Seidl, Bonitz, Mozart etc. Wien 1850.

Übersicht der Laute.

1. Neben der Grammatik ist in unserem Jahrhundert eine besondere Wissenschaft: die Lautphysiologie oder Phonetik entstanden, welche es sich zur Aufgabe setzt, das Wesen der Lautbildung zu ergründen, die gesprochenen Laute möglichst genau zu fixieren und systematisch zu ordnen. Nicht als den Keim, aber als den Anfang dieser Wissenschaft darf man die Aufsätze ansehn, die E. Brücke 1856 in der Zeitschrift für die österreichischen Gymnasien veröffentlichte und später als besonderes Buch erscheinen liess: Grundzüge der Physiologie und Systematik der Sprachlaute[2] Wien 1876. Viele andere haben diese Bestrebungen fortgesetzt; angeführt seien: E. Sievers, Grundzüge der Phonetik[3], Leipzig 1885, und M. Trautmann, die Sprachlaute im allgemeinen und die Laute des Englischen, Französischen und Deutschen im besonderen, Leipzig 1884—86; ein Buch, das besonderen Wert hat durch eine Fülle guter Beobachtungen und Mitteilungen über die nach den verschiedenen Gegenden mannigfach wechselnde Aussprache des Nhd. Andere Litteratur bei Sievers Grdr. I, 266. — Die folgenden Bemerkungen sollen nicht in die Phonetik einführen; sie heben nur kurz heraus, was unmittelbar zum Verständnis der Grammatik nötig scheint.

2. Die Hauptgruppen, in welche man die Sprachlaute einteilt, sind Vocale und Consonanten. Die Vocale entstehen, indem die aus der Brust getriebene Luft frei durch den offenen Mundcanal entweicht; die Consonanten, indem man durch Verengung oder Verschluss des Mundcanals der ausströmenden Luft einen Widerstand entgegensetzt. Die Ver-

schiedenheit der Laute hängt von der Form ab, welche man dem Mundcanal durch die Stellung des Kieferwinkels, der Zunge, der Lippen und des Gaumensegels (§ 11) giebt; ausserdem von der Spannung oder Lösung der Stimmbänder. Wenn diese gespannt sind, so werden sie durch die ausströmende Luft in Schwingungen versetzt und stimmhafte Laute erzeugt, andernfalls stimmlose. In der gewöhnlichen Rede zeichnen sich die Vocale besonders durch den deutlich vernehmbaren Stimmton aus. Doch ist derselbe kein wesentliches Moment für die Unterscheidung von Vocalen und Consonanten; denn auch ein Teil der Consonanten verlangt die Spannung der Stimmbänder, und die Vocale unterscheiden wir deutlich auch dann, wenn wir sie flüsternd, ohne Stimmton hervorbringen.

Vocale.

3. Die Vocale sind teils einfache Vocale, teils Diphthonge. Bei den ersteren ruhen die Sprachwerkzeuge in fester Lage; die Diphthonge verlangen, während sie hervorgebracht werden, eine Bewegung der Sprachwerkzeuge aus einer Vocalstellung in die andere. Die Grenze ist wandelbar. Zwar wenn wir die Laute einzeln aussprechen, ein *a* oder ein *au*, so erscheint der Unterschied fest und klar; im Zusammenhang der Rede aber tritt er oft weniger hervor. Denn die Sprachwerkzeuge brauchen auch, um die für den einfachen Vocal nötige Lage zu gewinnen oder aufzugeben, eine gewisse Zeit; es können Vor- und Nachschlagslaute entstehen und den Übergang des einfachen Vocales in einen Diphthongen veranlassen, und umgekehrt kann der Diphthong zum einfachen Vocal werden, indem die Sprachwerkzeuge die für den Diphthongen charakteristische Bewegung einschränken und allmählich ganz aufgeben.

4. Einfache Vocale. Da die Mundhöhle durch die Stellung der Zunge, der Lippen und des Kieferwinkels unendlich viele verschiedene Formen annehmen kann, so ist auch die Zahl der vocalischen Laute an und für sich unbegrenzt; daraus folgt aber natürlich nicht, dass die Zahl der in einer be-

stimmten Sprache unterschiedenen Laute unendlich gross ist. Wie viele Laute man für die einzelne Sprache annehmen soll, ist nicht leicht zu bestimmen; vor allem darf man nicht aus der Zahl der Schriftzeichen auf die Zahl der Laute schliessen. Die lateinische Schrift und im Anschluss an sie die deutsche bietet fünf einfache Vocalzeichen: *a, e, i, o, u*. Mit jedem dieser Zeichen verbinden wir eine bestimmte Lautvorstellung, die sich klar und scharf von den andern abhebt. Aber wie leicht wahrzunehmen ist, decken sich diese Ideallaute nicht mit den wirklichen Lauten, die wir im Zusammenhang der Rede sprechen. In *Biene* und *binnen, fehlt* und *Feld, Sohle* und *sollen, Rune* und *Brunnen* bezeichnen wir zwar die Vocale durch dasselbe Zeichen, aber wir sprechen sie verschieden, wir unterscheiden geschlossene *i, e, o, u* von offnen. Verschiedene Buchstaben (*ä* und *e*) bietet unsere Schrift nur für den offenen und geschlossenen E-laut; doch macht die Orthographie keinen consequenten Gebrauch von diesem Zeichen.

5. *ö, ü*. Wenn man die angeführten Vocale vom höchsten zum tiefsten fortschreitend in der Reihe *i e ä a o u* ausspricht, nimmt man deutlich eine stufenweise Bewegung der Sprachwerkzeuge, besonders der Zunge, aber auch der Lippen wahr. Ausserhalb dieser Reihe stehen *ö* und *ü*. Sie verbinden die Zungenstellung des *e* und *i* mit der Lippenstellung des *o* und *u* und erscheinen dadurch gewissermassen als gemischte Vocale. Auch sie können geschlossen oder offen ausgesprochen werden: *Höhle* und *Hölle, fühlen* und *füllen*.

6. Diphthonge. Diphthonge haben wir in unserer jetzigen Sprache drei, für die aber fünf Zeichen zur Verfügung stehen: *ai* und *ei, au, eu* und *äu*. Dieser Überfluss an Zeichen ist ein Mangel unserer Orthographie; ein anderer ist der, dass die Zeichen der Beschaffenheit der Laute nicht entsprechen. Denn wenn die Diphthonge Laute sind, bei denen eine Bewegung der Sprachwerkzeuge aus einer Vocalstellung in eine andre stattfindet, so sollte die Anfangsstellung durch den ersten Buchstaben, die Endstellung durch den zweiten bezeichnet werden; wie aber leicht wahrzunehmen, ist das bei den nhd. Diphthongen nicht der Fall, am wenigsten beim *eu*.

7. Halbvocale. In der Regel bildet jeder Vocal allein oder in Verbindung mit benachbarten Consonanten eine Silbe; in den Diphthongen verschmelzen zwei Vocale zur Silbeneinheit. Auf andere Weise verlieren *i* und *u* ihre silbenbildende Kraft in Wörtern wie *Lydia, Jaguar*. Man nennt diese Laute, weil sie wie die Consonanten keine selbständige Silbe bilden, consonantische *i* und *u* oder Halbvocale. Sie berühren sich nahe mit den Consonanten *j* und *w* und gehen in sie über, wenn die Enge des Mundcanals, die schon bei den Vocalen *i* und *u* gebildet wird, einen so hohen Grad erreicht, dass ein vernehmbares Reibungsgeräusch entsteht.

Anm. In der vergleichenden Grammatik bezeichnet man neuerdings die *i* und *u*, die keine selbständige Silbe bilden, durch $i̯$ und $u̯$, also auch in den Diphthongen: $ai̯, au̯$.

Consonanten.

8. Bei der Einteilung der Consonanten fasst man zwei Punkte ins Auge: 1. an welcher Stelle und 2. in welcher Art und mit welcher Kraft die Verengung oder der Verschluss des Mundcanals gebildet wird. Eine Tabelle gewährt leichten Überblick:

	Explosivae		Spirantes		Nasales	Liquidae
	stimml.	stimmh.	stimml.	stimmh.		
	Tenues	Mediae				
Lippenl.	p	b	f	w	m	
Zungenl.	t	d	s sch	ſ	n	l r
Gaumenl.	k	g	ch	j	n(k)	

9. Articulationsstellen. Mit Bezug auf die Articulationsstelle sind die Laute in die horizontalen Reihen eingetragen: die erste enthält die **Lippenlaute** (labiales), die zweite die **Zahn- oder Zungenlaute** (dentales, linguales), die dritte die **Gaumenlaute**. Bei den Gaumenlauten wird wie bei den Zahn- oder Zungenlauten der Verschluss mit Hülfe der Zunge gebildet, aber bei diesen durch die Zungenspitze oder den vorderen Teil der Zunge, bei jenen durch den Rücken der hinteren Zunge. — Genau und erschöpfend ist diese gangbare Einteilung nicht. In unserer Sprache selbst nehmen wir Unterschiede wahr, die sie nicht bezeichnet. Bei *p, b, m* bilden wir den Verschluss zwischen den Lippen; sie sind reine Lippenlaute (bilabiales, labio-labiales); *f, gewöhnlich auch w*, articulieren wir zwischen der untern Lippe und den obern Schneidezähnen; sie sind labio-dentales. Die Gaumenlaute werden teils an dem hintern, weichen Gaumen hervorgebracht (Velarlaute), z. B. *Aachen, Kuchen*, teils an dem vordern harten Gaumen (Palatallaute), z. B. *Mamachen, Küche*.

10. Articulationsarten. Was die verticalen Reihen betrifft, so enthalten die erste und zweite die Consonanten, bei denen der Mundcanal vollständig geschlossen wird: **Verschluss-** oder **Schlaglaute** (explosivae); die dritte und vierte solche, bei denen nur eine Enge gebildet wird: **Reibelaute** (fricativae, spirantes). — Verschluss- und Reibelaute bilden weiter je zwei Gruppen, je nachdem sie mit dem Stimmton verbunden sind oder nicht; die erste und dritte Reihe umfasst die stimmlosen, die zweite und vierte die stimmhaften Consonanten. Die stimmlosen klingen schärfer und härter als die stimmhaften; denn bei den stimmhaften wird der Luftstrom durch die gespannten Stimmbänder getrieben und dadurch in seiner Kraft gemildert, bei den stimmlosen stösst er mit ungebrochener Stärke auf den Verschluss oder die Enge. So erklärt es sich, dass der Unterschied zwischen beiden Gruppen auch dann noch nicht aufgehoben ist, wenn den Lauten der zweiten und vierten Reihe der Stimmton entzogen wird; die Laute unterscheiden sich dann aber nur noch als **fortes** und **lenes** und gehen leicht in einander über.

Ein gleichmässig entwickeltes Consonantensystem sollte ebenso viel Reibelaute wie Verschlusslaute haben und beide Arten sollten genau an derselben Stelle articuliert werden. Dieses Gleichmass haben die germanischen Sprachen zu keiner Zeit erreicht, früher aber mehr als jetzt. Unsere *f, w* werden an anderer Stelle articuliert als *p, b*; *s, sch, f* an anderer als *t, d*; der dem *ch* entsprechende weiche Reibelaut ist mundartlich beschränkt (das Norddeutsche *g* in *sagen* etc. § 74) und ohne besonderes Zeichen im Alphabet. Um die den Verschlusslauten genau entsprechenden Reibelaute zu bezeichnen, nimmt man früher gebräuchliche Zeichen zur Hülfe: für die stimmhaften Spiranten *ƀ, đ, ʒ*, für den stimmlosen dentalen Reibelaut *þ*; ein anerkanntes Zeichen für das dem *p* entsprechende labio-labiale *f*, fehlt; man kann φ dafür brauchen.

11. **Nasale.** In der fünften Verticalreihe stehen die Nasale; Laute, welche hervorgebracht werden, indem man den Mundcanal schliesst, aber durch Senkung des Gaumensegels der ausströmenden Luft den Weg durch die Nase öffnet. Je nach der Stelle, an welcher der Mundcanal geschlossen wird, entsteht der labiale Nasal *m*, der dentale *n* oder der velare, für den unserer Schrift ein besonderes Zeichen fehlt. Wir sprechen ihn in Wörtern wie *lange, Anker*; in dem ersteren ist er durch *ng* (§ 80), in dem andern durch *n* bezeichnet.

12. **Liquidae.** *l* und *r* sind die beiden Liquiden. Bei *l* wird ein Verschluss zwischen der Zunge und der obern Wandung der Mundhöhle gebildet, aber ein unvollständiger, so dass die Luft seitwärts entweichen kann. Bei *r*, nach seiner ursprünglichen Articulation, wird die Zungenspitze gehoben und durch die ausströmende Luft in eine vibrierende, die obere Wandung der Mundhöhle berührende Bewegung gesetzt. Daneben hat sich ein jüngeres *r* entwickelt, das sogenannte Zäpfchen-*r*, das sich mit spirantischem *ʒ* und *ch* nahe berührt. § 114 A.

13. **Silbenbildende Consonanten.** Liquiden und Nasale können ähnlich wie die Vocale silbenbildend gebraucht werden. In unserer jetzigen Sprache geschieht dies nicht selten in den unbetonten Endungen, denen die gewöhnliche Rede den Vocal zu entziehen liebt; z. B. *Adel, Winter, Faden*; in früherer Zeit aber wurden die Laute so auch in Stammsilben gebraucht. Man bezeichnet sie durch *l̥, r̥, m̥, n̥*.

14. **Spiritus lenis.** Den Consonanten reiht sich der Kehlkopfverschluss an, den wir zu bilden pflegen, wenn wir ein betontes, vocalisch anlautendes Wort aussprechen. Wir sind uns dieses Lautes in der Regel nicht bewusst, weil wir ihn nicht schreiben, aber man bemerkt ihn leicht, wenn man z. B. *achten* mit *beobachten, Abend* mit *gutenabend* vergleicht. Bezeichnen kann man ihn durch den griechischen Spiritus lenis. Sievers, Phonetik[3] § 17, 2.

15. *h.* Eine eigentümliche Stellung zwischen Vocalen und Consonanten nimmt das *h* ein. Als Consonant erscheint es nicht, weil bei seiner Bildung eine Verengung des Mundcanals nicht stattfindet; als Vocal nicht, weil ihm der Stimmton fehlt, der für die Vocale der gewöhnlichen Rede besonders charakteristisch ist. Man hat es daher nicht ungeschickt einen stimmlosen Vocal genannt. Früher bezeichnete *h* die Gaumenspirans. § 86.

16. Aspiraten und Affricaten. Schliesslich sind noch einige Lautverbindungen zu erwähnen, die **Aspiraten** und **Affricaten**.

Aspiratae sind Verschlusslaute, denen unmittelbar ein Hauch folgt. *ph, th, kh* sind tenues aspiratae; *bh, dh, gh* mediae aspiratae. Die idg. Ursprache besass beide Arten, bes. häufig die letzteren. Wir sprechen tenues aspiratae, wo wir *p, t, k* scharf articulieren: Pein, Tonne, Kind. Gewöhnlich ist man sich der Aspirierung nicht bewusst, weil sie in der Schrift keinen Ausdruck findet, aber Völker, die reine Tenuis sprechen, nehmen die deutschen Aspiraten wohl wahr.

Affricatae sind Verschlusslaute, denen ein homorganes Reibungsgeräusch folgt. Aus dem Nhd. gehören hierher *pf* und *z* (= *ts*); früher gab es auch *kch* (§ 42) und die entsprechenden stimmhaften Laute *bƀ, dd̂, gʒ*.

Geschichte der Consonanten.

Erstes Kapitel.
Die idg. Verschlusslaute.
Germanische Lautverschiebung.

17. Die Geschichte der einzelnen Consonanten, die das Germanische aus der indogermanischen Urzeit übernommen hatte, ist sehr verschieden verlaufen. Während manche die Jahrtausende ziemlich unversehrt überdauert haben, sind andere zu wiederholten Malen stark umgestaltet. Zum Teil hängen die Änderungen von der Stellung der Laute im Wort und dem Einfluss benachbarter Consonanten ab, mehr aber namentlich in der frühesten Zeit von der Natur der Consonanten selbst. Besonders widerstandsfähig erwies sich das *l*, bis in die jüngere Zeit auch *r*, weniger *s*; die Nasale zeichnen sich durch geringe Festigkeit ihrer Articulationsstelle aus, *j* und *w* fangen früh an sich ganz zu verflüchtigen; bei weitem die lebhafteste Bewegung aber herrscht auf dem Gebiet der idg. Verschlusslaute. Zwar die Artikulationsstellen haben sich, wenn auch nicht unverschoben, so doch in deutlicher Sonderung fast ganz rein erhalten, bis auf den heutigen Tag; wo wir Lippenlaute sprechen, galten sie auch im Idg., wo dort Zahn- und Gaumenlaute articuliert wurden, thun auch wir es; aber in betreff des Verschlusses und des Stimmtons sind häufig Änderungen eingetreten. Aus Verschlusslauten sind Affricaten und Reibelaute, aus Reibelauten wieder Verschlusslaute geworden, stimmlose gingen in stimmhafte Laute über, stimmhafte wieder in stimmlose. Schon in urgermanischer Zeit gerieten die Laute in diese Bewegung, sie wiederholte sich in gewisser Weise später auf hochdeutschem Gebiete. Diese Lautverschiebungen sind es vor allem, die dem Consonantismus sein eigentümliches Gepräge gegeben haben, das Germanische von den verwandten idg. Sprachen, das Hochdeutsche von den übrigen germanischen Mundarten unterscheiden.

18. Das Verdienst den Umfang und die Gesetzmässigkeit der germanischen Lautverschiebung erkannt zu haben, teilen der Däne Rasmus Kristian **Rask** und Jacob **Grimm** (s. Raumer, Geschichte der germ. Philologie S. 512 f.) Wichtige Gruppen von Ausnahmen haben namentlich durch **Grassmann**, Die Aspiraten und ihr gleichzeitiges Vorhandensein im An- und Inlaute der Wurzeln (KZ. XII, 81—138) und K. **Verner**, Eine Ausnahme der ersten Lautverschiebung (KZ. XXIII, 97—130) ihre Erklärung gefunden.

Idg. *bh, dh, gh, (ph, th, kh)*.

19. Die Mediae asp. sind auch in andern idg. Sprachen vielfachen Veränderungen unterworfen; so sind im Griechischen Tenues asp. φ, θ, χ an ihre Stelle getreten; im Lateinischen *f, h* und Medien; in der balt.-slav. Urgemeinschaft fielen sie wie im Iranischen und Keltischen mit den Medien zusammen (Brgm. § 495. 509. 549.); in den germanischen Sprachen gingen sie in Medien über oder wenigstens in Laute, die wir durch *b, d, g* zu bezeichnen pflegen; (über den Lautwert s. § 25 f.).

bh: gr. φέρω, l. *fero*, g. *baira* trage; gr. ὑφαίνω, skr. W. *vabh*, ahd. *wëban* weben.

dh: gr. θύρα. l. *fores*, g. *daúr*, ahd. *tor* u. *turi* Thür; gr. ἔθος, g. *sidus* Sitte.

gh: gr. χανδάνω, l. *pre-hendo*, g. *bi-gitan* finden; gr. ὀχέομαι, l. *veho*, g. *vigan* bewegen.

Über das Wesen dieser Verschiebung sind die Ansichten nicht ungeteilt; doch stimmen die meisten jetzt darin überein, dass den germ. *b, d, g* zunächst Mediae affricatae zu Grunde lagen *(bƀ, dđ, gʒ)*, d. h. Laute, in denen der Hauch der Aspirata durch ein homorganes Reibungsgeräusch ersetzt war, also hinter *b* durch eine labiale, hinter *d* durch eine dentale, hinter g durch eine gutturale stimmhafte Spirans. Scherer S. 103. 147. Paul, PBb. I, 189 f. — Aus diesen Affricaten konnten die Medien auf verschiedene Weise hervorgehen. Scherer hielt es für wahrscheinlich, dass das Reibungsgeräusch einfach erlosch, so dass der erste Bestandteil in seiner alten Form übrig blieb; Paul dagegen nimmt wohl mit mehr Recht an, dass der Spirant zunächst den vorangehenden Verschlusslaut verzehrte, so dass reine stimmhafte Spiranten entstanden, aus denen sich erst später, soweit dies überhaupt geschehen ist, Medien entwickelten. Dass dieser Weg möglich war und zum Teil wirklich eingeschlagen ist, hatte auch Scherer nicht verkannt; ZföG. 1870. S. 659. d. Spr. 136 (vgl. § 25).

Anm. Neben den mediae asp. besass das Idg. auch tenues asp., doch ist es noch nicht gelungen, eine sichere Grenze zwischen den idg. tenues und tenues asp. zu finden. Aus dem Germanischen ergiebt sich nichts, da hier die beiden Lautarten zusammengefallen sind; eben deshalb aber kommt auch ihre Sonderung für die Entwickelung der Sprache innerhalb des Germanischen nicht in Betracht. Auf die Aspirata führt man z. B. zurück das k in g. *skal* soll, *skaidan* scheiden; das $þ$ in *þragjan* laufen, das h in *haban* haben, das g in *nagljan* u. a. Die Wörter würden ebenso lauten, wenn sie aus Wurzeln mit tenues entsprossen wären. Bezzenberger ZfdPh. 5, 357 f. Kluge, KZ. 26, 88. Brgm. I § 553. Kluge Grdr. § 10, 1b. § 11c.

Idg. p, t, k.

20. Die idg. Tenues sind im Germanischen zu $f, þ, h$ geworden. Diese $f, þ, h$ sind nicht, wie das früher vielfach geschah, als Aspiraten anzusehen und zu bezeichnen, sondern es sind Spiranten.

p: gr. πούς, ποδός, l. *pes, pedis*, g. *fôtus* Fuss; gr. κλέπτω, g. *hlifan* stehlen.

t: gr. τρεῖς, l. *tres*, g. *þreis* drei; gr. φράτωρ, l. *frater*, g. *brôþar*.

k: gr. καρδία, l. *cor, -dis*, g. *hairtô* Herz; l. *caecus* blind, g. *haihs* einäugig.

An Stelle des stimmlosen Explosivlautes ist hier also die stimmlose Spirans getreten; anstatt des Verschlusses wurde nur eine Reibungsenge gebildet. Es liesse sich denken, dass der Übergang von der Tenuis zur Spirans unmittelbar erfolgte, doch machen es ähnliche Vorgänge in andern Sprachperioden nicht unwahrscheinlich, dass zuerst nur aspirierte, dann affricierte Tenuis eintrat und schliesslich der jüngere Schmarotzerlaut den Verschlusslaut unterdrückte. Paul, PBb. I, 153 f., Kräuter, Lautversch. S. 72. 86 f. Scherer S. 167 u. a.

Anm. Wenn die Verschiebung der Tenuis ihren Weg über die Tenuis asp. nahm, ergab sich von selbst, dass sie mit dieser zusammenfiel; § 19 A.

Idg. *b*, *d*, *g*.

21. Die Mediae werden zu Tenues verschoben; d. h. sie verlieren ihren Stimmton. Beispiele für die Dental- und Guttural-Reihe sind häufig:

d: gr. δέκα, l. *decem*, g. *taihun* zehn; gr. ἔδω, l. *edo*, g. *itan* essen.

g: gr. γένος, l. *genus*, g. *kuni* Geschlecht; gr. ἀγρός, l. *ager*, g. *akrs* Acker.

Die labiale Media war in der indogermanischen Ursprache ein sehr seltner Laut. Brgm. § 325. Kluge, PBb. IX, 184. In den germ. Sprachen giebt es kein Wort mit anlautendem *p* = idg. *b*, das auf vorgermanische Sprachgemeinschaft hinwiese, und nur wenige mit inlautendem *p*, z. B. g. *diups* tief, lit. *dubùs*; g. **lapan*, ahd. *laffan* lecken (dazu nhd. *Löffel*), l. *lambere*; g. *slêpan*, ahd. *slâfan* schlafen, *slaf* schlaff, aksl. *slabŭ* schlaff. In manchen Wurzeln stehen schon im Idg. *b* und *p* nebeneinander, § 143 A.

Übergang stimmloser Spiranten in stimmhafte (Verner's Gesetz).

22. Aus dem Idg. besass das Germanische einen stimmlosen Spiranten *s*; drei neue *f*, *þ*, *h* kamen durch die Verschiebung der Tenues hinzu (§ 20); alle vier gingen unter gewissen Bedingungen in stimmhafte Laute über, die im Got. durch *z*, *b*, *d*, *g* bezeichnet werden. Den idg. Tenues entsprechen also teils germ. *f*, *þ*, *h*, teils *b*, *d*, *g*. Vgl. z. B. g. *hlifan* stehlen, gr. κλέπτω und g. *sibun* sieben, l. *septem*, gr. ἑπτά. — g. *brôþar* Bruder, gr. φρατήρ, l. *frater* und g. *fadar*

Vater, gr. πατήρ, l. *pater*. — g. *þahan* schweigen, l. *taceo* und g. *tigus* Zehnzahl, l. *decem*, gr. δέκα. Selbst derselbe Stamm zeigt verschiedene Formen; neben g. *tigus* Zehnzahl steht *taihun* zehn; neben *sinþs* Weg, *gasinþja* Weggenoss : *sandjan* senden; neben *frawairþan* verderben (vgl. l. *vertere*) : *frawardjan* entstellen; neben *hûhrus*, Hunger : *huggrjan* hungern; neben *juggs* jung : *jûhiza* jünger, neben *filhan* verbergen : *fulgins* verborgen; neben *awiliudôn* preisen : *liuþareis* Sänger; neben *nauþs* (g. *nauþais*) Not : *naudibandi* Zwangsfessel u. a. Diese merkwürdige Ungleichheit hatte längst die Aufmerksamkeit erregt; auch hatte man richtig erkannt, dass die idg. Tenues nicht unmittelbar, sondern erst durch *f, þ, h* zu *b, d, g* geworden waren; aber den Factor, der die Erscheinung geregelt hat, erkannte zuerst 1877 K. Verner in dem idg. Accent (KZ. 23, 97—130): „Die stimmlosen Spiranten, welche sich in stimmhafter Nachbarschaft befinden, blieben stimmlos nur nach betonter Silbe, sonst wurden sie stimmhaft". Es heisst *brôþar* mit stimmlosem Spiranten, weil die Stammsilbe ursprünglich den Accent trug, ai. *bhrâtar-*; dagegen *fadar* mit stimmhaftem Laut, weil die Stammsilbe ursprünglich unbetont war, ai. *pitár-*.

Dieses „Vernersche Gesetz" gehört zu den wichtigsten grammatischen Entdeckungen der neueren Zeit. Es zeigte, wie jung verhältnismässig die germanische Betonungsweise ist (§ 337) und wie stark noch innerhalb des Germanischen der alte idg. Accent auf die Lautentwicklung gewirkt hat. Brgm. § 530. Kluge, Grdr. § 12. Br., ahd. Gr. § 100 u. a.

Anm. 1. Über den Wechsel *h : w* § 34, *s : z, r* § 101.

Anm. 2. Im Hochdeutschen wiederholt sich die Erweichung stimmloser Spiranten, indem das harte *s* in weiches ſ übergeht (§ 105), in einigen Wörtern auch *v* zu *b* (§ 97), *h* zu *g* wird (§ 88 A. 2).

23. Lautgesetz und Systemzwang. Die Wirkungen des Lautgesetzes haben sich in den germanischen Sprachen nicht rein gehalten. Da in vielen Worten bald die Stammsilbe, bald die Endung den Accent trug, so mussten sich für den Auslaut der Stammsilbe verschiedene Formen ergeben; aber der Systemzwang hat diese Verschiedenheit oft wieder aufgehoben.

§ 23.]   Germ. Lautverschiebung. Verners Gesetz.   13

Vgl. über solche Störungen Paul, PBb. 6, 538 f. Noreen, eb. 7, 431. Kluge KZ. 26, 92 f. Br. ahd. G. § 163 A. 6 u. a.

a. In der Nominalflexion ist der Wechsel sowohl im Gotischen als im Ahd. beseitigt, grade wie der Ablaut, der gleichfalls auf dem idg. Accent beruht; im starken Verbum haben sich beide besser gehalten. Zwar das Gotische hat auch hier fast überall denselben Consonanten und zwar den stimmlosen Spiranten; nicht aber die westgermanischen Sprachen. Auf der alten unter dem Einfluss des Accentes vollzogenen Erweichung der Spiranten beruht der Wechsel zwischen *f* und *b*, *d* und *t*, *h* und *g*, *s* und *r*, den wir vielfach in der ahd. Conjugation wahrnehmen (Fl.); denn diese Lautpaare vertreten nach der hochdeutschen Verschiebung die stimmlosen und stimmhaften Spiranten der älteren Zeit; z. B. *heffen huoben, snîdan snitun, slahan sluogun, wesan wârun*. Die spätere Zeit hat weitere Ausgleichungen vorgenommen, aber bis auf den heutigen Tag sind noch nicht alle Spuren der alten Ordnung getilgt. Wir bilden jetzt zwar *heben hoben, schlagen schlugen* mit gleichen Consonanten, unterscheiden aber noch *schneiden schnitten, gewesen waren.* — Diese Verschiedenheit in der Conjugation bezeichnete man, ehe ihr Grund bekannt war, als 'grammatischen Wechsel' und diesen Namen pflegt man nun für alle durch das Vernersche Gesetz hervorgerufenen Erscheinungen anzuwenden.

b. Leichter als innerhalb des Flexionssystems eines und desselben Wortes konnte die Verschiedenheit sich in den Ableitungen aus derselben Wurzel halten. Einige Beispiele aus dem Gotischen sind schon vorhin (§ 22) angeführt; vgl. ferner: ahd. *snîdan* schneiden, *snita* Schnitte, *snitari* Schnitter; *heffen* heben, *urhab* Ursache; *ziohan* ziehen, *zugil* Zügel, *herizogo* Herzog; *kiosan* wählen, kiesen, *kuri* Kur; *hôh* hoch, *houc* Hügel; *swëhar* socer, Schwäher (g. *svaíhra*), *swigar* socrus, Schwiegermutter (g. *svaíhrô*) u. a.

c. Sehr begreiflich ist, dass der Ausgleich zwischen den verschiedenen Lauten in den einzelnen Dialekten oft nicht auf gleiche Weise vollzogen ist Br. § 163 A. 6. Wo Got. und Ahd. von einander abweichen, hat das Got. in der Regel den älteren stimmlosen, das Ahd. den jüngeren stimmhaften Laut; z. B. g. *ahana* ahd. *agana* Spreu; g. *basi* ahd. *beri* Beere; g. *naupi-*, ahd. *nôt* Not; g. *daupa-*, ahd. *tôt* tot; g. *pahan* ahd. *dagên*, schweigen; g. *ausô* ahd. *ôra*, Ohr (vgl. Öhr, Öse); g. *laisjan*, ahd. *lêren* lehren etc. Aber auch das Umgekehrte kommt vor; z. B. g. *fairzna*, ahd. *fërsana* Ferse; g. *tagrs*, ahd. *zahir* Zähre.

Anm. Da sowohl der Ablaut als der grammatische Wechsel eine Folge des Accentes sind, so müssten die Form der Spirans und die Form des Vocales von rechtswegen überall auf den gleichen Accent führen. Wir finden jedoch Bildungen, in denen der Vocal auf unbetonte Stammsilbe schliessen lässt, der Consonant auf betonte; z. B. das Adj. g. *kunps* (*kunpa-*), ahd. *kund* lässt durch den Vocal auf Endbetonung schliessen, durch den stimmlosen Spiranten auf Stammbetonung; ebenso g. *maurpr* Mord; g. *gulp*, ahd. *gold*; g. *vulfs*, ahd. *wolf* u. a. Ein solches Missverhältnis konnte sich dadurch ergeben, dass der Accent, als die Erweichung der Spiranten erfolgte, nicht mehr auf derselben Silbe ruhte, wie zu der Zeit, da der Vokal sich entwickelte, oder dadurch, dass in demselben Stamm wechselnde Formen galten, von denen diese den Consonanten, jene den Vokal bestimmten. S. über solche Störungen Osthoff, M. U. 4, 73 und die dort angegebene Litteratur.

24. Bedenken. Da im Zusammenhang der Rede der anlautende Spirant sehr häufig nach unbetonter Silbe und zwischen stimmhaften Elementen stehen musste, so sollte man erwarten, dass auch der Anlaut häufig durch die Wirkung des Vernerschen Gesetzes wäre betroffen worden. Aber der Versuch Bugge's (PBb. 12, 408 f.) für eine nicht unbeträchtliche Zahl von Wörtern grammatischen Wechsel nachzuweisen, giebt nicht die Überzeugung, dass Verners Gesetz ebenso für den Anlaut wie für den Inlaut gegolten habe. Nur die Vorsilbe *ga-*, die Grimm bereits mit lat. *co-* identifizierte, ist ein sicheres und altes Beispiel für die Erweichung anlautender Spirans. Dies Verhältnis scheint darauf hinzuweisen, dass, obwohl der Grund zum grammatischen Wechsel in der Zeit des freien Accentes gelegt sein muss, doch der uns bekannte Abschluss erst erfolgte, als bereits die germanische Betonung galt. Nur in Silben, die nach germanischer Weise unbetont blieben, stellte sich der stimmhafte Laut ein, also in der Vorsilbe *ga-*, zuweilen auch in dem zweiten Bestandteil eines Compositums: *Hermunduri* neben *Thuringi*, ahd. *mezzi-rahs* Messer neben *sahs* (Kluge Grdr. § 18 A.); dagegen im Anlaut der Silben, die im Germanischen den Ton erhielten, haftete der stimmlose Laut.

$$\mathit{ƀ, đ, ʒ} > b, d, g.$$

25. Die germanischen inlautenden *b, d, g*, welche idg. Tenues entsprechen, sind aus den tonlosen Spiranten *f, þ, h* hervorgegangen und können von diesen zunächst nur durch den Stimmton unterschieden gewesen sein; sie waren also stimmhafte Spiranten: *ƀ, đ, ʒ*. In der nhd. Schriftsprache sind Verschlusslaute an ihre Stelle getreten; *hoben* und *zogen* sprechen wir mit inlautender Media, *schnitten* mit inlautender Tenuis; aber diese Verschlusslaute haben sich erst im Laufe der Zeit aus den älteren Spiranten entwickelt (§ 59. 63).

Die germanischen inlautenden *b, d, g*, welche den idg. Mediae aspiratae entsprechen, erscheinen im Nhd. gleichfalls als Verschlusslaute; wir sprechen in *weben* und *bewegen* inlautende Media, in *Sitte* inlautende Tenuis. Wir dürfen für diese Verschlusslaute dieselbe Entwickelung voraussetzen, und wir müssen es, da von Anfang an und in allen germanischen Sprachen die aus den Med. asp. und die aus den Tenues entstandenen *b, d, g* als durchaus identische Laute erscheinen, deren spirantische Aussprache für die älteren wie für die jüngeren Sprachen in vielen Fällen ausser Zweifel steht; s. Paul, PBb. I, 153 f. Also auch hier erklangen einst *ƀ, đ, ʒ*.

26. Inlaut. Der Übergang in Verschlusslaute erfolgte nicht auf einmal und nicht in allen germanischen Sprachen in gleicher Weise (vgl. Brgm. § 530. Kluge, Grdr. § 13, 4). Im Got. behaupten sich *ƀ, đ* im Inlaut zwischen Vocalen; dagegen nach Consonanten sind die Medien *b, d* eingetreten; es heisst *giƀan* geben aber *swairban* wischen; *biđjan* bitten aber *bindan* binden. Die gotische Schrift zwar bezeichnet diesen Unterschied nicht, da sie für Media und stimmhafte Spirans dasselbe Zeichen anwendet; aber der Auslaut lässt auf den Inlaut schliessen; zu *giƀan* heisst das Prät. *gaf*, zu *swairban* aber *swarb*; zu *biđjan* *baþ*, aber zu *bindan* *band*. Die

durch die Schrift fixierte spirantische Aussprache des Auslautes bekundet für *giban* und *bidjan* auch die spirantische Aussprache des Inlauts; vgl. § 145. Dass *g* im Got. noch spirantische Aussprache hatte, lässt sich nicht erweisen; denn nie tritt im Auslaut *h* dafür ein; es heisst *biugan baug*, biegen bog. Die gemeine Annahme, dass nichtsdestoweniger *biuʒan bduh* gesprochen sei (Br. § 79. Brgm. § 531 u. a.), beruht auf der nicht begründeten Voraussetzung, dass die Laute der Gutturalreihe sich in derselben Weise wie die der Dental- und Labialreihe entwickelt hätten. Auch im Hd. ist das nicht der Fall. § 63. Vgl. jetzt Jellinek PBb. 15, 276.

27. Anlaut. Die anlautenden germanischen *b*, *d*, *g* gehen immer auf idg. Media asp. zurück; für ihre Geschichte ergiebt sich also aus den vorstehenden Erwägungen nichts. Da aber die inlautende Med. asp. ihren Weg über die stimmhafte Spirans nimmt, so ist dies auch für die anlautende vorauszusetzen. Denn es ist durchaus unwahrscheinlich, dass zu der Zeit, da die Verschiebung erfolgte, der Anlaut anders behandelt wurde als der Inlaut; erst der germanische Accent begründete einen wesentlichen Unterschied zwischen der Stammsilbe und ihren Affixen, und die Verschiebung der Aspiraten erfolgte jedenfalls früher als die Festlegung des Accentes auf der Stammsilbe. Also auch im Anlaut galten einst die Spiranten *ƀ*, *đ*, *ʒ* und erst später traten Verschlusslaute an ihre Stelle. Im Gotischen, nimmt man an, war diese Entwickelung bereits vollzogen, während sie im Nordischen zur Zeit der ältesten Runendenkmäler noch Spiranten waren (Brgm. § 537).

Ergebnis und Chronologie der Lautverschiebung.

28. Drei Hauptverschiebungsacte haben wir in den vorstehenden Paragraphen kennen gelernt: die Mediae sind zu Tenues geworden, die Tenues zu stimmlosen, die Mediae aspiratae zu stimmhaften Reibelauten. Zwei weniger umfassende schliessen sich an: die stimmlosen Reibelaute gehen unter gewissen Bedingungen in stimmhafte über, und diese entwickeln sich dann zum Teil zu Medien. Das Lautsystem, das sich auf diese Weise ergab, zeigt eine wesentlich andere Gestalt als das ältere. Die neuen Tenues finden wir da, wo ehedem Medien galten; neue Mediae fangen erst an, sich aus den stimmhaften Spiranten zu entwickeln; drei alte Laute, die Mediae asp., sind ganz verschwunden, dafür sechs neue, sämmtlich Spiranten, eingetreten, die Zahl der Verschlusslaute also ist stark vermindert, die Zahl der Spiranten um ebensoviel vermehrt. Aber trotz dieser bedeutenden Umwälzung bestehen im ganzen die alten Lautgruppen in gesonderten Massen fort; sie haben sich geändert, ohne sich zu vermischen; nur ein Teil der Tenues ist mit den Mediae asp. zusammengefallen.

29. Es fragt sich nun in welcher chronologischen Ordnung diese Lautprocesse erfolgten. Die verschiedensten Ansichten sind aufgestellt; die älteren (Grimm, Bopp, Curtius, v. Raumer) hat Scherer S. 151 besprochen und zurückgewiesen; aber auch seine Deduction erwies sich als nicht haltbar, weil sie auf der irrigen Voraussetzung beruhte, dass die Mediae aspiratae unmittelbar zu Medien geworden seien. Jetzt ist wohl allgemein folgende Ordnung der Verschiebungsacte anerkannt (vgl. Brgm. I § 541. Kluge Grdr. § 10):

1. Die Mediae asp. *bh, dh, gh* werden zu stimmhaften Spiranten *b̌, d, ʒ*.

2. Die Tenues *p, t, k*, werden zu stimmlosen Spiranten *f, þ, h*.

3. Die Mediae *b, d, g* werden zu Tenues *p, t, k*.

Die Verschiebung der Tenues muss begonnen haben, ehe die Mediae zu Tenues wurden, weil diese sonst mit den Tenues weiter verschoben sein würden; erst musste sich *t* zum *þ* hin bewegen, dann konnte *d* in die Stelle des *t* einrücken. Die Verschiebung der Mediae asp. konnte vor oder nach diesem Process erfolgen oder nebenher laufen; denn da sich hier stimmhafte Spiranten ergaben, Laute, die noch nicht vorhanden waren, konnte eine Vermischung der Reihen weder auf die eine noch auf die andere Weise erfolgen. Da aber die Mediae asp. auch in den verwandten Sprachen früh ihre Art ändern, so nimmt man wohl mit Recht an, dass sie auch im Germanischen zuerst in Bewegung kamen.

Diese Ordnung begründet aber nicht die Vorstellung, dass

jeder Act abgeschlossen war, ehe der folgende begann. Denn da zwischen den Mediae asp. und den stimmhaften Spiranten als Übergangslaute vermutlich stimmhafte Affricaten, zwischen den Tenues und stimmlosen Spiranten vielleicht aspirierte Tenues und stimmlose Affricaten liegen (§ 19. 20), so konnte, wenn nur eine dieser Zwischenstufen erreicht war, die je folgende Reihe in die Bewegung eintreten, ohne eine Störung des Lautsystems zu veranlassen; der Abschluss der Verschiebungsacte konnte viel später erfolgen.

30. Was die beiden minder umfassenden Verschiebungen betrifft, so glaubt man die Erweichung der stimmlosen Spiranten (Wirkung des Vernerschen Gesetzes) zwischen den zweiten und dritten Act einreihen zu müssen; s. Kluge, PBb. 9, 173. Brgm. § 541. Die Annahme stützt sich auf die Doppelconsonanten *pp, tt, kk*, welche durch Vermittelung von *bb, dd, gg* aus der Assimilation eines *n* an vorhergehende *ð, đ, ʒ* entstehen, sowohl wenn diese letzteren aus *bh, dh, gh*, als wenn sie aus *f, þ, h* hervorgegangen sind (§ 136). Indem man nun voraussetzt, dass derselbe Act, welcher die einfachen Mediae zu Tenues werden liess, auch die Doppelmedien beseitigte, kommt man allerdings zu dem Schluss, dass die Erweichung der stimmlosen Spiranten früher als die Verschiebung der Medien erfolgt sein müsse. Es leuchtet aber ein, dass die Voraussetzung wenig zuverlässig ist. Denn die gedehnten Verschlusslaute sind nach ihrer Natur von den einfachen wesentlich verschieden; Doppelmedien können zu einer Zeit entstanden und weiter verschoben sein, als die einfachen Medien längst ihre Bewegung durchgemacht hatten.

Den Übergang stimmhafter Spiranten in Verschlusslaute sieht man allgemein und gewiss mit Recht als den jüngsten der besprochenen Acte an.

Anm. Die drei Hauptacte der Lautverschiebung und die Erweichung der stimmlosen Spiranten waren zu Beginn unserer Zeitrechnung schon erfolgt. Kluge, Grdr. § 10.

Labialisierte Gutturale.

31. Verschiedene Arten von Gaumenlauten. Nicht selten

§ 31.] Germ. Lautverschiebung. Labialisierte Gutturale. 19

finden wir in der älteren Sprache neben den Gaumenlauten k, g, h einen u-artigen Laut, wie er sich in qu bis auf den heutigen Tag erhalten hat. Der Ursprung dieser 'labialisierten Gaumenlaute' ist verschieden. In manchen Stämmen liegen ihnen gewöhnliche Consonantverbindungen, Guttural + $u̯$, zu Grunde, die in allen idg. Sprachen ihr Gegenbild haben; z. B. g. *ai k̑a-* in *aiƕatundi* Dornstrauch, *k̑eits* weiss u. a. (Brgm. I § 440); in den meisten aber erscheint das labiale Element unselbständiger; nur im Griech., Ital., Keltischen und Germanischen tritt es hervor, während das Arische und Lituslawische auf reine Gaumenlaute weisen. Ob in solchen Stämmen das labiale Element von Anfang an den Gaumenlaut begleitete oder sich erst später als ein Schmarotzerlaut einstellte, ist nicht zu entscheiden; jedenfalls müssen diese Gaumenlaute schon in der idg. Ursprache eine eigentümliche Articulation gehabt haben; denn wäre dies nicht der Fall, so wäre nicht abzusehen, wie in gewissen Stämmen die Gaumenlaute zu einer velaren Articulation gekommen sein sollten, in andern ganz gleich gebildeten aber nicht. Vermutlich waren es weit nach hinten liegende velare Laute.

Im Germanischen sind diese velaren Laute und die Verbindungen von Gaumenlaut mit $u̯$ zusammengefallen. Die Laute, die hier für beide gelten, sind nicht gewöhnliche Consonantverbindungen — sie bilden keine Position —, sondern Laute, die man als Consonanten mit doppelter Articulation bezeichnen kann: mit der Hauptarticulation am weichen Gaumen verbindet sich eine Nebenarticulation der Lippen. Im Gotischen werden daher die labialisierten k und h ganz angemessen durch einheitliche Zeichen U (q) und ☉ ($ƕ$) wiedergegeben; nur für gw fehlt ein entsprechender Buchstabe. Collitz, ZfdPh. 12, 481.

Anm. Dass in der idg. Ursprache verschiedene Arten von Gaumenlauten bestanden — die beiden oben erwähnten Arten sind nicht die einzigen — hat zuerst (1870) Ascoli nachgewiesen. Andere, unter denen namentlich Fick und Bezzenberger (BB. 16, 234 f.) zu nennen sind, haben die von ihm gegebenen Anregungen weiter verfolgt. Litteratur verzeichnet Brugmann I, S. 289 Anm., eine genaue Geschichte der Forschung giebt Bechtel, Hauptprobleme S. 291 f.; vgl. auch Burghauser, Perfectstamm S. 76 f.

32. Verschiebung. Der germanischen Verschiebung unterliegen die labialisierten Gaumenlaute ebenso wie die einfachen; also idg. gh^2, k^2, g^2 ergeben germ. $ʒw$, (gw), hw oder durch grammatischen Wechsel $ʒw$ (gw), q.

Belege für q und hw bietet das Gotische im An- und Inlaut nicht selten; z. B.

q: *qius* lebendig, vgl. gr. βίος, l. *vivus*; *qiman* kommen, gr. βαίνω, l. *venio*; *riqis* Finsternis, gr. ἔρεβος.

hw: *hwas* wer, *hwê* womit, vgl. l. *quod*, gr. πῆ, πόθεν; *saihwan* sehen, gr. ἕπομαι, l. *sequor*.

gw hat sich nur im Inlaut gehalten, wenn es in einem vorhergehenden Consonanten eine Stütze fand, nicht nur nach velarem Nasal, wo *g* Verschlusslaut war; z. B. g. *siggwan* lesen, singen, Wz. *sengh*[2] od. *seik*[2] (Brgm. I § 444 d), sondern auch nach *l* und *r* (Sievers, PBb. 5, 149 A.).

33. Für die weitere Entwickelung der Laute kommt sowohl das labiale als das velare Element in Betracht; beide sind mehr oder weniger dem Verfall ausgesetzt.

a. **Das labiale Element.** Wir finden es nicht in allen Wörtern, für welche es die Vergleichung der verwandten Sprachen erwarten lässt. Man nimmt an, dass vor *a* und *ô*, die aus vorgermanischem *o* und *ô* erwachsen sind, der labiale Nachschlag verloren sei, so in g. *dags* Tag, ahd. *chara* Klage (vgl. *quëran* gemere), as. *kô* Kuh; dagegen erhalten vor dem *ô* = idg. *â*: ags. *hwôsta* Husten: Bechtel, Hauptprobleme S. 342. Vor *u* hat die Labialisierung vielleicht nie gegolten, jedenfalls fehlt vor diesem Laut ein sicheres Beispiel proethnischer labialisierter Gutturalis; Bechtel S. 348. Formen wie g. *qumans* gekommen, *qums* Ankunft neben *qiman* kommen, *sêhwum* sahen neben *saihwan* sehen erklärt man durch Formübertragung; so auch g. *aggwus* (Bechtel S. 379). — Über den weiteren Schwund des *w* im Ahd. s. § 119.

Anm. H. Webster, Zur Gutturalfrage im Gotischen (Boston 1889) kommt zu dem Resultat, dass im Gotischen der vorgerm. Lautstand fast unverändert erhalten sei (AfdA. 17, 256 f.).

34. b. Dauerhafter als das labiale ist das **velare Element.** Das *k* in *qu* hat sich bis heute erhalten, *h* in *hw* schwindet erst im Hd., viel schwächer zeigt sich nur die stimmhafte Spirans ʒ. Man nimmt an, dass bereits im Gemeingermanischen alle ʒu̯, die nicht durch Schwund des u̯ zu ʒ geworden waren, in w übergingen. Beispiele für den Schwund des ʒ im Anlaut: g. *warmjan* wärmen, gr. θερμός, l. *formus*; im Inlaut: g. *hneiwan* sich neigen, l. *co-niveo, co-nixi*; *snaivs* Schnee, ahd. *snêo*, gr. νίφα, νίφω, l. *nix, nivis*; ahd. *nioro* Niere, gr. νεφρός (Brgm. I § 423. 443).

Die regelmässige Form des grammatischen Wechsels ist hiernach g. *h* (ahd. *h* § 119): *g*, oder: *w* oder *u*; z. B. g. *saihvan* ahd. *sëhan* sehen : g. *siuns* (*seʒu̯ní-*), ahd. *gisiuni* Gesicht, Partic. ahd. *gisëwan*; g. *ahva*, ahd. *aha* Wasser : ahd. *ouwa* Aue; ahd. *gizëhôn* anordnen : g. *têwô* (*têʒu̯ô*) Ordnung; g. *leihvan* leihen, ahd. *lîhan* : Prtc. ahd. *giliuuan* neben *gilihan* u. a. Osthoff PBb. 8, 276. Kluge, Grdr. § 14, 2. 3.

Anm. Die verschiedenen Lautprocesse (Erweichung des *h* zu ʒ, Schwund des u̯, Schwund des ʒ) können für denselben Stamm Formen mit und ohne *u* (*w*), mit *h* oder mit ʒ ergeben, deren Ausgleich dialektische Unterscheidungen oder Doppelformen herbeiführen kann; vgl. g. *hneiwan*, ahd. *hnîgan* neigen; ahd. *sîgan* tröpfeln neben *sîhan* seihen; Prtc. ahd. *gisnigan* geschneit neben *snêo* Schnee, *snîwan* schneien; mhd. *zwîg* Zweig neben *zwî* d. i. *zwî(w)* u. a. Osthoff a. O. Kluge, PBb. 12, 379. — Solche Formübertragungen erschweren aber die sichere Einsicht in die regelmässige Lautentwickelung, und so bezweifle ich, dass die gemein gültigen Ansichten ganz richtig sind, namentlich dass die Entwickelung des ʒw zu ʒ überall älter ist als die zu *w*. Für die Beseitigung des ʒ in der Verbindung ʒw wird man verschiedene Stufen annehmen müssen. Zuerst erlosch es vermutlich im Inlaut nach ursprünglich unbetonter Silbe, also auch im grammatischen Wechsel (Sievers, PBb. 5, 149); denn diese Stelle des Wortes erscheint als die schwächst articulierte, der Veränderung am meisten ausgesetzte. Darauf folgte der Anlaut, zuletzt der Inlaut nach ursprünglich betonter Silbe (ʒw = idg. *gh²*); denn dass die Neigung den velaren Einsatz aufzugeben im Anlaut stärker war als im Inlaut nach betonter Silbe, lässt die Behandlung des *hv* im Hochdeutschen schliessen, das im Anlaut zu *w*, im Inlaut zu *h* wird (§ 87. 122). Die beiden ersten Acte mögen gemeingermanisch sein, der letzte spielte sich im Sonderleben der Sprachen mit verschiedenem Erfolge ab; das Gotische liess ʒ fallen, das Hochdeutsche *w*. Die ursprünglichen Formen des Verbum neigen (W. *kneiǵ²h*) waren: Prs.: *hniʒwa*, Prf. *hnaiʒw*. Pl. *hniʒum*, 3. Opt. *hniwi*,

Prtc. *hniwans* (ʒw in den Formen mit betonter, *w* in denen mit unbetonter Stammsilbe). Daraus g. *hniwa, hnaiw, hniwum, hniwi, hniwans*, ahd. (h)*niga, neig, nigum, nigi, ginigan*. Nach der im Text angeführten Ansicht wären die gemeingermanischen Formen: *hniwa, hnaiw, hniʒum, hniwi, hniwans* (Brgm. I § 444 A. 2; vgl. Osthoff a. O. S. 274), woraus sich doch schwerlich ahd. *nîgan* hätte entwickeln können.

35. Assimilation. Einige Wörter haben für *q, gw, ƕ* die labialen *p, b, f*, d. h. es hat eine Assimilation zwischen den beiden Lautelementen stattgefunden in der Art, dass das labiale Element die Articulationsstelle, das velare die Articulationsweise bestimmte: g. *wulfs* Wolf, gr. λύκος, ai. *vṛkas*; g. *fidwôr* vier, l. *quattuor*, ai. *catvā́ras*; g. *fimf* fünf, l. *quinque*, ai. *páñca* u. e. a. Kluge, PBb. 11, 560 f. Grdr. § 14, 4. Brgm. § 444 a. Dieselbe Assimilation ist im Griechischen weit verbreitet (vgl. die Beispiele in § 32) und gehört jedenfalls der vorgermanischen Zeit an. Durch welches Gesetz sie geregelt war, ist noch nicht erkannt. Bechtel S. 340. 352.

Störungen der regelmässigen Lautverschiebung.

36. Die idg. Verschlusslaute vor suffixalem *t* (und *s*); germ. *ft, ht, ss*. Erhebliche Störungen erleidet die Verschiebung der alten Verschlusslaute vor suffixalem *t*. Die empirische Regel heisst, dass vor Dentalen alle Verschlusslaute in die tonlose Spirans übergehen und der folgende Dental stets als *t* erscheint. In den meisten Fällen erweist sich die Regel als richtig und als gültig bis auf den heutigen Tag: vgl. *mögen, Macht, mochte; wägen, Gewicht; pflegen Pflicht; geben, Gift; haben, Haft; laden, Last; denken, dachte; bringen, brachte; dünken, däuchte*. Formen wie *liebte, legte, steckte* widersprechen nicht, da in ihnen erst in später Zeit zwischen dem Stammauslaut und dem *t* der Vocal unterdrückt ist (§ 309); wo der Stammauslaut bereits in germanischer Zeit dem *t*-Suffix benachbart war, gilt jetzt durchaus Spirans + *t*. Aber in der älteren Zeit finden wir einige Ausnahmen und die angegebene Regel bezeichnet keinen einheitlichen Lautprocess sondern das Ergebnis mehrerer.

Schon im Idg. verloren die Medien vor folgendem *t* den

Stimmton und gingen in die entsprechenden Tenues über; die Aspiraten erscheinen in derselben Form wenigstens in den europäischen Sprachen; also bereits vorgermanisch waren vor folgendem *t* die verschiedenen Articulationsweisen aufgegeben, so dass hier *p, t, k* auch für idg. *b, d, g* und *bh, dh, gh* galten (Brgm. I § 469, 1. 552). Vermutlich wurden nun schon ehe die allgemeine Verschiebung der Tenues eintrat, (Osthoff, Perf. S. 568 A. Brgm. § 528) die Laute in dieser Stellung weiter gewandelt und zwar *pt* zu *ft*, *kt* zu *ht*, aber *tt* zu *ss*, wofür nach langen Vocalen einfaches *s* eintrat; z. B. g. *hafts*, ahd. *haft* l. *captus*, W. *kap*; ahd. *nift* Nichte, l. *neptis*; g. *nahts* Nacht, l. *nox, noctis*; g. *vaurhta* ich wirkte, zu *vaurkjan*, W. u̯*erg* vgl. gr. ἔργον; g. *raihts* recht, W. *reg*, vgl. l. *rectus, rex, regis*; g. *dauhtar* Tochter, gr. θυγάτηρ, idg. **dhugh+ter*. Zu der W. *vid* (l. *video*, gr. εἶδον, ἔϝιδον, οἶδα, g. *wait* weiss) gehört als participiale Bildung ahd. *giwis(s)*, Adv. *giwisso* gewiss, Gf. *vid-to*; zu derselben Wurzel aber auch g. *weis*, ahd. *wîs(i)* weise mit vereinfachtem *s* nach langem Vocal, Gf. *wīd-to*; vgl. ferner g. *missa-*, ahd. *missi-*, W. *mit*, l. *mitto, missus*; ahd. *âs* Aas, l. *esum*, zu W. *ed-*, g. *itan*, ahd. *ëzzan* essen. Auch ahd. *essa* Esse würde hierher gehören, wenn die Zusammenstellung mit gr. αἴθω, ahd. *eit* Feuer richtig wäre; s. aber Osthoff PBb. 13, 398. — Über die Art wie sich die Entwickelung des *t* (*d, dh*)+*t* zu *ss* vollzog s. Kluge PBb. 9, 150. Osthoff, Perf. 560 f. Brgm. § 468, 4; der Name *Chatti, Hassi, Hessen* spielt dabei eine grosse Rolle; vgl. auch Zimmer, A-Suffix S. 299. Möller PBb. 7, 460. Osthoff Perf. S. 566. A. Brgm. § 527.

Anm. Demselben Wandel wie vor *t* unterliegen die indogermanischen Verschlusslaute vor *s*; bereits vorgermanisch sind sie zu Tenues geworden und gehen dann weiter in die Spiranten *f, h, s* über; Brgm. I § 527. Aus dem Germanischen selbst ist jedoch dieser Process für *f* und *h* kaum zu erweisen; ahd. *wafsa* Wespe Gf. **u̯opsā*; ahd. *refsan* züchtigen, zu ai. *rápas-*; g. *saihs* sechs, gr. ἕξ, l. *sex* zeigen nur die gewöhnliche Verschiebung. In ahd. *wissun* sie wussten kann *ss* auch auf *d+t* zurückgeführt werden.

37. Inl. *st* ergab sich aus dentalem Laut +*t* nur vor *r*, also aus *t*+*tr*-Suffix; z. B. g. *blôstreis* Opferer zu *blôtan*, g. *gilstr*, ahd. *gëlstar* Steuer zu *gildan* gelten. Die gleiche Entwickelung im Lateinischen lässt schliessen, dass der Auslaut des Stammes zu *s* wurde und das suffixale *t* erhalten blieb; das Germ. würde auch die Annahme gestatten, dass der Gang *ssr, sr, str* war, so dass sich also *t* erst später wieder zwischen *s* und *r* entwickelt hätte, wie in g. *swistar* Schwester idg. *sṷesr*; ahd. *stroum* Strom, Gf. *srau-mo*; vgl. gr. ῥέω < *σρέϝω; ahd. *dinstar* finster, ai. *tamisram* Dunkel, l. *tenebrae*. Kluge PBb. 9, 150. Grdr. § 13. Osthoff, Perf. S. 564. Brgm. § 527 A. 2. § 580.

Wo wir sonst *st* finden, hat es andern Ursprung. In manchen Wörtern entspricht das *s* idg. *s* oder *z*; z. B. 2. P. Sg. Prf. *last* zu *lisan* lesen; g. *laists* Spur zu *leisan* erfahren, *laisjan* lehren; g. *asts* Ast, gr. ὄζος, *ozdos*; ahd. *nest*, l. *nidus*, *ni-zd-o (ni* nieder, W. *sed* sitzen); ebenso in ahd. *gersta* Gerste, *mast* Mästung (Brgm. I § 596). — Oft liegen analogische Neubildungen vor; so namentlich in den schwachen Präteritis ahd. *wista, wësta* neben regelmässigem g. *wissa*, ahd. *wissa, wëssa*; g. *môsta*, ahd. *muoste* neben ahd. *muosa*; g. *kaupasta* ohrfeigte zu *kaupatjan*; ferner in der 2. P. Sg. Perf. z. B. g. *vaist* ahd. *weist* für *wais, *waissa, *wóittha*; vielleicht auch in Verbalsubstantiven wie *Last* zu laden, und in *Gunst, Kunst, Brunst, Gewinnst, Gespinnst, Wurst* u. s. w.

Anm. 1. Früher hatte man für einen Teil dieser *st* organischen Ursprung nachzuweisen gesucht, indem man entweder annahm, eine dem *t*-Suffix vorangehende Geminate habe die Verbindung *nst* hervorgerufen (Verner ZfdA. 21, 425. Möller PBb. 7, 459. 462 f.), oder verschiedener Accent habe einen Wechsel von *ss* und *st* bedingt (Kögel PBb. 7, 171 f.). Jetzt sucht man sie alle als Analogiebildungen zu erklären; Kluge PBb. 9, 150 f. 154 f. Doch ist kaum anzunehmen, dass das *s* in der Verbindung *nst* einen ganz andern Ursprung haben sollte, als das genau entsprechende *f* in der Verbindung *mft* s. § 96 und vgl. Brgm. I § 529 A.

Anm. 2. Die Verbindung g. *zd*, ahd. *rt* beruht teils auf stimmhaftem *s*+ Med. asp.; z. B. g. *razda* Aussprache, Sprache, ahd. *rasta* g. *mizdô* Lohn, ahd. *miata*, *merta*, gr. μισθός; — theils auf *d*+*dh*; z.B. g. *huzd*, ahd. *hort* Hort, gr. κύσθος zu κεύθειν, ags. *hýdan* verbergen; g. *gazds* Stachel, ahd. *gart*, l. *hasta*. Brgm. I § 596. 536. Kluge, PBb. 9, 152 f. Grdr. § 13, 2. Früher versuchte man diese *zd* durch grammatischen Wechsel aus *st* zu erklären; Bechtel ZfdA. 21, 214 f., dagegen Kögel PBb. 7, 192. — *d+dh* erklärt Kluge im Anschluss an Bartholomae für *dh+t* (anders Brgm. § 552), und nimmt eine entsprechende Entwicklung der seltnen *gd* u. *bd* in g. *gahugds* und in den Prf.-Formen *sagda, hugda, habda* an; namentlich für diese letzteren erscheint mir die Erklärung sehr gewagt; vgl. auch Osthoff, Perf. S. 320.

Anm. 3. Übergang von *tk* in *sk* nimmt Brugmann I § 527 wie im Keltischen so auch im Germanischen an; ahd. *rask* rasch; *horsc* schnell; g. *and-hruskan* erforschen. Andere erklären solche Wörter durch *sk*-Suffix. — Dagegen verwirft man jetzt die Annahme, dass dentale Laute vor *n* in *s* übergegangen wären; für g. *anabûsns* Befehl (zu *biudan*), *usbeisns* Geduld (zu *beidan*) nimmt man jetzt erweitertes Suffix *-sni* für *ni* an (Kluge, Stammb. § 147. Grdr. § 11c. Brgm. I § 527), weil *n* in ursprünglich betontem Suffix sich dem vorhergehenden Laute assimiliert und *tt* ergeben haben würde (s. § 135).

38. Germ. *sp, st, sk*; *ft, ht*. — Die Tenues bleiben unverschoben, wenn ihnen ein stimmloser Spirant vorangeht. Dies gilt sowohl für die idg. *sp, st, sk* als für die jüngeren *st* und *sk* (§ 37), *ft* und *ht* (§ 36). Für die letzteren sind Beispiele angeführt, für die andern vgl. g. *speiwan* speien, l. *spuo*; ahd. *spëhôn* spähen, l. *con-spicio*; g. *standan* stehen, gr. ἵστημι, l. *sto*; g. *ist* ist, l. *est*, gr. ἐστί; g. *skeinan* scheinen, vgl. gr. σκιά Schatten.

Dass die Tenues hier unverändert blieben, liesse sich wohl aus der engen Verbindung der benachbarten Laute erklären; Scherer S. 155. Auch der hochdeutschen Lautverschiebung widerstehen sie, und soweit sie im Anlaut vorkommen (*sp, st, sk*), werden sie auch bei der Reduplication (Fl.) und in der allitterierenden Dichtung als untrennbare Lautverbindungen angesehen. Vielleicht aber liegen den germanischen *sp, st, sk* doch zunächt aspirierte *sph, sth, skh* zu Grunde, so dass sie also erst später zu einfachen Lauten geworden wären; s. Bechtel. ZfdA. 21, 219. Brgm. I § 528.

Zweites Kapitel.
Hochdeutsche Lautverschiebung.

39. Die Consonanten, welche im Germanischen aus den idg. Verschlusslauten entstanden waren, geraten im Hochdeutschen von neuem in Bewegung. Diese hochdeutsche Verschiebung ist besonders interessant und lehrreich, weil sie sich zum grossen Teil vor unsern Augen vollzieht und genauere Einsicht in die stätig fortschreitende Änderung der Consonanten und die sie regelnden Kräfte gewährt; zu so einfachen und gleichmässigen Ergebnissen wie die ältere Verschiebung führt sie nicht. Die Laute der verschiedenen Articulationsstellen und -arten zeigen sich nicht gleich empfänglich für die Umwandlung; stärker als in der früheren Verschiebung macht sich der Einfluss benachbarter Consonanten geltend, und vor allem der Einfluss des germanischen Accentes, insofern der Inlaut der Änderung mehr ausgesetzt ist als der Anlaut, d. h. der Anlaut der schwach betonten Silbe mehr als der stark articulierte Anlaut der Stammsilbe.

Der Beginn der Verschiebung fällt in die Zeit vom 5. bis 7. Jahrh. unserer Zeitrechnung und deshalb sind ihr auch viele romanische Lehnwörter, die bis zum 8. Jahrh. ins Deutsche aufgenommen sind, unterlegen. Von Oberdeutschland geht die Bewegung aus; die Sprache der Langobarden, Baiern, Alemannen und eines Teiles der Franken wird von ihr ergriffen; je weiter nach Norden, um so schwächer wird die Wirkung. S. hierüber Braune, PBb. I, 1—56; Litteraturnachweis bei Br. ahd. Gr. § 83 A.

Germ. *p, t, k.*

40. Die entschiedenste Umgestaltung haben die germanischen Tenues durch die hochdeutsche Verschiebung erfahren. Tenuis — Aspirata — Affricata — Spirans bezeichnen die Bahn, in der sich die Laute bewegen. Im Anlaut kommen sie über die Affricata im allgemeinen nicht hinaus, im Inlaut gedeihen sie bis zur Spirans; die dentale Tenuis eilt voran, die gutturale bleibt am weitesten zurück. Nachbarschaft von Consonanten hemmt oder hindert die Bewegung. Mehrfach ist vorhandene Aspiration oder Affrication später wieder aufgegeben.

A. Germ. *p, t, k* im Anlaut.

a. Germ. *t* > nhd. *z*; z. B. g. *taikns* Zeichen; g. *tagr* Zähre; g. *timrjan* zimmern. — *z* ist von Anfang das gangbarste Zeichen; daneben gilt früher vor *e* und *i* auch *c*; beide Buchstaben in gleichem Wert als Affricaten. Dass der Affricata die Aspirata vorangegangen ist, lassen unsere Denkmäler nicht erkennen.

b. Germ. *p* > nhd. *pf*; z. B. g. *pund* Pfund; g. *papa* Pfaffe. — Die Lautverbindung *pf* verhält sich zu *p* gerade wie *z* : *t*; nur brauchte man hier die Ligatur, weil das Alphabet für die labiale Affricata ein einfaches Zeichen nicht bot. Auch *ph*, das im Ahd. und später neben *pf* üblich ist, sollte wohl nicht die Aspirata bezeichnen, sondern wie das lateinische *ph* für gr. φ einen spirantischen oder spirantisch afficierten Laut. Erst im Nhd. ist das dem Lautwert besser entsprechende *pf* zu allgemeiner Anerkennung gelangt. Orth. § 112. Über das Mhd. s. Whd. § 169.

Die Verschiebung des *t* begreift das ganze hochdeutsche Gebiet; dagegen behauptet sich *p* im Mittel- und Rheinfränkischen. Otfried hat überall *z*, aber kein anlautendes *ph*; er schreibt *pad* Pfad, *pluag* Pflug, *puzzi* (l. *puteus*) Brunnen etc. und so ist es noch heute. Wahlenberg, Die niederrheinische Ma. und ihre Lautverschiebungsstufe (1871) S. 15. Behaghel Grdr. § 104.

Im Nhd. verlangt sorgfältige Aussprache die Affricaten *z* und *pf*; aber im östlichen Mitteldeutschland (Thüringen, Sachsen, Schlesien) ist *pf* weiter zu *f* verschoben und demgemäss gestattet sich bequeme Aussprache in Nord- und Mitteldeutschland gerne die Spirans statt der Affricata: *Ferd, Fand, Fund* st. Pferd, Pfand, Pfund. Trautmann § 1060. In *Flaum, Flaumfeder* (mhd. *phlûme*, l. *pluma*) ist dieses *f* zur Anerkennung gekommen; der Wunsch einer graphischen Unterscheidung von *Pflaume*, (l. *prunum*) hat hier wohl das *f* gefördert.

Anm. Das *f* (= *pf*), dem wir schon in den ältesten hochalemannischen Denkmälern begegnen (z. B. *fluoc* Pflug, *fefor* Pfeffer, *forzih* porticus u. a. Kögel, PBb. 9, 317 f.) ist nicht als Spirans, sondern als Affricata aufzufassen; vgl. Franck, AfdA. 17, 104. — *f* für *pf* in späterer Zeit: Whd. § 174.

41. c. Germ. *k* > nhd. *k*; z. B. g. *kaurn* Korn; g. *kalds* kalt; eine dem *z* und *pf* entsprechende Affricata ist also hier nicht zur Geltung gekommen. Gleichwohl unterlag in dem Gebiete, von dem die Verschiebung der Tenues ausging, das *k* einer ähnlichen Affection wie *t* und *p*. In den ältesten oberdeutschen Denkmälern wird der Laut in der Regel durch *ch*, seltener durch *kh* bezeichnet; die einfachen *k* und *c*, welche anfangs daneben gebraucht werden, weichen allmählich zurück; in den Quellen des 10. und 11. Jahrh., namentlich auch bei Notker, wird *ch* die regelmässige Bezeichnung. Br. § 144 A. 2. — Auch das Südfränkische muss bis zu einem gewissen Grade an dem Process teil genommen haben. Im Isidor ist regelmässig die Schreibung *ch* angewandt, und Otfried schreibt zwar *k*, giebt aber durch eine Stelle seiner lateinischen Vorrede deutlich zu erkennen, dass dieses *k* nicht die reine Tenuis bezeichnete. Die lateinischen Grammatiker, sagt er, erklärten *z* und *h* für überflüssige Buchstaben; das Deutsche aber verlange *z ob stridorem dentium, k ob faucium sonoritatem*. Er nahm also augenscheinlich einen Unterschied zwischen dem deutschen und romanischen *k* wahr. — So zeigt die ahd. Orthographie, dass germ. *k* nicht als reine Tenuis gesprochen wurde, zweifelhaft lässt sie nur, ob Aspirata oder Affricata galt.

Anm. Die Aufnahme und Verbreitung des Buchstaben *k* in der altdeutschen Orthographie verfolgt Kauffmann, Germ. 37, 245 f.

42. Später wurde *k* die herrschende Schreibung. An dem alten oberdeutschen *ch* halten am längsten die bairisch-österreichischen Schreiber fest; im alemannischen Gebiet zeigt sich schon im 11. und 12. Jahrh. häufig *k* neben *ch* und vom 12. bis 15. Jahrh. wird es ihm ohne erkennbare Regel vorgezogen. Whd. § 227. Doch ist aus dieser Änderung keineswegs zu folgern, dass seit dem 11. Jahrh. auf alemannischem Gebiet die einfache Tenuis wieder vorgedrungen sei; wir haben

§ 43.] Hochd. Lautverschiebung. Germ. *p, t, k* im In- u. Ausl.

es hier vielmehr nur mit einer orthographischen Neuerung zu thun, die vermutlich dadurch begünstigt wurde, dass man mit dem *ch* eine andere Lautvorstellung zu verbinden anfing (§ 45).

Was die jetzige Aussprache betrifft, so gilt die dem *pf* und *z* entsprechende Affricata nur in einem ganz kleinen Teile des Sprachgebietes, im südlichen Elsass und im St. Gallischen Rheinthal; gutturale Spirans, welche ältere Affricata voraussetzen lässt, wird in den meisten Schweizer-Dialekten gesprochen; am weitesten verbreitet ist die Aspirata und sie gilt auch in der nhd. Schriftsprache; Behaghel Grdr. § 106. 98. Da wir in derselben Weise aber auch *t* (= germ. *d*) und das *p* in Fremdwörtern aspirieren (§ 16), so erscheint *k* gegenüber dem *t* und *p* als unverschobener Laut.

B. Germ. *p, t, k* im In- und Auslaut nach Vocalen.

43. Während der kräftiger articulierte Anlaut der hochbetonten Silbe zur Affricata wurde, wandelte sich der schwächere der unbetonten in eine Spirans; z. B.

a. Germ. *t* > nhd. *ss*: g. *itan* essen, *gaits* Geiss, *bôta* (Nutzen) Busse, *beitan* beissen, *stautan* stossen, *lêtan* lassen.

b. Germ. *p* > nhd. *f*: g. *kaupôn* kaufen, *skip* Schiff, *raupjan* raufen, *hrôpjan* rufen, *hlaupan* laufen, *diups* tief.

c. Germ. *k* > nhd. *ch*: g. *brikan* brechen, *brûkjan* brauchen, *bôka* Buche, *stiks* Stich, *juk* Joch, *leik* (Leib) Leiche.

Es wäre denkbar, dass dieser Übergang unmittelbar erfolgte, doch ist kaum zu bezweifeln, dass sich auch hier zunächst eine Affricata einstellte, nur dass bei diesem minder betonten Laut der Verschlusseinsatz schwächer gebildet wurde als im Anlaut. Es war damit von vornherein der Keim einer Unterscheidung gegeben, der sich je länger um so mehr entfaltete. Wann der Verschluss von dem folgenden Reibungsgeräusch ganz überwuchert wurde, ist nicht zu erkennen, auch trat diese Entwickelung schwerlich überall und bei allen Lauten zu gleicher Zeit ein. Dass bereits im Ahd. allgemein reine Spirans gegolten habe, halte ich für unwahrscheinlich, vermute vielmehr, dass noch ein Laut galt, den man im Gegensatz zu der starken

Affricata des Anlautes etwa als schwache Affricata oder Spirans mit leichtem Verschlusseinsatz bezeichnen könnte.

44. Geschichte der Schreibung. Bezeichnet werden die neuen Laute im Ahd. gewöhnlich durch *z, f, h* oder deren Verdoppelung.

a. In der Dentalreihe gilt also für die Affricata im Anlaut und die Spirans im Inlaut im allgemeinen dasselbe Zeichen. Eine consequente Unterscheidung beider finden wir nur im Isidor, wo die Spirans regelmässig durch *zss* ausgedrückt wird; z. B. *wazssar, heizssan*. Dies Beispiel sorgfältiger Scheidung fand aber wenig Nachfolge; Br. § 160 A. 2. — *sz*, woraus unser ß hervorging, findet sich im Ahd. nur hier und da; häufiger wird es erst im 14. Jahrh. zu derselben Zeit als man auch im Anlaut zusammengesetzte Zeichen *cz* od. *tz* brauchte; Whd. § 203. 204. Aber während man in diesen differenzierenden Zusätzen Mittel gewann, die Affricata und Spirans zu unterscheiden, war die letztere der alten germ. Spirans *s* bereits so nahe getreten, dass sich ihre Unterscheidung in der Schrift nicht mehr halten liess (§ 105). Seit Mitte des 13. Jahrh. kam auch *ss* oder *s* für *z* in Gebrauch und nach langem Schwanken ist die Orthographie so geregelt, dass wir ſſ nach kurzen, ß nach langen Vocalen und im Auslaut schreiben: g. *beitan* beißen, *bitun* biſſen, *beit* beiß. Orth. S. 135 f. — In grammatischen Schriften bezeichnet man nach Grimms Vorgang die Affricata oft durch *z*, die Spirans durch ȝ: mhd. *zît, biȝan*.

Anm. *sz* bezeichnet die Affricata weniger gut als Isidors *zs*. Es ist ebenso aufzufassen wie die *fp, hc*, denen man im Ahd. zuweilen begegnet; das differenzierende Zeichen ist vorausgesetzt: *fp* ist ein *p* das dem *f*, *hc* ein *c* das dem *h* nahe steht.

45. b. Die aus *p* und *k* verschobenen Spiranten werden im Ahd. gewöhnlich durch *f* und *h* bezeichnet, also durch dieselben Buchstaben, welche für die alten germ. Spiranten in Gebrauch waren, jedoch mit dem Unterschiede, dass im Inlaut zwischen Vocalen *f* oft, *h* regelmässig verdoppelt wurde; also *slâffan* od. *slâfan, brëhhan, buohha* etc. Den Missstand, dass zwei Laute, die nicht nur nach ihrem Ursprung sondern auch noch in der Aussprache verschieden waren, auf gleiche Weise geschrieben wurden, suchte man schon in der ahd. Periode zu beseitigen. Bei den Labialen dadurch, dass man für den älteren Laut den Buchstaben *v* aufnahm, bei den Gutturalen dadurch, dass man für den jüngeren *ch* schrieb. Über *v* ist später zu handeln (§ 93 f.); *ch* findet sich schon früh neben *hh* und hat es seit dem 10. Jahrh. fast ganz verdrängt; Br. § 145 A. 1. Länger, bis ins Mhd. hinein (Whd. § 234. 246) hielt *h* sich im Auslaut, weil hier auch germ. *h* eine kräftige spirantische Aussprache hatte, während es sich im Inlaut früh verflüchtigte (§ 88). Man schrieb also zunächst *sprehhan sprah, johhes joh*; dann *sprechan sprah, joches joh*; vergl. § 50b. — Das *h*, wo es kräftigere Aussprache hatte, durch *ch* zu ersetzen, lag nahe, weil dieses von den Romanen längst für germ. *h* gebraucht war (§ 87). Doch ergab seine Aufnahme, indem sie einerseits eine Verbesserung der Orthographie herbeiführte, anderseits den Missstand, dass jetzt für die Schreiber, welche gewohnt waren die starke Affricata im Anlaut durch *ch* zu bezeichnen, die Unterscheidung dieser und der schwächeren im Inlaut fortfiel. Bei Otfried, der im Anlaut *k* schrieb, blieben Anlaut und Inlaut angemessen unterschieden, für Notker aber hatte das anlautende *ch* in *chind, chalp* einen wesentlich anderen Wert als das inlautende in *brëchan, joches*. Jedenfalls hat dieser Umstand nicht wenig dazu beigetragen, das *ch* aus dem Anlaut zu verdrängen (§ 42). Einen Lautprocess bezeichnen diese Änderungen nicht, nur eine Verbesserung des Schriftsystems.

Anm. Daraus dass im In- und Auslaut für die aus *k* und *p* verschobenen Laute dieselben Zeichen gewählt wurden wie für die alten Spiranten *f* und *h*, während man im Anlaut durch *ph* und *ch* deutlich Affricaten bezeichnete, ist nicht zu erweisen, dass sie ebenso wie diese reine Spiranten gewesen wären, sondern nur dass sie den reinen Spiranten näher standen als den starken Affricaten des Anlauts. Man behalf sich mit den Zeichen, so gut es ging; dass sie sich mit den Lauten nicht deckten, beweisen die späteren Verbesserungsversuche. Umgekehrt kann freilich aus diesen Verbesserungsversuchen auch nicht geschlossen werden, dass im Inlaut noch Spiranten mit Verschlusseinsatz gesprochen wurden. Denn wenn auch dies nicht der Fall war, waren die alten und jungen Spiranten doch noch unterschieden, die gutturalen durch die Stärke der Articulation, die labialen ausserdem vermutlich noch durch die Articulationsstelle. § 93.

Sehr merkwürdig ist, dass noch im 16. Jahrh. Helber S. 7 *ch* als Affricata auffasst. 'das nemlich das *c* schwach, wie ein halbes *g*, und das *h* gleichsam gedopelt gehört wirdt', also eine Auffassung des Lautes ganz ähnlich wie die, welche dem Isidorischen *zss* zu Grunde liegt. Helber erweist sich als ein so guter Beobachter, dass ich seine Angabe nicht als Selbsttäuschung verwerfen möchte. Freilich giebt sie keinen sicheren Beweis, dass die alte Affricata ununterbrochen fort bestanden habe; denn die Möglichkeit ist nicht ausgeschlossen, dass diese Spirans mit leichtem Verschlusseinsatz sich erst später wieder aus reiner Spirans entwickelt habe. Für einige seiner Beispiele, wo *ch* = germ. *h* ist (*recht, nacht, schlecht*), ist diese Annahme unabweislich (s. § 92); andere Indicien für die Geltung der inlautenden Affricata s. § 50 Anm.

46. **Lage der Silbengrenze.** Die häufige Verdoppelung, welche *z, f, h* sowohl nach kurzem als langem Vocal erfahren (*ëzzan bîzzan, offan, slâffan, sprehhan zeihhan*), zeigt, dass man den Laut als zu beiden Silben gehörig empfand, er war Auslaut für die betonte, Anlaut für die unbetonte Silbe. (Im Auslaut gilt das einfache Zeichen, wie überhaupt die alten Schreiber die Gemination nur zwischen Vocalen anzuwenden pflegen; §. 134, 2.) So lange einfache Tenuis gesprochen wurde, war das sicher nicht der Fall; die Verschiebung der Silbengrenze trat zugleich mit der Aspiration oder Affrication ein; aus *ë-tan* wurde *ët-san*, aus *wrë-kan wrëk-chan*, aus *slê-pan slâp-fan* etc. Die betonte offene Silbe wurde eine geschlossene, daher bilden *f, z, ch* in ahd. und mhd. Verse Position. Bald aber machte sich die alte Neigung die Consonantverdopplung nach langem Vocal aufzugeben und die Silbe dadurch auf das Normalmass herabzusetzen geltend (§ 134, 2); freilich ohne dass Consequenz erreicht wurde; Br. § 132 A. 1. § 145 A. 2. § 160. Das Lautgefühl, in dem die Verdopplung begründet war, wandelte sich nur langsam und erst spät im Nhd. setzte die Orthographie die einfachen Zeichen durch. Schottel verlangte noch *lauffen, reissen, werffen*, weil er in der Sprache eine Verdopplung wahrzunehmen glaubte; und noch Adelung behauptet, dass man *schleif-fen, reis-sen, reit-zen* spreche; Orth. S. 134. A. 1. Ich wage diesen Beobachtungen nicht zu widersprechen, obwohl es merkwürdig ist, dass bereits im Isidor *ff* nur nach kurzen, *f* stets nach langen Vocalen

gesetzt ist. Br. § 132. A. 2; vgl. auch die Bemerkung im AfdA. 10, 195.

47. Inlautende *pp, tt, kk* > *pf, tz, ck*. — Die gedehnte Tenuis im Inlaut wird im allgemeinen ebenso behandelt wie die einfache im Anlaut; also für gedehnte *t* und *p* setzen sich die Africaten fest, gedehntes *k* bleibt *k*; z. B. g. *skatts* Schatz, *Attila* Etzel; g. *skapjan* schöpfen, an. *toppr* Zopf; as. *wrekkio* Recke, g. *rakjan* recken. Über die Bedingungen, unter denen im Hd. die Consonantverdopplung eintritt s. § 138 f.

Die Behandlung des gedehnten Lautes ist leicht zu begreifen. Wie im einfachen Inlaut entwickelt sich hinter der Tenuis, im Anlaut der schwach betonten Silbe, der spirantische Klang, ist aber nicht im Stande den kräftigeren Verschluss zu überwinden. Dass die Verschiebung im Inlaut leichter eintritt als im Anlaut, zeigt Otfrieds Behandlung des *p*; während er dasselbe im Anlaut durchaus unverschoben lässt, schreibt er für inl. *pp* regelmässig *ph*: *aphul, scephen, intsluphen* etc. Kelle 2, 477.

Anm. Über Doppelformen, die sich aus einfacher und gedehnter Tenuis erklären, s. § 143c; vgl. auch § 49c.

48. Die gewöhnliche Bezeichnung des verschobenen *tt* ist im Ahd. *zz*. Im Isidor wird regelmässig *tz* gebraucht, das sonst im Ahd. selten ist; häufiger wird es erst als die Lautentwickelung zu deutlicherer Scheidung von Spirans und Affricata führte. Orth. § 103. 120.

Das verschobene *pp* wird in der Regel durch *ph* od. *pf* bezeichnet, daneben nicht selten durch *pph* und *ppf*; Br. § 131 A. 1. Wie im Anlaut dringt *pf* allmählich durch.

Das verschobene *kk* wird in oberdeutschen Denkmälern und im Isidor entsprechend dem anlautenden *k* in der Regel durch *k* oder *ch* bezeichnet, daneben auch durch *ck, cch*. Br. § 144 A. 3. Otfried, der im Anlaut *k* schreibt, pflegt auch im Inlaut *k* zu schreiben, also das einfache Zeichen anzuwenden, obwohl die Silbenscheide in den Laut fällt und sein *k* Position bildet; z. B. *irreken, wakar*. Br. § 143 A. 1. Dass er zuweilen *ch* zulässt, womit er sonst die schwache Affricata bezeichnet, zeigt wie das vorhin erwähnte *ph*, dass der Inlaut auch bei diesen gedehnten Lauten dem Process der Affricierung stärker ausgesetzt war, als der Anlaut. Wir schreiben jetzt *ck*; Whd. § 228. Orth. § 103.

49. *p, t, k* nach Liquida oder Nasal. — Geht der Tenuis Liquida oder Nasal voran, so steht sie im Anlaut der schwach betonten Silbe; z. B. g. *hair-tô, skal-kôs, wair-pan*. Aber die schwache Affricata, die sich an dieser Stelle entwickeln musste, fand in den vorhergehenden Consonanten oft eine Stütze, so dass der Verschlusseinsatz der Unterdrückung durch den spirantischen Nachklang mehr oder weniger Widerstand leistete. Es ergeben sich hier also ähnliche Erscheinungen wie bei den gedehnten Tenues.

a. *t* wird allgemein zur Affricata *z* verschoben; g. *salt* ahd. *salz*, g. *hairtô* ahd. *hërza*, lat. *menta* ahd. *minza*. Diese Affricata behauptet sich bis heute; da ihr Verschlusseinsatz dieselbe Articulationsstelle hat wie die vorhergehenden Consonanten, fand er in diesen die kräftigste Stütze.

b. Für *p* tritt im Oberdeutschen und einem Teil des fränkischen Gebietes die Affricata ein, *ph* od. *pf*; g. *hilpan* ahd. *hëlphan*; g. *wairpan* ahd. *wërphan* werfen; germ. *galimpan*, ahd. *gilimpfan* sich gebühren; vgl. *glimpflich*. Dass auch Otfried diese Verschiebung eintreten lässt, bestätigt von neuem, dass dieselbe im Inlaut leichter eintritt als im Anlaut (§ 47 f.). Die Affrication des *p* aber erweist sich nur siegreich nach vorhergehendem *m*; denn nur hier stand die Affricata unter den gleichen Bedingungen wie das *z* überall, dass der vorhergehende Consonant dieselbe Articulationsstelle hatte. Nach *r* und *l* ist die Spirans durchgedrungen. Merkwürdiger Weise vollzieht sich dieser Process nicht in allen Wörtern gleichzeitig; *wërfan, dorf, hëlfan, wëlf* (das Junge, alts. *hwëlp*) sind schon im 9. Jahrh. die gewöhnlichen Formen; dagegen in *sarpf* (*scarpf*), *harpfa, gëlpf* (prahlerisch) dauert die Affricata bis ins Mhd. und darüber hinaus (*scherpff, Harpffe*, Luther § 74); in *karpfo* Karpfen halten auch wir noch daran fest. Br. § 131 A. 5. Woher diese Ungleichheit kommt, ist noch nicht ganz aufgeklärt; zum Teil ist sie jedenfalls eine Folge davon, dass schon vor der Verschiebung das *p* dieser Wörter von ungleicher Kraft war; in *scharpf* und *gëlpf* galt germ. *pp*; s. § 135 a. § 143 a; vgl. § 58 A.

c. Auch *k* setzte sich in Bewegung. Otfried pflegt wie im Anlaut *k* (aspirierte Tenuis) zu schreiben; im Isidor und den oberdeutschen Quellen gilt *ch* : g. *drigkan*, ahd. *trinchan*; g. *skalkôs*, ahd. *scalcha*; g. *waúrkjan*, ahd. *wurchen* etc. — Wäre *k* nun ebenso behandelt wie *p*, so sollten wir nach dem Gaumen-Nasal wie im Anlaut *k*, nach *l* und *r* aber die Spirans *ch* erwarten, doch verlangt die Schriftsprache überall *k*, nicht nur in *Dank, wanken, Finke* etc., sondern auch in *Schalk, welk, Falke, Werk, stark* etc. zeigt also auch hier, dass die Gaumenlaute der Verschiebung weniger zugänglich waren (§ 42). Nhd. *lch, rch* gehen entweder auf *lh, rh* zurück (§ 89), oder dem Gaumenlaut ist zur Zeit der Verschiebung ein Vocal vorangegangen; so in *Milch* neben *melken*, ahd. *miluh*, g. *miluks*; *Kelch*, ahd. *kelih* aus l. *calix*; *Storch* ist ahd. *storah*, daneben mundartlich *Stork* ahd. *storc*; vgl. auch ahd. *saruh*, *sarch* (Sarg), mhd. *sarch*, G. *sarches* u. *sarc*, G. *sarkes*; mhd. *birke*, *birche* (Birke), ahd. *bircha*, *birihha*.

In Mundarten dagegen macht sich der Einfluss des vorangehenden Consonanten geltend: nach *n* gilt Verschlusslaut, nach *l* und *r* Reibelaut (Behaghel Grdr. § 107 und dazu Jellinek, ZfdA. 36, 79 f.). Schon Notkers Orthographie bekundet deutlich diese Spaltung. Zwar im Inlaut schreibt er überall *ch*: *danchen, sterchen, scalcha*; aber im Auslaut nach *l* und *r* *h*: *scalh, starh, werh*, hingegen nach *n* *g* als Zeichen des Verschlusslautes (§ 50): *dang, wang, trang*; zu *sterchen* stärken bildet er das Prät. *starhta*, zu *wenchen, wangta*; s. § 50.

Anm. Auslautende Spirans nach *r* findet sich auch bei Luther in einigen Wörtern und zwar *g* geschrieben: *Marggraf, handwerg, wergzeug* u. e. a. In *krang, spugnissen* bezeichnet aber *g* den Verschlusslaut; s. Franke § 99.

50. Beseitigung der Affricata im Wort- und Silbenauslaut. Die Affricata *kh* ist im In- und Auslaut teils zur Tenuis (§ 48. 49), teils zur Spirans (§ 45) geworden; wo der Ver-

schlusseinsatz kräftig war, schwand das Reibungsgeräusch, wo das Reibungsgeräusch überwog, der Verschlusseinsatz. Zuerst vollzog sich dieser Process im Auslaut.

a. Dass das Reibungsgeräusch früher im Auslaut als im Inlaut erlosch, zeigen unsere Denkmäler ganz deutlich. Im Isidor ist inlautend nach Consonanten *ch* geschrieben: *folches, scalche, werchum*; dagegen im Auslaut *c*: *folc, chidhanc, fleisc*; Br. § 143. A. 3. Ähnliches bei Otfried; er schreibt im Inlaut nach Consonanten *k*, im Auslaut finden wir in der Wiener Hs. auch *g*: *thang, wang, werg, scalg* u. a., die, mögen sie auch dem Schreiber angehören, für die Neigung der Sprache nicht weniger charakteristisch sind. Im schw. Prät. gelten nebeneinander *drankta drangta, wankta wangta, sankta sangta, thagta thakta, scrigta scrikta* Br. a. O. A. 4. Überall bezeichnet dieses *g* den unaspirierten Laut. Auch Notker braucht im Auslaut *g*, wo seine Mundart kräftigen Verschlusseinsatz bewahrt hatte, d. h. wo *kk* zu grunde liegt, oder dem *k* ein *n* vorangeht (§ 49c): *chëg*, Gen. *chëcches* (keck), *plig, plicches* Blick; *pog, pocches* Bock; *danchon dang, wenchen wang, trinchen trang*, und vor *t* finden wir in seinen Schriften neben *wanchta, tranchta* häufiger *wangta, trangta, scangta* und etwas seltener *wancta, scancta*. — Über eine ähnliche Erscheinung in jüngerer Zeit s. Behaghel, Grdr. § 90, 2.

b. Wie die starke Affricata ihr Reibungsgeräusch zuerst im Auslaut verlor, so ist anzunehmen, dass an derselben Stelle des Wortes die schwache Affricata zuerst ihren Verschlusseinsatz einbüsste; denn beide Processe bekunden das gleiche Streben, die Affricata zu beseitigen und durch die Unterdrückung eines Elementes zu erleichtern. Der Wechsel der ahd. Orthographie zwischen inlautendem *ch* und auslautendem *h* (*sprechan sprah, joches joh*) findet hierdurch erst befriedigende Erklärung. Man hielt an dem auslautenden *h* für verschobenes *k* fest, nicht nur weil man mit diesem Zeichen im Auslaut die Vorstellung eines kräftigeren Lautes als im Inlaut zu verbinden gewohnt war (§ 45), sondern namentlich deshalb, weil das verschobene *k* im Auslaut in der That früher zum einfachen Reibelaut wurde als im Inlaut. Hier, wo sich die beiden Elemente der Affricata, Verschlusseinsatz und Reibungsgeräusch, auf zwei Silben verteilten, kam sie zu freierer Entfaltung und hielt länger stand.

Anm. Wenn man voraussetzen darf, dass die Neigung die Affricata im Auslaut aufzugeben alt und nicht auf das *k* beschränkt war, so erklären sich einige auffallende Erscheinungen. Im Isidor, wo sonst germ. *p* im Auslaut regelmässig zu *f* wird, steht je einmal *scaap, ubarhlaupnissi*, zweimal *úph* für *úf*; Br. § 132 A. 2. Otfried (Br. § 131 A. 2) schreibt einmal *gilumplth*; sein Prät. *intslupta* und das weitverbreitete *satte* (Whd. § 193. 196) verhalten sich zu *intslupfen* und *setzen* grade so wie *thagta* zu *thecken*, *scrigta* zu *scricken*. Auch die pronominalen Neutra *that, it, wat, thit*, die wesentlich dem mittelfränkischen Dialekt angehören (Br. § 160 A. 3. Behaghel Grdr. § 102), sind hier anzuführen; in diesen Wörtern mit geringem Ton musste die Neigung die Affricata aufzugeben am stärksten sein und der Umstand, dass ihnen flectierte Formen mit inlautendem *ʒ* nicht zur Seite stehen, verhalf hier dem einfachen Laute zum dauernden Sieg. Alle diese Formen setzen voraus, dass sie entstanden, als in der Affricata der Verschlusseinsatz noch deutlich war. — Die Annahme, dass die Verschiebung überhaupt nur dem Inlaut zukomme und von ihm erst auf den Auslaut übertragen sei (Paul, PBb. 6, 554), findet in der Überlieferung keine Stütze. Nur so viel ergiebt sich, dass die Affection der Tenuis im Inlaut vor folgendem Vocale einen günstigeren Boden fand als im Auslaut.

C. Störungen der Verschiebung.

51. Germ. *sp, st, sc, ft, ht*. Die Verbindungen *sp, st, sc*, die an- und inlautend vorkommen, *ht* und *ft*, die vom Anlaut ausgeschlossen sind, bleiben von der hochdeutschen Verschiebung ebenso unberührt wie von der germanischen; z. B. g. *stáins*, ahd. *stein*; g. *lustus*, ahd. *lust*; g. *spinnan*, ahd. *spinnan* spinnen; an. *ösp*, ahd. *aspa* Espe; g. *skdidan* ahd. *sceidan* scheiden; g. *fisks*, ahd. *fisc* Fisch; g. *mahts*, ahd. *maht*; g. *hafts*, ahd. *haft*. — *sc* unterliegt bald einer eigenen Entwickelung; s. § 57; in den übrigen haben sich die Tenues bis heute erhalten. Der Grund, dass hier die Tenuis nicht afficiert wurde, liegt vielleicht darin, dass man es vermied hinter der Tenuis einen spirantischen Laut eintreten zu lassen, da ein gleichartiger ihr unmittelbar voranging; vielleicht aber fehlte schon die Vorbedingung der Affrication. Kräuter hat darauf aufmerksam gemacht (Lautverschiebung S. 153; KZ. 21,

40 f.), dass wir den Lautverbindungen *sp* und *st* nicht den Hauch folgen lassen, den die einfache anlautende Tenuis erhält; wir sprechen *pʻas* (Pass), aber *spas* (Spass); *tʻal* (Thal) aber *stal* (Stahl). Derselbe Unterschied bestand vielleicht schon in der älteren Sprache; es galt hier nicht die gewöhnliche germanische Tenuis, sondern eine leichtere; es fehlte die Aspiration, und darum trat auch die Affrication nicht ein.

Anm. 1. Der Lautunterschied zwischen dem einfachen anlautenden *k* und dem auf *s* folgenden findet in den alten Denkmälern vielfach Ausdruck. Otfried bezeichnet die anlautende aspirierte Tenuis durch *k*, nach *s* aber pflegt er *c* zu wählen (Kelle 2, 506), das Zeichen des leichteren nicht aspirierten Lautes. Isidor bezeichnet den aspirierten Laut durch *ch*, in der Verbindung mit *s* aber schreibt er *sc*: *scaap, scoldi, sculd*. Nur vor *e* und *i* fügt er dem *c* ein *h* hinzu: *scheffidhes*, nicht um eine Spirans zu bezeichnen, sondern um dem *c* den Wert des Verschlusslautes zu sichern, wie *h* auch im Italienischen gebraucht wird. Andere, die sonst *sc* schreiben, entschliessen sich vor *e* und *i* zu *k*; vgl. Br. § 143 A. 3. § 146 A. 1. und unten § 58.

Anm. 2. In nhd. *seufzen* mhd. *siuften* ist *z* nicht durch lautliche Entwickelung, sondern durch Üertragung der Endung *-zen* von Wörtern wie *ächzen, jauchzen* etc. eingetreten; vgl. Gr. 1, 414.

52ᵃ. Tenuis vor Liquida od. Nasal. Abweichend von der gemanischen Verschiebung unterbleibt im Hochdeutschen die Affrication des *t* in der Verbindung *tr*: g. *triggwa*, ahd. *triuuua* Treue; g. *trudan*, ahd. *trëtan*; g. *báitrs*, ahd. *bittar* bitter; g. *hlûtrs*, ahd. *hlûttar, hlûtar* lauter; g. *wintrus*, ahd. *uuintar*. Im Inlaut ist, wie die Beispiele zeigen, die unmittelbare Verbindung *tr* durch die Entwickelung des Secundär-a (§ 300) aufgehoben; der Mangel der Verschiebung zeigt, dass dieser Laut erst eingetreten ist, nachdem der Verschiebungsact im Inlaut seinen Abschluss erreicht hatte; sonst hätten *bizzar, hlûzzar, uuinzar* entstehen müssen.

Ähnliche Verbindungen wie *tr* sind *tl* (nur inlautend), *kr, kl, kn; pl, pr*; auch in ihnen folgt Liquida oder Nasal auf eine Tenuis; doch sind diese der gewöhnlichen Verschiebung unterlegen. Wir sagen *pflegen* westgerm. *plëgan*; *Pflaume* l. *prunum*; *pfropfen, Pfropfreis* l. *propago*; *Pfründe* mlat.

provenda, d. i. *praebenda* etc. und die Verschiebung tritt hier nicht seltner und nicht später ein als die des einfachen anlautenden *p*. — Die Verschiebung des *k* ist im Nhd. natürlich nicht wahrzunehmen, weil ja auch das einfache selbständige *k* nicht zur Africata geworden ist; wohl aber zeigen sie die alten Denkmäler. In den oberdeutschen wird das *k* vor Consonanten ebenso behandelt wie das *k* vor Vocalen und auch im Isidor ist *chnëcht, chraft* mit *ch* geschrieben wie *chalp, chind*. — Über die Verschiebung im Inlaut, wo zugleich Dehnung des Consonanten eintritt, s. § 141.

Der Grund, warum in der Verbindung *tr* die Tenuis unverschoben bleibt, aber nicht in den ähnlichen *kr, kl, kn, pr, pl*, liegt in dem Verhältnis der Laute zu einander. Die Verbindung der dentalen Tenuis und des dentalen Zitterlautes, welche dieselbe Articulationsstelle haben, ist enger, als die der labialen und gutturalen Tenuis mit dem folgenden dentalen Laute und gestattete der Entfaltung des Hauches und der Affrication, die jene nicht hinderten, keinen Raum. Doch ist nicht zu verkennen, dass auch die gutturale Tenuis dem Einfluss der folgenden *r, l, n* bis zu einem gewissen Grade unterliegt (Anm. 1); am freisten hält sich der labiale Laut. Auch in unserer Aussprache ist wahrzunehmen, dass der Hauch zwischen *p* und folgender Liquida sich am leichtesten einstellt; vgl. *plagen, tragen, kragen*.

Anm. 1. Otfried schreibt vor folgender Liquida gewöhnlich *k*, wie im einfachen Anlaut, daneben aber auch das schwächere *c*, das er sonst anlautend nur in dem Namen *Cain* zulässt: *bicleibit, gicleiptin, incloub, cleini, crûte*. Für *kn* findet sich anderwärts gelegentlich *gn*, und mundartlich erfolgt vor *r, l, n* Übertritt von *k* zu *g*: *glombe* Klumpen, *Gloas* Klaus, *gnutsche* kneten, *grische* kreischen; vgl. § 53.

Anm. 2. Anlautendes *tu* wird natürlich verschoben, denn *u* war noch kein Spirant (§ 115); g. *twai* zwei, g. *twalif* zwölf; g. *tweifls* Zweifel; vgl. § 85.

52[b]. **Tenuis in ndd. Lehnwörtern.** Eine Reihe von Wörtern, die abweichend von der hd. Regel germ. *k* im Inlaut, *p* und *t* im Anlaut oder Inlaut unverschoben haben, sind aus dem Niederdeutschen entlehnt. So

Takel, takeln, Teer; *Beute, Boot, Schote* (= Segelleine) *Bugspriet, Fant*; *Butte, flott* (zu *fliessen*), *fett* (< *fêtt* = ahd. *feizit*, feist).

Prahm, Pranger (zu g. *ana-praggan* bedrängen), *prickeln, Stapel, kneipen, Stempel* (mhd. *stempfel*), *Tölpel* (zu *Dorf*), *Klump(en), Lump(en)*; *Suppe* (zu *saufen*), *Schnuppe, Sternschn.* (zu *schnauben, schnaufen, Schnupfen*), *schleppen* (zu *schleifen*), *Klepper* (zu mhd. *klepfen* schlagen), *Stoppel* (mhd. *stupfel*), *Wappen* (zu *Waffe* mhd. *wâfen*), *Lippe* (zu *Lefze*), *knapp, Krüppel, Lappen, schnippeln*.

Bake, Laken (mhd. *lachen*), *Luke* (zu g. *lûkan* schliessen), *Küken, Spuk*; *Nelke* (aus *negelkîn*, hd. *Näglein*), *Borke· Backbord, Wrack, Block* (mhd. *bloch*, auch Luther), *leck* (vgl. *lechzen*); vgl. § 244 A. 2.

Anm. Über hd. inl. *p, k* die nicht ndd. sind s. § 78. 143.

53. Berührung der Tenuis mit der Media. *b, d, g* für *p, t, k*. Die nicht aspirierte Tenuis erscheint der aspirierten gegenüber als ein schwacher Laut und daher kommt es, dass wir an den Stellen, die der Aspiration und Affrication widerstreben, für *p, t, k* in manchen ahd. Denkmälern mehr oder weniger oft *b, d, g* finden. So begegnen für *sp, sc, st* hier und da *sb, sg, sd*; z. B. *ar-sgeidan* für *arsceidan, sbrechan* für *sprechan, dursdage* für *durstage, durstige* Br. § 133 A 2. § 146 A. 3. § 161 A. 3; anlautendes *gn* für *kn* (§ 52ᵃ A. 1): *gnecht* Br. § 143 A. 4; *g* für auslautendes *kh* (vgl. § 50); *hd, fd* ziemlich häufig im Rheinfränkischen für *ht, ft*: *wihd, rëhd, bigihdi, durfdige* Br. § 161 A. 3. Besonders beliebt ist inlautendes *sg*: *asga, mennisgo, fleisges*, das Otfried regelmässig braucht Br. § 146 A. 3. vgl. Paul, PBb. 7, 129 A. Endlich anlautendes *dr*, das sonst ganz selten, von Otfried regelmässig im Anlaut geschrieben wird: *driuwa drôst, drût, drëtan* Br. § 161 A. 3. 4. — In manchen Dialekten fallen die alten Tenues in solchen Verbindungen ganz mit den Medien zusammen; s. Nörrenberg PBb. 9, 395 f. Paul, PBb. 7, 129 A. Kögel Ker. Gl. S. 68 ff.

54. Für die Schriftsprache wird diese Auffassung der reinen Tenuis nur wichtig in den **Fremdwörtern**. Durch die hochdeutsche Verschiebung waren im Anlaut die alten germanischen Tenues beseitigt und nur in der Dentalreihe eine neue entwickelt (§ 59). In der Labial- und Gutturalreihe gab es nur Affricaten oder Aspiraten *ph* und *ch* und neben ihnen die alten germanischen Medien *b* und *g*. Fremdwörter die mit den reinen Tenues *p* und *c* anlauteten, hatten also im Deutschen kein genaues Gegenbild; namentlich stand das *p* von *ph* od. *pf* weit ab, weniger das *c* von *ch*, weil die Affection des *k* schwächer war und schwerer durchdrang (§ 42. 50). Unter diesen Umständen ist es begreiflich, dass Fremdwörter mit *p* und *c* sich den deutschen mit *b* und *g* anschlossen und die mit *p* früher und öfter als die mit *c*. Wie man jetzt aus ungeschultem Munde das franz. weiche *g* wie *sch* vernimmt (*schendnt*), weil unserer Sprache der Laut abgeht, so ersetzte man früher das ungewohnte *p* durch *b*. Besonders nahe lag diese Übertragung den oberdeutschen Mundarten, in denen die Medien *b* und *g* sich frühzeitig zum Übergang in stimmlose Laute anschickten (§ 66).

Der Gebrauch des *b* für fremdes *p* beginnt bereits im Ahd. und hat sich in einigen Wörtern bis heute erhalten; z. B. *Bischof* episcopus; *Bimsstein* mhd. bumez, l. pumex; *Büchse* gr. πύξις; *Birne* mhd. bir, l. pirum; *Bunze, Bunzel* (Grabstichel), mhd. punze, it. punzone; *Burzel* l. portulaca (Pflanze); auch *bunt* l. punctus gehört hierher und *Bremse* (Hemmschuh), mnd. premese (AfdA. 11, 17). In andern haben wir *p* wieder hergestellt; z. B. *Pech*, ahd. bëh l. pix; *predigen*, ahd. bredigôn, l. praedicare; *Papst*, mhd. bâbes(t). s. v. Bahder, Grundlagen S. 224 f. Über Luther, Franke § 68. *b* und *f* nebeneinander gelten in *Kufe, Kübel* ahd. kuofa, kubili, wenn sie auf l. cûpa, cupellus zurückgehen. AfdA. 11, 8 f.

Nicht so häufig und jünger belegt ist die Vertretung des *c* durch *g*; Whd. § 220. In einigen Wörtern hält sie sich noch im Nhd.: *Galmei* frz. calamine, mlat. lapis calaminaris, gr. καδμεία; *Gant* (Versteigerung, aus provenz. l'encant, l. in quantum. Schwankend ist *Gerner* und *Kerner* (Beinhaus), mlat. carnarium; *Goller* und *Koller* (Teil der Rüstung, die den Hals deckt), mlat. collarium, frz. collier. Auch *Glocke* ahd.

glocka gehört hierher, vgl. engl. clock. — Vgl. auch Orth. § 40. 41.

Anm. Erweichung eines fremden *t* zu *d* gilt im Mhd. namentlich in *dôn, dœnen* Ton, tönen; Whd. § 184. Später kommen hinzu: die slaw. Lehnwörter *Dolmetsch*, mhd. tolmetsche und *Dolch*. Auch *Dinte* mhd. tiute, l. tincta hat lange gegolten Luther schreibt *dohn, dönend, gedöne, dasche, disch, dinte, dromete, drummel* (Kluge, Wb.). Franke § 80. 82. — Inl. *d* für lat. *t* zeigen *Kreide* ahd. krîda, l. creta; *Seide* ahd. sîda, mlat. sêta. Doch ist zu erwägen — und dasselbe gilt für andere auf dem Lateinischen beruhende Fremdwörter — wie weit diese Wörter schon vor ihrer Aufnahme in das Deutsche ihre Laute verändert hatten.

D. Jüngere Entartungen.

55. $z > s$, $ch > h$. — Dadurch, dass die aus den Tenues verschobenen *f, z, ch* zu reinen Spiranten wurden, fielen sie zum Teil mit den alten germanischen Spiranten *f, s, h* zusammen.

Zwischen $f_1 <$ germ. *p* und $f_1 <$ germ. *f* besteht jetzt gar kein Unterschied mehr; s. § 94.

z und *ch* sondern sich im allgemeinen von *s* und *h* dadurch ab, dass diese in Folge ihrer schwächeren Articulation sich weiter entwickelt haben, *h* zum reinen Hauch geworden oder ganz weggefallen ist (§ 86 f.), *s* im Inlaut zwischen stimmhaften Elementen stimmhaft geworden ist (§ 105). Nur selten sind auch *z* und *ch* dieser Entwickelung unterlegen.

a. Für *z* ist stimmhaftes *s* eingetreten in *Ameise* mhd. ameize, *Kreis, kreisen* mhd. kreiz, kreizen; *Los, losen* mhd. lôz, lôzen; *mausern, Mause* (Federwechsel der Vögel) mhd. mûzen, aus l. mutare; *Verweis, verweisen* (tadeln) mhd. verwîz, verwîzen; einigemal auch nach stimmhaften Consonanten: *Binse* mhd. binez; *Gemse* mhd. gamz, *emsig*, mhd. emzig; *Sims, Gesimse* mhd. simez; *Panse* oder *Pansen* mhd. panze aus frz. pance. In dem Fremdwort *Lasur* wechseln *z* und *s* schon im Mhd.; in *Nössel* ist inlautendes *s* nicht anzuerkennen; ob *Schneise* hierher gehört, ist zweifelhaft. — Älter ist die Vertretung des *z* durch *s* in ahd. *wîzago* Prophet, *wîzagôn* weissagen, wo sich schon im Ahd. *wissago* findet, mhd. *wissage*,

§ 56.] Hochd. Lautverschiebung. z > sch. ch > g. 43

wissagen mit Anlehnung an *wise* und *sagen*. Unerklärt ist *s* in ahd. *flins* neben engl. flint; ahd. *linsi*, mhd. *linse* Linse neben l. lens, lentis s. Kluge Wb. s. v. Linse; ahd. *morsari*, mhd. *morsære* Mörser stellt Franck AfdA. 11, 24 nicht zu l. mortarium, sondern zu frz. morceau.

Anm. In einigen andern Wörtern sprechen wir zwar stimmlosen Spiranten, schreiben aber nicht den Buchstaben ß, der gewöhnlich das alte *z* vertritt, sondern ſ oder s; so in den Wörtern *es* mhd. ez; *das* mhd. daz, *was* mhd. waz, *aus* mhd. ûz, *bis* mhd. biz, *dies* mhd. diz; im N. und A. Neutr. der Adj. *gutes* mhd. guotez; ferner *feist* ahd. feizit, *Obst* mhd. obez, *Samstag* ahd. sambaz, *Kürbis* ahd. kurbiz, *Krebs* mhd. krëbez, *Bims* ahd. pumiz, *Pips* ahd. phiphiz l. pituita, *Erbse* mhd. arewiz, ereweiz. Zur Erklärung s. Orth. § 125.

b. *ch* ist einigemal dem *h* folgend verschwunden: *allmählich* mhd. almechlich zu gemach; *Blei, Bleie* (Fisch) ahd. bleicha; *geruhen* mhd. geruochen, as. rôkian, zu unterscheiden von *ruhen* (quiescere), ahd. ruowên, râwên; *Gleissner* mhd. gelîchsenære, zu gelîhsen, ahd. gilîhhisôn sich verstellen, zu unterscheiden von *gleissen* glänzen, ahd. glîzan.

56. *z > sch, ch > g.* Noch seltener haben andere Übergänge stattgefunden.

a. Für den aus *z* entstandenen S-Laut ist *sch* eingetreten (vgl. § 104): ahd. *hiruz, hirz* sollten nhd. *Hirſs* und *Hirz* ergeben; demgemäss schreibt Luther *Hirs* od. *Hirſs*; die Form mit *sch* dringt im 16. Jahrh. langsam vor. *anheischig* ist unter Anlehnung an heischen aus *antheizic* hervorgegangen. In *lauschen* haben sich wohl verschiedene Stämme gemischt; s. Gr. 1, 527 A. und die Wbb.

b. In den Endungen *-lich* und *-ich* neigt das schwach articulierte *ch* dazu stimmhaft zu werden. Daher werden einige Wörter, denen diese Endungen zukommen, jetzt mit *g*, dem Zeichen des stimmhaften palatalen Spiranten (§ 70 f.), geschrieben: *adelig, billig, eklig, heiklig, untadelig, unzählig, Reisig, Essig*; s. Orth. § 88 f.; vgl. Behaghel Grdr. § 99. — *g* für *ch* (oder *k*) hat sich auch festgesetzt in *Sarg* ahd. saruh od. sarch, mhd. sarch (G. sarches) od. sarc (G. sarkes); *prägen* mhd. bræchen, præchen. Luther schreibt noch *Sarck, adelich,* *billich, vnzelich* (Franke § 102. 106), dagegen öfters *-ligkeit* für unser *-lichkeit* (eb. § 98) z. B. *Herrligkeit, fertigkeit, freundligkeit*, nie *-lig* für *lich*. Das *g* in *ligkeit* bezeichnet Verschlusslaut (§ 49) und zeigt, dass die Aussprache aus einer Zeit stammt, in der *ch* noch nicht zur reinen Spirans geworden war.

57. *sk* > *sch (s)*. Das *sch*, das in unserer jetzigen Sprache durchaus einen einheitlichen Laut (*š*) bezeichnet, hat sich zuerst aus der Consonantgruppe *sc* entwickelt; g. *skôhs* Schuh, *skilliggs* Schilling, *skatts* Schatz, *skildus* Schild, *fisks* Fisch, *priskan* dreschen etc. Der Verschiebung unterlag die Tenuis in dieser Verbindung ebenso wenig wie in *st* und *sp*; Aspiration und Affrication fand nicht statt oder drang nicht durch (§ 51 A. 1), die Articulation des Lautes war schwächer, daher althochdeutsche Schreiber nicht selten, namentlich im Inlaut, *sg* setzen (§ 53): *arsgeidan, wasgan, asga* u. a. Im nordwestlichen Deutschland, 'der westfälisch-friesischen Ecke' hat diese gesonderte Aussprache sich bis heute erhalten; im Gemeindeutschen aber ist sie aufgegeben.

Die Entwickelung von *sc* zu *š* ging, wie aus dem zusammengesetzten Zeichen *sch* zu schliessen ist, in der Weise vor sich, dass zunächst die Tenuis *c* zum Spiranten *ch* wurde. Statt des Verschlusses, der von Anfang an verhältnismässig schwach war, wurde bald nur eine Reibungsenge gebildet, allmählich immer flüchtiger und unvollkommner, bis der Laut schliesslich ganz erlosch. Jedoch ist das nicht so zu verstehen, als wäre der neue Laut einfach dadurch entstanden, dass das *c* hinter dem *s* verschwunden sei; denn sonst müsste das alte *s* in der Verbindung *sc* eben den Laut unseres nhd. *sch* gehabt haben, was durchaus unwahrscheinlich ist. Vielmehr ist anzunehmen, dass das *c* erst schwand, nachdem es die Articulationsweise des vorangehenden *s* wesentlich beeinflusst und verändert hatte, ähnlich wie das umlautende *i* erst schwand, nachdem es den Vocal der vorhergehenden Silbe umgestaltet hatte. Die beiden Laute waren zu einem neuen eigentümlichen Gebilde zusammengeschmolzen; Orth. S. 149.

— Dass das *c*, ehe es verschwand, palatalisiert war (Br. § 146. Whd. § 206), hat man keinen Grund anzunehmen.

58. Wann und wo diese Umbildung sich zuerst vollzog und wie sie sich allmählich ausbreitete, ist noch genauer zu untersuchen. Die Wandlung des *c* zur Spirans hat man geglaubt bis in das 9. und 8. Jahrh. hinaufrücken zu dürfen (Whd. a. Gr. § 192. mhd. Gr. § 206); aber wäre schon im Ahd. Spirans gesprochen, so würden die Schreiber auch das gewöhnliche Zeichen der gutturalen Spirans gebraucht und *sh* geschrieben haben. — Nicht selten begegnen wir im Ahd. der Zeichenverbindung *sch*, z. B. *scheffo, bischein, forschôn*; Br. § 146 A. 2. Aber dieses *ch* hat für manche Schreiber ohne Zweifel nur die Bedeutung des Verschlusslautes (§ 51 A.) und dass es irgendwo in den älteren Quellen den Spiranten bezeichnen solle, ist nicht zu erweisen, da diese Bedeutung dem *ch* erst allmählich erwächst (§ 45); vgl. Kögel, K. Gl. S. 93. Die normale Bezeichnung bleibt bis ins 11. und 12. Jahrh. *sc* (*sk*); Br. a. O. Whd. § 206. Dann aber dringt *sch* vor und in alemannischen Handschriften des 13. Jahrh. erscheint *sc* nur noch ausnahmsweise. Während also das Alemannische *ch* als Zeichen für einfaches *k* aufgiebt (§ 42), setzt es sich in der Verbindung *sch* fest und beweist dadurch die eigentümliche Entwickelung dieser Consonantgruppe. Daneben finden wir im 12.—14. Jahrh. sowohl oberdeutsch als mitteldeutsch *sh* (Whd. § 206. 210.). Damals also fassten die Schreiber, soweit sie neben dem *s* überhaupt noch einen eigentümlichen Laut vernahmen, denselben als gutturalen Spiranten auf.

Die schwache Articulation, der das *c* hinter dem *s* unterliegt, äussert sich frühzeitig darin, dass die Schreiber das *c* ausliessen. Einige *s* für *sc* in den Keronischen Glossen (*sepit* = scephit, *samalih* = scamalih, Kögel a. O.) mögen Schreibfehler sein, doch begegnet dieses *s* auch sonst in ahd. Schriften, namentlich wenn noch ein dritter Consonant folgt, vor dem das schwache *c* am wenigsten zur Entfaltung kommen konnte (§ 158); z. B. *wista* für *wiskta* wischte, *fleislîchemo* fleischlichem; Br. § 146 A. 5. Öfter aber begegnet dieses *s* erst seit dem 12. Jahrh., also zu derselben Zeit, wo auch *sh* aufkommt, im Ober- wie im Mitteldeutschen; Whd. § 206. 210. Die Schreibung bekundet, dass *sch* jetzt als einheitlicher Laut ein modificiertes *s* aufgefasst werden konnte. Das gangbare Zeichen blieb nichts destoweniger *sch*; Versuche, die das *s*-artige mehr hervortreten lassen (*ssh, ssch, sschs*), drangen nicht durch, auch gelang es nicht ein neues einheitliches Zeichen in Aufnahme zu bringen, obwohl die Schreibmeister bereits früh den Mangel des Alphabetes erkannten; s. Orth. § 114.

Anm. Zwei Wörter nehmen eine besondere Stellung ein, das Verbum *sollen* und das Adj. *scharf*. *scal scolan* heisst seit dem 11. Jahrh. meist *sal sol solen*, selten begegnen die Formen ohne *c* in den älteren Quellen. Ohne Frage hat die geringe Betonung des Wortes den Verlust des Lautes veranlasst. Franck, Wb. (*zullen*). Umgekehrt hat das Adj. *scharf* in den älteren Quellen fast durchaus *s* als Anlaut, erst seit dem 10. und 11. Jahrh. häufiger *sc*; Br. § 146 A. 4; vielleicht sind *sarf* und *scarpf* zwei verschiedene Wörter; vgl. v. Fierlinger KZ. 27, 190. Kauffmann, PBb. 12, 505 A. 2. Kögel, Lbl. 1887, Sp. 111.

Germ. *d.*

59. Die germanischen Tenues haben im Hochdeutschen wesentlich gleiche Behandlung erfahren. Denn wenn auch die dentale Tenuis in ihrer Entwickelung der labialen und gutturalen voraneilt und die gutturale schliesslich in einer Form erscheint, die von der des *p* und *t* erheblich abweicht, so ist doch die Entwickelung zunächst dieselbe und führt im Inlaut zwischen Vocalen auch zu übereinstimmenden Resultaten. Anders liegen die Verhältnisse bei den germ. *b, d, g*. Schon in unseren ältesten Denkmälern nimmt *d* eine ganz besondere Stellung ein; *b* und *g* gehen nicht mit dem in seinem Ursprung gleichartigen *d* zusammen, sondern mit der Spirans *th*. Wir betrachten daher zunächst *d*, dann *b, g* und *th*.

Die Bahn in der sich die Entwickelung des *d* bewegt, wird bezeichnet durch: stimmhafte Spirans, Media, Tenuis. Im Gotischen steht der Laut je nach den Umständen auf der ersten oder zweiten Stufe (§ 26); im Hochdeutschen gilt, wie überhaupt im Westgerm., Verschlusslaut überall; auf einem Teil des Gebietes wird die letzte Stufe, stimmloser Verschlusslaut gewonnen. — Diese Verschiebung von *d* zu *t* reicht nicht ganz so weit wie die von *t* zu *z*. Unsere ahd. Denkmäler zeigen sie heimisch in Oberdeutschland und Ostfranken; dagegen in Mittelfranken behauptet sich *d*, und in Rheinfranken finden wir *d* und *t* nebeneinander. Besonders ausgeprägt ist der Gebrauch Otfrieds, im südlichsten Rheinfranken. Er schreibt im Inlaut stets *t*, im Anlaut fast durchaus *d*; z. B. g. *dags, dag* Tag; g. *ddils, deil* Teil; g. *dal, dal* Thal; g. *dragan, dragan* tragen; g. *drigkan, drinkan* trinken u. a.; dagegen im Inlaut g. *rêdan, râtan* raten; g. *biudan, biatan* bieten; g. *dêd-s, dât* That; g. *gôdei, guati* Güte; g. *bindan, bintan* binden; g. *gildan, gëltan* gelten; g. *hairda, hërta* Herde u. a. Braune (§ 163 A. 3) meint, diese consequente Scheidung dürfte eher auf willkürlicher orthographischer Regelung beruhen als auf wirklichen Lautverhältnissen; und mit grösserer Bestimmtheit hatte vorher schon Kräuter (Lautverschiebung S. 42. 78. 93 f.) diese Ansicht ausgesprochen. Aber sie entbehrt des Grundes und die sorgfältige Beobachtung, die Otfried den Lauten gewidmet hat, macht sie ganz unwahrscheinlich. Die auffallende Thatsache, dass der stimmlose Laut sich früher im Inlaut zwischen stimmhaften Elementen einstellt als im Anlaut, erklärt sich aus demselben Verhältnis zwischen In- und Auslaut, das wir in der Tenuisverschiebung wahrnehmen: der schwächer articulierte Anlaut der unbetonten Silbe ist dem Wandel mehr ausgesetzt als der der betonten Stammsilbe. — So consequent durchgeführt wie bei Otfried finden wir den Wechsel zwischen anlautendem *d* und inlautendem *t* nur noch in der Pfälzer Beichte (MSD. LXXIV[a]); an Spuren, dass er in der Mundart begründet war, fehlt es auch sonst nicht; Br. § 163 A. 1. 2.

In der Verdoppelung wird *d* überall, auch im Rheinfränkischen, zu *t* verschoben; z. B. g. *midjis* (medius), ahd. *mitti*; g. *badi* ahd. *betti*; g. *þridja* ahd. *dritto*; g. *bidjan* ahd. *bitten*.

Anm. Über *tw, zw, kw* s. § 85.

60. Vermischung mit *d* < *þ*. — Der Laut welcher durch die Verschiebung des *d* entstand, muss zunächst eine stimmlose Lenis gewesen sein; jetzt erscheint er in sorgfältiger Aussprache als eine kräftige, in betonter Stellung aspirierte Tenuis.

Es hat sich also, vielleicht erst im Nhd. (Behaghel Grdr. § 94,3), der Process wiederholt, den die idg. Tenuis im Urgermanischen, die germanische im Hochdeutschen erfahren hatte (§ 20. 40). In einer nicht ganz kleinen Zahl von Wörtern finden wir aber statt *t* das ältere *d*.

Die Störung ist zum Teil dadurch veranlasst, dass die stimmlose Lenis wieder stimmhaft geworden, also zu ihrem Ursprung zurückgekehrt ist; zum Teil dadurch, dass in den meisten Mundarten, das aus germ. *þ* verschobene *d* (§ 82) mit unserm Laute zusammengefallen ist, und zwar in Mittelfranken und Niederdeutschland dadurch, dass *þ* zwar zu *d*, aber *d* nicht zu *t* geworden war, in oberdeutschen Mundarten dadurch, dass *þ* über *d* hinaus zu *t* verschoben wurde; g. *dags* Tag und *þagks* Dank werden also mit demselben Anlaut: hier *dag*, *dank*, dort *tac*, *tank* gesprochen; vgl. Behaghel Grdr. § 94, 4. Ob sich die Wandelungen des Lautes aus unserer Überlieferung genau bestimmen lassen, ist mir zweifelhaft. In der mhd. Zeit zeigen die elsässischen Denkmäler *d* (= germ. *d*) im Anlaut, mitteldeutsche im Anlaut und Inlaut, daneben aber auch *t*; Whd. § 184. 187 f. Den vielfach schwankenden Gebrauch der späteren Zeit untersucht von Bahder, Grundlagen S. 239—262. Namentlich die oberdeutschen Schreiber bemühen sich vergebens die Gebiete der beiden Laute zu sondern; oft schreiben sie *t* für germ. *þ*, oder *d* für germ. *d*, oder sie drücken den unsicheren Laut durch *dt* aus. Schliesslich ist es gelungen einen festen Gebrauch zu erzielen, doch entspricht er nicht überall dem etymologischen Wert der Laute.

61. Inlautendes *d* = germ. *d*. a. Schon im Ahd. kehrt *t* nach Nasalen, namentlich nach *n* zu *d* zurück, indem das *t* durch eine Art Assimilation den Stimmton des vorangehenden ihm durch die gleiche Zungenarticulation am nächsten verwandten *n* annimmt: *bindan* für *bintan*, g. *bindan*. Man könnte vermuten, dass in dieser Verbindung das *d* überhaupt unverschoben geblieben sei (Whd. § 185), doch müsste dann *nd* grade in den ältesten Quellen am öftesten begegnen, was nicht der Fall ist; Br. § 163 A. 5. Bei Notker ist der Gebrauch bereits durchgeführt, nicht durch orthographische Regelung, sondern

§ 61.] Hochd. Lautverschiebung. Germ. *d* = hd. *d*. 49

nach sorgfältiger Lautbeobachtung. Ob der Übergang auf dem ganzen Sprachgebiet erfolgte, mag zweifelhaft sein (v. Bahder S. 256), jedenfalls war er weit verbreitet, und so ist er auch von der Schriftsprache angenommen. Otfried schreibt *bintu, blintêr, enti, fiante, gibenti, lante, wentu, wintu* etc.; wir *binde, blinder, ende, Feinde, Gebände, Lande, wende, winde* etc.; uns ist *finden : binden* ein reiner Reim, Otfried unterscheidet *findan* (g. *finþan*) und *bintan* (g. *bindan*).

Nur wenige Wörter haben sich der Regel entzogen, namentlich solche, auf -*er* (§ 141 A): *hinter* (aber *hindern*), *hinten, unter, unten, munter, Sinter* (dagegen *Wunder, sondern*). Durch Systemzwang ist *nt* hergestellt im sw. Prät.; z. B. *nannte, kannte, wähnte* mhd. nande, kande, wânde und in Ordinalzahlen: *siebente, neunte, zehnte*, mhd. sibende, niunde, zehende.

Anm. In *Winter* beruht *nt* auf germ. nt: g. *vintrus* (§ 52); *t* wird auch im Mhd. in der Regel geschrieben. *Ernte* ist eine junge Bildung für mhd. erne (vgl. *Hüfte*: mhd. *huf*). — *nt* in Fremdwörtern: *bunt* l. punctus, *entern* ndl. enteren, nach span. entrar; *Kante* frz. cant; *kunterbunt* zu mhd. kunterfeit = contrafactus; *Lunte* ndl. lont, engl. lunt etc.

b. Jünger und weniger verbreitet ist die Neigung *t* nach *l* und *r* zu erweichen; Whd. § 185; Paul § 71 A. 1—3; v. Bahder S. 243. 248 f. Doch hat sich auch hier *d* in einigen Wörtern festgesetzt: *Geduld, geduldig, dulden* mhd. gedult, gedultic, dulten; *Geld* mhd. gelt (zu gelten); *mild* mhd. milte; *Schild* mhd. schilt, g. skildus; *Mulde* mhd. mulde, muolte, muolter, l. mulctra. In den meisten hat sich *lt* behauptet, obwohl in der kursächsischen Kanzlei *ld* beliebt war; also: *alt, gelten, walten, Gewalt, schelten, spalten* etc. — Noch weniger hat *d* nach *r* Wurzel gefasst. Wir haben es in: *Herde* ahd. hërta, mhd. bërt (aber *Hirte* ahd. hirti); und in dem ndd. *Bord*; sonst gilt *rt*: *Fahrt, Geburt, hart, Garten, Schwert, Warte* u. a.

c. Auch nach langem Vocal ist *d* sporadisch eingetreten (Whd. § 185): *niedlich* vgl. ahd. nietsam, as. niudsam angenehm; *Ried* mhd. riet; *Kleinod* mhd. kleinôt; auch *Brod* mhd.

W. Wilmanns, Deutsche Grammatik. 4

brôt hat bis in die neueste Zeit neben *Brot* gegolten. *Strand* ist ndd. Lehnwort.

Anm. 1. In *Hürde* mhd. hurt Pl. hürte, hürde, ahd. hurt Pl. hurdí, g. haurds F. (Thür) vgl. l. crates, lässt sich die Doppelheit auf grammatischen Wechsel zurückführen, v. Bahder S. 244; vielleicht auch in *roden, rotten*, mhd. roden, roten zu riuten, *reuten*. Auf alter Doppelform beruhen auch *Atem*, ahd. âtum und *Odem* as. âdom, ags. æþm. Kluge, KZ. 26, 98.

Anm. 2. Bei Luther ist das *d* verbreiteter; nach *n* besonders in den Ordinalzahlen *siebende, neunde, zehende*; im Prät. von *können*: *kunde*, auch in *hinder, under*; nach *r* in *vierde*; nach *l* in *eldern* (alte Form d < þ Br. ahd. Gr. § 163 A. 6), *überweldiget*. Dem entsprechend zuweilen im Auslaut. Aber auch sonst findet sich *d* für *t*. Bis c. 1525 schreibt er *deutsch*, dann aber *deudsch*, zuweilen auch *deudlich*; vereinzelt *Widwe*. In *disseyt* und *jenseit* weicht seit 1524 das richtige *t* immer mehr dem *d*. Ebenso schwankt *brot* und *brod*, *Rad* und *rat (radt, rath)*, *stad* wird schliesslich die herrschende Form für *stadt*; häufig ist *tod* (Adj.), vereinzelt *rödlich, webd, gelobd, breudgam*. Franke § 81. 82. Neben *d* ist *dt* beliebt: *bundt, kandte, sandte, gesandt, wandte, gewandt, Gefreundte, Erndte, tindte; radt, nodt, stadt, stedte, todt, tödten*. Franke § 83. 122, 9. — Umgekehrt hat er echtes *t* für unser *d* in *Kleinote*, vereinzelt auch in *geltis* (Geldes), *hürten*. a. O. § 86.

62. Anlautendes *d* = germ. *d*. Mehrere sind als niederdeutsche Lehnwörter anzusehen: *Damm, Daune, deftig, Deich, Döbel, Dorsch, Drohne* (§ 228), *Drossel, Düne*, auch wohl *Daube*. — Andere sind gemein-deutsche Wörter: *Dampf, dauern* (miseret), *dengeln, Dill, Docke, Dohle, Dolde, Dotter, Drude, ducken, Duft, Dult, dumm, Dung, dunkel, Dunst, verdutzt*. Verhältnismässig viele gehören mehr der Verkehrs- als der Schriftsprache an und daher kommt auch das *d*; vgl. § 78. — In einigen Fremdwörtern, deren *d* in der älteren Sprache zu *t* verschoben war, ist *d* wieder hergestellt: *Dammwild* l. dama, mhd. tâme; *dauern* (währen) l. durare, mhd. dûren und tûren; *Daus* afrz. douz, mhd. dûs, tûs; *dichten* l. dictare, mhd. tihten; *verdoppeln, doppelt* vgl. mhd. doppeln, topelspil, frz. double; *Drache* l. draco, mhd. trache; *Dutzend* ml. dozena, frz. douzaine, mhd. totzen.

Anm. Luther schreibt abweichend von unserm Gebrauch einerseits: *tham* (Damm), *totter, tumm, tungen, tunkel* und in Fremdwörtern *tichter, trache, tum* (Dom l. domus), anderseits *doll, draube, daumeln, dapfer*. Franke § 82. 84.

Germ. *b* und *g*.

63. Trotz der Ausnahmen kann man es doch als Regel ansehn, dass germ. *d* in der nhd. Schriftsprache zur Tenuis geworden ist. Dagegen haben sich germ. *b* und *g*, abgesehen vom Auslaut, über den besonders zu handeln ist (§ 146), nicht über die Stufe der Media erhoben. Die Geschichte der Laute ist noch nicht genügend aufgeklärt; mundartliche Unterschiede treten stark hervor, bald erscheinen die Laute als Medien, bald als Spiranten, bald als leichte Tenues und die Bezeichnung der Schrift lässt uns oft im unklaren, welcher Laut von dem Schreiber gemeint war.

Da *b* und *g* ebenso wie *d* ursprünglich spirantisch gesprochen wurden, so lag es nahe, die spirantische Aussprache, wo sie uns im Hd. begegnet, als treu bewahrten Rest urgermanischer Articulation anzusehen (§ 25 f.); doch lässt sich diese Auffassung mit der historischen Überlieferung nicht vereinen. Vielmehr scheint, dass auf dem eigentlich hochdeutschen Gebiet die Entwickelung überall von stimmhaften Verschlusslauten ausgeht und dass diese später teils zu stimmlosen Verschlusslauten, teils wieder zu Spiranten geworden sind.

A. *b* und *g* als Verschlusslaute.

64. Bezeichnung. Den oberdeutschen Schreibern, welche germ. *p* der veränderten Aussprache gemäss durch *ph* oder *pf* bezeichneten (§ 40), standen für die Bezeichnung des Lautes, der dem germ. *b* entsprach, zwei Buchstaben zu Gebote, *b* und *p*. In den ältesten oberdeutschen Denkmälern ist *p* das gewöhnliche Zeichen; in einigen findet man nur *p*; z. B. *poto* Bote, *hapen* haben; in den meisten aber *p* und *b* nebeneinander. *b* dringt im Laufe der Zeit vor und zwar früher in den alemannischen Quellen als in den bairischen und entschiedner im Inlaut als im Anlaut. Im Anlaut dauert das Schwanken zwischen *p* und *b* während des ganzen Mittelalters fort (Whd. § 159); dagegen inlautendes *p* tritt in den alemannischen Schriften schon im 9. Jahrh., in den bairischen vom

11. Jahrh. ab zurück; also *pote* od. *bote*, aber *haben*. Br. § 136, A. 1—4.

Ganz ähnliche Verhältnisse finden wir bei germ. *g*. Den Schreibern, welche der veränderten Aussprache gemäss germ. *k* durch *ch* oder *kh* bezeichneten (§ 41), standen für die Bezeichnung des Lautes, der dem germ. *g* entsprach, die Buchstaben *g, c, k* zur Verfügung. Alle drei kommen auch vor; doch überwiegt von Anfang an *g* und drängt *k* und *c* allmählich ganz zurück. Die inlautenden *k, c* sind bereits vom 10. Jahrh. ab völlig verschwunden; im Anlaut nimmt die Schreibung mit *g* immer mehr zu und viele der späteren ahd. Quellen kennen auch anlautend nur *g*; Br. § 149 A. 6. Die Bewegung verläuft also genau in derselben Richtung wie die des *b*, nur kommt sie hier früher zu Gunsten des *g* zum Abschluss, woraus sich der Vorteil ergab, dass *k* nun zur Bezeichnung der Africata oder Aspirata gebraucht werden konnte (§ 42).

Anm. Über den ausgedehnten Gebrauch, den die Bezeichnung des germ. *g* durch *c* und *k* — durch *k* namentlich vor *e* und *i*, dann vor *a*, zuletzt vor *o* und *u* — fand, s. Kauffmann, Germ. 37, 249 f.

65. Notkers Kanon. Aus dem Schreibgebrauch, wie er im Vorstehenden angegeben ist, folgt einmal, dass germ. *b* und *g* in den oberdeutschen Mundarten Verschlusslaute waren, denn auf solche weisen die Zeichen *p, c, k* mit voller Sicherheit; sodann dass für die Schreiber ein wesentlicher Unterschied zwischen *b, g* einerseits und *p, c, k* andererseits nicht bestand. Höchstens wäre aus der Bevorzugung von *b* und *g* im Inlaut zu schliessen, dass sie mit diesen Buchstaben die Vorstellung schwächerer, mit *p, c, k* die stärkerer Laute verbanden. Genauere Unterscheidung übt Notker. Seine Schriften zeigen, wie bereits J. Grimm gesehen hat, einen an bestimmte Bedingungen geknüpften Wechsel von *b* und *p*, *g* und *k*, und ebenso von *d* und *t*, wenn germ. *þ* zu Grunde liegt.

Im Inlaut schreibt er immer *b, d, g*; im Anlaut nur, wenn das vorhergehende Wort auf Vocal, Liquida oder Nasal ausgeht; dagegen *p, t, k*: 1. nach einer Pause, also am Anfang eines Satzes oder Satzteiles; 2. nach Worten, welche auf

Verschlusslaute oder tonlose Spiranten ausgehen; z. B. *Ter bruoder, unde des pruoder. Tes koldes, unde demo golde.* Br. § 103. Über den Wechsel *f : v* s. unten § 93.

Aus diesem Gebrauch ist mit Sicherheit zu schliessen, dass Notker mit *b, d, g* stimmhafte Laute, mit *p, t, k* stimmlose bezeichnete. Zwischen stimmhaften Elementen schreibt er *b, d, g*, weil die Laute in solcher Umgebung selbst stimmhaft waren, zwischen stimmlosen *p, t, k*, weil sie dort keinen Stimmton hatten. In seiner Mundart waren die inlautenden *b, d, g* Medien, die anlautenden aber weder Mediae noch Tenues, sie erscheinen als das eine oder das andere je nach ihrer Umgebung; ähnlich wie unser nhd. *ch* weder palataler noch velarer Laut ist, sondern nach der Natur des vorangehenden Lautes das eine oder das andere wird.

Anm. Die Ansicht, dass in Notkers Mundart *b, g, d* überhaupt stimmlos gewesen seien (Behaghel, Grdr. § 58 u. a.), scheint mir unbegründet.

66. Aussprache im Oberdeutschen. Die auf sorgfältige Beobachtung gestützte Orthographie des St. Galler Mönches gestattet nun auch einen Schluss auf die vorangehende Zeit. Da *b* und *g* ihrem Ursprung nach stimmhafte Laute sein müssen und auch bei Notker im allgemeinen noch stimmhafte Laute sind, die nur im Anlaut unter gewissen Bedingungen stimmlos werden, so wird in den vorhergehenden anderthalb Jahrhunderten die Stimmlosigkeit nicht weiteren Umfang gehabt haben. Die inlautenden *p, c, k* und die anlautenden, denen Vocal, Nasal oder Liquida vorangeht, müssen in den älteren alemannischen Denkmälern also jedenfalls stimmhafte Verschlusslaute bezeichnen. Ihre Verdrängung durch stimmlose Laute (§ 73 f.) gehört einer späteren Zeit an. Wie lange nach einer Pause, nach Verschlusslauten und stimmlosen Spiranten im älteren Alemannischen noch Medien gesprochen wurden, bleibt unentschieden. Wir wissen nicht, wann die Regelung der Aussprache, die Notkers Schrift bekundet, aufkam und wie weit sie verbreitet wurde*. Spuren seines Kanons finden sich auch in an-

---

* Wie ich nachträglich bemerke, zeigt Fr. Wilkens, Zum hochalemannischen Konsonantismus der Ahd. Zeit (Lpz. 1891) S. 25 f. aus

dern alt- und mittelhochdeutschen Aufzeichnungen, aber verhältnismässig nicht viele. Br. § 103. Whd. § 155. Sie würden jedenfalls öfter hervortreten, wenn alle Schreiber die Sorgfalt und Beobachtungsgabe Notkers besessen hätten. Schreibern, die nur das einzelne Wort ins Auge fassten, um seine Schreibung festzustellen, musste notwendig ein Lautwechsel, der sich nur im Zusammenhang der Rede zeigt, entgehen.

Anm. 1. Der Annahme, dass germ. *b, g* im Alemannischen noch Medien waren, steht ihre häufige Bezeichnung durch *p, c, k* befremdlich gegenüber. Selbst unter der Voraussetzung, dass die Aussprache wie bei Notker wechselte, bleibt es auffallend, grade in den ältesten Denkmälern diese Zeichen so oft, in manchen ausschliesslich zu finden. Darf man vermuten, dass das oberdeutsche Schriftsystem von Männern ausgebildet wurde, die *b* und *g* verwarfen, weil sie — etwa nach dem Muster des Ags. — mit diesen Buchstaben die Vorstellung von Spiranten verbanden? Die weitere Entwickelung liesse sich unter dieser Voraussetzung leicht begreifen. Als die Rücksicht auf die fremden Werte zurück trat, liess man *b* und *g* zu und gewann damit ein Mittel allmählich die stimmhaften und stimmlosen Verschlusslaute zu unterscheiden.

Anm. 2. Ähnlich wie in Notkers Mundart, wechseln auch noch jetzt in Mundarten stimmhafte und stimmlose Laute; v. Bahder S. 226. 241.

67. Im Oberfränkischen (Hoch- und Rheinfränkischen) sind *b* und *g* an allen Stellen des Wortes die gewöhnlichen Zeichen für germ. *b* und *g*; z. B. *garto* Garten, *gëban* geben, *gurten* gürten, *sagên* sagen, *angust* Angst, *magad* Magd, *badôn* baden, *brunno* Brunnen, *lobôn* loben, *kolbo* Kolben etc. Man hat keinen Grund diesen *b* und *g* eine andere als die jetzt übliche mediale Aussprache beizumessen. Germ. *b* und *g* sind hier also Verschlusslaute wie im Oberdeutschen, doch haben dieselben nicht die Verschiebung zu stimmlosen Lauten erlitten.

B. *b* und *g* als Spiranten.

68. Spuren spirantischer Aussprache von germ. *b* und *g* begegnen auf eigentlich hochdeutschem Gebiet in den ältesten Denkmälern fast gar nicht, aber je länger um so mehr.

---

den St. Galler Urkunden, dass die Aussprache, welche Notkers Kanon bekundet, in St. Gallen schon im 8. und 9. Jahrhundert galt. — *b, d, g* nimmt auch Wilkens für Zeichen stimmhafter Laute.

1. Spirantische Aussprache des inlautenden *b* ist für das **Mittelfränkische** früh durch die Schreibung *v* gesichert; z. B. *sëlvo, erve, leven, belîve, ergëven*. Auch in einigen aus den nördlichsten Teilen der oberfränkischen bez. mitteldeutschen Mundarten stammenden Quellen findet sich dies inl. *v*; Br. § 134 A. 1. Später im südlichen Franken, dem Mosellande, Hessen, Thüringen und im Osten; Whd. § 176.

Für das **Bairische** bekundet der häufige Wechsel von *b* und *w* in Schriften des 15.—16. Jahrh. sowohl stimmhafte Aussprache des *b* als seine nahe Berührung mit dem Spiranten; z. B. *ban, berden, bort* für *wan, werden, wort*; *offenwâr, êrwær, gewurt* für *offenbâr, êrbære, geburt*; Whd. § 159. 178.

Helber erklärt in- und auslautendes *b* schlechthin für einen Reibelaut.

69. 2. Auf spirantische Aussprache des *g* weist einerseits seine Bezeichnung durch *h, ch, gh*, anderseits die Verwendung des Zeichens *g* für die Laute *h, ch* und *j* hin. Doch ist aus der Schreibweise nicht unmittelbar auf die Aussprache zu schliessen. Denn eine genaue phonetische Schreibung giebt es nicht; oft bezeichnen die Buchstaben nur verwandte, nicht identische Laute.

a. *h : g.* Einen ziemlich zuverlässigen Beweis für die spirantische Aussprache des *g* giebt der Gebrauch von *h* für *g* oder von *g* für *h*. Denn da *h* Spirans ist und nur in seltenen Fällen in Verschlusslaut übergeht (§ 91 f.), lässt der wechselseitige Gebrauch von *g* und *h* im allgemeinen sich nicht anders verstehen, als dass die Schreiber mit *g* die Vorstellung eines spirantischen Lautes verbanden. In der älteren Zeit aber fehlt dieser Gebrauch fast ganz. — Wäre, wie man gewöhnlich annimmt, inl. *g* als stimmhafte Spirans gesprochen, so wäre in den Denkmälern, welche dem stimmhaften Laut im Wort- und Silbenschluss den Stimmton entziehen, *h* sein natürlicher Vertreter im Auslaut (*taʒe : tah*); aber dieses *h* findet sich sehr selten, und mit Recht schliesst Jellinek PBb. 15, 268 f. daraus, dass *g* eben keine Spirans war. Aus der Litteratur des 9. Jahrh. werden nur zwei Beispiele angeführt:

genâthih im Augsb. Gebet und *wirdih* in den Hymnen Br. § 148 A. 1. § 149 A. 5. Auch die spätere Zeit bietet wenige Beispiele; Whd. b. Gr. § 196. a. Gr. 223. Jellinek a. O.

Die umgekehrte Bezeichnung von germ. *h* durch *g* ist den ahd. Denkmälern gleichfalls fremd; erst in einigen späteren fränkischen Denkmälern, wie im Arnsteiner Marienl. findet sich ausl. *g* für *h*: *nog, durg, sag, gescag*. Br. § 154 A. 3. Und so pflanzt sich der Gebrauch durch die mhd. Zeit fort; Whd. § 224. 226. Für die Gebiete, in denen er stattfindet, ist spirantische Aussprache des *g* anzunehmen; Luther bietet nur einige wenige Beispiele: *flog, floge, flöge* für *flohe flöhe, zeugt* für *zeucht*, nhd. *zieht*; Franke § 101.

Auch Reime zwischen ausl. *h* : *g* beweisen die spirantische Aussprache, vorausgesetzt dass die Dichter genau reimen. Whd. § 234. 237; vgl. unten § 91 A.

Anm. 1. Die beiden Belege aus dem 9. Jahrh. darf man, obwohl sie vereinzelt dastehn, nicht als Schreibfehler verwerfen: Beide betreffen die Endung *-ig*; der Consonant der schwach betonten Silbe hinter dem Vocal, der am entschiedensten palatale Aussprache wirken musste, wurde zuerst als Spirans aufgefasst. Auch später nimmt diese Endung eine Ausnahmestellung ein. In den Wiener Predigten des 13. Jahrh., die Jellinek S. 272 untersucht, kommt auslautendes *g* 152 mal vor, nur dreimal wird es durch *h* bezeichnet in *ledih, hœilih, sœlih*; nur in dieser Endung lässt Luther *ch* zu: *sandich, unterthenich, widdersinnich, einicher, einicherlei*; Franke § 108; und auch lebende Mundarten, die sonst Verschlusslaut sprechen, haben in dieser Endung die Spirans; Behaghel Grdr. § 82, 3. § 90, 1. — Ob auch der Schwund des inl. *g*, dem wir gleichfalls in der Endung *-ig* schon früh im Ahd. begegnen (z. B. *innewendiun, uzzenewendiun, predion, bimuniun, gnâdie* Br. a. O.) spirantische Aussprache beweist, ist zweifelhaft; jedenfalls beweist er die schwache Articulation, in der die Unterscheidung von Verschluss- und Reibelaut unterging.

Anm 2. In Verben mit grammatischem Wechsel konnte *g* für *h* natürlich auch durch Formübertragung eintreten; so in nhd. *zog, zogen* mhd. *zôh, zugen*; *schlagen, geschlagen* = mhd. *slahen geslagen*. Die Formübertragung konnte sich unabhängig von der spirantischen Aussprache des *g* vollziehen, wurde aber durch sie befördert.

70. b. *ch* : *g*. Schon früh und nicht selten wird auslautendes *g* durch *ch* bezeichnet; z. B. *mach, tach, ginuach,*

§ 70. 71.]   Hochd. Lautverschiebung. *g* als Spirans.   57

burch, warch, junch; Br. § 149 A. 5. § 148 A. 1. Doch beweist diese Schreibweise nicht ohne weiteres spirantische Aussprache des aus- und inlautenden *g*. Unbedingt ausgeschlossen ist die Annahme für solche Denkmäler, welche die auslautende Spirans, mag sie germ. *h* oder *k* sein, durch *h* bezeichnen; z. B. *sehen sah, sprechen sprah*. In ihnen muss *ch* = germ. *g* einen andern Wert als die Spirans ausdrücken, vielleicht wie Jellinek PBb. 15, 268 f. ZfdA. 36, 77 f. annimmt, eine Affricata. In andern Denkmälern ist die Annahme möglich, wenn auch an und für sich nicht notwendig. In der mhd. Zeit finden wir *ch* = *g* oft im Auslaut und vor *t*, wo *g* seinen Stimmton verliert, z. B. *lach* lag, *tach* Tag, *flouch* flog, *volchten* folgten, *gesachte* sagte; namentlich in md. Schriften, hier zuweilen sogar im Inlaut zwischen Vocalen: *clache* Klage, *versache* versage, besonders in der Endung *-ich* (vgl. § 69 A.). Whd. § 235. 237.

g für *ch* (= germ. *k*) findet sich gleichfalls in md. Denkmälern; *log* Loch, *wiroug* Weihrauch, *ig* ich, *dig* dich, *sprâge* Sprache, *breige* bräche u. a. ebenso wie inl. *ch* für *g* namentlich in Ripuarien; Whd. § 223. 226. Auch Luthers Schriften zeigen einige Spuren; § 49 Anm.

Reime zwischen ausl. *ch* : *g* begegnen sowohl bei ober- als mitteldeutschen Dichtern. Whd. § 234. 237.

Anm. 1. Das *g* für *ch* auch die ihres Reibungsgeräusches entblösste Affricata bezeichnen kann, ist § 50 bemerkt.

Anm. 2. Jellineks Annahme, dass *ch* in den Denkmälern, in denen es den Wert der einfachen Spirans nicht haben kann, die Affricata bezeichne, liegt am nächsten; auch würde sie einige auffallende *h* für *g* nach Consonanten erklären, zumal nach *n* in Wörtern wie *vanhnussida, Adalunh, Ratinh*, vielleicht auch in *Ellanpurh, Heilpurh, Isınpurh, Hiltipurh* (Whd. b. Gr. § 196. a. Gr. § 223); diese consonantischen Verbindungen wären durch Unterdrückung des Verschlusseinsatzes erleichtert (vgl. § 50). Aber da man beim *k* grade im Auslaut Abneigung gegen die Affrication wahrnimmt, scheint mir die Annahme eines affricierten *g* nicht unbedenklich; ungerechtfertigt ist es jedenfalls, sie auch für solche Denkmäler aufzustellen, welche *ch* für *h* brauchen, und ganz unhaltbar die Behauptung, auch das inl. *g*, dieser schwache, nie positionbildende, leicht verklingende Laut sei eine Affricata gewesen.

71. c. *g : j*. *j* wird im Ahd. vor *e* und *i* in der Regel durch *g*, vor allen andern Vocalen durch *i* bezeichnet; z. B. *gihu, gëhan* aber *iah, iâhun* (§ 127). Es liegt nahe, daraus zu schliessen, dass *j* und *g* vor *e* und *i* in der Aussprache nicht unterschieden waren; aber wäre dies der Fall, so müssten, da der erwähnte Schreibgebrauch überall und fast allgemein gilt, die Laute in der Sprache überhaupt zusammengefallen sein; während die Entwickelung der Schrift und Sprache zeigen, dass sie, von einzelnen Ausnahmen abgesehen, gesondert blieben. Es kann also das Zeichen *g* nicht gewählt sein, weil *j* mit *g* identisch war, sondern weil es von allen Zeichen des Alphabetes am geeignetsten schien, den consonantischen Klang, der sich aus dem Halbvocal *i* entwickelte, zu bezeichnen. Erst in jüngeren Mundarten rückten die Laute einander näher, indem teils *g* zur Spirans, teils *j* zum leichten Verschlusslaut wurde; s. § 128.

72. d. *gh : g*. Im Isidor und in einigen andern Denkmälern finden wir vor folgendem *e* und *i gh* geschrieben, und zwar im Is. regelmässig im Anlaut: *ghibu, gheba* aber *gab*; *bighinnan* aber *bigunsta* etc.; im Inlaut wechselnd mit *g* : *berghe* od. *berge*, *arstîgit* neben *araughit*. Vermutlich hängt der Gebrauch mit dem im vorigen Paragraphen erwähnten zusammen. Weil man das schwach consonantische *j* vor *e* und *i* durch *g* bezeichnete, gab man *g* vor *e* und *i* durch *gh* wieder. Ursprünglich aber war *gh* in Aufnahme gekommen, weil die Romanen dem *g* vor *e* und *i* eine von dem deutschen *g* abweichende spirantische Aussprache gaben; es wurde wie noch jetzt im Italienischen gebraucht, um dem *g* den Wert des Verschlusslautes zu sichern. MSD. S. XXV. Kauffmann, Germ. 37, 248 f. 255 f. Dass *gh* im Is. den Verschlusslaut bezeichnet, scheint zweifellos; denn in diesem Denkmal entspricht dem inl. *g* od. *gh* ein ausl. *c*. Später aber ändert sich dies. Indem die Sprache in ihrer weiteren Entwickelung vor *e* und *i* die Palatalisierung und schliesslich die Sibilierung vollzog, erwuchs für dieses Zeichen *gh* von selbst die Bedeutung eines palatalen und spirantischen Lautes, eines weichen *ch*. Im Leidner Williram darf man für ausl. *gh* (z. B.

honigh, einigh) bereits spirantische Aussprache annehmen: in mhd. Zeit wird *gh* in diesem Sinne namentlich in Ripuarien und benachbarten Strichen gebraucht, im Anlaut gewöhnlich nur vor *e* und *i*, im Inlaut auch sonst; Whd. § 222. 223.

Das Resultat ist, dass im Ahd. Beweise für spirantische Aussprache des *g* fast ganz fehlen. Dann aber finden wir sie zahlreich, namentlich im Fränkischen. Ickelsamer (aus Rotenburg an der Tauber) giebt dem *g* schlechthin den Wert eines Reibelautes. Orth. S. 39 A. 3.

Anm. 1. Warum der Schreiber des Is. nur im Anl. seine Regel streng beobachtete, im Inl. aber bald *g*, bald *gh* schrieb, ist nicht sicher zu erkennen; blosse Nachlässigkeit kann es nicht sein. Vielleicht schien das unterscheidende Zeichen hier weniger erforderlich, teils weil benachbarte Laute dem *g* seine Aussprache sicherten, teils weil inl. *g* wirklich dem *j* näher stand. In den unbetonten Ableitungssilben *-eg*, *-ig*, in denen der Laut besonders schwach war, kommen auf 11 *g* nur 8 *gh* (in dem Worte *heilac* auf 8 *g* nur 3 *gh*); in der Verbindung *ng*, in welcher das *g* gleichfalls schwach war — es ist jetzt verschwunden (§ 80) — auf 14 *ng* nur 6 *ngh* (in dem Worte *angil* auf 9 *g* nur 1 *gh*); sonst ist dagegen ein zu betonter Stammsilbe gehöriges *g* nur 17 mal durch *g*, 39 mal durch *gh* bezeichnet.

Anm. 2. Der Dichter des Meier Helmbrecht setzt v. 764 für *sagent* (dicitis) ein falsch gebildetes niederdeutsches *sakent*, sprach also im Inlaut *j*.

C. Jetzige Aussprache.

73. Die Verschiedenheiten in der Aussprache von *b* und *g* setzen sich bis in unsere Zeit fort. Über die Mundarten s. Behaghel Grdr. § 81. 82. Für die Schriftsprache teilt Trautmann § 999—1002. 1024—1027 folgende Beobachtungen mit.

1. **Anlautendes *b*** ist: a. stimmhafter Verschlusslaut in Norddeutschland, in Schlesien und in dem Striche der Rheinprovinz, der die Städte Aachen, Düren, Köln, Bonn einschliesst. — b. stimmloser Verschlusslaut in Süd- und Mitteldeutschland.

2. **Inlautendes *b*** ist: a. stimmhafter Verschlusslaut im Norden und in Schlesien. — b. stimmloser Verschlusslaut in einem Teil des Südens, namentlich auf schwäbisch-alemannischem Gebiet. — c. stimmhafter Spirant im

Mittellande, dem grössten Teil des südöstlichen Deutschlands (namentlich auch Wien) und im südlichen Rheinlande (Strassburg, Freiburg). Vgl. v. Bahder, Grundlagen S. 226 f.

74. Viel mannigfacher ist die Aussprache des *g*; zu den Unterschieden von stimmhaftem und stimmlosem, Verschluss- und Reibelaut kommt hier die namentlich bei den Reibelauten deutlich vernehmbare Verschiedenheit der Articulationsstelle hinzu.

1. Anlautendes *g* ist: a. Stimmhafter Verschlusslaut (*gut*) in Meklenburg, dem nördlichen Pommern, Rügen, Holstein und dem grössten Teil der Provinz Hannover; ebenso in Schlesien. — b. Stimmloser Verschlusslaut (*cut*) im Süden und dem grössten Teil des Mittellandes, namentlich in Obersachsen, dem Vogtlande, Nassau und Oberhessen. — c. Stimmhafter Velar (ʒ*ut*) in Friesland. — d. Stimmloser Velar (*chut*, mit ach-Laut) in fast ganz Westfalen, angrenzenden Teilen der Rheinprovinz und in Schleswig. — e. Stimmhafter Palatal (*jut*) im Magdeburgischen, der Provinz Brandenburg, grossen Teilen Pommerns und vielfach in Ost- und Westpreussen; — ebenso in der Gegend Aachen-Düsseldorf-Köln-Bonn. — f. Stimmloser Palatal (*chut* mit ich-Laut) im Göttingischen, in Strichen am Niederrhein (Krefeld?) und nördlichen Teilen des Mittellandes, so im Mansfeldischen und Hallischen. In Ostpreussen endlich wird vor *a, o, u* und Consonanten stimmhafter Velarlaut gesprochen (ʒ*ut*), vor *e* und *i* palataler (*jeben*).

2. Inlautendes *g* ist: a. Stimmhafter Verschlusslaut (*lagen, legen*) in Meklenburg mit Ausnahme des Südostens, in Holstein, dem grössten Teil der Provinz Hannover, und in Schlesien. b. Stimmloser Verschlusslaut (*laken, leken*) im Süden (vgl. § 73, 2 b). c. Stimmhafter Velar (*la*ʒ*en, le*ʒ*en*) in Friesland, Westfalen und Teilen der nördlichen Rheinprovinz, d. i. in dem Gebiet das anlautendes *g* als stimmhaften oder stimmlosen Velarlaut spricht. — Im übrigen hängt die Unterscheidung von velaren und palatalen Spiranten von den vorangehenden Lauten ab, die ersteren gelten nach *a, o, u, au*, die andern nach *e, i, ä, ö, ü, ei, eu, äu*,

l, r, und zwar e. **stimmhaft** (*laʒen, lejen*) im niederdeutschen Teile der Provinz Sachsen, in der Provinz Brandenburg, im südlichen Teile sowie wohl in allen Städten Pommerns, in Ost- und Westpreussen und Teilen Hannovers; ferner in einigen nördlichen Strichen des Mittellandes, so im Mansfeldischen und Anhaltischen; in der Gegend Aachen-Düsseldorf-Köln-Bonn; in nördlichen Strichen des Südwestens. — f. **Stimmlose Spiranten** (*lachen, lĕchen*) im Mittellande.

75. Mustergültige Aussprache. Im gemeinen Gebrauch stehen hiernach die stimmhaften Verschlusslaute nur auf einem sehr kleinen Gebiete; nichts destoweniger unterliegt es keinem Zweifel, dass sie im allgemeinen als die normale correcte Aussprache angesehen werden. Unbedingt anerkannt ist diese Aussprache für *b*; über *g* gehen die Ansichten noch auseinander, doch schränken die, welche sich einer dialektlosen Aussprache befleissigen, auch hier die spirantische Aussprache sehr ein. Nicht unbegründet erscheint mir eine Anordnung, welche neuerdings (1887) für die Mitglieder der königlichen Theater erlassen ist. Darnach soll der Buchstabe *g* im allgemeinen als leichter Schlaglaut gesprochen werden (Gott, Tag, Balg, kargt, siegt, Jagd); in der Verbindung *ng* (fing, fangen) „nur kaum anschlagend" (§ 80); als Spirant nur in der Endung *ig*, wenn *g* im Auslaut steht (König, Königreich), oder das vorangehende *i* synkopiert ist (ew'ge), also nur in der Endung, wo wir zuerst spirantische Aussprache nachweisen können (§ 69 A. 1); Orth. S. 38.

D. Verdoppelung.

76. Die verdoppelten *b* und *g* neigen mehr zur Verschiebung als die einfachen, aber doch weniger als der entsprechende dentale Laut *d*. Während die einfachen *b* und *g* inlautend im allgemeinen nicht über stimmhafte Verschlusslaute hinauskommen, vielfach zur Spirans hinabsinken, erscheinen sie in der Verdoppelung durchaus als Verschlusslaute; aber während das verdoppelte *d* auf dem ganzen hochdeutschen Gebiet zu stimmlosem *tt* wird (§ 59), werden *b* und *g* nur im Oberdeutschen zu stimmlosen Verschlusslauten, im Fränkischen erscheinen sie als stimmhafte. In den oberdeutschen Mundarten wird also im allgemeinen *pp, ck, (kk, cc)* geschrieben; z. B. g. *hugjan* denken, ahd. *hucken*; germ. *ligjan* liegen, ahd. *liccan*; as. *hruggi* Rücken, ahd. *rucki*; g. *sibja* Sippe, ahd. *sippa*; ahd. *cotaweppi* kostbares Gewebe, *uppig* üppig u. a. Im Fränkischen dagegen ist die regelmässige Lautbezeichnung *bb, gg*: *irhuggen, liggen, luggi* lügnerisch, *sibba, stubbi* Staub (vgl. g. stubjus), *gotawebbi* u. a. Br. § 148 A. 3. § 135 A. 1. Whd. § 160. 162. 221. 225. Auch insofern erscheinen *bb* und *gg* unkräftiger als *dd*, als sie leichter wieder zurücktreten und dem einfachen Laute den Platz räumen § 139. Überall, einzeln und verdoppelt, sind also *b* und *g* weniger energische Laute als $d < t$.

Jedoch gilt im Nhd., so weit die Verdoppelung beibehalten ist, im allgemeinen wie beim *d* stimmloser Verschlusslaut: *Knappe, Rappe, Sippe, Rippe, üppig; Ecke, Hecke, Brücke, Mücke, Rücken* etc. Die Wörter mit *bb* und *gg* sind meist niederdeutsche Lehnwörter: *Ebbe, Knubbe, Krabbe, krabbeln, kribbeln, Robbe; Dogge, Egge, Flagge, Bagger*. Beweisend aber für ndd. Ursprung ist *gg* nicht; s. Kluge Wb. s. v. *Egge*. — In *Roggen* hat die Schreibung lange zwischen *gg* und *ck* geschwankt; den Sieg des *gg* hat der Wunsch entschieden, das Wort von *Rocken* (colus) zu unterscheiden. *flügge* ist an fliegen angelehnt. Paul PBb. 7, 125.

Anm. In einer älteren Schicht von Verdoppelungen waren bereits im Germ. die Medien zu Tenues geworden (vgl. § 135); ihr gehört ahd. *flucchi*, mhd. *vlücke* an; daneben trat ein jüngeres *flügge* (AfdA. 11, 19), das im Oberdeutschen mit der älteren Bildung zusammenfallen musste. Die Beziehung zu *fliegen* erklärt, dass in unserer Orthographie *gg* gesiegt hat.

E. Jüngere Entartungen.

77. Trotz der nahen Berührung, in welche auf einem grossen Teil des Sprachgebietes *b* und *g* einerseits zu den stimmlosen Verschlusslauten, anderseits zu den Spiranten treten, hat unsere Schriftsprache die ursprünglich geschiedenen Laute doch ziemlich gut auseinander gehalten. Denn *k* unterscheidet sich von *g*, auch wenn dieses stimmloser Verschlusslaut geworden war, durch die Aspiration (§ 42); *ch* und *f* von dem spirantischen *g* und *b* durch den Mangel des Stimmtones; *j* und *w* dadurch, dass sie zunächst Halbvocale waren, die erst allmählich zu Spiranten werden (§ 115. 127); nur der Auffassung des *b* als *p* stand nichts im Wege, da altes *p* zu *pf* oder *f* verschoben war; dieser Übergang hat daher am öftesten statt gefunden.

78. Stimmlose Verschlusslaute für *b* und *g*.

a. *b* : *p*. Der willkürliche Wechsel zwischen *b* und *p*, der bereits im Ahd. herrscht (§ 64), dauert in oberdeutschen namentlich in bairischen Schriften durch das ganze Mittelalter bis in die neue Zeit und dringt, gefördert durch die kaiserliche Kanzlei, auch nach Mitteldeutschland vor. In Luthers älteren Schriften finden wir gegen vierzig Wortstämme, die öfter mit anlautendem *p* für *b* geschrieben werden; z. B. *peycht, prauch, misprauch, past, pesse, gepew* (Gebäu), *gepeet* u. a. Doch schon von 1521—1529 verschwindet *p* in den meisten, schliesslich sind nur *Pusch* und *Püffel* übrig und -*purg* in Zusammensetzungen wie *Augspurg, Regenspurg, Wirtzpurg, Marpurg*. Franke § 73. Von mitteldeutschen Mundarten, welche den Unterschied zwischen der Media *b* und der Tenuis *p* festgehalten hatten, ging die Sonderung der Zeichen aus; nach langem Schwanken ist ein ziemlich feststehender Gebrauch erzielt; s. v. Bahder, Grundlageu S. 224—238.

p ist namentlich in solche Wörter gedrungen, die nicht zu dem alten und geläufigen Stammgut der Schriftsprache gehören. Nicht wenige sind Fremdwörter: *Panier* mhd. panier, banier, frz. banière; *pauschen* und *bausen*, erst nhd. nach frz. poncer durchpausen und ébaucher entwerfen; *Pavian* ndl. bavian; *Pedell*, mlat. bidellus und pedellus, it. bidello, aus ahd. bital; *Pickelhaube*, mhd. beckenhûbe, mlat. bacinetum; *Pilz* mhd. bülez, ahd. buliz, l. boletus; *Pokal* it. boccale; *Posaune*, mhd. busûne, basûne, it. búccina; *prassen*, ndl. brassen schwelgen; ebenso in den slavischen Wörtern *Peitsche, Pekesche, Popanz*. — Unter denen, die keine Fremdwörter sind oder als solche sich nicht nachweisen lassen, treten besonders onomatopoëtische Bildungen hervor: *pappeln* vgl. ndd. babbeln, frz.

babiller; *picken, Picke* mhd. bicken, bicke; *plappern* vgl. mhd. blepzen, ahd. blabbizôn, nhd. ndl. blaffen; *plärren* mhd. blerren, blêren, ndl. blâren, egl. blare; *platzen* mhd. platzen, blatzen und blesten; *plaudern* mhd. plûdern und blôdern; *poltern* sp. mhd. buldern; *prasseln* mhd. prasteln, brasteln zu mhd. brasten, ahd. brastôn krachen. Anderer Art sind: *Plane, Planwagen* mhd. blahe; *Polster* mhd. polster, bolster; *Pracht* mhd. praht, braht, as. braht Lärm; *prägen*, mhd. bræchen, præchen, zu brëchen (?); *prahlen*, mhd. prâlen lärmen, ndl. brallen, pralen; *Pritsche* zu Brett (?); *Prügel*, sp. mhd. brügel Knüttel; *putzen* sp. mhd. butzen u. a. Weigand Wb. 2, 285. Luther schreibt mehrere dieser Wörter noch mit *b*: *bracht* (später öfter *Pracht*), *brangen, brassen, brasseln, banier, baucke* (selten *panier, paucke*), *basaune*. Franke § 68.

Im Ganzen scheint die Feststellung der Orthographie durch willkürliche Entscheidung gewonnen, doch haben sich auch lautliche Einflüsse geltend gemacht. Besonders fällt auf, dass verhältnismässig viele dieser Wörter mit *pl* und *pr* anlauten; vor folgendem Consonanten verlor das *b* leichter den Stimmton als vor einem Vocal. Auch in Mundarten, welche den Unterschied von *b* und *p* festhalten, ist ein Teil der anlautenden Medien in Tenuis übergegangen; von Bahder S. 226 f.

Anm. Da im Ahd. und Mhd. auch *b* für *p* eintreten kann (§ 54), so beweist ein älteres *b* nicht immer, dass *b* der ursprüngliche Laut ist. So vermutet Franck Wb. 751 für *Pracht* und *prägen* p als ursprünglichen Anlaut und Verwandtschaft dieser Wörter mit nd. *prangen*, g. *anapraggan*.

Inlautendes *p* ist für *b* eingetreten in *Haupt* (mhd. houbet, Luther: haubt) durch Synkope des *e*; in *Knorpel* (Luther: *knorbel, knörbel, knurbel*), *doppelt* frz. *double* (§ 62), *zappeln* mhd. *zabeln* und *zappeln*, durch den schärfenden Einfluss des *ęl* (§ 141 A.) In *empor* ist die Verbindung *mp* durch Assimilation aus *ntb* (§ 161) für urspr. *nb* (§ 324) entstanden, mhd. *enbor*, ahd. *in bore* (in die, der Höhe); ebenso in *empören* mhd. *enbœren*.

b. *k* für anlautendes *g* tritt schon im Ahd. zurück, ohne

ganz zu verschwinden. So schreibt Luther *kauckeln, kucken*; und nach weit verbreitetem Gebrauch *entkegen, kegen, kegenwertig*, wo das *k* sich ebenso erklärt wie das *p* in *empor*. Wir schreiben diese Wörter jetzt mit *g*. — Über *Klucke, Kuckuk* s. Kluge, Wb.; vgl. auch Weigand, Wb. 1, 880. — Der Name *Grieche* lautet von Anfang an mit germ. *k* < *g* an: g. *Krêks*, mhd. *Krieche*. Erst die spätere Gelehrsamkeit hat diese Spur regelmässiger Lautentwickelung getilgt; Luther schreibt noch *Krieche*.

Inlautendes *k* für *g* hat *Mark* (medulla), mhd. marc G. marges; vgl. ausmergeln (? Kluge, Wb. s. v. mergeln). Neben *lougnen, lougnjan* leugnen steht seit ältester Zeit *loucnen* (§ 142, noch bei Luther zuweilen *leucknen*); jetzt ist die Form aufgegeben.

79. 2. Spiranten für *b* und *g*. In einigen Wörtern ist unter dem Einfluss des Niederdeutschen spirantische Aussprache des inlautenden *b* zur Geltung gekommen, aber nicht als stimmhaftes *ƀ*, sondern als stimmloses *f*: *Hafen*, ndd. haven, mhd. habe od. habene; *Hafer*, ahd. habaro, mhd. habere (Luther: haber und hafer); *Hufe*, ahd. huoba; *Kofen*, mhd. kobe; *Behuf*, ndl. behoef, zu zu beheben. *Elfe*, ein ganz junges Wort, im vorigen Jahrh. aus dem engl. elf entlehnt, mhd. elbe, elbinne. Luther schreibt auch *pöfel*, mhd. povel Pöbel, und einige mal *Buffe* für Bube.

j für *g* ist fast allgemein angenommen in *jäh*, mhd. gâch, gæhe; zweifelhaft ist *jappen* s. Kluge, Wb. — Im Inlaut ist stimmloses *ch* eingetreten in *mancher* (neben mannigfach), mhd. manec, maneger, g. manags. Umgekehrt ist nicht selten *-ig* für *-ich* eingetreten; § 56.

80. Assimilation von *mb, ng*. Die schwache Articulation hat *b* und *g* unter gewissen Bedingungen ganz schwinden lassen, zunächst im Inlaut, dann durch Systemzwang auch im Auslaut besonders nach vorangehendem Nasal. Behaghel Grdr. § 110.

Für *mb* ist überall *m* eingetreten, d. h. der Verschluss des Nasenweges, den die Articulation des *b* verlangt, ist aufgegeben, *b* hat sich dem *m* assimiliert, z. B. *Amt*, mhd. ambet, *dumm* mhd. tumb, *Kamm, krumm, Kummer, Kumm, Lamm, um, zimmern* u. a. Der Gebrauch geht von Mitteldeutschland aus (Whd. § 162), doch schreibt Luther noch *Kamp* für Kamm und *umb, lamb, ampt* sind durchaus in überwiegendem Gebrauch.

Der genau entsprechende Vorgang in der Verbindung *ng* ist nicht so consequent durchgeführt und hat in der Schrift keinen Ausdruck gefunden. Im Inlaut zwischen Vocalen wird der Verschlusslaut nirgends mehr articuliert, obwohl wir ihn schreiben, z. B. *Junge, Dinge, gelingen,* auch in *länglich.* Dagegen im Auslaut und vor Consonanten z. B. *jung, Ding, gelang* ist er noch nicht ganz aufgegeben; nach Trautmanns Angabe (§ 1053) ist er im Süden und im südlichen Mittellande erloschen, während er im Norden und nördlichen Mittellande noch sehr überwiegend gesprochen wird. Die Vorschrift für die Berliner Schauspieler verlangt, dass der Laut „nur kaum anschlagend" gesprochen werde.

81. Schwund des intervocalischen *b, g.* Zwischen Vocalen ist besonders das *g* der Unterdrückung ausgesetzt. Im Mhd. sind Verbalformen wie *list, lit* zu *ligen; leist, leit, leite* zu *legen; treist, treit* zu *tragen; seist, seit, seite* zu *sagen* weit verbreitet und sorgfältigen Dichtern genehm. Ursprüngliches *igi* und *egi < agi* liegen ihnen zu Grunde (auch den Formen von *sagen*: seggen segist segit etc.), also Verbindungen, in denen die umgebenden Vocale, vorangehendes *i* oder das hohe umgelautete *e* und folgendes *i,* palatale Aussprache des *g* vor allem begünstigten. In anderer Umgebung erfolgte die Zusammenziehung nicht oder wenigstens nicht in gleicher Ausbreitung. Sie galt also auch nicht für alle Formen des Verbums und darum hat sie die nhd. Schriftsprache in ihrem Streben nach Vollständigkeit und Übereinstimmung wieder fallen lassen. Erhalten ist sie in Wörtern, wo kein Wechsel der Formen störte, namentlich in Nominibus. Schon aus dem Ahd. stammt das Fremdwort *meistar* Meister, l. magister, in dem die Zusammenziehung wohl nicht auf deutschem Boden erfolgt ist. Aus späterer Zeit sind hinzugekommen: *Maid,*

ahd. magad Pl. megidi; *Eidechse* ahd. egidehsa; *Getreide* ahd. gitregidi, wo also *egi, igi* zu Grunde liegt; ebenso in dem ndd. *Eide* (Ährenspitze), Stamm ag-, (aus derselben Wurzel wie Ähre, ahd. ahir), und in *Nelke* aus negelkîn, neilkîn zu nagel Nagel. Anderer Art sind *Teidinc, verteidigen* zu tagedinc (Tagsatzung), ahd. tagading; *Hain* (durch Klopstock in die poetische Sprache eingeführt), mhd. hagen, ahd. hagan; *Kaule, Kaul-barsch, -quappe, -kopf* aus kugele; *gen* ist verkürzt aus *gein* ahd. gagan, gegin. Nach langem Vocal ist *g* geschwunden in *Geweih*, mhd. gewîge, ahd. *giwîgi. *kasteien* beruht auf *kastîen*, l. castīgo, ahd. kastigôn, mhd. kestigen, kastîgen. In *Reigen, Reihen* M., mhd. reige, reie ist *g* wohl nur Übergangslaut (§ 156); ein anderes Wort ist *Reihe* F., s. Kluge, Wb. Franck s. v. *rei*.

Den entsprechenden Schwund des *b* belegt mhd. *gîst, gît* zu gëben, und Formen des Hilfzeitwortes *haben*; die letzteren hat die Schriftsprache wenigstens zum Teil behalten.

Anm. 1. Weiteren Umfang als in Oberdeutschland hat der Schwund des *g* im Mitteldeutschen erreicht s. Whd. § 225. — Über die Ausbreitung des *ei* aus *ag, eg* handelt H. Fischer, Zur Geschichte des Mhd. Tübingen 1889; vgl. dazu Wrede, AfdA. 16, 275 f.

Anm. 2. Viel früher erfolgte der gemeingerm. Schwund des *g* vor suffixalem *m* in *Traum*, as. drôm, an. draumr zu *trügen*, und *Zaum* as. tôm, an. taumr zu *ziehen*; ebenso ahd. *zeinen* (zeigen) für *taignjan zu Wz. deik. Kluge, KZ. 26, 70 A.

Anm. 3. Anl. *g* (= *j*?) ist in dem Fremdwort *Enzian* (15. Jahrh.) = l. gentiana aufgegeben.

Germ. *þ* > *d*.

82. Wie in der Entwickelung des germ. *b, d, g* der dentale Laut die beiden andern überflügelt, so auch in der Entwickelung der germ. *f, þ, h*. Indem *d* durch die Verschiebung zur Tenuis aus der Reihe der Medien ausscheidet, tritt *þ* — oder wie im Ahd. gewöhnlich geschrieben wird *th* — als neue Media an seine Stelle; z. B. g. *þata* das, *þeihan* gedeihen, *þanjan* dehnen, *us-þriutan* ver-driessen, *þriskan* dreschen, *hulþ-s* hold, *vairþan* werden, *balþ-s* (kühn) bald, *skaþjan* schaden, *maþa* Made, *laþôn* laden. Der bairische Dialect tritt zuerst in diese Bewegung. Schon die ältesten

Denkmäler nach der Mitte des 8. Jahrh. zeigen nur noch wenige *th*; dann folgt in der zweiten Hälfte des Jahrh. das Alemannische; im 9. Jahrh. das Oberfränkische, noch später im 10. und 11. Jahrh. das Mittelfränkische und die nördlich mitteldeutschen Dialecte, denen sich endlich auch das Sächsische und Niederfränkische anschlossen; Br. § 167. Behaghel, Grdr. § 85.

Ober- und Mitteldeutschland haben die Verschiebung noch weiter fortgesetzt, indem sie das gemeindeutsche *d* grade sowie *b* und *g* und vermutlich zu derselben Zeit in die leichte unaspirierte Tenuis *t* übertreten lassen. Notker behandelt die drei Laute ganz gleich (§ 65), zeigt uns also, dass die junge Media in seiner Mundart bereits zu Anfang des 11. Jahrh. im Übergang zur Tenuis begriffen war. Die Annahme, dass der oberdeutsche stimmlose Laut sich unmittelbar aus der stimmlosen Spirans entwickelt hätte (Kräuter, Lautverschiebung S. 90 f.), ist unwahrscheinlich; dies oberdeutsche *t* erwächst auf keiner andern Grundlage als die oberd. *p* und *k*; die gemeindeutschen Medien *b*, *g*, *d* gingen ihnen voran. Die Stadien des ganzen Verlaufes sind: stimmlose Spirans, stimmhafte Spirans, stimmhafter Verschlusslaut, und endlich auf einem Teil des Gebietes stimmloser Verschlusslaut.

83. Wann der erste Schritt, Übergang der stimmlosen in die stimmhafte Spirans, gethan wurde, ist ungewiss. Er kann nicht früher erfolgt sein, als germ. *d*, das vielfach noch Spirans war, zum Verschlusslaut geworden war; denn da *bieten* und *laden* in ihrem Inlaut gesondert geblieben sind, musste erst *biuđan* zu *biudan* werden, ehe *laþôn* sich in *lađôn* wandeln durfte. Doch war diese Entwickelung jedenfalls in der Zeit, in die unsere Denkmäler fallen, schon erfolgt, obwohl das Zeichen *th*, das die alten Schreiber gewöhnlich brauchen, ohne Frage für einen stimmlosen Laut angemessner wäre als für den stimmhaften. Br. § 166.

Die Verschiebung erfolgte wie beim *d* früher in dem minder betonten Inlaut (besonders nach *l*, *r*, *n*) als im Anlaut. Am deutlichsten lassen das die alten oberfränkischen Denkmäler, Otfried und Tatian erkennen, die im Anlaut regelmässig *th*, im Inlaut aber *d* haben; z. B. g. *þarf*, O. *tharf*; g. *þaurnus*, O. *thorn*; g. *þagkjan*, O. *thenken*; dagegen g. *brôþar*, O. *bruader*; g. *vairþan*, O. *wërdan*; g. *anþar*, O. *ander*. Vielleicht ist es auf diesen Unterschied auch zurückzuführen, dass die oberdeutschen Denkmäler, die in der Regel zwar im An- und Inlaut *d* haben, doch im Anlaut öfter als im Inlaut das alte *th* bieten; vgl. Kögel Ker. Gl. S. 115.

Anm. 1 Ein geignetes Zeichen für den stimmhaften Spiranten war *dh*, das namentlich im Isidor gebraucht ist; vermutlich eine orthographische Neuerung, die ohne den älteren Gebrauch überwunden zu haben, durch die rasch fortschreitende Sprachentwickelung beseitigt wurde. Einige Denkmäler haben *th* im Anlaut, *dh* im In- und Auslaut (Kögel PBb. 9, 308). Sicherlich ist daraus nicht zu schliessen, dass die Schreiber im Anlaut stimmlosen, im Inlaut stimmhaften Spiranten sprachen; sie wählten für den Inlaut das Zeichen *dh* weil dieser dem *d* näher stand als der Anlaut; vgl. Br. § 167 Anm. 4.

Anm. 2. *ld* < *lþ* gilt auch im As. und Ags. g. *balþs*, as. *bald*, ags. *beald*; g. *wilþeis* ags. *wilde* u. a.

Anm. 3. In einigen Wörtern hat sich schon vor der Verschiebung die Articulationsstelle des Spiranten verändert. Für *þl* ist im Silbenanlaut *fl* eingetreten: g. *þlaihan*, ahd. *flêhôn*; g. *þliuhan*, ahd. *fliohan* u. e. a. — Inlautendes *þl* ist durch *hl* ersetzt in g. *maþl*, ahd. *mahal*, *mahalo*, nhd. *Gemahl* (dagegen in Eigennamen: *Madal-*, wie in *stadal*, *wadal*, *nâdla*). Scherer[2] 277 A. Sievers PBb. 5, 531 f. Osthoff eb. 8, 146 f. Kluge Grdr. § 30, 4. — Auffallend stehen auch nebeneinander an. *þél* und ahd. *flhala*, *fíla*, ags. *feol*; ags. *þæcele* und *fœcele*, ahd. *facchala*; ahd. *dinstar* und *finstar*, as. *þimm*; s. Kluge Wb. s. v. finster, flach.

84. *þ* > *t*. 1. In der Verdopplung geht *þ* regelmässig in den stimmlosen Verschlusslaut über. Paul, PBb. 7, 135. Zu *Feder* gehört als Collectivbildung ahd. *fëthdhah*, *fëttah*, mhd. *vëttach*, *vittich* Fittich. Ahd. *smitta* weist auf *smiþja*; (nhd. *Schmiede* ist jüngere Bildung zu *schmieden*). Über einige andere Wörter (z. B. *Klette*, *Spott*) s. Kluge, PBb. 9, 159. In g. *aiþþau*, ahd. *ëddo*, *odo* oder wird in Folge der Unbetontheit der gedehnte Laut früh aufgegeben. — In nhd. *flattern*, mhd. *vladeren* und dem Fremdwort *Zettel*, mhd. *zëdele*, *zëtele*, *zëttele*, it. *cedola*, mlat. *scedula* mag *tt* auf dem schärfenden Einfluss des Suffixes beruhen; Luther schreibt *fladdern*, *Zeddel*; Franke § 80.

2. Einige Wörter haben im Hd. auch für das einfache þ t angenommen: g. *þúsundi*, ahd. thûsunt, dûsent, tûsent, nhd. tausend; an. *þáttr* Faden, Docht, ahd. tâht, jetzt wieder Docht (vgl. § 228) sind die ältesten Beispiele; auch *Traube* gehört vielleicht dazu. Eine Erklärung versucht Bugge, PBb. 13, 325. — Im Mhd. schliesst sich *tiutsch* ahd. diutisc, deutsch an, vielleicht unter Einwirkung des frz. tudesque, tyois, mlat. teudiscus Whd. § 184; *Thon* mhd. tâhe, dâhe, ahd. dâha. g. þâhô; *tauen* (schmelzen) mhd. touwen, töuwen, ahd. douwen, dewen, ags. þâwan, an. þeyja. Später folgen: *Trümmer* mhd. drum, ahd. drum, thrum; *tosen* mhd. dôsen, ahd. dôsôn; *Tölpel* mhd. dörper, dörpel, törpel; *traben* mhd. draben, draven od. traben, und unter dem Einfluss gelehrt-verkehrter Orthographie *Thüringen*, mhd. Düringen.

In *wert* (aber Würde), ahd. wërd (wirdî), g. vairþs; *Wört* (Insel, Werder) ahd. werid; *gescheit* mhd. geschîde hat sich *t* unter dem Einfluss der unflectierten Formen festgesetzt. — In *falten*, ahd. faldan und faltan, g. falþan und in *Knoten* ahd. knoto und knodo sind alte Doppelformen anzunehmen.

Bemerkenswert ist, dass im Nhd. so sehr viel weniger Wörter anl. *t* für *d* angenommen haben, als *d* für *t* (§ 60. 62). Es zeigt dies, wie starken Einfluss auf die Ausbildung der nhd. Schriftsprache die Gegenden geübt haben, welche *d* unverschoben gelassen hatten. Das unregelmässige *d* fand Eingang, weil es der Sprache dieser Gegenden nicht widerstrebte, *t* blieb auf wenige beschränkt. In der älteren nhd. Litteratur ist es viel häufiger, namentlich in der Verbindung *tr*. v. Babder, Grundlagen S. 254—262. — Luther schreibt abweichend von unserem Gebrauch *Duringen, werd*; anderseits oft *vorterben*, vereinzelt *tunkel* (Dünkel), *ticht, ertrucken, getruckt* (drücken); oft *schneiten*, vereinzelt *pfate* (Pfade). Franke § 80. 86.

85. Besondere Schicksale hat die anlautende Verbindung *þu*. Im Ahd. tritt zunächst ganz regelrecht *du* ein, dann aber gegen Ende der Periode *tw* und im spät Mittelhochdeutschen *zw*; z. B. g. *þvahan* (waschen), ahd. duahan, mhd. twahen, dazu nhd. Zwehle Handtuch; an. *þvinga*, ahd.

duingan, mhd. twingen, nhd. zwingen; g. *þvairhs*, ahd. duërh, mhd. twërh, nhd. zwerch (Zwerchfell). — In dem mhd. *tw* fallen also zwei, in dem nhd. *zw* drei verschiedene Laute zusammen; germ. *tu̯* : g. *tveifls*, ahd. zwîval, Zweifel; germ. *du̯* : ags. *dweorh*, ahd. mhd. twërc, nhd. Zwerg; germ. *þu̯* : ags. *þweorh* ahd. dwërah, mhd. twërh, nhd. zwerch.

Anm. Die anlautende Verbindung *tw* hat das Nhd. ganz verloren; wo nicht *zw* gilt, ist *qu* eingetreten, also der dentale Verschlusslaut durch den gutturalen ersetzt, zu dem das labiale *w* besonders nahe Verwandtschaft hat; *quängeln* gehört zu zwingen, *quer* ist dasselbe Wort wie zwerch, *Quirl* ahd. dwiril zu dwëran drehen, rühren, *Quark* mhd. twarc, quarc, entweder auch zu dwëran oder slavisches Lehnwort. Dieser Übergang wird in manchen Wörtern schon im Ahd. vollzogen (Br. § 159 A. 5); häufiger ist er im Mhd. Whd. § 153. 187. 229. Behaghel, Grdr. § 85. 97.

Germ. *h*.

86. Aussprache und Bezeichnung. Seinem Ursprung nach war das *h* gutturaler Reibelaut (= nhd. *ch*). Als solcher ist es noch jetzt im Auslaut und vor *t* erhalten (z. B. g. *hâuhs* : hoch, g. *raihts* : recht) und mit dem aus germ. *k* gewonnenen hochdeutschen Spiranten (§ 43) zusammengefallen. An andern Stellen des Wortes aber unterlag der Laut früh der Veränderung, indem er einerseits dazu neigt, sich zum blossen Hauch zu verflüchtigen und ganz zu verschwinden (z. B. g. *hals* : Hals, g. *tiuhan* : ziehen), anderseits in Verschlusslaut überzugehen (z. B. g. *saihs* : sechs d. i. seks).

Die Änderungen in der Aussprache fanden allmählich in der Orthographie Ausdruck. Das Zeichen *h* wird für den flüchtigen Laut festgehalten, für den kräftigeren Spiranten wird *ch* gebraucht, also das Zeichen, welches zunächst die hochdeutsche Affricierung des germ. *k* bezeichnete, aber dadurch, dass die Affricata zur Spirans wurde (§ 45) von selbst die neue Bedeutung gewann. Im Ahd. begegnet dieses *ch* = germ. *h* noch selten und nicht in den ältesten Quellen; im Mhd. ist es im Auslaut schon die Regel, erscheint häufig aber auch vor Consonanten, besonders im Md. Br. § 154 A. 3. Den Verschlusslaut bezeichnet man durch *k*, *c*, in der Verbindung *hs* auch durch *x*, *gs*.

87. A. Anlaut.

1. Bei dem anlautenden *h* muss anfangs die gutturale Articulation noch deutlich vernehmbar gewesen sein. Denn deutsche Namen werden mit *Ch* geschrieben, z. B. *Cherusci, Chatti, Chamavi* u. a., eine Schreibweise, die sich in Gallien bis ins 8. und 9. Jahrh. erhält. Gr. 1, 184. Heinzel, Nfr. Geschäftssprache S. 42. Scherer S. 132. Kluge, Grdr. § 13, 3. Gleichwohl muss es ein schwacher Laut gewesen sein. Schon die Goten setzen ihr *h* für den griechischen Spiritus asper und die Lateiner lassen das g. *h* gelegentlich ganz weg: *Ariamirus = Harjamêrs*, der Heerberühmte, *eils = hails*, heil. Br. § 61. Ähnliche Erscheinungen im Ahd. Weniger kundige oder sorgsame Schreiber lassen *h* zuweilen fort; z. B. *ëlfa* st. *hëlfa* Hülfe, oder setzen es noch öfter, wo es nicht berechtigt ist; z. B. *huns* f. uns, *harbeiti* f. arbeiti, *hensti* f. ensti (zu anst Gunst); Br. § 153 A. 2. § 152. Auch die mhd. Zeit bietet für die unrichtige Schreibung nicht wenige Beispiele, Whd. § 241. 243; namentlich fehlt *h* oft in dem unbetonten Adv. *her* und dem proklitischen *her*, *hêr* (= dominus). DWb. III, 692. Trotzdem ist das *h* bis auf den heutigen Tag ein deutlich vernehmbarer Laut geblieben, so dass die Sprache die mit Vocal und die mit *h* anlautenden Wörter ziemlich rein auseinander halten konnte: g. *handus* Hand, *hardus* hart, *hausjan* hören, *hunds* Hund, *huggrjan* hungern etc.; überall ist der Laut erhalten. Das Fremdwort *Uhr* (l. hôra, mhd. hôre, ôre, ûre) ist jedenfalls schon ohne *h* in die deutsche Sprache aufgenommen.

Im Anlaut eines minder betonten zweiten Compositionsgliedes wurde und wird *h* undeutlicher articuliert; z. B. *Gewissheit*. Daher wird es in der älteren Zeit von den Schreibern oft ausgelassen, QF. 69, 38 f. Whd. § 245, und konnte, wo das Gefühl für die Zusammensetzung erloschen ist, ganz verschwinden. So schon im g. *þúsundi* tausend für *þús-hundi* (PBb. 13, 327), im hd. Suffix *-keit* für *ic-heit*, in *Junker = junc-herre*. In Namen wie *Gunther* < Gundi-hari, *Walther* < Walthari, *Mathilde* < Maht-hild ist *h* nur noch Buchstabe.

Hinzugefügt ist *h* in *heischen*, ahd. eiscôn (wohl unter

dem Einfluss von *heissen*), vielleicht in *heikel*, ferner in einigen mundartlichen Wörtern (DWb. IV, 2, 1) und in den fremden *Hartschier* (it. arciero), *Hawarie* (frz. avarie, it. avaria). In andern wie *Hoboë* (frz. hautbois), *Harpune* (ndl. harpoen, frz. harpon), *Harlekin* (früher frz. harleqin, jetzt arlequin) ist das stumme Zeichen zum Laut erhoben.

Anm. 1. Auch in den Casus obl. konnte das proklitische *her*, *hër* das *h* verlieren: *ern Kramers, ehrn Magisters* u. dgl. und diese Form drang als *Ehren* in den Nominativ: *hierauf sprang Ehren Loth herbei* (Bürger). DWb. III, 52.

Anm. 2. Über Prothese und Aphärese des *h* (im Ahd.) handelt eingehend H. Garke, QF. LXIX. Die Prothese erklärt er S. 8 richtig daraus, dass der feste Vocaleinsatz (vgl. § 333 A.) aufgegeben und durch einen leisen Hauch ersetzt wurde, der zum vollen Hauchlaut verschärft werden konnte. Auch darin wird er Recht haben, dass für die Entwickelung des Lautes die Natur des folgenden Consonanten nicht gleichgültig war (S. 10 f.). Doch hat man keinen Grund überall da, wo die alten Schreiber ein *h* setzten, einen dem organischen *h* gleichen Laut anzunehmen. In vielen Fällen haben wir es sicher nur mit Schreiberversehen zu thun, in der Mehrzahl der andern wird das *h* nur den Verlust des Vocaleinsatzes bedeuten; das *h* in dem Pron. *her*, *he* (= *er*) gehört m. E. überhaupt nicht hierher. Im Mhd. gilt das unorganische *h* ausser in *eiscôn* nur in *helfant* Elefant und in dem halb onomatopoetischen *hûwo* Uhu. Über dieses Wort s. Garke S. 25 f.

2. In den anlautenden Consonantverbindungen *hl*, *hr*, *hn*, *hv* verschwindet das *h* mit dem 9. Jahrh.; g. *hlahjan* lachen, *hlauts* Loos, *hlaþan* laden, *hrains* rein, *hrôpjan* rufen, *hneivan* neigen, *hvas* wer, *hveits* weiss, *hveila* Weile. Am längsten wird es in gewissen Eigennamen geschrieben, namentlich dem Königsnamen *Hluduuuicus* und ähnlichen. MSD. XIII. Br. § 153. — Vereinzelt ist es in dem Worte *Husten* ahd. huosto, ags. hwôsta erhalten, weil vor dem *uo w* geschwunden war; die Schweizer Mundart hat *wusten*.

88. B. Das inlautende *h*, d. h. *h* im Anlaut schwach betonter Silbe war selbstverständlich nicht kräftiger als das anlautende.

1. Am wenigsten Halt zeigt es nach Vocalen. Schon bei Gregor von Tours findet man die Namen *Meroveus, Chlo-*

doveus u. a. für *Merovechus, Chlodovechus* etc. Auch in ahd. Schriften fehlt das *h* nicht selten: *sëhan* wird *sean, dîhan, dîan*; besonders in Notkers Mundart ist dieser Schwund des *h* ganz gewöhnlich und oft mit einer Contraction der umgebenden Vocale verbunden; z. B. *zên* < *zëhen, suêr* < *swëher* Br. § 154 A. 7. Im Mhd. setzt sich diese Erscheinung fort und Reime beweisen, dass das *h* wirklich verstummte, namentlich in mitteldeutschen Mundarten: *vân* < *vâhan* fangen, *sên* < *sëhan, dien* < *dîhen* gedeihen, *stâl* < *stahel* Stahl, *wîte* < *wîhete* weihte, *trêne* < *trähene* Thräne, *entflien* < entfliehen u. a. Whd. § 241. 244. Umgekehrt veranlasst die schwache Articulation des *h*, dass es zuweilen bedeutungslos eingeschoben wird. So schon im Got. Br. § 61 A. 3, öfter und mit zunehmender Neigung im Hochdeutschen; § 155 f.

Im Nhd. wird dieses intervocalische *h* nicht mehr gesprochen: g. *tiuhan* ziehen, *taihun* zehn, *fihu* Vieh. Doch muss es für einen wesentlichen Teil des Sprachgebietes bis in späte Zeiten ein deutlich vernehmbarer Klang geblieben sein, weil sonst unsere Schrift das Zeichen nicht mit so grosser Festigkeit und Sicherheit hätte bewahren können. Überall wo es zwischen Vocalen etymologisch begründet ist, wird es auch geschrieben. Wir unterscheiden *seihen* (colare) und *seien* (sint), *sähen* (viderent) und *säen* (serere) ihrem Ursprung gemäss in der Schrift, obwohl sie in der Sprache zusammenfallen. Orth. § 95 f.

Die Zusammenziehung der ursprünglich durch *h* getrennten Vocale liebt das Nhd. nicht, wenn dadurch eine sonst geltende Flexionsendung betroffen wird; wir schreiben zwar *siehst, sieht* einsilbig, wie wir *liebst, liebt* schreiben; aber zweisilbig *sehen, geschehen, gedeihen, leihen* etc. Das grammatische System sichert viel mehr als früher die längere Form. Wo das System nicht in Betracht kommt, ist die Zusammenziehung anstandslos vorgenommen: *Ähre* mhd. eher; *Dohle* mhd. tâhele, *erwähnen* mhd. gewehenen; *Gemahl, Mahlstatt, Mahlschatz* zu mhd. mahel u. a. Orth. § 74.

Anm. 1. Über die merkwürdigen noch unerklärten Wirkungen, welche *h* in Notkers Schriften auf vorhergehenden Vocal ausübt s. Br. § 154 A. 7.

Anm. 2 Übergang von $h > \mathfrak{z}$ (g) beruht zunächst auf grammatischem Wechsel, wiederholt sich aber mundartlich in jüngerer Zeit (§ 22 A. 2). Wie weit dieser Process um sich gegriffen hat, mag unerörtert bleiben; auf die Schriftsprache scheint er ohne Einfluss geblieben zu sein. In Betracht kommen Wörter wie *hôh* : *hôge*, *nâch* : *nâge*, auch *sah* : *sâgen* (= *sâhen*). Am leichtesten konnte er in Mundarten eintreten, in denen germ. *g* spirantisch gesprochen wurde, also im Auslaut bei erlöschendem Stimmton mit dem germ. *h* zusammenfiel.

Anm. 3. Über $h : j : w$ als Übergangslaut s § 155 f.

89. 2. Etwas besser als nach Vocalen hält sich das inlautende *h* nach Liquiden. Wenn bei Otfried V, 25, 87 einmal *bifilu* st. *bifiluhu* steht, so ist das Versehen; aber später werden die Belege häufiger, namentlich in mitteldeutschen Denkmälern, und die Reime beweisen das Verstummen des Lautes. Whd. § 244. Luther pflegt altem Gebrauch folgend *bevelhen* zu schreiben, aber gesprochen hat er das *h* schwerlich. Franke § 112. Im Nhd. ist es überall aufgegeben: *befehlen* bevelhen, *Föhre* forhe, *Mähre* merhe, *Möhre* morhe, *Sahlweide* salhe, *schielen* schilhen, *wälsch* welhisch, *Forelle* ahd. forhana, mhd. forhen, forne, forel, forle, forelle. In *Furche* hat sich der Spirant gehalten, weil er ursprünglich im Auslaut stand; ahd. *furuh*, mhd. *furch*.

3. **Verdoppeltes *h*** erscheint im Nhd. als gutturaler Reibelaut, *ch* = germ. *k*. So namentlich in *lachen* g. hlahjan u. e. a. Paul, PBb. 7, 117. Kluge eb. 9, 158. Unter dem verschärfenden Einfluss des Suffixes (vgl. § 141 A.) behauptet sich *ch* in *Morchel*, das zu *morhe* gehört, und in den mundartlichen *Achel*, ahd. ahil und *Echer* ahd. ahir (Ährenspitze).

Anm. Reime von *h* : *ch* (= germ. *k*) Whd. § 233.

90. C. Kräftiger als im An- und Inlaut erweist sich der Spirant im **Auslaut** und in der alten Verbindung *ht*. Zwar hat unsere nhd. Sprache auch dies *h* in den meisten Fällen verloren; in Wörtern wie *Reh*, *Schuh*, *Floh*, *rauh*, *sah* wird das auslautende *h* nicht mehr articuliert; aber es ist hier nicht sowohl durch die natürliche Entwickelung des Lautes, als in Folge des Formenausgleichs geschwunden. Der Inlaut wurde wie gewöhnlich massgebend für den Auslaut. In unflectierbaren

Wörtern und in der alten Verbindung *ht* hat es sich gehalten: *durch*, ahd. duruh, g. þairh; *noch*, ahd. noh, g. nauh; *doch*, ahd. doh; neben *sehen, sieht* steht *Gesicht*, neben *geschehen, geschieht Geschichte*, neben *mögen Macht*. Ja selbst in einigen flectierbaren Stämmen behauptet es sich: *hoch, höchste, hoher; nach, nächste, nahe*; neben *schmähen* steht *Schmach* (ein junges Wort), neben *jähe jach*, neben *rauh* mit differenzierter Bedeutung *rauch*. Über Luthers Gebrauch s. Franke § 109. 67.

Anm. 1. Obwohl das *h*, wo es als Spirans erhalten ist, jetzt als ein starker Laut gesprochen wird, erscheint es in der älteren Sprache doch keineswegs besonders kräftig. Schon im Ahd. wird es gelegentlich nicht geschrieben, namentlich in der Präp. *durch* (dur, dure); Br. § 154 A. 3. Öfter fehlt es im Mhd. und zwar sowohl im Oberdeutschen als namentlich im Md. Whd. § 242. 246. Auch in der Verbindung *ht* steht es nicht fest, namentlich wenn noch ein Consonant folgt (§ 158); z. B. ahd. *liotfaz, liotkar* für *liohtfaz, liohtkar*; *retliche* für *rehtliche* u. a. Br. § 154 A. 5. Whd. § 241. 244. Dass es nicht deutlich vernommen wurde, zeigt auch die nicht seltene Umstellung zu *th: nath* für *naht, lieth* für *lieht* u. dgl. Wie es scheint, bestand die Neigung *h* dem *t* zu assimilieren: *gesletthe* für *geslehte*, *motthen* für *mohten* u. dgl. Aber so verbreitet diese Erscheinungen sind, so drangen sie doch in der Kunst- und Schriftsprache nicht durch. — Aufgegeben ist der Laut nur in wenigen: *Marschall*, *Marstall*, schon im mhd. *marschalc, marstall* zu ahd. *marah*, mhd. *mark* (Streitross) infolge der Consonantenhäufung, *Amt* mhd. *ambet*, ahd. *ambaht* in unbetonter Silbe; die Eigennamen *Berta, Adalbert* etc. zu *bërht* glänzend. Weite Verbreitung fand auch das unbetonte *nit* für *nicht*; Franke, Luther § 110.

Anm. 2. In welchen Gebieten und unter welchen Bedingungen auch das ausl. *h* nach Vocalen lautgesetzlich schwindet, ist noch näher zu prüfen. Walther von der Vogelweide z. B. reimt *h* nach kurzem Vocal auf *ch* (germ. *k*); nach langem Vocal fällt es ab, oft in *hô* (Adj. und Adv.), je einmal in *rû, drû* (76, 16. 19).

91. D. *h* als Verschlusslaut. In der Verbindung *hs* unterliegt das *h* einer doppelten Bewegung. Wenn den beiden Spiranten noch ein dritter Consonant folgte, wurde schon vor der Zeit unserer Denkmäler die schwere Lautgruppe durch Unterdrückung des *h* erleichtert; vgl. § 90 A. 1. und § 158. Die Regel und Belege giebt Kögel PBb. 7, 193 f.; einen gewagten Versuch lautgesetzliche Unterdrückung des *h* für jedes auslau-

§ 92.] Hochd. Lautverschiebung. *h* als Verschlusslaut. 77

tende *hs* nachzuweisen macht Osthoff, PBb. 8, 148. Beispiele: g. *maihstus* Mist; ahd. *lastar* Laster zu *lahan* tadeln; *forscôn* forschen, mit sk-Suffix aus einer Wurzel *perk*, zu der lat. *precari* hd. *fragen* gehört. Auch vor *sw* ist *h* aufgegeben: g. *taihswa* die Rechte, ahd. *zësawa*.

Wo sich die Verbindung *hs* hielt, ging das *h* in Verschlusslaut über, obwohl wir in der Schrift *ch* festhalten: *Achse, Achsel, Buchsbaum, Deichsel, Dachs, drechseln, Eidechse, Flachs, Fuchs* etc. Einzelne Spuren dieser Aussprache finden sich schon im Ahd., indem *x* für *hs* geschrieben wird; z. B. *sex, uuaxan*; Br. § 154. A. 4. Häufiger wird dieses *x* oder *gs* für *hs* seit dem 14. Jahrh. Whd. B. Gr. § 177. Helber S. 8 bezeichnet die Aussprache als „ein lindes *ks*". Über Reste der älteren Aussprache und mundartliche Eigentümlichkeiten s. Trautmann § 1009. Behaghel, Grdr. § 87, 2.

92. Die Neigung *h* durch einen Verschlusslaut zu ersetzen, ist nur vor folgendem *s* zu allgemeiner Geltung gekommen; sie tritt uns aber auch sonst entgegen. Wie weit das *ct* für *ht*, das wir zunächst im Westfränkischen, so schon bei Gregor von Tours, in Namen wie *Droctovêus, Droctulfus, Mactifred, Dructimund*; dann aber auch anderwärts finden in Wörtern wie *rekt, knekt, slecter* etc. besonders im alemannischen Dialekt (Whd. a. Gr. § 208, b. Gr. § 173), aber auch im Md. (Whd. § 230), nur orthographische Bedeutung hat, bleibt genauer zu untersuchen; s. Heinzel, ndfr. Geschäftssprache S. 43. 124. Scherer S. 136 A. Br. § 154 A. 3. Kauffmann Germ. XXXVII, 247 f. — Einzelne Wörter, in denen *k* durchdringt, sind ahd. *marah* (Streitross, dazu *meriha* Mähre) mhd. *marc, markes*; ahd. *durhil* (durchlöchert) mhd. *dürkel*; ahd. *farah farh* (l. porcus), *farheli*, mhd. *verhel, verhelin, verkel* nhd. *Ferkel* (vgl. § 141 A.); dagegen mit *ch Morchel* ahd. *morhila*. — Der Übergang wird in der Weise erfolgt sein, dass die stark articulierte Spirans sich mit einem leichten Verschlusseinsatz verband, hinter welchem dann das Reibungsgeräusch erlosch. — Unter eigentümlichen Bedingungen hat diese Entwickelung in *dehein, nehein* > *dekein, nekein* stattgefunden. Nach der etymologischen Bildung der Wörter ist *h* der Auslaut des ersten Bestandteiles und hat als solcher kräftige Articulation; in der Aussprache aber trat es durch Verschiebung der Silbengrenze (vgl. § 101 A. 1) als Anlaut zur zweiten Silbe: *de-chéin, ne-chéin* und ging dann, indem der anlautende Consonant schwand, in *k* über. Vgl. Paul, PBb. 6, 556—560. Br. § 154 A. 6. — *Dickbein* ist unter Anlehnung an *dick* aus *dieh-bein* umgebildet; mhd. *dieh* Oberschenkel. Über die Verbreitung eines ausl. *k* für *h* in Mundarten s. Behaghel Grdr. § 90, 2; vgl. Whd. § 232.

Anm. Da *h* also unter Umständen zur Affricata und zum Verschlusslaut werden kann, beweisen Reime wie *werk : ferh, berg : verh, burg : durh, schalc : bevalh,* nicht ohne weiteres für spirantische Aussprache der auslautenden *c* und *g*.

Germ. *f*.

93. Aussprache und Bezeichnung. Während das germ. *h* je nach seiner Stellung als Reibelaut erhalten oder zum Hauch verflüchtigt oder ganz verschwunden ist, erscheint germ. *f* noch jetzt an allen Stellen des Wortes als ein kräftiger Spirant; dass wir ihn bald durch *f*, bald durch *v* bezeichnen, ist für die Aussprache gleichgültig. Beispiele: g. *figgrs* Finger, *faihu* Vieh, *fimf* fünf, *faran* fahren, *freis* frei, *flahta* Flechte, *vulfs* Wolf, *luftus* Luft, *haftjan* heften. Von dem jüngeren aus *p* verschobenen *f*₁ ist dieser Laut nicht mehr verschieden; vgl. *Wolf* g. vulfs : *Welf* as. hwelp; *darf* g. þarf : *scharf* as. scarp; *Zweifel* g. tveifls und *greifen* g. greipan. In der älteren Zeit war dies noch nicht der Fall. Zwar brauchte man anfangs sowohl für den älteren Laut, den ich durch f^1, als auch für den jüngeren, den ich durch f^2 bezeichnen will, denselben Buchstaben *f*, aber bald änderte man die Schreibweise, indem man im In- und Anlaut für f^1 mehr und mehr das Zeichen *v* od. *u* eintreten liess. Man hatte zunächst in Ermanglung geeigneter Mittel *f*, das alte Zeichen für germ. *f*, auch für den neuen aus germ. *p* verschobenen Spiranten gebraucht; aber da der Unterschied nicht verborgen war, so strebte man nach einer Verbesserung und nahm nach dem Muster des Lateinischen und Romanischen *v* in das Schriftsystem auf. Die Orthographie erfuhr hier eine ähnliche Verbesserung wie in der Bezeichnung der Gutturalspiranten, nur wurde sie auf verschiedene Weise erreicht. Auch für den aus *k* entstandenen neuen Spiranten wurde zunächst das Zeichen des alten germ. *h* geschrieben, so dass zwei verschiedene Laute in der Schrift zusammenfielen; aber während *h* den Platz behauptete, der ihm ursprünglich zukam, und seine spätere Eroberung allmählich an *ch* aufgeben musste, behauptete sich *f₁* umgekehrt auf dem jünger erworbenen Platz und verlor die alte Besitzung mehr und mehr an das neu aufgenommene *v*. Daran, dass dieses *v* zugleich den Vocal *u* bezeichnete, nahm man keinen Anstoss, da dieselbe Doppelgeltung auch im Lateinischen bestand.

Die Änderung trat am frühesten im Inlaut ein, wo *f₁* nur in ganz alten Denkmälern überwiegt; im Auslaut und vor *t* und *s* (*luft, refsen*) blieb *f₁* fest; eine mittlere Stellung nimmt der Anlaut ein; *f₁* behauptet sich länger als im Inlaut, aber im 10. und 11. Jahrh. werden beide Zeichen ziemlich regellos neben einander gebraucht und für Williram gilt nicht nur im Inlaut sondern auch im Anlaut *v* als die eigentliche Bezeichnung von *f¹*; nur vor *l, r, u* behielt er *f₁* bei, aus graphischen Rücksichten, wie bereits Grimm erkannte. Da *v* auch den Vokal *u* bedeutet, so wählte man in Verbindungen, die ein Verlesen besonders begünstigten, *f₁*: *frî* nicht *uri*, *fuore* nicht *uuore*.

Der Verlauf der Bewegung zeigt, dass im Inlaut der Unterschied zwischen *f¹* und *f²* am stärksten empfunden wurde, im Auslaut erloschen war; und hieraus ist zu schliessen, dass in der älteren Sprache der Wert des germ. *f₁* je nach der Stellung sich ähnlich abstufte, wie der des *h*, welches im Auslaut sich als kräftiger Spirant hielt und mit dem aus *k* verschobenen *ch* zusammenfiel, im Inlaut wesentlich schwächer articuliert wurde, so dass es jetzt ganz verstummt ist. Für das anlautende *f₁* aber dürfen wir eine ähnliche Mittelstellung voraussetzen wie für das anlautende *h*; es erschien dem schwachen Inlaut wesentlich gleich, stand aber doch dem starken Auslaut und dem jüngeren *f²* näher als dieser; es nahm daher wohl

die Bezeichnung *v* an, aber langsamer und weniger consequent.
— Dass zu derselben Zeit, da sich die orthographische Änderung vollzog, die Articulation des f^1 schlaffer und schwächer und so die Kluft zwischen dem alten und jungen Spiranten erweitert wurde, ist wohl möglich; vorhanden gewesen sein aber muss sie früher; denn wären die Laute im 9. Jahrh. zusammengefallen, so hätten sie im 10. und 11. nicht mehr in der Schrift gesondert werden können. Die spätere Zeit setzte die Minderung des Lautes nicht fort; *h* liess sie verfallen, *f* steht noch heute fest.

Aus der Geschichte der Schrift ist klar, dass f^1 im In- und Anlaut als ein schwächerer Laut erschien als das in- und auslautende f^2. Doch kann dies nicht der einzige Unterschied gewesen sein. So lange f^2 als Affricata gesprochen wurde, unterschied es sich von f^1 durch den Verschlusseinsatz; als dieser aufgegeben war, vermutlich durch die Articulationsstelle. Doch sind die Ansichten hierin geteilt. Paul, PBb. 1, 168, Braune § 137 u. a. halten f^1 für labio-dental, f^2 für labio-labial, ich nehme die umgekehrten Werte an (Orth. S. 144 A.); Weinhold S. 168 A. findet beides unglaublich. Für labio-labiale Aussprache des f^1 spricht einmal, dass man zur Bezeichnung dieses Lautes denselben Buchstaben wählte, der für den Vocal *u* gebraucht wird; sodann der Übergang in *b*, dem das *v* mehrfach unterliegt (§ 97), endlich der Umstand, dass noch jetzt manche Mundarten inlautendes f^1 und f^2 in der Weise aus einander halten, dass ersteres labio-labial, letzteres labio-dental gesprochen wird; Trautmann § 1023. Allerdings wird sich die labio-dentale Aussprache des f^2 erst im Laufe der Zeit entwickelt haben als eine Begleiterscheinung der Fortis (Franck).

Anm. 1. Lehrreich, wenn auch nicht ganz consequent durchgebildet, ist der Gebrauch Otfrieds, bei dem wir die Aufnahme des *v* in ihren ersten Anfängen beobachten. Im Auslaut steht *f* durchaus fest, auch im Anlaut wird es regelmässig gebraucht, von wenigen Ausnahmen abgesehen, die zum Teil noch von dem Corrector verbessert sind; im Inlaut gelten beide Zeichen: nach Consonanten pflegt O. *f* zu schreiben: *finfi, thurfut, thurfun* (doch auch 1 *wolua*), ebenso vor *l*- und *r*-Suffix mit Secundär-*a*, die auch sonst den vorhergehenden Consonanten schärfen: *diufal, dûfar*, gewöhnlich auch *afalôn, afarôn*; in andern Wörtern zwischen Vocalen fast stets *u*: *frauili* Frevel, *rĕues* Mutterleibes, *avur* (g. afar) aber, auch *zuĭval* (g. tveifls) Zweifel, *zuĭualôn*; schwankend in halbtoniger Silbe *zuélifĭ* und *zuéliui*, *einlifĭ* und *éinliui*. Kelle, 2, 480. 474.

Anm. 2. Die Verschiebung, welche der Gebrauch von $f:v$ erfährt, erinnert an die ähnliche von $p:b, k:g$. Auch hier setzt sich das Zeichen des schwächeren Lautes zuerst im Inlaut fest und dringt dann allmählich in den Anlaut. Aber während die Unterscheidung von f und v nur auf dem Gewicht des Lautes und der Stärke der Articulation beruht, kommt bei den andern noch der Stimmton in Betracht. Daher kommt es denn auch, dass Notker im Anlaut zwar ähnlich zwischen f und v, aber durchaus nicht so regelmässig wie zwischen p und b, k und g, t und d wechselt (§ 65 Br. § 103 A. 3). Der Wechsel von p und b etc. war in der Sprache begründet, der von anlautendem f und v ergab sich nur aus einer Analogiewirkung auf die Schrift. Wie man nach stimmhaftem Laute nicht p sondern wie im Inlaut b zu schreiben gewohnt war, so schrieb man in demselben Fall oft nicht f sondern in Übereinstimmung mit dem Inlaut v.

94. Die Unterscheidung der beiden *f*-Laute und die dreifache Abstufung, welche f^1 nach In-, An- und Auslaut erfährt, lässt sich auch in der späteren Zeit bis auf den heutigen Tag verfolgen. Während das jüngere f^2 überall ein kräftiger stimmloser Spirant ist, wird im nordwestlichen Deutschland, nach Holland zu, anlautendes f^1 sehr schwach und nicht selten halb stimmhaft gesprochen, und entschiedener und weiter verbreitet tritt dieselbe Aussprache im Inlaut auf. Trautmann § 1023. Behaghel, Grdr. § 88. In der mhd. Zeit ist für sorgfältige Dichter *slâfen : grâven* noch kein zulässiger Reim; die Schreiber pflegen im Inlaut noch v zu schreiben, im Anlaut folgen sie vielfach mehr oder weniger consequent Willirams Regel; noch Helber S. 13 nennt v 'ein halbes oder lindes $f_ı$'; aber Ickelsamer (Bl. C 5ᵃ) erkennt die Unterscheidung schon nicht mehr an und tadelt es, dass man v schreibe, wo man doch $f_ı$ spreche. Diese Anschauung hat allgemeine Geltung gewonnen. Die correcte Schrift- und Schulsprache hat sich augenscheinlich mit Bewusstsein der schlaffen Articulation des Lautes entgegengestellt und für f^1 denselben Wert wie für f^2 durchgesetzt; vermutlich zunächst in den Gegenden,

in denen das inlautende *b* durch seine spirantische Aussprache *(b)* sich nahe mit dem *v* berührte. Man suchte die beiden Laute durch Kräftigung des *v* auseinander zu halten; md. Schreiber bezeichnen inlautendes *v* besonders oft durch *f* z. B. *hofe* od. *hoffe* statt *hove*.

Unsere Orthographie ist der Sprache nicht ganz gefolgt; im Inlaut hat sich *v* nur in dem Worte *Frevel* gehalten, öfter im Anlaut; einige auffallende Unterscheidungen: *vor* neben *für*, *voll* neben *Fülle*, erinnern noch an die alte Williramsche Regel. Orth. § 110 f.

95. *fs > s, ps, sp; ft > pt*. Die Verbindung *fs* unterliegt ganz ähnlichen Änderungen, wie das häufiger gebrauchte *hs* (§ 91). Wenn den beiden Spiranten noch ein Consonant folgte, wurde *f* schon vor der Zeit unserer Denkmäler beseitigt. Möller, PBb. 7, 459 A. vgl. § 158. Zu g. *haifsts* Kampf, gehört ahd. *heist* heftig; mhd. *hûste*, Hauste (ein auf dem Felde zusammengesetzter Getreidehaufe) zu *hûfe* Haufen; *haschen*, das erst Luther in die Schriftsprache bringt, wahrscheinlich zu derselben Wurzel wie l. *capere*. — Wo sich die Verbindung *fs* gehalten hatte, macht sich die Neigung geltend, *f* in Verschlusslaut zu wandeln und Metathesis eintreten zu lassen: ahd. *wefsa*, mhd. *wefse, webse, wespe* Wespe; ahd. *refsen* (tadeln), mhd. *refsen, repsen, respen*; mhd. *trëfse, trëbse, trëspe* Trespe; so vermutlich auch mhd. *despen* verbergen, bestatten, *knospe* Knospe. Ahd. *lëfs* M., mhd. *lëfs*, *lëfse, lëfz, lëbs, lëps* hat sich im Nhd. durch Einschub des *t* als *Lefze* gehalten.

Anm. Auch *pt* für *ft* findet sich, grade wie *ct* für *ht*. Br. § 139 A. 7. Heinzel, Ndfr. Geschäftssprache S. 124.

96. *mt > mft, nft*. Ein merkwürdiges *f* stellt sich bei Wurzeln auf *m* vor *t*-Suffix ein. g. *qiman qumps*, aber hd. *kommen Kunft*; *zëman Zunft*; *nëman -nunft*; *brummen Brunft* (Brunst des Rotwildes); *Ranft* ahd. *ramft* (Rand, Rinde) gehört zu einer Wurzel *ram*, aus der auch *Rand* hervorgegangen ist. Es liegt nahe zu vermuten (Scherer S. 158 A.), dass dieses *f* auf älterem *p* beruht, das sich leicht als Übergangslaut zwischen *m* und *t* einschiebt (vgl. l. *sumo sumptus*); aber dann wäre im Hd. *pf* zu erwarten, § 49. Es ist vielmehr anzunehmen, dass *f*, unmittelbar als Übergangslaut eingetreten ist und zwar ein rein spirantisches *f*, das ohne jeden Verschlusseinsatz gesprochen wurde.

Anm. Neben *vernumft* steht *vernumst*, das nicht wie *anst, kunst* u. a. (§ 37) gebildet, sondern aus *vernumist* zusammengezogen ist.

97. Wechsel von *f*, und *b*. Manche Stämme haben *b* *(p)* und *v (f)* im Inlaut neben einander. Zum Teil beruht das auf dem alten grammatischen Wechsel (§ 22 f.), z. B. *heffen, huob*; zum Teil ist *b* in einer späteren Sprachperiode aus *v* entstanden, so in *Kerbel*, l. caerifolium, ahd. *kĕrvola*, mhd. *kĕrvele*; zum Teil umgekehrt *v* aus *b* (§ 79). Die Mundarten, in denen inlautendes *b* spirantisch gesprochen (§ 68. 73), inlautendes *v* schwach articuliert wurde, und in Folge dessen beide Laute wenig unterschieden waren (Whd. § 162. § 176) konnten leicht zu solchen Entartungen führen. Welcher von diesen drei Vorgängen statt gefunden hat, ist im einzelnen Fall oft schwer zu entscheiden. Grammatischen Wechsel anzunehmen ist um so bedenklicher, je später die Wörter auftreten; vgl. Paul PBb. 1, 167. 6, 541. Scherer S. 133 f. Kögel Ker. Gl. S. 122 f. Br. § 139 A. 5. Paul mhd. Gr. § 81. Kluge KZ. 26, 97 f. Vgl. auch § 88 A. 2 (*h : g*).

Verhältnismässig oft begegnet das Schwanken vor *r-* und *l*-Suffix: ahd. *avur* (g. *afar*), erst später *aber*, dazu *avarôn* (wiederholen) *aberen*; ahd. *sûbar, sûvar* mhd. *sûber, sûver* sauber; ahd. *eibar, eiver* bitter (dazu nhd. *Eifer?*); ahd. *suëbal, suëval* (g. *svibls*) Schwefel; ahd. *fravili* neben *fraballicho frabari*, mhd. *frevel, frebel* Frevel; mhd. *wibel, wivel* (Holzwurm), ahd. *wibil*; mhd. *hovel, hobel* Hobel. Luther schreibt *Hofel* und *Schwefel* neben *Schwebel*. Franke § 69. 75. — Anderer Art sind die st. V. *hwërban, hwërfan* werben, *hiuban hiufan* klagen, wohl auch mhd. *snûben snûfen* = schnauben, schnaufen, in denen das Schwanken jedenfalls auf grammatischem Wechsel beruht (Kögel a. O.), wie in *heffen, huob*. Zu diesem gehört das Adj. ahd. *hevig, hebig* schwer, das Subst. mhd. *heve*, *hebe, hepf* Hefe. Ferner ahd. *diuba, diufa* Diebstahl; *ruava, ruaba* (Zahl); mhd. *hübisch* neben *hövisch* zu *hof*; mhd. *draben, draven* traben, *kërve* und *kërbe* Kerbe.

Anm. Im Anlaut haben wir *b* und *f* neben einander in zwei etymologisch dunkeln Wörtern: *flach* und *blach* (Blachfeld), *balzen* (begatten des Federviehs), mhd. *balz, valz*.

98. *ft > cht*. *cht* für *ft*, also gutturale für labiale Spirans, gilt allgemein im As. und Niederfränkischen, begegnet aber auch im Mittelfränkischen und angrenzenden mitteldeutschen Mundarten. Br. § 139 A. 7. Whd. § 236. Aus diesen ist es in einigen Wörtern in die Schriftsprache gekommen: *Ducht* od. *Duft* (Ruderbank), ahd. dofta, an. þopta; *echt* zusammengezogen aus mhd. êhaft; ndl. echt; *Nichte* mhd. niftel; *ruchbar*, erst nhd., zu mhd. ruoft (Ruf, Leumund); *sacht* mit differenzierter Bedeutung neben *sanft*, mhd. sanft, senfte; ebenso *Schacht* neben *Schaft* (AfdA. 11, 26); ferner *sichten*, erst nhd., aus *siften*, ndd. sichten zu Sieb, sieben; *beschwichtigen*, erst in der 2. Hälfte des vorigen Jahrh. aufgenommen, vgl. mhd. swiften; *Schlucht* neben *Schluft*, zu mhd. sliefen, g. sliupan (schlüpfen); zweifelhaft ist *Gelichter*. — *lichten* gehört zu *liht* leicht; *Eintracht* nicht zu treffen, sondern zu tragen; vgl. mnl. *over een draghen*, Franck, Wb. Sp. 224.

Anm. Umgekehrt wird zuweilen auch *ft* für *ht* geschrieben. In der Verbindung *rft* verhallt der Spirant zuweilen ganz wie in *rht*. Whd. § 175.

99. Romanisches *v*. Ein dem romanischen *v* genau entsprechender Laut fehlte der deutschen Sprache, es traten also ähnlich wie bei den anlautenden *p, k* (§ 53 f.) die nächst verwandten dafür ein, die alte stimmlose Labialspirans f^1 oder das halbvocalische *w*; unser jetziger stimmhafter Spirant *w* existierte noch nicht (§ 115). Franz, Lat. rom. Elemente S. 20. Br. § 137 A. 1. Whd. § 172.

Der stimmlose Laut hat sich in einigen Wörtern erhalten; anlautend: *Veilchen* mhd. vîol, fîol, l. viola; *Vesper* l. vespera; *Vogt* l. vocatus; *Vers* l. versus; *Felleisen* frz. valise, mhd. velis; inlautend: *Käfig* aus l. cavea, mhd. kefje; Brief

l. breve. Sonst sprechen wir jetzt das rom. *v* als stimmhaftes *w*; nur in einigen schwankt die Aussprache zu stimmlosem *f*: *Larve, Pulver*, auch wohl *Slave, brav*; vgl. Trautmann § 1099.

Drittes Kapitel.
Der *s*-Laut.

100. Im Indogermanischen war *s* meistens ein stimmloser Spirant; stimmhaftes *z* kam, wie man annimmt, nur in Verbindung mit nachfolgenden Mediae und Mediae aspiratae vor (Brgm. § 590) und nur in der letzteren konnte der stimmhafte Laut sich im Germanischen halten, z. B. g. *mizdô* Lohn, *razda* Sprache; denn in der Verbindung mit idg. Media wurde er, da diese zur Tenuis verschoben wurde, wieder stimmlos z. B. *ast, nest* (§ 37).

In den germanischen Sprachen hat das stimmhafte *z* bedeutend an Umfang gewonnen und ist dann weiterhin oft in *r* übergegangen. Dieser Übergang findet bekanntlich auch in andern Sprachen nicht selten statt, z. B. im Lateinischen (*corpus, -oris, genus, -eris*), ebenso im Romanischen. Wie leicht er sich vollzieht, zeigt eine Mitteilung Trautmanns in der Anglia 3, 212 f., wonach im 16. Jahrh. in Paris und in Frankreich überhaupt oftmals *z* und *r* mit einander wechselten, *r* für *z* und umgekehrt *z* für *r* gesprochen wurde. Von allen germanischen Sprachen kennt nur das Gotische der Bibelübersetzung den Übergang von *z* in *r* fast gar nicht (§ 101 A. 2); dass ihn aber in späterer Zeit auch die gotische Sprache erfuhr, zeigen westgotische und vandalische Namen des 7. Jahrh.; z. B. *Ordulphus = Huzdulfus, Naribardus = Nasibards*; Dietrich, Aussprache S. 81. Scherer S. 180.

101. *s* > g. *z*, ahd. *r*.

a. Veranlasst wird der Übergang von *s* zu *z, r* zunächst durch dieselben Verhältnisse wie die Erweichung der übrigen stimmlosen Spiranten *f, þ, h*, also nach dem Vernerschen Gesetz (§ 22 f.). Daher finden wir hier auch ganz ähnliche mundartliche Unterschiede und im Hochdeutschen eine stärkere Neigung zum stimmhaften Laut als im Gotischen. Vgl. g. *basi*, ahd. *beri* Beere; g. *ausô*, ahd. *ôra* Ohr; g. *raus*, ahd. *rôr* Rohr; g. *hausjan* hören, *nasjan* nähren, *laisjan* lehren, *vasjan* kleiden, ahd. *weren*; besonders fehlt dem Got. der grammatische Wechsel im st. V.: g. *kaus, kusum, kusans* zu *kiusan* wählen, ahd. *kôs kurum gikoran*; g. *was wêsum* zu *wisan* sein, ahd. *was wârum*. Anderwärts zeigt auch das Gotische den stimmhaften Laut; z. B. g. *dius, diuzis*, ahd. *tior* Tier; g. *aiz*, ahd. *êr* Erz; g. *marzjan* ärgern, ahd. *merren*; g. *airzjan* irren. — Namentlich finden wir z, r in Suffixen zwischen Vocalen; so im Pron. und Adj.; g. *izôs* ahd. *ira*, g. *izai* ahd. *iru*, g. *izê* ahd. *iro*; g. *blindaizôs* ahd. *blintera*, g. *blindaizê, -zô* ahd. *blintero*; im Comparativ: g. *jûhiza* ahd. *jungiro*; g. *frôdôza* ahd. *fruotoro*; im Passiv g. *bairaza* du wirst getragen; in Nominibus mit *s*-Suffix: g. *hatis* Hass, Pl. *hatiza*; dazu *hatizôn* zürnen; *riqis* Finsternis, Gen. *riqizis*; *aqizi* Axt u. a. In manchen Bildungen stehen *s* und *z* nebeneinander; vgl. *hatizôn* zürnen : *valvisôn* sich wälzen; *filusna* Menge, *hlaivasna* Grab : *arhazna* Pfeil, *fairzna* Ferse.

b. Vertretung eines **auslautenden** *s* durch *z* findet im Gotischen namentlich statt, wenn die enklitischen Wörtchen *-u, -uh, -ei* an einsilbige Pronomina, Partikeln und unbetonte Flexionsendungen treten; z. B. *us* : *uzuh, is* : *izei, vileis* : *vileizu*; vereinzelt auch in proclitischem *us* : *uzôn* hauchte aus, *uzêta* Krippe und in *tuzvêrjan* zweifeln. Einige andere Fälle Br. § 78 A. 1. 3. — Über den Schwund des auslautenden *s* s. § 150.

Anm. 1. Es ist möglich, dass z einst im Auslaut aller ursprünglich unbetonten Endungen eingetreten war und dann durch das jüngere gotische Gesetz, welches stimmhafte Spirans im Auslaut nicht duldete, wieder beseitigt wurde (Paul, PBb. 6, 549 f.): aber notwendig und erwiesen scheint mir die Annahme nicht. Das Verner'sche Gesetz brauchte im Auslaut nicht dieselbe Wirkung zu üben wie im Inlaut, da selbst vor vocalischem Anlaut die Bedingungen andere waren. Denn in der Regel wurde doch wohl der vocalische Anlaut mit stimmlosem Einsatz gesprochen. In der Composition konnte dieser Einsatz verloren gehen und *s* stimmhaft werden. Zwischen g. *uzôn* und *usanan, uzêta* und *usitan* besteht dasselbe Verhältnis wie zwischen nhd. *be-o-bachten* und *Ab-art, auf-erstehen* und *auf-essen*.

Anm. 2. Übergang von *s* in *r* erfährt im Gotischen nur die Partikel *us* durch Assimilation, und zwar regelmässig in Compositis, z. B. *urreisan* aufstehen, *urruns* Aufgang; einmal auch als Präposition in proklitischer Stellung: *ur riqiza*. Br. § 78.

Anm. 3. In einigen Wörtern hat das Deutsche das schwachbetonte inlautende *s* vor folgendem Consonanten verloren: g. *mızdo*, ags. *meord*, as. *méda*, ahd. *miata*; ndd. *Hede*, ags. *heorde*, mndl. *herde*; ebenso in *Hirn* und *Hornisse* (Kluge, Wb.); vor *w*: g. *izwar* ahd. *iuwer*, g. *izwis* ahd. *iu*; vgl. Paul, PBb. 6, 553.

Anm. 4. In anlautendem *s* vor Consonanten stimmen die verwandten Sprachen zuweilen nicht überein; vgl. g. *stautan* stossen: l. *tundo*; g. *us-skaws* nüchtern, vorsichtig, ahd. *scouwōn* schauen gr. θυο-σκόος Opferschauer: l. *cavere*; g. *stiur* Stier: an. *þjórr*, l. *taurus*; ahd. *dah* Dach, *decken* l. *tegere*, *toga*: gr. στέγος; ahd. *hinchan* hinken: gr. σκάζω u. a. Die Verschiedenheit ist noch nicht sicher erklärt, beruht aber jedenfalls auf vorgermanischen Vorgängen. vgl. § 148. Brgm. § 589, 3. § 645. S. 492. Kluge, Grdr. § 13, 1. KZ. 26, 69.

102. Jüngere Spaltung des Lautes.

So weit das *s* nicht geschwunden oder zu *r* geworden war, bestand es im Ahd. als stimmloser Reibelaut fort. Scherer (ZfdöG. 1870 S. 576. zGdSpr. S. 132 f.) hatte angenommen, dass wie im Ahd. *þ* zu *d* wurde, auch *s* allgemein stimmhaft geworden sei; aber gegen diese Annahme richtet sich mit Recht Paul (PBb. 1, 168 f. A. 6, 547), und Scherer selbst hat sie wenigstens zum Teil zurückgenommen. Im As. scheint das einfache inlautende *s* schon stimmhaft gesprochen zu sein; denn zu *lôsian* gehört als Prät. *lôsda*, zu *kussian* aber *kusta*. Für das Ahd. fehlen solche Anzeichen; die stimmlose Aussprache dauert hier und im Mhd. wohl noch fort.

Jetzt haben wir an Stelle dieses einen Lautes drei: stimmloses *s*, stimmhaftes *s* und den durch *sch* bezeichneten stimmlosen Reibelaut, der sich zunächst aus *sc* entwickelt hatte. (§ 57 f.).

103. A. *s* > *sch* im Anlaut. Den *sch*-Laut sprechen wir in den anlautenden Consonantverbindungen *sl*, *sm*, *sn*, *sw*, *st*, *sp*; z. B. mhd. *slâfen* schlafen, *smërze* Schmerz, *snîden* schneiden, *swan* Schwan, *spil* Spiel, *stuol* Stuhl. In den Verbindungen *sp* und *st* hält zwar unsere Schrift, nicht aber die Sprache noch das einfache Zeichen fest. Aus dem Verhältnis der jetzigen zur älteren Sprache kann man nicht ohne weiteres schliessen, dass vor Vocalen der alte Laut bewahrt, vor Consonanten aber verändert sei. Wir schreiben zwar *See* übereinstimmend mit mhd. *sê* mit anlautendem *s*, *Schlaf* abweichend von mhd. *slâf* mit *sch*; aber daraus folgt nur, dass der alte Laut sich gespalten hat, nicht dass da, wo wir *s* schreiben, der alte Laut unverändert fortbesteht; vielmehr scheint diesem weder unser *s* noch unser *sch* genau zu entsprechen. Die Articulation des nhd. *sch* liegt, wie bemerkt (§ 57), vermutlich weiter nach hinten als die des alten *s*, die Articulationsstelle des nhd. *s* umgekehrt weiter nach vorn.

Drei Laute kamen für die Beurteilung in Betracht: das alte *s*, das aus *t* verschobene ȝ, ß und das aus *sc* gewonnene *sch*. Der aus *t* entstandene *s*-Laut hatte vermutlich die am weitesten nach vorn liegende Articulation; das aus *sc* entstandene *sch* die am weitesten zurückliegende; zwischen beiden lag das alte *s*, das mit stärker gehobener Zungenspitze als unser gemein gültiges *s* gesprochen wurde, wie noch jetzt im Englischen und im nordwestlichen Deutschland; Trautmann § 1086. Dieser mittlere Laut wurde aufgegeben; vor Vocalen nahm er die Articulationsstelle des vorderen Lautes an, indem die Bildung der Vocale einen niedrigeren Stand der Zungenspitze begünstigte; in den anlautenden Consonantverbindungen hemmte der folgende Consonant die Einwirkung des Vocales, das *s* behauptete zunächst seine alte Bildung und fiel dann mit dem benachbarten *sch* zusammen. Die Spaltung des *s*-Lautes dürfte hiernach sowohl die Entwickelung des *z* als namentlich die des *sc* zu reinen Spiranten voraussetzen; denn wo sich aus *sc* kein einheitliches *sch* entwickelt hatte, lag kein Grund vor die Articulation in Consonantverbindungen rückwärts zu schieben.

Wann die Spaltung des *s*-Lautes eintrat ist noch genauer zu untersuchen. Als *sc* zu einheitlichem Laute geworden war, stand diesem das alte *s* noch nahe. Daher finden wir sowohl *s* für *sc* geschrieben (§ 58): *satz, sepfen, sif, sriben, silling, sultheiz, hovis, menneslich* etc. (Whd. § 206. 210), als auch umgekehrt namentlich im Alemannischen *sch* für *s*, und zwar nicht nur in den Consonantverbindungen, in denen auch wir so schreiben oder sprechen z. B. *schlahen, schnur, schmitt, schwester, schpill*, sondern auch vor Vocalen: z. B. *gischehin* st. *gesehen*, *schêlic* st. *sælic*, *geschelschaft* u. ä. Whd. a. Gr. § 193. mhd. Gr. § 210. In Baiern begegnen noch im 15. und 16. Jahrh. anlautende *sl*, *sm*, *sn*, *sw* (Whd. b. Gr. § 154), und noch im 17. Jahrh. möchte der Niederdeutsche Schottel diese Schreibung wieder einführen; aber bereits 120 Jahre früher braucht Luther im Anschluss an die sächsische Kanzlei *sch* (Francke § 89. 91) und für Frangk galt die jetzige Sprache und Schreibung als unbestritten feststehend, auch die eigentümlichen Ausnahmen *sp* und *st*. Wie diese zu erklären sind, ist ungewiss; vermutlich liegt der Grund doch in der Geschichte der Sprache; vgl. Orth. § 117.

Anm. 1. Die anlautenden *sp* und *st* pflegt man in einem Teil Norddeutschlands, namentlich in Hannover, Holstein, Friesland auch in Meklenburg mit scharfem *s* zu sprechen, oft in dem Glauben, damit die alte und eigentlich richtige Aussprache bewahrt zu haben. Wenn die oben vorgetragene Ansicht richtig ist, wäre diese Anschauung irrig; den alten Laut hätte weder diese mundartliche noch die gemeindeutsche Aussprache bewahrt. In dieser wäre wie in den andern Consonantverbindungen die Articulation zurückgetreten, in jener wie vor den Vocalen vorgeschoben.

Anm. 2. Etwas ganz anderes als der Übergang des *s* in *š* ist die Entwickelung eines *c* in der Verbindung *sl*, die bereits im 9. Jahrh. und später begegnet; z. B. *sclief* st. *slief*, *sclahen*, *sclaht*, *scleht* etc. Whd. a. Gr. § 190. Br. § 169 A. 3. Vgl. auch die germanischen Namen bei Procop: Θευδεγίσκλος, ἑρμεγίσκλος neben Ἰλδιγισάλ (Gr. 2, 495) und die Entwickelung der dentalen Tenuis in der Verbindung *sr*, § 37. Fest geworden ist dies *scl* in *Sclave* < *Slave*. — Umgekehrt ist in vorgermanischer Zeit *k* geschwunden in *sliozan* schliessen Wz. *skleut*, vgl. l. *clavis*, gr. κληίς; Brgm. I § 528 A. 1.

104. Im In- und Auslaut hat die nhd. Schriftsprache dem *sch* für altes *s* im allgemeinen keinen Raum gewährt, fast überall hat *s* die vordere Articulation angenommen; *böse*, *Ferse*, *halsen* etc. Die Mundarten aber kennen das *sch* auch hier, namentlich das Alemannische, viel weniger das Bairische (Whd. a. Gr. § 193. b. Gr. § 154). Am weitesten verbreitet ist es nach *r* (Trautmann § 1089); denn die Articulation des *r* stützte den alten cerebralen *s*-Laut mehr als irgend ein anderer Consonant. Hier hat auch die Schriftsprache das *sch* aufgenommen: *Arsch* mhd. *ars*, *Barsch* mhd. *bars*, *birschen* mhd. *birsen* (frz. *berser, bercer*), *Bursche* mhd. *burse*, *Dorsche* mhd. *torse* (Kohlstrunk), *Kirsche* mhd. *kërse kirse* (l. cerasum), *herrschen* mhd. *hërsen* ahd. *hërisôn*, *knirschen*, vgl. mhd. *knirsunge, zerknürsen, Kürschner* mhd. *kürsenære, unwirsch* mhd. *unwirs*; doch nicht allgemein: *Börse, Ferse, Hirse, Lerse*; namentlich nicht wenn folgendes *t* die vordere Articulation begünstigt: *Borste, Bürste, Durst, garstig, Gerste, Horst, Karst, Wurst*. — Sonst ist *sch* für altes *s* im Nhd. selten: *Gischt* mhd. *jëst*, zu *jësen* gähren, sprudeln, daneben mhd. *geschen, gischen*; *feilschen*, mit der Endung *-sen*, ahd. *-isôn* abgeleitet von *feil*; aber schon mhd. *feilschen, feilscen* neben *feilsen*; *löschen* (Waaren ausladen), ndd. *lossen*, ist zusammengefallen mit *löschen* mhd. *leschen* (exstinguere); *Groschen*, mhd. *grosse* zu mlat. *grossus*; *Harnisch* mhd. *harnas, harnasch*, aus frz. *harnas*. *falsch* berührt sich mit l. *falsus*, ist aber nicht davon abzuleiten; vgl. mhd. *valsch*, ahd. *gifalscôn* etc. — Über *sch* für *z* s. § 56.

105. B. *s* > stimmhaftes *s*. Wann der Übergang des stimmlosen zu stimmhaftem *s* eintrat, ist nicht bekannt, da er in der Schrift unbezeichnet blieb. Correcte Aussprache verlangt das stimmhafte *s* jetzt im Anlaut vor Vocalen; z. B. *Saum, Sonne, sammeln*; ebenso im Inlaut zwischen stimmhaften Elementen; z. B. *leise, Linse, Amsel*. Dagegen im Auslaut und im Inlaut zwischen stimmlosen Elementen sprechen wir stimmloses *s*; z. B. *Glas, Hast, Haspel*; ebenso in der Verdoppelung: *Messe, pressen, missen, küssen*. In den Mundarten hat das stimmlose *s* viel weitere Geltung behalten (Trautmann § 1079 f.); aber für die Schriftsprache ist der Unterschied unbedingt anzuerkennen; s. Orth. S. 158 A. 1.

Wo *s* stimmlos geblieben ist, im Auslaut und in der Verdopplung, fällt es in unserer Sprache mit dem aus ahd. *z* entstandenen Laute zusammen. Das *z* hat sich dem *s* genähert, indem es aus der Affricata zur Spirans geworden ist, *s* dem *z*, indem es seine Articulationsstelle aufgegeben hat. Sorgfältige mhd. Dichter meiden noch Reime wie *daz : gras, wîs : flîz, mezze : presse, masse : fazze, küsse : vlüzze*, weil die Laute nicht gleich klangen; für uns sind sie tadellos. Wie lange etwa noch

Unterschiede wahrnehmbar gewesen sind, ist noch nicht genauer untersucht (vgl. Orth. S. 154 A.); Reime zwischen auslautendem *s* : *z*, inlautendem *ss* : *zz* begegnen schon im 13. und 14. Jahrh. (Whd. § 204. 205), beweisen aber nicht, dass die Laute überhaupt schon völlig gleich waren. Vgl. § 44. 55 A. Behaghel Grdr. § 100.

Anm. 1. In Fremdwörtern wird das anlautende *s* verschieden gesprochen: in den aus den alten Sprachen entlehnten stimmhaft wie im Deutschen; z. B. *Session, Summe, Silbe, Satire*; in den romanischen Lehnwörtern oft stimmlos, z. B. *Souverän, Sergeant, Service* etc., in andern nach deutscher Weise, z. B. *Sonett, Serenade, Sellerie*. *Sacrament* l. *sacramentum* spricht man mit stimmhaftem *s*, den Fluch *Sackerment* als französisches Lehnwort mit stimmlosem.

Anm. 2. In wenigen Wörtern concurriert ſs mit dem etymologisch berechtigten stimmhaftem *s* : *Vlies* (Fell), *Verlies, erbosen, Preiselbeere*; Orth. S. 156 A. 1. Über ʒ > nhd. *s* s. § 55.

Nasale.

106. Das Gotische hat nach dem Muster des Griechischen drei verschiedene Zeichen für die Nasale: *m, n, g*; die übrigen germanischen Sprachen bezeichnen wie das Lateinische den gutturalen Nasal durch dasselbe Zeichen wie den dentalen, durch *n*. Ein wesentlicher Nachteil für die Schrift entsteht dadurch nicht; denn da der gutturale Nasal nur vor gutturalen Consonanten vorkommt, vor diesen aber, ausser in Compositis (z. B. *ungern*), der Nasal stets guttural gesprochen wird, unterliegt die Bezeichnung keiner Zweideutigkeit.

Im Anlaut haben *m* und *n* sich behauptet; z. B. g. *midjis*, ahd. mitti, l. *medius*; *muoter* l. *mater*; g. *maurþr* Mord, vgl. l. mori, gr. βροτός; g. *malan* mahlen, l. molere u. a. g. *nahts* Nacht, l. nox, gr. νύξ; g. *naqaþs* nackt, l. nudus; g. *nêþla* Nadel zu *naian l. nere, gr. νεῖν, νῆτρον Spindel u. a. — Vermehrt ist die Zahl der mit *n* anlautenden Wörter durch Schwund des *h* in der Verbindung *hn* (§ 87). — Einige Störungen, die sich im Mhd. zeigen, haben für die Sprache im ganzen keine Bedeutung; Whd. § 215. Martin zu Gudr. 587.

107. Im Inlaut sind verschiedene Änderungen zu betrachten.

a. Schwund des Nasals trat vor *h* bereits im Urgermanischen ein, aber erst nachdem Verners Gesetz gewirkt hatte. Der vorangehende Vocal wurde, indem der Nasal schwand, nasaliert und gedehnt, später der Nasalklang aufgehoben; g. *þagkjan* denken : *þâhta*; *þugkjan* dünken : *þûhta*; *briggan* : *brâhta*; *juggs* jung : *jûhiza* jünger; ahd. *fâhan* fangen : *fieng*; *hâhan* hangen : *hienc*. Kluge Grdr. § 15, 1. 25, 5. So erklärt sich auch g. *þreihan*, *þraih* neben ahd. *dringan*, *drang*; g. *þeihan*, ahd. *dîhan* gedeihen neben ags. Pl. Prät. *đunʒon*, Prtc. *đunʒen*. Der Schwund des Nasals in den Präsensformen erzeugte *i* und damit Übertritt aus der ersten in die zweite Conjugationsclasse. J. Schmidt, Voc. 1, 52 f. Zimmer, ZfdA. 19, 410. Br. ahd. Gr. § 128 A. 1.

Anderer Art ist der Schwund des Nasals, den das Hochdeutsche in einigen unbetonten Endungen eintreten lässt. Das Suffix -*ing* behauptet sich im allgemeinen; aber bereits im Ahd. findet man *cunig*, *phennig* für *cuning*, *phenninc* (Br. § 128 A. 2), Formen, die auch die nhd. Schriftsprache aufgenommen hat; ebenso in *Pfalz* ahd. phalanza, mhd. phalenze, phalze, *verteidigen* mhd. tage-, tege-, teidingen. Andere Verstümmlungen, die in mhd. Zeit aufkommen (Whd. § 215. 216, vgl. auch Br. § 126 A. 2), hat sie nicht anerkannt, auch nicht die im Mhd. sehr beliebte Unterdrückung des *n* in der Participialendung -*ende* : *spilde*, *helde*, *sende*, *klagede*, *schamde*, *diende* u. a. Whd. § 373. 401.

b. Dem Schwund des Nasals steht seine Einfügung gegenüber, die durch die Neigung mancher Mundarten den Vocal zu nasalieren veranlasst wird. Namentlich begegnen solche Nasale im Alemannischen; z. B. *meinst*, *linse*, *siunfzen*, *chiunsch*, *wêning*, *übring* statt *meist*, *lîse* etc. Whd. § 216. 217. Ein solches jüngeres *n* haben wir in *schmunzeln* neben mhd. *smutzen*, *smotzen*; aber die Wörter die festes Gut der Schriftsprache sind, haben sich in ihrer ursprünglichen Form behauptet. Auffallend ist *genung*, das schon im Mhd. neben *genuog* vorkommt und sich bis in die classische Litteraturperiode hielt. Sollte es eine alte, regelrecht entwickelte Form sein? (vgl. l. *nactus* und *nanctus*).

Anm. 1. Der Ausfall des Nasals vor Spiranten geht in manchen Mundarten viel weiter als im Got. und Hd. s. Behaghel, Grdr. § 78.

Anm. 2. Auffallend begegnet neben g. *sinteins* täglich (zu idg. **sen*-alt, vgl. l. *semper*) einmal *seiteins*. — Über mhd. *sint* (erhalten in *sintemal* ⹀ sint dem mâle) neben *sît*, nhd. seit s. Franck, Wb. s. v. *sedert*. — Über *Jugend* neben *jung* s. § 115 A.

108. *m* > *n*. Sehr oft ist der dentale Nasal für den labialen eingetreten. Im Wort-Auslaut war *m* bereits in urgermanischer Zeit in *n* übergegangen (§ 149); wo es ursprünglich durch einen folgenden Vocal geschützt war, hielt es sich bis ins Hochdeutsche. Die ältesten Denkmäler zeigen noch in allen Dialekten auslautendes *m*, aber seit dem Anfang des 9. Jahrh. geht es da, wo es Flexionselement ist, in *n* über: *tagum* wird *tagun*, *gâbum gâbun*, *habêm habên* u. a.; auch in einsilbigen: *dem* (D. Pl. des Artikels) *den*, *bim bin*, *tuom tuon* u. a. Dagegen stammhaftes *m* behauptet sich noch, weil ihm das inlautende *m* der flectierten Formen zur Seite steht: *nam nim* zu *nëman*, *arm* zu *armêr* etc. Br. § 124. In der mhd. Zeit vermag sich auch dieses *m* nicht mehr zu behaupten, namentlich nicht in der unbetonten Ableitungssilbe -*em*: *bësem*, *buosem*, *vadem*, *gadem* werden zu *besen*, *busen*, *faden*, (*gaden*) und sind von der Schriftsprache anerkannt. Whd. § 216. Behaghel, Grdr. § 77. Auch in den Dativ der pronominalen Declination dringt -*en* für -*eme* ein, so dass scheinbar schwache Flexion entsteht. Whd. § 505.

Aber auch im Inlaut vor Consonanten geht *m* in *n* über. Schon urgermanisch ist der Übergang von -*md*- in -*nd*-; z. B. g. *skanda*, ahd. *scanta* zu g. *skaman* sich schämen; ahd. *rant* Rand zu einer Wurzel *rem*; ebenso entstand das *n* in g. *hund*, ahd. *hunt* hundert, und in *Sund* zu schwimmen. Brgm. I § 214. Kluge, Grdr. § 15. — Im Ahd. tritt derselbe Übergang vor germ. *f*, ein, im Fränkischen seit dem 9. Jahrh., später im Oberdeutschen, also in Wörtern wie *fimf* fünf, *kunft* zu *quëman*, *zunft* zu *zëman*, *ranft*, Nebenform von *rant*, *sanft* u. a. Br. § 123 A. 1. Als eine Assimilation an das folgende *f*, darf man diesen Übergang von *m* in *n* nicht ansehen, selbst wenn *f* labio-dentaler Laut gewesen wäre; denn die labio-dentale Articulationsstelle hat mit der dentalen des *n* nichts gemein; vgl. Orth. S. 144 A.

Nachdem die Verbindung *mf* beseitigt war, bestand *m* im Hd. nur vor den labialen Verschlusslauten und vor dem aus germ. *p* verschobenen *ph, pf, f*; z. B. *umbi, lembir, limphan, kempfo*; vor Dentalen steht *m* nur, wenn Synkope eines Vocales stattgefunden hat; z. B. *zähmte*, ahd. *zamita*; *schämte*, ahd. *scamêta*; *Amsel* ahd. *amisala*; *Hemde* ahd. *hemidi*. Im Got. galt diese Beschränkung noch nicht; z. B. *gaqumps* Zusammenkunft, *amsa* Schulter, *mims* Fleisch.

109. *n > m*. Das dentale *n* steht zunächst vor keinen andern als vor dentalen Consonanten; vor labiale Laute kann es nur in der Zusammensetzung kommen und unterliegt selbst hier zuweilen der Assimilation zu *m*; noch nicht im Gotischen wohl aber im Ahd. Am häufigsten tritt dies bei den Vorsilben *un-* und *in-* ein; z. B. *ummaht, umblîdi, imbot, imbîzan*; selten in andern, wie *spambette, skîmbâre*. Br. § 126 A. 1. Whd. § 182 f. Aber nur in verdunkelten Zusammensetzungen kam dieses *m* zur Herrschaft: ahd. *eimbar* Eimer zu *bëran* tragen, Gefäss mit éinem Griff, *ambaht* mhd. *ambet* Amt, g. *andbahts*; mhd. *sëmperfrî* reichsunmittelbare, aus *sëntbœre* (zu *sënt* senatus, synodus) und *frî*; nhd. *empor*, mhd. *enbore*, ahd. *in bore* d. h. in die Höhe; *Imbiss* zu mhd. *enbîzen*.

Anm. 1. Hierher gehören auch *empfinden, empfangen, empfehlen*. Hier ging zunächst das *t* der Vorsilbe *ent-* durch Assimilation an das folgende *f* in *p*, dann weiter *n* durch Assimilation an *p* in *m* über. Die Formen mit *np* sind die älteren; die mit *mp* begegnen im Ahd. noch sehr selten. Br. § 138 A. 2. In Verben mit privativem Sinn hat die nhd. Schriftsprache *ent* wieder hergestellt: *entfremden, entfetten, entfallen*. In Luthers Schriften ist die Regel noch nicht ganz fest; Franke § 79. 97.

Anm. 2. In älterer Zeit scheinen auch nicht unmittelbar benachbarte Labiale zuweilen Übergang von *n* in *m* veranlasst zu haben. Kluge, Grdr. § 15, 1 A.

110. Übergang eines Nasals in einen andern Laut ist selten. Suffixales *-mn-* erscheint im Got. als *bn* od. *fn*: *vundufni* Wunde, *vitubni* Erkenntnis; Brgm. § 215. Derselbe

Übergang vielleicht in *stibna* Stimme, ahd. *stimna*, as. *stëmna*, ags. *stëmn, stëfn*. — Im Hd. wandelt sich zuweilen *n* in *l*; zu g. *snivan* eilen gehört Adv. *sniumundô*, ahd. *sniumo*, daneben aber *sliumo, sliunic*, nhd. schleunig. In der Endung *-in* : g. *himins*, hd. *himil* Himmel; l. *cuminum*, ahd. *kumin*, dann *kumil* Kümmel u. a.; für *Lägel* bot bereits mlat. *lagellum* neben *lagena* das *l*. Br. § 127 A. 3. Kluge Grdr. § 15, 1 A. Über Assimilationen, die zur Consonantverdopplung führen § 135. — Über auslautende Nasale § 149. 151.

Liquidae.

111. Die frühere Annahme, dass die idg. Ursprache nur eine Liquida, *r*, besessen habe, und *l* erst später aus ihr entwickelt sei, hat sich als nicht stichhaltig erwiesen. Bechtel S. 381. Beide Laute bestanden schon im Idg. nebeneinander, und die germanischen Sprachen haben die Sonderung wesentlich unverändert bewahrt. Brgm. I § 254. 276. Beispiele: g. *rauþs* rot, gr. ἐρυθρός, l. *ruber*; g. *daur* Thor, gr. θύρα, l. *fores*; g. *vaurkjan* würken, gr. ἔργον; ahd. *muoter* Mutter, gr. μήτηρ, l. *mater* g. *leihan* leihen, l. *linquo*; g. *hlûtrs* ahd. *lûttar* lauter; vgl. gr. κλύζειν; g. *viljau* will, l. *velim*; g. *valdan* walten, zu l. *valere*; ahd. *nëbul*, l. *nebula*, gr. νεφέλη.

Vermehrung anlautender Liquidae durch Schwund von *h* und *w* s. § 87. 120. Inlautendes $r < s$ § 101.

Anm. Auffallend steht ahd. *sprëchan*, ae. *sprëcan* neben ahd. *spëchan*, ae. *spëcan*. Ob hier und in einigen andern Wörtern, die ähnlichen Wechsel zeigen, ganz verschiedene Wurzeln vorliegen, oder jüngere Umbildung stattgefunden hat, ist schwer zu entscheiden. Kluge, Grdr. § 15, 2 A. Franck, Wb. s. v.

Zweifelhaft ist auch die Erklärung einiger hd. Wörter, in denen *l* und *r* wechseln: ahd. *blôdi* und *brôdi* (schwach, gebrechlich), mhd. *blœde* und *brœde* (in den andern germ. Sprachen mit *bl*); mhd. *smielen* und *smieren* lächeln (ganz verschieden von nhd. *schmieren*, ahd. *smirwen* zu *smëro* Fett).

112. Von den beiden Liquiden erscheint *l* als der festere, nur sehr wenigen Änderungen ausgesetzte Laut. Ausgefallen ist es bereits urgerm. in g. *fugls* Vogel, wenn das Wort mit *fliegen* zusammenhängt. Einigemal hat das Streben nach Dissimilation Übergang in *n* veranlasst: *Knäul* mhd. *kniuwel* und *kliuwel*, ahd. *chliuwelîn*, zu *chliuwa*, *chliwa* Kugel; *Knoblauch* mhd. *knobe-* und *klobelauch*, ahd. *klobolouch*; vgl. Brgm. § 277. 282. *freventlich* ist eingetreten für *frevellich*. Whd. § 153. 215. 218. — *l* für *n* § 110.

113. Wandelbarer wird, doch auch erst in späterer Zeit, in- und auslautendes *r*.

a. In einigen Wörtern ist es geschwunden; in *Welt* ahd. *wëralt* (Menschenalter) schon mhd. ganz gewöhnlich, Whd. § 213; später in andern: nhd. *Köder*, mhd. quërder, kërder; nhd. *Ekel* hängt mit engl. *to irk*, *irksome* zusammen, im Hd. ist das Wort erst spät nachweisbar; zunächst sp. mhd. das Adj. *erklich*, dann auch das sw. V. *erken*, *erkeln*, daneben Formen mit *ck* und *k*. Neben *fordern* zeigt sich schon im 14. Jahrh. hier und da *fodern*, bei Luther *foddern* neben *fordern*; auch die Späteren bis auf Goethe und Schiller brauchen *fodern* (Weigand). Seltner findet sich *födern*, *füdern* st. *fürdern*, *basch* st. *barsch*. Fremdwörter, in denen ein *r* unterdrückt ist, sind *Plakat* frz. *placard*, *Polier* aus *parlier(er)*, zu *parler*. — Über Schwund des auslautenden *r* s. § 150 f.

Anm. 1. Umgekehrt findet man zuweilen *r*, wo es etymologisch unberechtigt zu sein scheint. Neben ahd. ëdo, odo oder g. *aippau* begegnet ërtho, ërdho, ërdo; neben *widar* wider, g. *wipra*, *wirthar*, *wirdar*; neben *wëdar* weder, g. *hvapar* vereinzelt *wërdar*. Nirgends hat das *r* bestand; vielleicht ist *rd* Ausdruck für verdoppeltes *þ*; vgl. Br. § 167 A. 11. Über jüngere Mischungen von *d* und *r*, Whd. § 214.

Anm. 2. Über Metathesis des *r* s. § 159; über hiatusfüllendes *r* § 157 A. 3.

114. *r* > *l*. Neigung *l* für *r* eintreten zu lassen zeigt namentlich die alemannische Mundart; in einigen Wörtern ist der Übergang fest geworden: *Pilgrim* l. peregrinus, schon ahd. pilicrim, *Maulbeere* l. morum, ahd. môr-, mûrberi, mhd. mûlbere; *Pflaume* l. prunum; *Tölpel* aus ndd. *dörper*, der Dorfbewohner. Ferner in der Endung: *Marmelstein* zu marmor, *Mörtel* l. mortarium, mhd. morter, murter, *murmeln* ahd. murmurôn und murmulôn. In andern ist *l* nicht durchgedrungen, namentlich nicht in *Kirche* κυριακή, wofür schon N. *chilicha* bietet. Wie man sieht, sind es Fremdwörter, welche das *r* aufgeben; es ist daher anzunehmen, dass der Lautwandel in der eigentümlichen Aussprache des fremden *r* begründet war. Auch Neigung zur Dissimilation mag mitgewirkt haben.

Anm. Das *r* wird auf zwei sehr verschiedene Weisen gesprochen, als Zungen-*r* und als uvulares oder Zäpfchen-*r*. Die Ausbreitung des letzteren, welches dem *j* und, wenn es kräftig articuliert wird, dem *ch* nahe steht, hat Trautmann § 1065 ff. mit besonderer Aufmerksamkeit verfolgt; er glaubt es auf eine Unart der Pariser Gesellschaft zur Zeit Ludwig XIV. zurückführen zu dürfen. Ob diese Erklärung ausreicht, mag dahin gestellt bleiben (vgl. Orth. § 117); jedenfalls deutet in der Geschichte der Sprache nichts darauf hin, dass die uvulare Aussprache alt ist. Ickelsamer Bl. B 2ª bezeichnet das *r* als einen Laut „so die Zung kraus zittert."

Halbvocale *u̯*, *w*.

115. Bezeichnung und Aussprache. Zwischen consonantischem und vocalischem *u* müssen schon früh Unterschiede der Articulation hervorgetreten sein. Die Lippenöffnung wurde bei dem consonantischen *u̯* wohl noch mehr verengt, 'so dass *u* nicht mehr klar und deutlich, sondern von einem Reibungsgeräusch begleitet und überdeckt herauskommt'. Trautmann § 182. Denn die Griechen geben das got. *u̯* zwar in der Regel durch ου wieder (Οὐάνδαλοι, Οὐάκις etc.), aber auch durch β, das damals die Bedeutung einer Spirans hatte (Βάνδηλοι, Βαλάμηρος). Cassiodor und spätere Lateiner schreiben *Vu* und *Uu*, in den Schriften der westgotischen Concilien steht auch *Ub* (*Ubinibal*, *Ubadila*).

Dem gemäss werden auch in der gotischen Schrift vocalisches und consonantisches *u* unterschieden, jenes durch ∩, dieses durch Ψ bezeichnet*. Weniger gut scheidet das Hochdeutsche. Im Ahd. braucht man für den Vocal *u* oder *v*, für den Consonanten in der Regel *uu* (*uv*, *vu*, *vv*), woraus sich gegen Ende der ahd. Periode die Ligatur *w* entwickelt. Nach Consonanten aber und vor folgendem *u* schreibt man im Ahd. und auch noch im Mhd. oft einfaches *u*; z. B. *suarz* schwarz,

---

* Den Lautwert des got. Ψ untersucht Jellinek. ZfdA. 36, 266 f.; er erklärt es für einen '*u*-haltigen labialen Spiranten'.

W. Wilmanns, Deutsche Grammatik.

uuntar Wunder; und in der Verbindung *qu* hat sich dieses *u* bis heute erhalten. Br. § 105. Whd. § 178.

Was den Laut betrifft, so wird er, wo er sich hält, je länger um so bestimmter zur Spirans ausgebildet, und wo diese Entwickelung nicht eintritt, neigt er dazu ganz zum Vocal zu werden oder zu verschwinden. Im Bairischen muss er schon im 13 Jahrh. als Spirans gesprochen sein, denn seit dem 14. Jahrh. werden *b* und *w* als gleichwertige Zeichen gebraucht (§ 68). In gewissen Fällen wird er weiter zum labialen Verschlusslaut (§ 123). Auch die Articulationsstelle verschiebt sich allmählich, indem freilich erst spät und nicht allgemein der labio-labiale Laut in einen labio-dentalen übergeht. In den anlautenden Verbindungen *schw*, *zw*, *qu* dauert die labiale Aussprache fort; in Mittel- und Süddeutschland nach Trautmanns Angaben (§ 1100 f.) auch im einfachen Anlaut; vgl. Orth. § 20 A. 1.

Anm. Indem die Zunge bei der Erzeugung des tiefen Lautes stark zurückgezogen wurde, verband sich mit der Hauptarticulation zwischen den Lippen leicht eine Nebenarticulation am hintern Gaumen. Daher erscheint das gedehnte *u̯* im Ostgermanischen als *ggw* (§ 125), und daher haben germanische Lehnwörter im Romanischen anl. *gu* = germ. *w*; z. B. frz. *guerre*, ahd. *wërra*; frz. *guêpe*, ahd. *wespa*; *guise* ahd. *wîsa*. Zimmer ZfdA. 19, 405. Scherer ZföG. 1868 S. 854 f. Tomaschek, Wiener Sitz. B. 60, 383 Schmidt, KZ. 23, 294 f. Auch der Übergang von *w* in spirantisches velares *g*, der in jüngeren Mundarten nach *u* eintritt, hängt damit zusammen: *juncfrŏgen* = juncfrouwen, *schaugen* = schouwen, *ruogen* = ruowen, *fûgir* = fûwir, fuir u. a. Whd. a. Gr. § 216. b. Gr. § 178. mhd. Gr. § 224. Luther braucht dies *g* in *ruge* (Ruhe, mhd. ruowe), *rugig*, *geruglich*, *Rugebette*. Umgekehrt kommt auch *w* für *g* vor Whd. § 181.

Bugge, PBb. 13, 504—515 sucht nachzuweisen, dass in mehreren Wörtern bereits im Urgerm. sich *g* und *k* aus *u̯* entwickelt haben; so in ahd. *jugund* Jugend neben l. *juventus*, *brugga* Brücke neben verwandtem *brâwa* Braue, ahd. *speihhila* Speichel neben *spiwan* speien; ahd. *quëc* keck, ags. *cwicu* an. *kvikr* neben g. *quis*; ahd. *nahho* Nachen, ags. *naca* neben gr. ναῦς u. a. vgl. Kluge, Grdr. S. 334.

116. Im Gotischen finden wir *w* an allen Stellen des Wortes im ganzen wohl erhalten. Im Anlaut vor Vocalen: g. *wigs* Weg, *gawigan* bewegen, vgl. l. *veho*; in Consonantverbindungen: *tweifls* Zweifel, *swês* eigen, *þwahan* waschen;

vor den Liquiden: *wrikan* rächen, *wlits* Ansehen; neben *k* und *h* § 31 f. Im Inlaut zwischen Vocalen: *mawi* Mädchen, *têwa* Ordnung; und nach Consonanten: *fidwôr* vier, *ûhtwô* Morgenzeit, *taihswa* Rechte; auch in unbetonten Silben: *frijaþwa* Liebe, *suniwê* der Söhne. Beschränktere Geltung hat es im Wort- und Silbenauslaut. Es heisst zwar *aiws* Zeit, *lêw* Gelegenheit, *lêwjan* verraten; aber für *iw* und *aw* tritt *iu* und *au* ein, wodurch denn in Stämmen die auf *u̯* ausgehen ein Wechsel entsteht: *sniwan* eilen, *snau*, *sniu-mundo* eilig; *þiwi* Magd, Pl. *þiujôs*; *mawi* Mädchen, Pl. *maujôs*; *taujan* thun, Prät. *tawida*. Die Ausnahmen *lasiws* schwach und *usskawjan* ernüchtern suchen Sievers, Grdr. 1, 414 und Jellinek ZfdA. 36, 277 f. zu erklären. — Für *iu* tritt in unbetonter Silbe *ju* ein: *sunjus* < *suneu̯es* Brgm. I, § 179; vgl. ZfdA. 36, 277 A.

Anm. 1. Auch vor einem *u*, das sich auf tiefster Vocalstufe aus Liquida oder Nasal entwickelt, finden wir *w*; z. B. *wulfs* Wolf, *wulla* Wolle, *swumfsl* Teich; vgl. § 33. Zuweilen aber hat *w* selbst die Stelle des Vocales angenommen; neben *waurts* Wurzel, steht *aurtja* Gärtner, *aurtigards* Krautgarten; g. *saurga* Sorge gilt neben frk. *sworga*; g. *suts* süss, neben as. *swôti* (KZ. XXVI, 380 A. 1); neben *fidwôr* vier, die Composita *fidurdôgs*, *fidurfalþs*. — Postconsonantisches *u̯u*, nimmt man an, wurde schon im Urgerm. zu *u*; Brgm. I § 180. Über den Schwund eines *u̯* vor ableitendem *j* s. § 158.

Anm. 2. Urgerm. *ōu̯* wird zusammengezogen und erscheint im Got. vor Consonanten als *ô*, vor Vocalen als *au* (d. i. offnes *ô*): *stôjan* richten, *ubil-tôjis* Übelthäter: *staua* Gericht, *stauida* richtete, *afdauiþs* erschöpft. Dieses *au* wechselt nicht mit *aw*. Brugm. Grdr. I, § 179. Bechtel S. 275 f.

Anm. 3. Über urgerm. *ēu̯i* und einige andere Formen, die schon im Urgerm. *u̯* verlieren s. Kluge, Grdr. S. 334.

117. Im Hochdeutschen ist *u̯* ein schwächerer Laut geworden; für seine Wandlung ist die Stellung im An-, In- od. Auslaut von wesentlicher Bedeutung.

A. Anlaut. a. Das einfache anlautende *w* in betonter Silbe hat sich bis heute erhalten; z. B. g. *witan* wissen, l. videre, gr. ἰδεῖν für Ϝιδεῖν; g. *gawigan* bewegen, l. vehere; g. *waldan* walten, vgl. l. valere. So auch vor *u* und *o*: g. *wulfs* Wolf, g. *wulla* Wolle, g. *waurd* Wort, g. *waurts* Wurzel

g. *uaurkjan* würken u. a. Nur in besonders schwach betonten Wörtern und Wortteilen ist dieses *w* in Hd. geschwunden. So ist *nicht* aus ahd. *ni wiht*, *irgend* aus *io wergin*, *jeder* aus *io wĕdar* entstanden. Ebenso erklärt die geringe Articulationsstärke den Schwund eines anlautenden *w* im zweiten Teil eines Compositums, namentlich in Eigennamen auf -*olt*, -*olf*, -*acker* = walt, wolf, wacker (*Herold* = heriwalto, *Otacker*, *Gundacker*) Whd. § 178; aber auch in andern Wörtern; Kluge PBb. 12, 378 f. Br. § 109 A. 4. Behaghel, Grdr. § 69.

118. b. Auch das postconsonantische *w* hat sich im Anlaut im allgemeinen erhalten; z. B. g. *twai* zwei, *tweifls* Zweifel; g. *þwahan* ahd. *duahan* waschen, *duahila* Handtuch, nhd. Zwehle; g. *swistar* Schwester. Das hier aber der Laut schwächer war, darauf deutet vielleicht schon die ahd. Schreibung *u* für *uu* hin. Unter günstigen Bedingungen, hat ihn das Hd. aufgegeben, namentlich vor *u* (vgl. § 116 A. 1) und *uo*. Zu *qiman* gehört g. *qums*, *qumþs*, hd. *Kunft*, zu *suimman* g. *swumfsl* Teich, hd. *Sund*, *Sumpf*; dem as. *swôti* entspricht ahd. *suozi*, dem ags. *hwôsta* hd. *huosto* Husten. Oft freilich hat Systemzwang die regelmässige Entwickelung gehemmt oder wieder aufgehoben. Von ahd. *duingan* zwingen sollte das Prtc. *gidungan*, das Prät. von *suerjen* schwören *suor*, von *duahan* *duog* lauten; die Formen kommen auch vor, aber die mit *w* behalten die Herrschaft: *giduungan*, *suuor*, *duuog*. Br. § 107 A. 1. Paul, PBb. 7, 162 f.

119. Besonders schwach erweist sich das *w* hinter *k*; hier verschwindet es in oberdeutschen Dialekten gegen Ablaut der ahd. Periode und im Mhd. auch vor andern Vocalen als *u*. In N.'s Mundart fällt es einfach aus, *quëdan* g. *qiþan* sagen ist zu *chëden*, *quellen* quälen zu *chelen*, *quëc* zu *chëg* geworden. Anderwärts hinterlässt es eine Trübung des folgenden Vocales, indem die Articulation des *u* mit der des folgenden Lautes verschmilzt; für *u̯a* tritt *o*, für *u̯i* *u*, für *u̯e* *o* ein, wobei zu erwägen ist, ob *u* und *o* nicht auch die umgelauteten *ü* und *ö* bezeichnen können; z. B. *quam kom* (ich kam); *quat kot* sprach; *quëna*, g. *qinô* Weib, *kone*; *quelen*, *koln*; *quirn* Mühle, g. *qairnus*, mhd. *kurn*, *kürn*; *quicken* vgl. g. *ana-*

qiujan lebendig machen, *kucken*. Br. § 107 A. 2. Whd. § 227. Die md. Mundarten halten das *qu* besser; gleichwohl hat auch das Nhd. in einigen Wörtern das einfache *k*: *keck* gilt neben *queck-* (Quecksilber); g. *quairrus* sanftmütig, mhd. *kurre, kürre*, nhd. *kirre*; ahd. *quërdar*, mhd. *korder körder kerder keder köder*, nhd. *Köder*; ahd. *quât*, mhd. *quât, kôt, kât*, nhd. *Kot*. — Die eigentümliche Entwickelung des *u̯* hinter dem *k* lässt schliessen, dass der Laut hier nicht ganz ebenso wie in anderer Umgebung gesprochen wurde. Da das *u̯* durch die Zungenlage den Gutturalen innerlich verwandt ist, so hatte es hier vermutlich seine ursprüngliche Natur treuer bewahrt und war dadurch dem Untergang mehr ausgesetzt, als wo es schon eine entschiedenere Neigung zu spirantischer Aussprache genommen hatte.

Anm. Dieselbe Entwickelung wie für *qu* wäre für *hu̯* zu erwarten, wenn hier nicht das anlautende *h* fortgefallen wäre; doch tritt für *huiu* neben dem regelmässigen *wiu* auch *hiu* ein, wo das *w* also geschwunden sein muss, ehe die anlautende Verbindung das *h* abstiess; vgl. PBb. 7, 162. Über ahd. *hirni* Hirn neben g. *hvairnei* s. Kluge Wb.

Das Pron. 2 Pers. und das Pron. refl. zeigen bereits im Idg. Doppelformen mit und ohne *u̯*, Brgm. I § 187. — Erklärt sich ahd. *so, sô* neben g. *sva* aus der geringen Betonung?

120. c. In Consonantverbindungen, in denen *w* die erste Stelle einnimmt (*wr, wl*) lassen die hochdeutschen Mundarten das *w* schon früh fallen; g. *wrikan* ahd. *rëchan* rächen; as. *wrîtan*, ahd. *rîzan* einritzen, reissen (Reissfeder); zu g. *wlits* Angesicht vgl. ahd. *ant-luzzi*. Über die letzten Reste des *w* im Hd. s. MSD. S. VIII f. — Im Mfrk. und Ndd. hält sich *wr*, und daher stammen in unserer Schriftsprache einige mit *wr* anlautende Wörter: *Wrack* und die mehr mundartlichen *wringen, wricken, wribbeln*. Behaghel, Grdr. § 68.

121. B. In- und Auslaut; s. Kögel, PBb. 9, 523 f. Im Gotischen ist in- und auslautendes *w*, abgesehen von den § 116 erwähnten Fällen erhalten; z. B. *lêw* Gelegenheit, *lêwjan* verraten, *waurstw* die That, *waurstwja* Arbeiter, *snaiws* Schnee, *skadwjan* beschatten u. a. Im Hochdeutschen machen Vocalisation und Schwund bedeutende Fortschritte.

a. Auslautendes *u̯* ist hier regelmässig in *o* übergegangen*, nur selten begegnet *u*; Br. § 108 A. 1. So nach Consonanten: *mëlo* Mehl, *trëso* Schatz, *scato* Schatten; nach langen Vocalen: *sêo* See g. *saiws*, *snêo* Schnee g. *snaiws*, *spêo* Prät. zu *spîuuan* speien, *grâo* grau, *blâo* blau; nach kurzen Vocalen: *frao* froh, *strao* Stroh, *kneo* Knie. — *ao* verschmilzt dann frühzeitig zu *ô*: *frô*, *strô*, *rô* roh, *fô* wenig, g. *faus*, Stamm: *fawa-*; *eo* wird zu *io* : *knio* Knie. Nach langen Vocalen verschwindet schon seit Mitte des 9. Jahrh. der Laut ganz; nur in den schwach betonten *êo* g. *aiw* immer, *huêo* wie stellt sich Verkürzung des *ê* und damit Übergang in den Diphthongen ein: *io*, *wio* mhd. *ie*, *wie*. Br. § 108 A. 2.

122. b. Inlautendes *w* vor folgendem Vocal hat das Ahd. teils bewahrt, teils fallen lassen.

Nach Consonanten hängt sein Schicksal teils von der Natur der vorangehenden Silbe, teils von der Qualität des vorangehenden Consonanten ab. Nach kurzer Stammsilbe, die auf einen einfachen nicht gutturalen Consonanten ausgeht, namentlich nach *l* und *r*, bleibt es erhalten: *mëlo* Mehl, Gen. *mël(a)wes*; *garo* bereit, gar, *garawêr*; ferner *zëso* rechts, *zës(a)wa*, g. *taihswô*; *trëso* Schatz, *trësowes*; *scato* Schatten, *scat(a)wes*; *sen(a)wa* Sehne. Dagegen nach langer Stammsilbe, nach Ableitungssilben und nach Gutturalen schwindet der Laut; z. B. a. g. *wahtwô* Wache, ahd. *wahta*; g. *ûhtwô* Morgenzeit (daneben ohne das ableitende *w* g. *ûhteigs*, *ûhtiugs*), ahd. *ûhta·* b. g. *ubizwa* Halle, ahd. *obasa*; g. *salipwa* Herberge, ahd. *selida*. c. g. *saihvan*, ahd. *sëhan*; g. *aqizi* ahd. *achus* Axt; g. *naqaps*, ahd. *nackot* nackt; g. *sigqan*, ahd. *sinkan*; g. *siggwan* lesen, ahd. *singan*. Wie im Anlaut erscheint also auch im Inlaut das *w* besonders schwach nach Gutturalen.

Zwischen Vocalen hält sich das *w*; z. B. *êwa* Gesetz, *hiwo* Gatte; zu *sêo* gehört der Gen. *sêwes*, zu *grâo* *grâwêr* zu *frao* froh *frawêr*, *frewida* Freude, zu *strao* Stroh, *strewit* er streut. Doch war auch das intervocalische *w* schon im Ahd. schwach, wird nach langen Vocalen von den Schreibern nicht selten unbezeichnet gelassen oder wechselt mit *h* und *j(g)*. § 154 f. Br. § 109. 110. 114.

* Richtig bemerkt Jellinek, ZfdA. 36, 268, dass dieses *o* mit dem gewöhnlichen Vocal *o* nicht identisch gewesen sein müsse.

Anm. Für g. *gatwô* Gasse sollte man *gazzawa* erwarten, es heisst aber *gazza*, vermutlich weil das *u* der Casus obl. Schwund des *w* verursacht hatte. Paul, PBb. 7, 163.

123. Jüngere Gestaltung. Im Mhd. setzt sich der schwankende Gebrauch fort; in der nhd. Schriftsprache ist er folgendermassen geregelt.

Postconsonantisches *w* hat sich nach *l* und *r* erhalten, ist aber im Spätmhd. in *b* übergegangen, ein Zeichen dass der Laut damals bilabiale Spirans war, wie *v*, welches die gleiche Entwickelung nimmt; § 97. So in *Erbse, Farbe, gerben, herbe, Milbe, mürbe, Narbe, Schwalbe*. Aber *schmieren*, mhd. *smirn, smirwen* zu ahd. *smëro, smër(a)wes* Schmeer hat das *w* verloren; in andern hat die unflectierte Form, die schon im Ahd. das *w* eingebüsst hatte, gesiegt: *kahl* ahd. *kalo, kal(a)wêr*; *Mehl* ahd. *mëlo, mël(a)wes* neben *Milbe*, ahd. *miliwa*; *gar* ahd. *garo, gar(a)wêr* neben *gerben* ahd. *garawen*; *Herling* gehört zu *herbe*. Bei einigen sind Doppelformen entstanden: *gehl* und *gelb*, *fahl* und *falb*.

Nach Vocalen ist *b* selten eingetreten: in *Eibe*, mhd. *îwe*, ahd. *îwa* und dem veralteten *Wittib* neben *Wittwe*, mhd. *witewe*, ahd. *wituwa* g. *widuwô*. An Stelle eines verschärften *w* steht es in dem Prät. *hieb* mhd. *hie, hiu, hiuw, hieb* und dem gleichlautenden ganz jungen Subst. *Hieb*. Mundartlich auch sonst, Behaghel, Grdr. § 72. — Auch inl. *w* ist selten; ausser in *Wittwe* gilt es in *ewig* (neben *Ehe*, mhd. *ê, êwe*, ahd. *êwa*), dem Fremdwort *Löwe* mhd. *lewe, löuwe*, ahd. *lewo, louwo* (s. Kögel PBb. 9, 538. Bremer eb. 13, 384; vgl. Franck AfdA. 17, 101, der *lêwo* ansetzt), und in dem ndd. *Möwe*. Die übrigen Wörter haben den Laut verloren.

Anm. 1. Anl. *b* für *w* gilt in *Brack* (Ausschuss) aus ndd. *Wrack*, und in dem zweiten unbetonten Compositionsglied von *albern*, mhd. *alwære*. Mundartlich auch sonst; Behaghel, Grdr. § 67.

124. Einfluss des *w* auf den vorhergehenden Vocal. Die dem *w* vorangehenden Vocale zeigen manches Eigentümliche. Nach langen Vocalen kann schon im Ahd. das *w* ohne erkennbaren Einfluss erlöschen: ahd. *spîwan, spîan,* speien, *sêwes, sêes* Sees; für *âw* tritt *â* ein: *brâ, klâ, lâ, blâ, grâ,* sind die gewöhnlichen mhd. Formen; doch zeigen die entsprechenden nhd. *Braue, Klaue, lau, blau, grau,* dass sie nicht allgemein galten. — Für die kurzen Vocale treten, indem das *w* schwindet, lange Vocale oder Diphthonge ein; für die Nomina auf *aw-* und *ëw-* werden die unflectierten Formen auf *ô* und *ie* zur Normalform, die auch in den flectierten Casus festgehalten wird; in den Verben *frewen, drewen, strewen* und dem Subst. *frewida* geht *ew* in *eu* über: *freuen, dräuen* (*drohen* ist jüngere Bildung zu *drô* Drohung), *streuen, Freude*. O. bewahrt noch die alten Formen des Vocals; neben *frô* steht bei ihm *frawaz, frawa* etc. und in *freuui, freuuita, freuuida, threuuen, streuuita* hat er regelmässig kurzes *e*; nur einmal in *streuuent* ist die erste Silbe lang gebraucht, also Diphthong anzunehmen. Entwickelung des Diphthongen setzt auch die Schreibweise im Is. voraus (Kögel, PBb. 9, 528); besonders früh aber ist sie im bairischen Dialect eingetreten; denn hier heisst es fast immer *gouwi, houwi, frouwen, frouwita, strouwen, strouwita*; der Diphthong galt also schon che der Umlaut von *a* eintrat. Br. § 114 A. 1 und Kögel PBb. 9, 530, der die Sache anders auffasst.

Oft verschmilzt, wenn das *w* schwindet, der unbetonte Vocal mit dem betonten der Stammsilbe; in der Sprache Walthers fast immer: *brâ* (ahd. *brâwa*): *jâ*, D. Pl. *brân* : *lân, frôn* frohen : *lôn, knieten : gebieten*; *ich fröu*, Imp. *fröu, er fröit, ir fröit*; nur 92, 13 *fröuet*, 93, 22 *gefröuen* ohne Verschmelzung; vgl. § 125 A.

125. Geschärftes *u*. Neben dem einfachen *u* hat die ältere Sprache nach kurzen Vocalen auch den entsprechenden gedehnten Laut. Über die Bedingungen, unter denen er im Urgerm. eintrat s. Kluge, Grdr. S. 334. Streitberg, PBb. 14, 179 A. zur germ. Sprachgeschichte S. 102; im Hochdeutschen wird die Zahl der Wörter durch einige *ja*-Stämme vermehrt.

Bezeichnet wird der Laut im Got. und An. durch *ggw*: *bliggwan* schlagen, *bluggwans* geschlagen, *triggws* treu, *triggwa* Bund, *glaggwus* klug. Die hochdeutschen Schreiber unterscheiden ihn nicht hinlänglich von dem einfachen *w* und mehr

§ 125.]   Halbvocale. Geschärftes *w*.   105

als durch die Schrift verrät er sich durch seinen Einfluss auf die vorhergehenden Vocale: aus *a* wird *ou*, aus *ë*, *i* : *iu*, aus *u* : *û*, im Auslaut erscheint er als *u*; z. B. *bliuwan, blou, blûwun, gibluwan, triuwa, gitriuwi, glou glouwêr, riuwan* an. *hryggra* reuen, *houwan* an. *höggva*; *scouwôn* u. a. Ferner *ja*-Stämme: z. B. *niuwi* g. *niujis* neu, *ouwa* Au für *awja*, *frouwa* Frau für *fraucja* u. a. Kögel, PBb. 9, 523 f. und abweichend, Streitberg PBb. 14, 186. Wie die Belege zeigen, unterliegt dieses *a*ụ*u* nicht dem Umlaut, die Entwickelung zum Diphthongen muss hier also früher eingetreten sein als in der Verbindung *a*ụ (§ 124).

Verschmelzung mit dem unbetonten Vocal der Endung tritt hier weniger leicht ein. Während Walther die Wörter mit einfachem *w* regelmässig zusammenzieht, behauptet in diesen mit ursprünglich gedehntem *w* das *e* seine Selbständigkeit: *scouwen, frouwe, ouwe, touwes, riuwe, triuwe*. Im Nhd. ist der Laut verschwunden; über *Hieb* s. § 123.

Anm. 1. Auffallend ist, dass die ahd. Schreiber den consonantischen Klang des gedehnten *w* öfter unbezeichnet lassen als den des einfachen. Sie setzen, wie Kögel S. 539 (vgl. Br. § 111. 105 A. 2) bemerkt, *au*, *iu* (*eu*) vor Vocalen niemals für *aw*, *iw* (*ëw*), sondern nur für *auw*, *iuw* (*euw*); z. B. *scouôn, scouôtun, glauên, riuan* etc. Der Grund kann nur darin liegen, dass nach den reinen Vocalen *a*, *i* (*ë*) der eigentümliche Charakter des *w* schärfer hervortrat als nach den *u*-haltigen Diphthongen; hier erschien er als Übergangslaut (§ 154 f.), dessen Bezeichnung entbehrlicher war.

Anm. 2. Bei den sw. V. 1 und den *ja*-Stämmen mussten sich in demselben Worte verschiedene Vocale ergeben, je nachdem *i* oder *j* folgte; denn nur *j* erzeugt Dehnung. Es sollte also eigentlich flectiert werden: *gewi, gouwes, gouwe, gewi; frouwu frewis, frewit, frouwen* etc. Aber kein Denkmal zeigt diesen regelmässigen Wechsel. So bildet O. zwar neben dem Nom. *gewi* den D. Pl. *gouwon*, aber von dem Verbum *frewen* begegnen nur ganz selten *frouwen, frouwent*, fast überall schreibt er *euu*. Die Erklärung kann nicht einfach in Formübertragung gesucht werden. Denn warum sollte O., der bei andern Consonanten die Unterscheidung von einfachem und gedehntem Laut treu bewahrt (z. B. *zellu, zelis, zelit*), sie beim *w* aufgegeben haben, wenn nicht in der Natur des Lautes ein Anlass dazu gelegen hätte. Der Process, der in der spätern Zeit die Dehnung aller stimmhaften Consonanten beseitigte, wenn in demselben Wort Formen mit und ohne Dehnung neben einander standen, hat beim *u*, als dem schwächsten Consonanten, vermutlich früher angefangen, sei es dass die Dehnung weniger scharf hervortrat, oder dass die Sprache ihr mehr widerstrebte.

i, j.

126. Die Geschichte des halbvocalischen *i̯* verläuft ähnlich wie die des *u̯*, doch ist der Laut noch schwächer und unselbständiger. Im Auslaut und vor Consonanten giebt es kein *j*, sondern nur *i*; vgl. *kuni kunjis*; *bai* beide *bajôþs*, *aiws* Zeit *ajukdûþs* Ewigkeit; *vai* wehe, *wajamêrjan* lästern. In anlautenden Consonantverbindungen kommt es als erster Bestandteil gar nicht vor, und wo es zweiter war, ist es früh durch Vorgänge, die bis in die idg. Zeit zurückreichen, beseitigt; s. Brugm. § 143. 149. In g. *siujan*, ahd. *siuwan* nähen, *siula* Ahle, *siut* Naht hat es sich mit dem folgenden *u* zum Diphthongen *iu* verbunden, zu dem das *ou* in ahd. *soum* in dem gewöhnlichen Ablautverhältnis steht; in g. *sijau, sijais, sijai* etc. hat sich zwischen *s* und *i̯* ein vocalisches *i* eingestellt. Nur in den ahd. Pronominalformen *siu, sio, sie, dia, dio, die* ist vielleicht postconsonantisches *i̯* anzunehmen; Wilmanns Beitr. 3, § 61. Für die Entwickelung des Lautes kommen hier nur der einfache Anlaut und der Inlaut in Betracht.

127. Bezeichnung und Aussprache. Ein Unterschied in der Articulation des vocalischen und consonantischen Lautes muss ähnlich wie beim *u* (§ 115) früh hervorgetreten sein. Das Gotische bezeichnet jenen durch ι, diesen durch Ϳ; mangelhafter ist die Schreibweise im Hochdeutschen. Unser *j* als ein vom *i* unterschiedenes Zeichen kommt erst seit dem 15. Jahrh. auf; früher galt *i* für beide Laute und in der Majuskelschrift pflegen auch wir sie noch ungeschieden zu lassen; DWb. 4, 2, 2185.

Neben *i* wurden in der älteren Zeit aber auch *e* und *g* gebraucht. *e* gilt im Inlaut nach Consonanten vor folgendem *o, a* z. B. *minnea, mâreo*; es tritt durch Assimilation für *i* ein und beweist, dass an dieser Stelle das *i̯* noch nicht zur Spirans geworden war. *g* wird im Anlaut und im Inlaut nach *r* und Vocalen gebraucht, z. B. *gihu, gëhan, nergen* retten, und zeigt, dass hier die ahd. Schreiber *i̯* als Consonanten auffassten, wenn auch der consonantische Charakter noch nicht so entschieden ausgeprägt war, wie jetzt. Darauf deutet der gelegentliche Gebrauch von *y* für *j* in mhd. Zeit (Whd. § 239) und der Umstand, dass in oberdeutschen Mundarten eine deutliche Spirans noch jetzt nicht gesprochen wird; Trautmann § 1037.

In der Regel brauchen nun die ahd. Schreiber das *g* nur vor *e* und *i*: *gihu*, *gëhan* aber *jah*. Daraus folgt aber nicht, dass *j* nur vor diesen Vocalen als Consonant gesprochen wurde, die Regel ergab sich vielmehr daraus, dass nur vor diesen Vocalen *g* als einigermassen brauchbares Zeichen erschien, denn nur vor den hohen Vocalen wurde *g* als palataler Laut gesprochen, vor den tiefen dagegen als velarer, der von dem palatalen *j* gar zu weit abstand. Ein orthographischer Missstand aber war der Gebrauch des *g* auch vor *e* und *i*, weil *g* in erster Linie Zeichen für den palatalen Verschlusslaut, nicht für den Reibelaut war. Daher schränkte man den Gebrauch ein; in der mhd. Zeit pflegte man nur noch *gi* für *ii* zu schreiben, also *gihe*, aber *jëhen*, *jah*, aus demselben graphischen Grunde, aus dem man *fu* für *vu* oder *uu* schrieb; § 93. Endlich gab man auch hier *g* auf und fand in der Ausbildung des Buchstaben *j* ein geeignetes Mittel den Laut zu bezeichnen.

Im allgemeinen ist das consonantische *j* jedenfalls als Spirant aufzufassen; aber wie aus *u̯* unter gewissen Bedingungen auch der Verschlusslaut *b* entsteht (§ 123), so wird auch *i̯* weiter zum Verschlusslaut *g*. Nur ist für die ältere Zeit nicht leicht festzustellen, wie weit dieser Lautwandel eingetreten war, da der Buchstabe *g* selbst schwankenden Wert hat. (§ 69 f.); namentlich können die ahd. *g* vor *e* und *i*, die mhd. vor *i* den Übergang nicht beweisen. Vgl. Kräuter, ZfdA. 21, 267 f.

128. Die Entwickelung des Lautes hängt wesentlich von seiner Stellung im Worte ab.

A. *j* im Anlaut. Am kräftigsten erweist sich das anl. *j*. Zwar fällt es mundartlich schon in ahd. Zeit ab: N. braucht *âmer* für *jâmer*, *enêr* für *jenêr* (Br. § 116 A. 4. Whd. § 239), aber die Formen kommen nicht zur Herrschaft. In der nhd.

Schriftsprache gilt überall ein deutlich artikulierter Laut, gewöhnlich die palatale Spirans; z. B. g. *juk* Joch, l. *jugum*; *juggs* jung, l. *juvencus*; *jêr* Jahr; *jains* jener u. a. — Auf Berührung mit dem Verschlusslaut deutet der Gebrauch von *g* vor den tiefen Vocalen; doch kann dieselbe ebensowohl durch eine Bewegung des *j* zum Verschlusslaut als durch eine Bewegung des *g* zum Reibelaut veranlasst werden. Im Ahd. ist dies *g* für *j* äusserst selten; Br. § 116 A. 2. Öfter kommt es im Mhd. namentlich im Md. vor (Whd. § 220. 222); z. B. *gâmer, gung, gudisch*; und umgekehrt wird hier vereinzelt auch *j* für *g* geschrieben (Whd. § 240). Jetzt ist der Verschlusslaut in manchen Mundarten und zwar in den verschiedensten Teilen des Sprachgebietes allgemein geworden· Trautmann § 1038. Behaghel, Grdr. § 74. Die nhd. Schriftsprache aber erkennt *g* nur in einzelnen Wörtern an: *gären* mhd. *jësen*, dazu *Gischt* mhd. *jëst*; *Gauner* für *jauner*; auch *gäten* für mhd. *jëten*; DWb. 4, 2, 2186.

Anm. In *je, jetzt, jeder* hat sich *je* aus diphthongischem *ie* entwickelt; auf spirantische Aussprache deutet vielleicht schon im 9. Jahrh. die Schreibung *hio, heo*; s. Garke. QF. 69, 53.

129. B. *j* im Inlaut. Das inlautende *j* hält sich im Gotischen, wenn es sich der Stammsilbe unmittelbar anschliesst; z. B. nach einem Consonanten in *nasjan, nasjis, nasjiþ*; *hairdjôs, hairdjê, hairdjam, hairdjans* etc.; nach einem Vocal in *ija* sie, *þrija* drei, *fijan* hassen, *frijôn* lieben, *stôjan* richten, *bajôþs* beide, *ajukdûþs* u. a. Der Gebrauch steht ziemlich fest; nur für *ij* findet sich hier und da *i*; z. B. *fian, sium*; vielleicht weil zwischen *i* und folgendem Vocal *j* sich leicht von selbst als Übergangslaut einstellt. Öfter fehlt es in *friaþwa* Liebe neben *frijaþwa, frijôn, frijônds*. Br. § 10 A. 4. — Über das *j* in *saijiþ* s. § 154.

Dass zwei Endsilben durch *j* getrennt wären, kommt im Gotischen nicht mehr vor.

Anm. 1. In welchen Flexionen die ältere Sprache ein intervocalisches *j* besass ist eine schwierige Frage. In vielen Fällen, wo man es früher unbedenklich annahm, zieht man jetzt eine andere Auffassung vor; s. Streitberg, zur germ. Sprachgeschichte. (Er behandelt die sw.V. 2 S. 12 f. 105 f., sw.V. 3 S. 73 f. Verbalabstracta auf *ôns, ains, eins* S. 15 f. *armaio* S. 16, die Infinitive auf *-ôn, jan* S. 17, die Comparative auf *ôza, ôst* S. 19).

Anm. 2. Verschmelzung der Ableitungs- und Stammsilbe ist in gewissen Fällen bereits im Urgerm. eingetreten: g. *aiza-* ahd. *êr* aus *a͡iz-a-*, g. *máiza* ahd. *mêro* aus *ma͡izô*. Brgm. I, § 635. Die Flexionssilbe behauptet im Got. stets ihre Selbständigkeit.

130. Im Althochdeutschen ist das inlautende *j* schon ein sehr schwacher Laut.

a. Das postconsonantische *i, e* hält sich noch bis in das 9. Jahrh. vor den Vocalen *a, (e), o, u*; z. B. *minnea, sippea, minniu, giloubiu*. Dann verliert sich der Laut, nachdem er Umlaut (§ 191 f.) und Consonantverdoppelung (§ 138) erzeugt hatte. Bei O. ist er schon fast ganz verschwunden. — Widerstandsfähiger erweist sich das *i* nur nach kurzen Stammsilben auf *r*; Formen wie *nerien nergen nerigen, spurjen herje* etc. zeigen sich auch noch in Denkmälern, die sonst das *j* überall aufgegeben haben, bis in die mhd. Zeit.

Dass die Sprache hier das *j* zum Consonanten entwickelte hängt jedenfalls mit dem Secundärvocal, der hinter *r* einzutreten pflegt, zusammen Br. § 118 A. 3; auch *w* geht namentlich nach Secundär-*a* in *b* über, § 123. Die Schriftsprache erkennt diesen Consonanten an in *Ferge* ahd. *ferjo*, mhd. *ver, verje, verge* und *Scherge* ahd. *scario*. Behaghel, Grdr. § 74, 3.

Die Verbindung *ji* kennt das Ahd. nicht; dem g. *nasja, nasjis, nasjiþ* entspricht ahd. *nerju, neris, nerit*. Es kennt aber auch nicht das dem *ji* entsprechende *ei*: g. *sandja, sandeis, sandeiþ*, ahd. *sentu, sentis, sentit*. Die gotischen Formen können den ahd. nicht zu Grunde liegen; wie sie sich zu einander verhalten, ist ungewiss; Paul, PBb. 7, 160. Streitberg, PBb. 14, 223. 227 f. Kluge, Grdr. § 34.

Anm. Ähnlich wie bei den *r*-Stämmen haftet *i* auch in einigen andern; ahd. *winia* Freundin, *brunia* Brünne, *redia* Rede; hier muss das *i* einen andern Ursprung haben. Br. § 118 A. 4. Kluge, Grdr. § 24. Hinter dem *i* kann sich dann als Übergangslaut *j* od. *g* entwickeln; mhd. *winnege, brünege* neben *winne, brünne* Whd. § 222. Einige Fremdwörter schliessen sich an: l. *cavea*, mhd. *kevje* nhd. *Käfig*; l. *minium*, mhd. *mini, minge, menig*, nhd. *Mennig*; vgl. auch l. *apium*, ahd. *epfi*, mhd. *eppe, ephich*, nhd. *Eppich*; l. *lolium* mhd. *lulche lullich, lulch Lolch* (AfdA. 11, 23).

131. b. Zwischen Vocalen ist *j* im Ahd. nirgend mehr fest. Nach kurzen Vocalen kommt es überhaupt nicht mehr vor; sie sind entweder gedehnt oder mit dem folgenden Vocal zu einem Diphthongen verschmolzen; g. *freis, frija*, ahd. *frî, fri(i)o*; g. *þrije*, ahd. *dri(i)o*; g. *fijands*, ahd. *vi(i)ant*; dagegen g. *þrija*, ahd. *driu*; g. *frijônds*, ahd. *friunt*. Worin diese Verschiedenheit begründet ist, weiss ich nicht. *j* od. *g* wird in diesen und andern Wörtern oft und bis in die späte Zeit geschrieben und auch gesprochen, aber es erscheint doch nur als ein Übergangslaut, der sich aus benachbartem *i* immer von neuem erzeugen konnte; § 154 f.

Je schwächer das intervocalische *j* im Ahd. ist, um so auffallender ist, dass es abweichend vom Gotischen selbst zwischen unbetonten Endsilben erscheint, nämlich in den längeren Optativformen der sw.V. 2. 3, die namentlich im Alemannischen gelten: *minnô(i)en, chôsô(i)en, habê(i)est, chôsô(i)e* u. a. Br. § 310 A. 4. 5. S. über diese Formen Streitberg, Zur germ. Sprachgeschichte S. 14. 83; er erklärt sie als junge Analogiebildungen.

132. Geschärftes *i̯*. Wie zu *u̯* so gesellte sich unter gewissen Bedingungen auch zu *i̯* ein Verschlusslaut, der im An. in seiner ursprünglichen Gestalt als palatales *gg*, im Got. als *dd* erscheint; z. B. g. *waddjus*, an. *veggr* Wand; g. *twaddjê* an. *tweggja* zweier; Braune, PBb. 9, 544. Im Westgermanischen fehlt diese consonantische Affection und der Unterschied ist verwischt. Nur im Auslaut bei vorangehendem *a* zeigt er sich deutlich. Wie *au̯* zu *ô*, so wurden im Hd. *ai̯* zu *ê* contrahiert; z. B. g. *vai*, ahd. *wê* wehe; g. *sai*, ahd. *sê* (ecce); dagegen *ai̯i̯* ergab *ei*, wie *au̯u̯ ou*; z. B. *ei* (ovum), an. *egg*; *screi* (clamor), *hei* trocken; s. Kögel, PBb. 9, 542.

Viertes Kapitel.

Nachdem die Geschichte der einzelnen Consonanten verfolgt ist, bleiben noch mehrere Erscheinungen zu betrachten, die, weil sie verschiedene Laute in gleicher Weise angehen, sich nicht wohl in die Behandlung der einzelnen einfügen liessen.

Consonantverdoppelung.

133. Doppelconsonanten sind nicht selten das unmittelbare Ergebnis der Wortbildung. Sie entstehen, wenn ein zweites Compositionsglied oder eine Bildungssilbe mit demselben Consonanten beginnt, mit dem das erste Glied, bez. die Stammsilbe schliesst; z. B. g. *faur-rinnan* vorangehen, *dis-sitan* überfallen, *miþ-þanei* während; nhd. *An-nahme, auf-fallen, Rock-kragen*; mhd. *adel-lich, unzal-lich* u. a. Zuweilen sind die beiden Consonanten erst durch die Unterdrückung eines Vocales zusammengerückt; z. B. ahd. *elilenti*, mhd. *ellende* Ausland, Elend; ahd. *hêriro, hêrro* Herr; ahd. *leitta, nôtta, scutta* für *leitita, nôtita, scutita*. Zuweilen sind sie auch erst durch Assimilation gleich geworden; z. B. g. *ur-reisan* aufstehen für *us-reisan*, mhd. *ummaht* = *unmaht*, *rette* = *redete* u. a.

Nun giebt es aber auch Verdoppelungen, die sich nicht auf zwei etymologisch verschiedene Elemente verteilen lassen, sondern wie die einfachen Consonanten als einheitliche Bestandteile einer Sprachsilbe erscheinen. Zum Teil sind sie ebenso entstanden, wie die erwähnten, nur dass ihre Bildung einer früheren Zeit angehört und ihre Auflösung auf dem Boden der einzelnen Sprache nicht mehr zu erreichen ist; zum Teil aber sind sie durch ganz andere Einflüsse, durch die Betonung, Einwirkung folgender Consonanten, Verlegung der Silbenscheide, aus einfachen Consonanten entsprossen. Diese Verdoppelungen sind es, die im Folgenden zu behandeln sind; doch mögen zunächst noch einige allgemeine Bemerkungen Platz finden.

134. 1. Ursprünglich sind diese Dehnungen und Verdoppelungen nirgends und daher in der ältesten germanischen Sprache, dem Gotischen, verhältnismässig selten. Abgesehen von den Halbvocalen *j* und *w* (§ 125. 132) kommen hier verdoppelt vor namentlich die Liquiden *l, r*, die Nasale *m, n*, die Spirans *s*, vereinzelt auch *k* und *t*; dagegen nur einfach die Media *g*, die stimmhaften Spiranten *b, d*, die stimmlosen *f, h*; *þþ* begegnet nur in der Composition. In den jüngeren Sprachen sind die Verdoppelungen häufiger und mannigfaltiger.

2. Die Consonantverdoppelung kann in verschiedenem Sinne gebraucht werden. Gewöhnlich bezeichnet sie einen inlautenden Consonanten, der zugleich zu zwei Silben gehört, als Auslaut zur ersten, als Anlaut zur folgenden. Sie kann aber auch im Auslaut und selbst im Anlaut vorkommen und bezeichnet dann nur einen Consonanten, dessen Dauer das gewöhnliche Mass merklich überschreitet. Eine doppelte Articulation des Lautes findet weder in dem einen noch in dem andern Falle statt; Verschluss oder Reibungsenge werden immer nur einmal gebildet und gelöst.

Im Anlaut finden wir die Verdoppelung in der Schriftsprache nicht, weder im Gotischen noch im Hochdeutschen; aber in den Mundarten sind durch Assimilation allerdings solche gedehnten Anlaute entstanden. Behaghel, Grdr. § 65.

Auslautende Doppelconsonanten kennt das Gotische, aber nur in Stämmen, welche im Inlaut den Consonanten verdoppeln und in beschränkterem Umfang als im Inlaut. Der Consonant wird nämlich doppelt geschrieben im absoluten Auslaut, vor dem Nominativ-s und vor j; z. B. *full, skatts, fulljan, skattja*; vor andern Consonanten in der Regel einfach. Br. § 80. Wenn wir der Schrift trauen dürfen, war also eine deutlich vernehmbare Dehnung des Consonanten vom Auslaut nicht ausgeschlossen. Das Ahd. kennt im Auslaut nur einfache Consonanten; z. B. *fel, felles; grif, griffes; kussen, kusta; bouhhan* (Zeichen), *bouhnita*. Br. § 93. — Dieser Gebrauch wirkt fort bis ins Nhd. (von Bahder S. 91), wird dann aber durch einen andern ersetzt, dass nämlich die Verdoppelung, wenn sie im Inlaut gilt, auch im Auslaut beibehalten wird; z. B. *hem-men, hemm-t, Hemm-nis*. In der Aussprache ist dieser Gebrauch nicht begründet; er ist nur die Durchführung eines allgemeineren orthographischen Princips, vgl. § 144. — Noch viel ausgedehnteren Gebrauch hatten die Schreiber im Spät-Mhd. und den folgenden Jahrhunderten von der Verdoppelung gemacht; wie weit diese Doppelschreibungen etwa sprachliche Bedeutung hatten, ist noch genauer zu untersuchen. Orth. § 99 f. von Bahder, Grundlagen S. 90 f.

Anm. Vielfach hat man es offenbar nur mit einer Schreibergewohnheit zu thun, welche die Ligaturen an die Stelle der einfachen Zeichen hat treten lassen. Bei Luther werden so namentlich ff, tt, ſſ, tz, ck, gebraucht; nur in der ersten Zeit verdoppelt er auch oft den Consonanten in den Endungen *-en* und *-el*. Oft unterbleibt noch nach altem Brauch die Verdoppelung im Auslaut und vor Consonanten. Franke § 123, 3. 2. 122, 8.

Ihren eigentlichen Platz hatte die Verdoppelung zu jeder Zeit im **Inlaut**, wo also die Verteilung des Lautes auf zwei Silben möglich war. Doch hat sie auch hier nicht unter allen Bedingungen stand gehalten. Verdoppelungen, die im Urgermanischen nach Consonanten, langen Vocalen und Diphthongen eingetreten waren, sind sowohl im Got. als im Ahd. wieder aufgegeben (Paul, PBb. 7, 109 f. Kluge, Grdr. § 16). Im Got. ist Doppelconsonanz überhaupt nur nach kurzem Vocal belegt, im Ahd. ziemlich häufig auch nach langem, aber nur wenn sie durch jüngere Processe herbeigeführt war; z. B. *galauppen* (g. *galaubjan*), *auckan* (g. *augjan*), *nôtta* (g. *naupida*); Br. § 96 A. 1. Und allmählich schwinden auch diese jüngeren Verdoppelungen, selbst wo sie auf Zusammenziehung beruhen. Für *nôtta, leitta* tritt *nôta, leita* ein; *hêrro* < *hêriro* entartet zu *hêro, hêre* oder *herro, herre* u. s. w. Br. § 98. Jetzt kommt sogar in Compositis die Dehnung nach langem Vocal schwer zur Geltung. Man spricht *Au-fahrt, Ei-nehmer* st. *Auf-fahrt, Ein-nehmer* etc.

Ebenso verliert sich die Dehnung leicht in unbetonten Silben. In den Endungen *-inn-* und *-niss-* hält unsere Schrift sie fest. Im Dat. des Inf. *-anne, -enne* aber fängt sie schon im Ahd. an zu schwinden; und in dem pronominalen Dativ hat zwar das Got. noch die Verdoppelung (*blindamma, þamma*), aber nicht das Hd. (*blintemu, demu*). Br. § 93 A. 1. Jetzt kommt sie selbst in der Composition oft nur unvollkommen zum Ausdruck. Man spricht *ze-reissen, ve-reisen, e-reichen* st. *zer-reissen, ver-reisen, er-reichen*; vgl. PBb. 2, 570 f.

Als dauerhaft erweist sich die Verdoppelung auch im Inlaut nur nach kurzem betonten Vocal, und hier hat sie im Laufe der Zeit bedeutend an Ausbreitung gewonnen.

3. Mit der Dehnung der Consonanten tritt oft zugleich eine Änderung ihrer Qualität ein; sie erfahren eine Verschär-

fung, d. h. sie werden mit grösserer Energie articuliert. Bereits im Urgermanischen wurden *b̑*, *d̑*, *ȝ* in der Verdoppelung zu *pp*, *tt*, *kk*; im Gotischen werden die gedehnten *j*, *w* mit Verschlusseinsatz gesprochen: *ddj*, *ggw*; im Hochdeutschen erscheint germ. *f* nicht als der schwache Spirant *v* (*b*), sondern als kräftiges *ff*; *h* wird nicht zum flüchtigen Hauchlaut, sondern zu *ch*; *þ* über *dd* zu *tt*; die leichten Verschlusslaute *b*, *d*, *g* werden zu starken *pp*, *tt*, *ck* und die starken Verschlusslaute *p*, *t*, *k* zu kräftigen Affricaten *pf*, *tz*, *cch*. Diese Abweichungen in der Lautverschiebung lassen zuweilen auch da, wo die Dehnung wieder aufgegeben ist, noch erkennen, dass sie einst stattgefunden hatte.

A. Assimilationen.

135. In der ältesten Zeit beruht die Verdoppelung wohl immer auf Assimilation, und unter den Consonanten, die bereits in urgermanischer Zeit sich einem vorhergehenden Laut assimilierten, scheint keiner wichtiger zu sein als *n*. Kluge, PBb. 9, 168 f. Kauffmann, eb. 12, 504 f. Brgm. I § 530. 534. 538. Kluge, Grdr. § 16. Man nimmt an, dass nach dem Wirken des Vernerschen Gesetzes, aber vor der Verschiebung der Media zur Tenuis, das *n* eines betonten Suffixes dem Auslaut der unbetonten Stammsilbe assimiliert wurde. In dem gedehnten Laut, der auf diese Weise entstand, gingen dann in allen germanischen Sprachen die stimmhaften Spiranten *b̑*, *d̑*, *ȝ* in Verschlusslaute über und wurden weiter in stimmlose Verschlusslaute gewandelt. Es mussten sich also in solchen Wörtern immer die Tenues *pp*, *tt*, *kk* ergeben, gleichgültig ob sie auf idg. *b*, *d*, *g* oder *bh*, *dh*, *gh* oder *p*, *t*, *k* ausgingen; denn auch die letzteren waren durch die Lautverschiebung und das Vernersche Gesetz, ehe die Assimilation eintrat, in *b̑*, *d̑*, *ȝ* verwandelt. — Es sind besonders drei Gruppen von Wörtern, in denen man die Verdoppelung auf diese Weise erklärt.

a. Participiale Bildungen (PBb 12, 504); mit Suffix *-nó* z. B. g. *fulls* voll, aus *pḷ-nó-* vgl. l. *plenus*. Ebenso erklärt man ahd. *stumm-*, *grimm-*, *stamm-* (balbus, stammelnd), *snell-*, *scarpf*, *scarf* neben *scarbôn* schneiden, *gëlpf*, *gëlf* neben *gëlbôn* gloriari. Mit Suffix *-ni*: ahd. *flucchi* zu *fliogan*.

Anm. Neben g. *all-s* all steht ohne Gemination, also ohne *n*-Suffix *ala-*. In g. *hveits*, ahd. *wîz* weiss aus *hwitto-* ist die Gemination nach dem langen Vocal aufgegeben (vgl. skr. *çvitna*), in ndd. *hwitt*, später *witt* nach kurzem *i* erhalten. — Die beliebte Vergleichung von ahd. *loc* (*cch*), ags. *loc* (*cc*), an. *lokkr* Locke mit lit. *lugnas* biegsam, gr. λυγόω biegen, knüpfen lehnt Franck, Wb. ab. — In ahd. *lukki* lügnerisch ist wohl nicht Suffix *-ni* anzunehmen (PBb. 12, 505), sondern die Verdoppelung ist auf Einfluss des *j* zurückzuführen (St. *lugja-*), wie in ahd. *nuzzi* nütze, *urdruzzi* lästig u. a.

b. Verba intensiva; sie bildeten ihren Präsensstamm mit Suffix *nd*. Osthoff, PBb. 8, 297. Burghauser Präsensbildung S. 13. Zwar lassen sich nur für wenige germanische Intensiva in den verwandten Sprachen Präsentia mit *n*-Suffix nachweisen, dennoch ist es unbedenklich, in ihnen den Ausgangspunkt für die germanischen Bildungen zu sehen; denn nachdem einmal der Typus gewonnen war, konnte er als Muster für viele Neubildungen dienen. Z. B. ahd. *lecchôn* lecken, as. *leccon* (vgl. g. *bilaigon*) zu gr. λίχνος leckerhaft, l. *lingo*; mhd. *slucken*, ahd. *sluccho* Fresser zu gr. λύζω, λυγγάνομαι schlucken; ahd. *zocchôn*, mhd. *zocken* ziehen, zerren, und ahd. *zucchen*, mhd. *zücken** vgl. g. *tiuhan* ziehen, W. *deuk-*; mhd. *hopfen* und *hüpfen*, vgl. aksl. *kypěti* hüpfen, springen; mhd. *rupfen*, *ropfen* zu ahd. *roufen*, g. *raupjan*, W. *reub-*; mhd. *slitzen* schlitzen zu ahd. *slîzan* schleifen; mhd. *snitzen* schnitzen zu ahd. *snîdan* schneiden; mhd. *stutzen* stossen, zurückscheuen zu ahd. *stôzan* g. *stautan*; ebenso *bücken* neben biegen, *schmücken* neben schmiegen, *schlüpfen* neben schliefen. — Verba mit erweiterter Bildung auf g. *-atjan*, ahd. *-ezzen* zeigen dieselbe Verdoppelung, z. B. *blecchezzen* blitzen, *tropfezzen* u. a. Kluge, PBb. 9, 164.

c. Schwache Substantiva. Den Ausgangspunkt müssen Casus gebildet haben, in welchen das *n* ohne vermittelnden Vocal an die unbetonte Stammsilbe trat (vgl. g. *auhsnê*, an. *yxna*, ags. *oxna*; PBb. 8, 299 A. 9, 169. 12, 543); hier wurde also das *n* dem vorangehenden stammhaften Laute assimiliert und dann der gedehnte Consonant in die übrigen Casus übertragen. Beispiele: ahd. *roccko* der Rocken; *topfo* Kreisel;

---

* Den Wechsel zwischen gebrochenem und ungebrochenem Vocal sucht Osthoff PBb. 8, 298 zu erklären.

zapfo der Zapfen; *stopfo* (punctus); g. *wulla*, ahd. *wolla* die Wolle; *wëlla* Welle; ahd. *stërro* (ags. *steorra* aber g. *stairno*) Stern u. a. PBb. 9, 165. 12, 515.

Dieselbe Gemination findet man aber auch in Substantiven, welche nach der vocalischen Declination gehen; z. B. g. *skatts* Schatz, ahd. *stocch* Stock, *hnapf* Napf, *zopf* u. a. PBb. 9, 167. 12, 515. Man führt sie auf *n*-Stämme zurück. Übertritt eines Subst. aus der *n*- in die *a*-Declination ist auch sonst nicht selten und begreift sich hier besonders leicht, wenn die Assimilation des *n* den charakteristischen Consonanten der *n*-Declination in einem Teil der Casus beseitigt hatte. Auch Doppelformen konnten sich so ergeben; z. B. ahd. *scopfo* u. *scopf*, *topfo* u. *topf*, *stopfo* u. *stupf*; zuweilen setzte sich die eine in dieser, die andere in jener Mundart fest; z. B. ahd. *nacch* stM., an. *hnakki* swM. Nacken; ahd. *smoccho* swM. Unterkleid, an. *smokkr*, ags. *smocc* stM.

136. Gedehnte Medien und stimmlose Spiranten. Nach der von Kluge aufgestellten Regel konnte die Assimilation des *n* in den germanischen Sprachen weder gedehnte stimmlose Spiranten noch gedehnte Medien ergeben; denn die stimmlosen Spiranten waren vor dem betonten Suffix in stimmhafte verwandelt, und diese sowohl als die Medien gingen in der Dehnung schon gemein-germanisch in stimmlose Verschlusslaute über. Nichts desto weniger finden wir solche Laute, also *dd*, *bb*, *gg* (hd. *tt*, *pp*, *ck*) und *pp*, *ff*, *hh* (hd. *tt*, *ff*, *hh* od. *ch*). Beispiele für die gedehnte Media: ahd. *waggo* Wacke, *rocko* Roggen, *lappa* der Lappen, mhd. *knappe* neben *knabe*, *rappe* neben *rabe*. Für gedehnte Spirans sind die Beispiele nicht zahlreich und aus dem Hd. allein nicht sicher zu erkennen, da die Laute, welche im Hd. für die gedehnten Spiranten eingetreten sind, auch andern Ursprung haben können; *ff* und *hh* gehen gewöhnlich auf germ. *p* und *k* zurück, *tt* kann germ. *pp* und *dd* sein; nur die Vergleichung mit den verwandten Mundarten lässt die ursprüngliche Lautform erkennen. Hiernach ist gedehnte Spirans anzunehmen in ahd. *laffa* Hand, mhd. *schroffe* Felsklippe, *motte* Motte, *zëchen* ags. *teohhian* u. a. PBb. 9, 158 f. 12, 524. 526. 528.

Kluge sucht 9, 176 diese Laute durch Formübertragungen zu erklären. Der Stamm des Wortes *Knabe* z. B. habe im Germ. neben einander die Formen *knab-* und *knapp-* (aus *gnabn̥*) entwickelt; daraus seien Mischformen entstanden: einerseits *knabb-*, worauf mhd. *knappe* beruhe, anderseits *knap-*, was in ae. *cnapa* erhalten sei. Vgl. § 142 A.

137. Andere Assimilationen sind auf eine kleinere Zahl von Worten beschränkt. Schon der urgermanischen Zeit gehört der Übergang von *nu̯* in *nn* an, wie er in g. *minniza*, ahd. *minniro* minder (vgl. l. *minu-o*), g. *mann* Mann, g. *rinnan* u. a. statt gefunden hat. Brgm. I § 180. — *sm : mm* in g. *þamma* dem (vgl. ai. *tásmai, tásmād*); g. *im* (für *imm*) ich bin (vgl. ai. *asmi*). Brgm. § 582 A. 2. — *ntn : nn* in ahd. *sinnan* (tendere, sentire) neben *sind* Weg aus *sentno*; ahd. *hunno* (centurio) neben *hund* hundert aus *kn̥tnó*. Kluge, PBb. 9, 186. — Über *ss* aus *t + t* s. § 36.

Im Westgermanischen wird *rz* zu *rr* (§ 101): g. *airzjan* ahd. *irren*; g. *marzjan* ärgern, ahd. *merren* behindern; g. *gadaursum*, ahd. *giturrun*; g. *þaursus* ahd. *durri* dürr u. a. Brgm. I § 582. Das *ll*: in ahd. *bëllan* bellen (dazu *Bulle*) führt man auf *lz*, in mhd. *krol(l)* gekräuselt, *krolle* Locke auf *zl* zurück. Brgm. a. O. vgl. aber Franck, Wb. s. v. *krul*.

Innerhalb des Ahd. wird *mn* durch *nn* oder *mm* verdrängt: *stimna* stimme, *nemnen* nennen, *virdamnôn* verdammen. Br. § 123 A. 2. — Zu *raban* Rabe entwickelt sich die Nebenform *ram*, G. *rammes*, zu Grunde liegen Formen ohne das *a* zwischen *b* und *n*: *hrabn*, *hrabnes*; daher auch die Namen *Adelram, Ingram*. Br. § 125 A. 1. — Aus *mandmunti* mild ist *mammunti*, N. *manmende* geworden; aus *framwërt* wird *frammërt, frammort* weiter; neben *guotlîch* steht *guollîch* herrlich, vermutlich entstanden, ehe *d* zu *t* verschoben war u. a. s. Br. § 99. — Ahd. *brëttan* ziehen, schwingen, *brittil* Zügel zu ae. *brëgdan*; ahd. *lattuh* Lattich, l. *lactuca*. Kluge, PBb. 12, 377 f.

Über die jüngeren Assimilationen von *mb* und *ng* s. § 80; über die Entwickelung der Africata zum doppelten Spiranten § 45 f.

Anm. Für *rinnan* nimmt Kluge, Grdr. 335 ebenso wie für *brinnan* und *kann* Präsensbildung mit *n*-Suffix an.

B. Consonantverdoppelung im Hochdeutschen.

138. Neben der Verdoppelung durch Assimilation lassen die westgermanischen Sprachen auch Verdoppelung eines Consonanten vor gewissen andern Consonanten eintreten. Auf diesen Process richtete namentlich Holtzmann in der ahd. Grammatik die Aufmerksamkeit, später hat ihn Paul zum Gegenstand einer besonderen Untersuchung gemacht; PBb. 7, 106 f. Am öftesten wird diese Verdoppelung durch *j* bewirkt, aber auch vor *w*, *l*, *r*, (*m*, *n*) tritt sie ein. Das Gotische zeigt sich davon noch ganz frei.

a. Vor *j* erleiden alle Consonanten Verdoppelung ausser *r*; z. B. g. *valjan*, as. *wellian*, ahd. *wellen* wählen; g. *tamjan*, as. *temmian*, ahd. *zemmen* zähmen; g. *þanjan*, as. *thennian* ahd. *dennen* dehnen; g. *satjan*, as. *settian*, ahd. *setzen*; g. *skapjan*, as. *sceppian*, ahd. *scepfen* schöpfen; g. *rakjan*, as. *rekkian*, ahd. *recken*; g. *bidjan*, as. *biddian*, ahd. *bitten*; g. *sibja*, as. *sibbia*, ahd. *sippa* Sippe; g. *lagjan* as. *leggian*, ahd. *leggen*; g. *hafjan*, as. *heffjan*, *hebbian*, ahd. *heffen* heben; g. *hlahjan*, ahd. *lahhen* lachen. Die meisten Beispiele geben die sw. V. 1, aber auch andere Ableitungen mit *j* sind zahlreich; z. B. g. *halja* stF., as. *hellia*, ahd. *hella* Hölle; g. *kuni*, as. *cunni*, ahd. *kunni* Geschlecht; g. *nati*, as. *net* Pl. *nettiu*, ahd. *netzi* Netz; g. **wrakja*, as. *wrekkeo*, ahd. *recko* Recke; g. *midjis*, as. *middi*, ahd. *mitti* medius etc. Das *j*, welches die Dehnung hervorruft, war wie die zwischen *i* und *e* schwankende Bezeichnung zeigt, noch keine Spirans; es war ein schwaches consonantisches *i̯*, das bald ganz erlischt (§ 130).

Eine Ausnahmestellung nimmt *r* ein; im As. und Ags. entwickelt sich aus *rj* kein *rr*, im Ahd. zeigen die meisten Denkmäler *ri* und *rr* nebeneinander; PBb. 7, 107. Der Grund liegt ohne Zweifel in der Neigung der Sprache nach *r* einen schwachen Vocal (Svarabhakti) zu entwickeln; germ. *fari̯a*, ahd. *feri̯o* wurde zu *feriio̯*; die unmittelbare Nachbarschaft von *r* und *i̯* war dadurch aufgehoben und damit der Grund der Verdoppelung. Aus *ferio* ergab sich *ferro*, aus *feriio ferijo* und weiterhin *ferigo*, nhd. Ferge (§ 130).

Anm. Die Zuverlässigkeit der Belege, die man für die Dehnung von *th* anführt (s. Kluge, Wb. *Schmiede, Rüde*), bezweifelt Franck. — Über *brunia, redia, winia* s. § 130 A.

139. Die Wirkung, welche *j* auf den vorhergehenden Consonanten übte, ist nicht überall zu voller Geltung gekommen. Nach Consonanten und langen Vocalen wurde die Dehnung bald wieder aufgegeben (§ 143), nach kurzen Vocalen sind die gesetzlichen Verhältnisse durch Formübertragungen vielfach getrübt. Es konnten sich nämlich für dasselbe Wort, je nachdem die Endung mit *j* anfing oder nicht, verschiedene Formen ergeben. So schreibt O. ganz regelrecht: *wellu, welis, welit, wellen, wellet, wellent, welita, giwelit* u. s. w., *ll* da, wo *lj*, *l*, wo *li* zu Grunde liegt. Diese Verschiedenheit innerhalb desselben Paradigmas konnte sich aber nicht halten, es traten Ausgleichungen ein, die bald den verdoppelten, bald den einfachen Consonanten zur Herrschaft brachten. Dabei treten in der Behandlung der Verba und der Nomina beachtenswerte Unterschiede hervor. Im schwachen Verbum halten die Formen, welche Anspruch auf die Verdoppelung haben, den andern ungefähr die Wage, den nominalen *ja*-Stämmen kommt in den meisten Casus Verdoppelung zu. Paul, PBb. 7, 113. Kögel, Ker. Gl. S. 105. Kluge, Grdr. § 34. Daher tritt die Neigung zum Ausgleich bei diesen früher ein und fällt entschiedener zu Gunsten der Verdoppelung aus als bei jenen. Ferner aber kommt die Natur des Consonanten in Betracht; bei manchen liebt es die Sprache die Verdoppelung aufzugeben, bei andern sie festzuhalten. Die Verdoppelung siegt bei den auf germ. *p, t, k* beruhenden *pf, tz, ck*: *skapjan* schöpfen, *satjan* setzen, *þakjan* decken; bei *ch* aus germ. *h*: *hlahjan* lachen. Der einfache Consonant bei *m, n, l*: *tamjan* zähmen, *waljan* wählen, *þanjan* dehnen. Bei germ. *b* und *g* gilt die Verdoppelung in Nominibus: *sibja* Sippe, *hruggi* Rücken; dagegen der einfache Laut im Verbum *lagjan* legen (*b* nicht belegt). Br. § 149 A. 7. § 96 A. 2. — Über *f* und *þ* s. PBb. 7, 118. 135.

Im ganzen kann man sagen: die stimmlosen Laute neigen zur Verdoppelung, die stimmhaften nicht. Dieser Zustand ist wesentlich schon im Mhd. herbeigeführt, doch finden sich auch noch ältere abweichende Formen: *licken* für *ligen*, *lecken* für *legen*, *wellen* für *weln*, *dennen* für *denen* u. a.; namentlich schwankt der Gebrauch von *t* und *tt*: *biten* (die gewöhnliche mhd. Form) *bitten*, *schüten schütten*, *zeten zetten* PBb. 7, 115. 131. 135.

Anm. Spuren der Dehnung nach langen Vocalen s. § 143.

140. b. Anders als *j* wirkt der Halbvocal *w*. Nach langer Stamm- und nach Ableitungssilben wird er im Hd. einfach aufgegeben; nach kurzer Stammsilbe tritt gern ein unbetonter Vocal vor *w*: *mëlawes, garawêr, sënawa* etc. (§ 122. 300). In beiden Fällen kann keine Dehnung eintreten. Nur in der Verbindung des *w* mit einem Gaumenlaut, welche der Auflösung durch Svarabhakti widersteht, hat *w* dehnende Kraft, besonders für *k*: ahd. *ackus* Axt, g. *aqizi*; ahd. *nackot* nackt g. *naqaþs*, ahd. *nicchessa* Nixe, *niqisi*. Dehnung des *h* zeigt sich nur in einzelnen Spuren und hält nicht Stand; g. *ahva* Wasser, ahd. *aha*. Br. § 109 A. 2. Kluge, Grdr. § 33. Kögel, Lbl. 1887. 109. Das *w* wirkt also wie *j* dehnend nur, wenn es sich in unmittelbarer Nachbarschaft des vorangehenden Consonanten behauptet hat; aber es wirkt schwächer, nur auf den stimmlosen Verschlusslaut der betonten Silbe. — Über nicht verdoppelte *achus, nachot* s. Paul PBb. 7, 163. (Die Verdoppelung kann nicht eintreten, wenn *w* vor folgendem *u* schon verschwunden war.)

141. c. Auch die Liquiden *l* und *r* pflegen nur die Verdoppelung der germanischen Verschlussfortes *p, t, k* zu bewirken, und nur wenn sie ihnen unmittelbar folgen. Wenn die Verbindung durch den Secundär-Vocal aufgehoben war, konnte die Dehnung also nicht eintreten. Da nun Secundär-Vocal sich zunächst nur in den unflectierten Formen entwickelte, mussten sich Doppelformen ergeben: g. *akrs* > *akar, achar*; g. *akris, akra* > *ackres acch(a)res, ackre acch(a)re*; g. *sitls* > *sëtal sëȝal*; g. *sitlis, sitla* > *sëttles sëtz(a)les, sëttle sëtz(a)le*.

Kluge, Grdr. § 34. Durch Ausgleich konnte die eine oder die andere Form die Herrschaft gewinnen.

Auffallend ist nun, dass vor *r* überall die Dehnung durchgedrungen ist: g. *snutrs* klug, ahd. as. *snottar*, ags. *snottor*, g. *baitrs*, an. *bitr*, ahd. *bittar*; an. *otr* Otter, ahd. *ottar*; an. *titra*, ahd. *zittarôn*   g. *akrs*, ahd. as. *ackar*; an. *vakr* ahd. *wackar* wachsam.   l. *cuprum*, mnd. *copper*, ahd. *kupfar*. — Selbst nach langen Vocalen finden wir Belege: g. *hlûtrs* rein, ahd. *hlûttar*, *lûter* lauter; an. *eitr* Gift, ahd. *eittar*, *eiter*. Br. § 96ᵇ.

Dagegen vor *l* regelt sich der Gebrauch verschieden; verdoppelte Tenuis zeigen an. *kitla*, ahd. *kitzilôn*; an. *epli* ags. *œppel*, ahd. *apphul*; dagegen einfachen Laut g. *sitls* ahd. *sëȝȝal*; g. *stikls* Becher, ahd. *stëhhal* (ȝȝ und *hh* entsprechen einfachem germ. *t, k*). Durch den dem *l* vorangehenden Vocal ist der einfache Laut (hd. *ff* = germ. *p*) bedingt in ags. *apuldr*, ahd. *affoltra* Apfelbaum.

Andere Laute als Tenues bleiben vor *l* und *r* einfach: g. *ligrs*, ahd. *lēgar* Lager; g. *nadrs* st. M. Natter, ahd. *natra* od. *natara*; g. *hairþr* st. N. ahd. *hërdar* (viscera); g. *viþrus* ahd. *widar*, erst nhd. mit *dd*: Widder. — g. *fugls*, ahd. *vogal*; g. *svibls*, ahd. *suëbul* Schwefel. Aber von dem Stamme *goug* wird gebildet ahd. *gouggolôn*, *gouggilâri* u. ä. Gaukler, gaukeln s. Kluge, e. W. und Grdr. § 33.

Anm. Auch noch in späterer Zeit wirken *-el* und *-er* kräftigend auf den Auslaut der Stammsilbe; vgl. $d > t$ § 61. 84. $b > p$ (*doppelt*) § 62. (*knorpel*) § 78. $h > ch$ § 88. 89. $h > k$ § 95. $v > b$ § 100. $v > f$ § 93 A. Verdoppelung § 242. 243. 252, 2.

142. d. Dafür dass auch die Nasale *m* und *n* in derselben Zeit und in derselben Weise wie die Liquiden auf die vorhergehende Tenuis gewirkt hätten, vermisse ich entscheidende Belege, wenn auch Wörter wie g. *rign* ahd. *rëgan*; g. *ibns*, ahd. *ëban*; g. **faþms*, an. *faðmr*, ahd. *fadum* Faden; g. *vêpn*, ahd. *wâfan*; g. *taikns*, ahd. *zeihhan* nicht das Gegenteil beweisen. Denn in solchen Wörtern würde auch vor *l* und *r* die Dehnung nicht eingetreten oder nicht erhalten sein.

Anm. Eine andere Ansicht vertritt Kauffmann, PBb. 12, 504

—547. Er nimmt nicht nur für *m* und *n* dieselbe Wirkung wie für *w, l, r* in Anspruch, sondern glaubt auch dass alle fünf in derselben Weise wie *j* auf alle vorangehenden Consonanten gewirkt haben. Besonders sucht er diesen Einfluss für das *n* in der schwachen Declination nachzuweisen. In vielen Wörtern, in denen Kluge die Verdoppelung durch die alte germanische Assimilation des *n* zu erklären sucht, nimmt er diese jüngere westgermanische Dehnung an, namentlich da, wo Medien oder stimmlose Spiranten verdoppelt sind, die Kluge nicht ohne Zwang mit seinem Gesetz in Einklang bringt; sodann in solchen Nominibus, die in der schwachen Declination verblieben sind oder nicht immer mit gedehntem Laut erscheinen, sondern in verschiedenen oder auch derselben Mundart bald mit einfachem bald mit gedehntem Laut; z. B. ahd. *broccho* Brocken, g. *gabruka*; ahd. *sprozzo* Spross, ags. *sprota*; ahd. *roggo*, ags. *ryge*, an. *rugr*; ahd. *scahho* Landzunge, ags. *sceaga* Buschwald. Ein Verzeichnis solcher Wörter giebt er 12, 520 f. vgl. Kluge, Grdr. § 33. Den Grund der Erscheinung sieht er darin, dass in den verschiedenen Formen desselben Wortes der Consonant bald die erste Silbe schloss, bald die zweite begann, je nachdem das *n* unmittelbar auf ihn folgte oder erst ein Vocal. Aus dem Wechsel von *ta-la : tal-ja, na-ka : nak-ja, a-ka : ak-ra, ra-ba : rab-na* etc. hätten sich die Formen *tal-lja, nak-kja, ak-kra, rab-bna* ergeben und damit die Möglichkeit, in dem Paradigma den einfachen oder doppelten Consonanten durchzuführen. Wenn vor suffixalem *n* die Dehnung so oft fehle, während sie vor dem *n* der schwachen Declination so oft eingetreten sei, so komme das eben daher, dass im ersteren Fall der Wechsel *ra-ba : rab-na* gefehlt habe; denn vor *n* sei wenigstens nach kurzer Silbe der Secundärvocal im Westgermanischen nicht eingetreten; S. 540 f. — Ich halte die Bedenken, welche Kauffmann gegen Kluges Annahmen erhoben hat, für berechtigt, ohne darum von den Resultaten seiner Untersuchung überzeugt zu sein. Ich glaube zwar, dass für die Verdoppelung die Lage der Silbenscheide und die Accentuationsweise (Sievers PBb. 5, 161 f. vgl. 12, 541 A. 1) wesentlich in Betracht kommen, zweifle auch nicht, dass *n* auf den vorhergehenden Consonanten habe wirken können (vgl. mhd. *loukenen* neben *lougenen*, g. *laugnjan*); aber ich zweifle, dass die sogenannten synkopierten Formen in der westgermanischen schwachen Declination solche Verbreitung gehabt haben, um von ihnen so bedeutende Wirkungen herzuleiten, und dass je die Unterschiede in der Silbentrennung, die Kauffmann annimmt, bestanden haben, besonders vor *j* und *y* (*tal-ja, nak-ya*); vgl. Sievers, PBb. 16, 263 f. 276 A. — Um zu einleuchtenderen Resultaten zu kommen, wird man die verschiedenen Zeiten und Mundarten mehr auseinander halten, auch den Wert der alten Lautbezeichnung in den einzelnen Denkmälern sorgfältiger erwägen müssen.

C. Unregelmässigkeiten in der Lautverschiebung als Zeugen der Dehnung.

143. a. Da die gedehnten Consonanten zum Teil anders behandelt werden als die einfachen, so können da, wo die Verdoppelung nach langem Vocal oder nach Consonanten wieder aufgegeben ist, sich Laute ergeben, welche den Gesetzen der Lautverschiebung scheinbar widersprechen, und ebenso kann man aus Unregelmässigkeiten in der Lautverschiebung oft schliessen, dass ehedem aus irgend welchem Grunde die Verdoppelung oder Dehnung des Consonanten statt gefunden hatte. Zahlreiche Belege bieten die angeführten Abhandlungen von Paul, Kluge und Kauffmann. Hier einige Beispiele: neben dem altbulg. *kupŭ* der Haufe steht as. *hôp*, ahd. *houf, hûfo* (9, 184. 12, 518). Dem sl. *p* sollte as. *f*, hd. *v* entsprechen, durch die Annahme germanischer Gemination lassen sich die Laute vereinen. Dem idg. *p* entspricht im grammatischen Wechsel *b*, *bn* ergab germ. *pp*, das nach langem Vocal vereinfacht (as. *hôp*), im Hd. zu *f* verschoben wurde (*houf*). g. *vêpna*, an. *vápn*, ags. *wǽpn*, mfrk. *wâpen* gehen auf dieselbe Wurzel zurück wie das gr. ὅπλον, also auf eine Wurzel, die im Germ. auf *f* od. *b* ausging; auf der Dehnung des *b*, welche nach dem langen Vocal wider aufgegeben ist, beruhen die angeführten Formen. (9, 181. 12, 627). Ags. *steort*, ahd. *stërz*, *starz* stellt man zu gr. στόρθη; dem gr. θ entspricht germ. *d*; das ags. *t*, hd. *z* beruht auf verdoppeltem *d*, das nach dem Consonanten vereinfacht ist (12, 518). G. *þairkô* Loch gehört mit *þairh* durch zusammen; als Wurzel ist *terk anzusetzen, germ. *þerh od. *þerg; auf der letztern Form mit Dehnung des *g* beruht *þairkô* (12, 516). Vgl. ferner ahd. *wankon* l. *vacillare*; ags. *slincan* schleichen, ahd. *slingan*; ags. *swancor*, ahd. *swangar*; ahd. *krumpf* neben *krumb*, ags. *crumb*; ahd. *gëlpf*, *gëlf* schreiend, prahlerisch neben *gëlbôn* (gloriari); *scarpf*, *scarf*, as. *scarp*, an. *skarpr* neben *scarbôn* schneiden u. a. — Auf gedehntes *b* und *g* führt man namentlich inlautendes *p* und *k* in hochdeutschen Wörtern zurück, wenn diese nicht etwa aus dem Ndd. aufgenommen sind; z. B. mhd. *zûpe* Hündin, *tâpe* Pfote, ahd. *rûpa* Raupe, *hâko* Haken (12, 526. 509); denn aus einfachem *b* und *g* haben sich im Hd. *p* und *k* nicht entwickelt, und die alten *p* und *k* sind zu *f, ch* verschoben.

b. Besonders führe ich einige Worte an, in denen die Dehnung vor *j* die Unregelmässigkeit erzeugt hat: Tenuis für Media in mhd. *diupe* Diebin neben *dieb, wülpe* Wölfin neben *wolf, rinke* (fibula) neben *ring* (7, 132 f.); die Affricata *z* für gedehntes *t* in *beizen, heizen, reizen, spreizen, Weizen* gegenüber *flössen, büssen, grüssen, schleissen, süss, Gesäss, Gefäss* u. a. (7, 119 f.) Heinzel, Ndfr. Gesch. S. 124. *pf* für gedehntes *p* in mhd. *sleipfen, streipfen* neben *sleifen, streifen* (7, 123 f.). Aber das *hh* (*ch*) in ahd. *seihhen* seichen beruht, obwohl das Wort zu ahd. *sihan* seihen gehört, nicht auf *hj* (PBb. 7, 117), sondern auf *kj* oder *qj* (Grdf. *saikjan od. *saiqjan); vgl. mndl. *zeiken* (*zéken*) und weiterhin nhd. *sickern*; s. Kluge, Wb. Franck, Wb.

Zuweilen hat die erhaltene Dehnung zu einer Verkürzung des vorhergehenden Vocales geführt; z. B. *Schuppe*, ahd. *scuoppa* zu schaben; aber *Grütze*, ahd. *gruzzi* ist neben *griez, grûz* nicht verkürzt aus *griutze*, sondern selbständige Bildung mit schwacher Vocalstufe.

c. Da Verdoppelung und Dehnung nicht in allen Formen eines Wortes eintreten müssen, so können sich auch für dasselbe Wort in derselben Mundart Formen mit verschiedenen Consonanten ergeben. So erklärt Kauffmann 12, 541 f. daraus, dass das Westgermanische die durch Assimilation des *n* entstandene Verdoppelung im Auslaut aber nicht im Inlaut aufgab, den Wechsel von ahd. *scof scopf* (Dichter), *chrof chropf, chnopf chnof, scarf scarph, stoch stocch*, nhd. *bloh*, mhd. *bloch* (so auch Luther) und *bloc* u. a.; daraus, dass nicht alle Casus eines schwachen Nomens der westgermanischen Dehnung durch *n* unterlagen, Doppelformen wie ahd. *trahho traccho* (Drache), *bahho baccho* (Backe), *stehho steccho* (Stecken), *tropfo trofo* (Tropfen), mhd. *schroffe schrove* (Felsen) u. a. In *Rabe Rappe, Knabe Knappe* ist die Bedeutung der Doppelformen differenziert. Kluge, Grdr. § 33. Auch das Verb. *backen* hatte doppelte Form, noch Luther schreibt *buch, buchen*. PBb. 9, 583. Vgl. auch § 49 c.

Noch grösser wird die Mannigfaltigkeit und scheinbare

Unregelmässigkeit, wenn ein Stamm, ohne die Formen mit einfachem Consonanten aufzugeben, zuerst die alte Verdoppelung und nachher die jüngere Dehnung erfährt. Wörter, deren Consonantismus sich auf solche Weise erklären lässt, sind z. B. ahd. *knabo* neben *knappo*, neben as. *knapo*, ags. *knapa*, an. *knapi*; ags. *lappa* neben ahd. *lappa*; ags. *drȳʒe*, ndd. *drœge*, neben hd. *trocken*; an. *knútr* neben ags. *cnotta*, mhd. *knotze*, neben ahd. *knodo*, Knoten; ferner *ratte* neben *ratze*, *fett* und mhd. *reiʒ* (?), *blutt* und *bloss* (? vgl. Kluge, Wb. s. v. bloss, feist, fett) u. a. Kauffmann 12, 529 f. 535 f.

Anm. Wie weit die Unregelmässigkeiten in der Lautverschiebung, welche durch Verdoppelung und Dehnung erklärt werden **können**, auch so erklärt werden **müssen**, unterliegt manchen Zweifeln. Auch andere Möglichkeiten sind zu erwägen. Der Wechsel von germ. *h* (*g*) : *k*, *þ* (*d*) : *t*, *f* (*b*) : *p* kann seinen Grund in der Verdoppelung haben, er kann aber auch die Folge eines älteren Vorganges sein, nach welchem unter noch unbekannten Bedingungen bereits im Idg. Tenuis und Media im Wurzelauslaut wechseln konnten. So weist z. B. g. *teihan* zeigen auf eine idg. Wz. **deik*, dagegen g. *taikns*, ahd. *zeihhan* Zeichen auf **deig*. Kluge, PBb. 9, 180. Grdr. § 11 a. Kauffmann 12, 533 A. Brgm. I § 469. Der Wechsel von *pf* : *f*, *z* : *fs*, *k* : *ch* kann im Hhd. auf der Dehnung der zu Grunde liegenden Tenues *p*, *t*, *k* beruhen; da aber die Spiranten höchst wahrscheinlich sich aus Africaten entwickelt haben, kann unter günstigen Bedingungen die Africata sich erhalten haben, ohne dass vorher eine Dehnung der Tenuis statt gefunden hatte. Es bleiben noch manche Zweifel in diesem schwierigen Kapitel zu heben.

D. Consonantverdoppelung im Nhd. durch Verschiebung der Silbengrenze.

144. 1. Die Verdoppelungen, welche in alter Zeit durch Assimilationen und consonantische Einflüsse hervorgerufen waren haben sich nach kurzen Vocalen bis in unsere Zeit erhalten, wenigstens in der Schrift. Mhd. *bëllen*, *vüllen*, *stimme*, *spannen*, *sperren*, *sippe*, *bette*, *nicke* etc. werden noch heute mit Doppelzeichen geschrieben, ja wir wenden dieselben sogar im Auslaut und vor Consonanten an; z. B. *fallen*, *Fall*, *fällst*, *fällt*. Die Verdoppelung im Auslaut erscheint insofern nicht ungerechtfertigt, als der Consonant nach kurzem betonten Vocal kräftiger articuliert wird als nach langem oder unbetontem, also kräftiger z. B. in *satt* als in *Saat* oder *sahet*. Doch kann die nhd.

Regelung ihren Grund nicht hierin haben, sondern in einem allgemeineren orthographischen Princip, nach welchem die Stammsilben in allen Formen und Wörtern möglichst gleiche Gestalt zeigen sollen. Wie wir *b, g, d* im Auslaut schreiben, weil sie im Inlaut gelten, so ist auch die Verdoppelung im Auslaut mit Rücksicht auf den Inlaut durchgeführt. Orth. § 102. Die Hauptfrage ist also, welche Bedeutung die Verdoppelung im Inlaut hat.

Eigentliche Doppelconsonanten, wie sie das Italienische, auf germanischem Boden das Schwedische, das Deutsch der baltischen Provinzen sowie einige Schweizermundarten kennen, besitzt die nhd. Schriftsprache nicht mehr. Diese Ansicht hat namentlich Kräuter (PBb. 2, 561 f.) sehr entschieden vertreten und durch die übereinstimmende Wahrnehmung vieler anderer gestützt. Auch Sievers (Phonetik[3] S. 191) vertritt sie, und ohne Zweifel werden die Doppelconsonanten in it. *anno, balla, basso, atto, occhio, ebbe* etc. ganz anders gesprochen als in hd. *Pfanne, Ballen, fassen, hatte, Pocke, Ebbe* etc. Als wesentlichstes Moment der eigentlichen Gemination bezeichnet Sievers S. 194 'die Discontinuität der Exspiration'; sie allein sei im Stande den Eindruck der Zweiteiligkeit des Lautes hervorzurufen, auf den der Name Geminata hindeute. Also eigentliche Gemination in dem Sieversschen Sinne kennt das Nhd. nicht; aber daraus ist nicht zu schliessen, dass der Laut, den wir durch Verdoppelung bezeichnen mit dem einfachen Laute identisch sei; denn wenn auch die Discontinuität der Exspiration fehlt, so kann sich der Consonant doch noch durch die Energie der Bildung und namentlich sein Verhältnis zur Silbenteilung von dem einfachen Consonanten unterscheiden.

Unsere übliche Silbenteilung nun bekundet die Auffassung, dass einfacher inlautender Consonant zur zweiten Silbe gehört, verdoppelter zur ersten und zweiten: *Bet-ten* aber *be-ten, ir-re* aber *ih-re, fül-len* aber *füh-len* etc. und in Übereinstimmung mit diesem Gebrauch nimmt man gewöhnlich an (auch Sievers S. 189), dass nach kurzem Vocal die Silbenscheide in den Consonanten fällt. Die Änderung, welche die wirkliche Geminata, soweit sie in der älteren Sprache galt, erfahren

§ 144.] Consonantverdoppelung im Nhd. Silbenscheide. 127

hätte, bestände also darin, dass sie zu einer einfachen Fortis herabgesetzt wurde, aber zu einer Fortis, die, wie die alte Geminata, sowohl zur ersten als zur zweiten Silbe gehört.

Anm. 1. Andere bestreiten diese Auffassung und sehen in der nhd. Consonantverdoppelung nur ein orthographisches Zeichen für die Kürze des vorangehenden Vocales. Ich will diese Ansicht nicht unbedingt verwerfen, obwohl mir scheint, dass wenigstens bei kräftiger und bestimmter Articulation auch jetzt noch die Silbengrenze in den Consonanten fällt. Ist sie richtig, so wäre eine weitere Reduction der ursprünglichen Geminata anzunehmen; wie schon in der älteren Zeit nach langen Vocalen (§ 134, 2), so wäre jetzt auch nach den kurzen ein einfacher nur zur zweiten Silbe gehöriger Laut an ihre Stelle getreten. Man müsste dann aber weiter schliessen, dass die betonten Vocale in Wörtern wie *Betten* und *beten*, *füllen* und *fühlen* nicht mehr durch ihre Quantität, sondern nur durch ihre Accentuationsweise (§ 237) geschieden wären. Denn die Wörter sind, wie mir scheint, gleich lang, und die gewöhnliche Auffassung, nach der dieses Gleichmass darauf beruht, dass die Stammsilbe der ersten durch Position, die der andern von Natur lang sei, wäre hinfällig, wenn man in den ersten geschlossene Silbe nicht mehr anerkennt.

Dass die Frage nach der Lage der Silbenscheide so verschieden beantwortet wird, lässt vermuten, dass hier Unterschiede in der Aussprache stattfinden, die noch nicht klar erfasst sind; (vgl. § 239). Entschieden irrig ist Kräuters Ansicht (ZfdA. 21, 271), dass die Silbengrenze „eine wesenlose Fiction" sei. Wir empfinden nicht alle in der Rede unmittelbar auf einander folgenden Laute als gleich eng zusammengehörig, und niemand kann das Recht bestreiten, eine Lautgruppe, welche benachbarten Lautgruppen gegenüber irgendwie als Einheit empfunden wird, als Silbe zu bezeichnen. Über die Momente, durch welche ein solches Einheitsgefühl hervorgerufen wird, s. Sievers, Phonetik[3] § 26.

Anm. 2. Wie weit eigentliche Geminata in der älteren Sprache gegolten hat, wüsste ich nicht zu entscheiden; doch konnte die vorausgesetzte Discontinuität der Exspiration vermutlich nicht weiter gelten als der Nebenton der Flexions- und Ableitungssilben (§ 358. 359 A.)

2. Einen nicht unerheblichen Zuwachs hat die Consonantverdoppelung im Nhd. dadurch erfahren, dass sie in alle Stammsilben, die vor einem ursprünglich einfachen Consonanten kurzen Vocal bewahrt haben (§ 238 ff.), eingedrungen ist. Namentlich sind es Stämme auf *m* und *t*; z. B. *Gott*, *Gottes*, mhd. got, gotes; *Blatt*, *Blätter*, mhd. blat, bleter; *zusammen*, mhd.

zesamene; *Himmel*, mhd. himel; ferner *Donner*, mhd. doner, *Neffe*, mhd. neve u. a. Ausgenommen sind nur einige einsilbige Wörtchen, die oft ohne Nachdruck gesprochen werden und meist auch vor vocalisch anlautender Nachsilbe nicht vorkommen, also des nächsten Anlasses zur Verdoppelung entbehrten. Orth. § 105.

Die Verdoppelung beruht hier lediglich auf der Verschiebung der Silbengrenze. Die Sprache gab die offnen Silben mit kurzem Vocal auf, indem sie entweder die Silbengrenze in den Consonanten verlegte, so dass die Silbe zu einer geschlossenen wurde, oder den Vocal dehnte. Manche Mundarten haben sich die offenen Silben mit kurzem Vocal bewahrt (Behaghel, Grdr. § 64) und unterscheiden noch *Sitte* (mhd. si-te) und *Mitte* (mhd. mit-te); für die nhd. Schriftsprache bilden die beiden Wörter einen durchaus reinen Reim. Näheres über diese nhd. Verdoppelung in § 237 f.

Wechsel stimmhafter und stimmloser Consonanten im In- und Auslaut.

145. Zu wiederholten Malen und in verschiedener Weise bricht in der Sprache die Neigung hervor, stimmhaften Consonanten im Wort- und Silbenauslaut den Stimmton zu entziehen.

Im Gotischen ergreift sie nur die stimmhaften Spiranten *b, d, z*; z. B. *giban gif gaf*, *ainlif* elf *ainlibim*, *lauf* (Acc.) Laub *laubôs*, *graban grôf*; *biudan* bieten *bauþ*, *bidjan* bitten *baþ*, *staþs stadis* Gestade, *haubiþ haubidis* Haupt, *dius diuzis* Tier, *hatis hatizis* Hass, *airiza airis* früher. — Die stimmhaften Verschlusslaute *b* und *d* nach vorangebendem Consonanten, und *g* bleiben unverändert: *swairban* wischen *swarb*, *dumbs* stumm, *lamb* Lamm; *giband* sie geben, *gards* Haus, *alds* alt, *gazds* Stachel; *biugan baug* biegen, *mag* ich vermag, *ôg* ich fürchte, *vigs* Weg.

Anm. Über die Ausnahmen handelt Kock, ZfdA. 25, 226 f.

146. a. Im Althochdeutschen fehlen die stimmhaften Spiranten; g. *z* ist zu *r* geworden, *d* zu *t* verschoben, *b* und *g* sind auch nach vorhergehendem Vocal in Verschlusslaute übergegangen. Die Medien *b*, *g* und das aus germ. *þ* neu gewonnene *d* behaupten zunächst wie im Gotischen ihren Stimmton auch im Auslaut. Besonders fest steht das auslautende *d*; z. B. *bad, bald, gold, mord, magad, rad* etc.; wo wir in den älteren Denkmälern auslautendes *t* finden, entspricht ihm regelmässig auch inlautendes *t* (= germ. *d*); z. B. *alt altêr, blint blintêr* blind, *breit, dât* That, *gëlt gëltes* Geld, *rât râtes* etc. Der grammatische Wechsel zwischen germ. *þ : d* = hd. *d : t* kann dazu führen, dass grade umgekehrt wie wir nach unserer Sprechweise erwarten, *t* im Inlaut, *d* im Auslaut erscheint; so bei Otfried: *quad quâtun, fand funtun, ward wurtun*. Erst vom 11. Jahrh. an wird die Verhärtung des auslautenden *d* häufiger, so dass nun germ. *þ* und *d* in dem *t* zusammenfallen; Br. § 167 A. 6.

Anm. 1. Im Is. steht zuweilen *t* für *d* = germ. *þ*: *bifant, chunt, baltlihho*; daneben *d* und *dh*.

b. Weniger fest erscheint die Regel bei *b* und *g*, nicht deshalb weil diese Medien anders behandelt wären als *d*, sondern weil nur dem *d* ein etymologisch verschiedenes *t* zur Seite stand, von dem es sich auch in der Aussprache deutlich abhob. Neben *b* und *g* gab es weder alte Tenues (denn *p* und *k* waren zu *f* und *ch* verschoben), noch hatten sich neue entwickelt. Wäre es der Fall, so würden sie im Auslaut ihren Platz ebenso unbestritten behaupten wie das *d*; so aber erscheinen im Auslaut beide Zeichen *b* und *p*, *g* und *c* neben einander, namentlich im Oberdeutschen, wie sie hier auch im An- und Inlaut neben einander gebraucht werden (§ 64). Für Otfried, der im An- und Inlaut nur *b* und *g* gebraucht, sind sie auch im Auslaut die regelmässigen Zeichen; z. B. *bileib* blieb zu *biliban, gab* zu *gëban, lîb* Leib, *liub* lieb, *thiob* Dieb; *dag* Tag, *wâg* Woge, *floug* flog zu *fliogan, zuîg* Zweig etc. Und auch in oberdeutschen Denkmälern finden sich oft genug auslautende *b* und *g*; Br. § 136 A. 1. 3. 149 A. 4. 5. 6. Besonders ist zu beachten, dass Notker stets *g* im Auslaut schreibt: *mag, tag, ougta, gineigtêr*.

Wenn hiernach für die auslautenden *b* und *g* in der ältesten Zeit unbedingt stimmhafte Aussprache anzunehmen ist, so zeigt sich doch früh, dass sie den Inlauten nicht ganz gleichwertig waren. In den oberdeutschen Denkmälern ist die Neigung *p* und *c* zu gebrauchen im Auslaut stärker als im Inlaut; im Isidor findet man im Auslaut *c* statt *g*, oft *p* statt *b*; selbst Otfried schliesst *p* und *c*(*k*) nicht ganz aus; er lässt sie zu in den schwierigen Akrostichen: *Ludowîc, wirdic, githic, ginâthic, bileip, kleip, grap, gap*; aber auch sonst zuweilen, namentlich nach Consonanten: *dumpheit, lamp, irstarp*; *gank, gifank, sank, edilinc*; Br. § 135 A. 2. § 148 A. 1; also da, wo schon im Germanischen Verschlusslaut galt.

Es fragt sich, wie diese *p* und *c* aufzufassen sind; schrieb man sie, weil im Auslaut der Stimmton erlosch, oder nur, weil der Auslaut kräftiger klang als der Inlaut? denn dass man mit *p, k* (*c*) die Vorstellung eines kräftigeren Lautes verband als mit *b* und *g* unterliegt keinem Zweifel. Vermutlich haben beide Momente gewirkt, in den meisten Fällen (nämlich wo *p* und *k* im Auslaut betonter Silbe stehen) gemeinsam. Die kräftigere Articulation des Auslautes war eben der Grund, dass die Laute hier den Stimmton verloren; der Verschlusslaut klang kräftiger, wenn dem Luftstrom durch die gespannten Stimmbänder keine Hemmung bereitet wurde.

Anm. 2. Auf einem Teil des Sprachgebietes galt im Ahd. auch noch germ. *d* als Media (§ 59); auch hier zeigt sich die Neigung im Auslaut *t* zu setzen; z. B. *godes* aber *got*. Br. § 163 A. 1. Ganz allgemein ist dieses auslautende *t* für germ. *d*, idg. *t* in den schwach betonten Endungen des Verbums; ahd. *gibit, gëbet, gëbant*; im Got. gilt dafür nach § 145 *þ* oder *d*: *gibiþ, giband*.

147. In der mhd. Zeit ist die Vertretung inlautender Medien durch auslautende Tenuis die Regel: *gëben gap, lîden leit, bërgen barc*; doch halten die mittleren Landschaften gern an *b, d, g* auch im Auslaut fest; Whd. § 163. 190. 226. Über Luthers Gebrauch s. Franke § 67. Unser jetziger Sprachgebrauch folgt der oberdeutschen Art; die Schrift dagegen hat die Übereinstimmung von In- und Auslaut zur Regel erhoben. Orth. § 86 f. Über mundartliche Verschiedenheiten s. Behaghel, Grdr. § 60.

Einen ähnlichen Wechsel wie zwischen Media und Tenuis lässt die nhd. Sprache auch zwischen stimmhaftem und stimmlosem *s* eintreten. Aber während jener dadurch entstanden ist, dass die Media im Auslaut ihren Stimmton verlor, beruht der Wechsel der beiden *s*-Laute darauf, dass das stimmlose *s* im Inlaut stimmhaft wurde (§ 105).

Anm. Das Verhältnis zwischen In- und Auslaut ist oft ein wichtiges Mittel, die Natur des inlautenden Consonanten zu bestimmen. Da im allgemeinen anzunehmen ist, dass im In- und Auslaut Laute gleicher Qualität stehen, entweder Verschlusslaute an beiden Stellen oder Reibelaute, so ergiebt sich aus g. *giban gaf, biudan bauþ*, dass *b* und *d* als Spiranten; aus mhd. *bërgen barc, mîden meit, gëben gap* dass *b, g, d* als Medien gesprochen wurden.

Schwund von Consonanten im Wortauslaut.

148. Während die in den vorhergehenden Paragraphen besprochenen Vorgänge sowohl im Wort- als im Silbenauslaut eintreten und meist Consonanten betreffen, welche der Stammsilbe angehören, handelt es sich hier fast durchaus um suffixale Elemente, welche zuweilen einsilbige, gewöhnlich aber die Endsilben mehrsilbiger Wörter schliessen, also nach der Festlegung des germanischen Accentes unbetont und fortschreitendem Verfalle ausgesetzt waren. Neben der Unbetontheit jedoch und früher als sie wirkte ein andrer Umstand, dass im Zusammenhang der Rede, in der Verbindung consonantisch aus- und anlautender Wörter oft Consonantgruppen entstehen, die nicht ohne Einfluss auf die Articulation der einzelnen Laute bleiben, und schon ehe sie den Ton verloren, ihren Untergang herbeiführen konnten; vgl. § 158. Brgm. I, § 644 und die dort angegebene Litteratur.

Anm. Dass der germ. Accent von wesentlicher Bedeutung ist, ergiebt sich daraus, dass einsilbige Wörter nicht notwendig den auslautenden Consonanten verlieren müssen; vgl. einerseits l. *quod* g. *hva*, andrerseits l. *ad* g. *at*, ai. *ŭd* g. *ût*, l. *tum* g. *þan*. Jellinek, Beiträge S. 41. 60; van Helten, PBb. 15, 473 f.; Streitberg, Zur Sprachgeschichte S. 60.

149. Abfall ausl. Consonanten in vorhistorischer Zeit. Die Zahl der Consonanten, welche im Wortauslaut gebraucht werden, ist schon im Idg. beschränkt; die meisten, nämlich *n, m, d, t*, hat das Germanische fallen lassen; *r* und *s* bleiben zunächst erhalten. Auf dieser Stufe steht das Gotische.

Scherer S. 177 f. Kluge, Grdr. § 28. Über die Chronologie
s. Leskien Germ. 7, 374; über die Dentalapokope insbesondere
Jellinek, Beiträge S. 60 f. van Helten PBb. 16, 310 f.

Beispiele: Auslautendes *n* ist abgefallen im Nom. der *n*-Stämme; z. B. g. *hana* Hahn, *tuggô* Zunge, *hairtô* Herz, die ursprünglich auf *-ên*, *-ôn* ausgingen; § 262 A. 2.

m wurde zunächst in *n* gewandelt und verschwand dann, vermutlich zugleich mit dem idg. *n*; so im Acc. Sg. *dag*, *gast*, *sunu*, *brôþar*; im G. Pl. g. *gibô*. — Dass *m* zuvor in *n* übergegangen war, zeigt der Acc. *þana* den; zu Grunde liegt idg. **tom* (gr. τόν); das *a* ist eine Partikel, welche an das Wort trat, nachdem der Wandel $m > n$ erfolgt war, und es vor dem Verlust des auslautenden Consonanten schützte.

d ist abgefallen in g. *hva* l. *quod*, *t* in der 3 Opt. g. *gibai*, *gêbi*; in der 3 Pl. Prät. *gêbun* u. a. Brgm. I, § 659, 5. 6. Wo das Gotische einen dieser Consonanten im Auslaut zeigt, was oft genug der Fall ist, war ihm ursprünglich entweder noch ein anderer Laut gefolgt, oder er ist durch Analogie wieder hergestellt resp. festgehalten; letzteres in dem Zahlwort *niun* neun (l. *novem*) nach *taihun* zehn, urspr. **tehunt*. Brgm. a. O.

Dagegen *r* behauptet sich im Auslaut, z. B. N. *brôþar*; und ebenso *s* in zahlreichen Formen; z. B. in den Nominativen g. *dags*, *gasts*, *sunus*; in den Genitiven der consonantischen Stämme; z. B. *fadrs*, *hanins* u. a. Nur bei Nominalstämmen, die auf *s* ausgehen, kommt das Nominativ-*s* nicht zur Geltung; z. B. *drus*, G. *drusis* Fall, *swês* G. *swêsis* eigen, und ebenso fehlt es den Stämmen auf *r* mit vorangehendem kurzen Vocal; z. B. *wair* Mann, *baur* Sohn; aber *akrs* Acker, *hôrs* Ehebrecher. Br. § 78 A. 2. Wodurch grade diese Scheidung hervorgerufen war, ist nicht sicher zu erkennen; vgl. Brgm. I, § 660, 6.

Anm. 1. Indem der auslautende Nasal verklang, wurde der vorangehende Vocal nasaliert, aus *dagam* wurde *dagã*, aus *dagēm* *dagẽ* etc. Kluge, Grdr. § 28, 1. 5. Diese nasalierten Vocale leisteten dem vocalischen Auslautgesetze grösseren Widerstand als die reinen; s. § 261.

Anm. 2. Durch den Abfall eines dentalen Lautes sind vermutlich einige Nominalstämme umgewandelt; vgl. g. *mêna* Mond neben *mĕnôps*, ahd. *gifĕho* Freude neben g. *fahêps*, ahd. *nĕvo* Neffe neben l. *nepot-*. Kluge, Grdr. § 28, 9

150. Die **westgermanischen Sprachen** haben weiteren Verfall eintreten lassen. Kluge, Grdr. § 31.

Im Hochdeutschen ist auch das ursprünglich auslautende *s* fast durchaus beseitigt. So im N. Sg. g. *dags* ahd. *tag*, g. *gôds* ahd. *guot*, g. *gasts* ahd. *gast*; im G. Sg. g. *brôþrs* ahd. *bruoder*, g. *hanins* ahd. *hanen*; im N. Pl. g. *mans* ahd. *man*, g. *hanans* ahd. *hanon*, g. *dagôs* ahd. *taga* u. a. Wo wir im Hd. ein auslautendes *s* finden, hat es ursprünglich nicht im Auslaut gestanden, z. B. in der 2. P. Sg. Ind. *gibis* du giebst, im G. Sg. der *a*-Stämme *tages* Tages. Das Hd. lässt also, obwohl es im Verfall der Laute weiter gegangen ist, die ursprünglichen Verhältnisse deutlicher hervortreten als das Gotische. Im Got. gehen der Nom. *dags* und der Gen. *dagis*, die Indicativform *gibis* und die Optativform *wileis* in gleicher Weise auf *s* aus, das Hd. unterscheidet *tag tages, gibis wili*. Die gotischen Formen können den hochdeutschen nicht zu Grunde liegen.

Während das *s* in der Flexion überall gefallen ist, hat es sich in einigen einsilbigen Pronominal- und Partikelformen als *r* gehalten: g. *weis : wir, jus : ir, mis : mir, þus : dir, is : ër, hvas : wër, us : ur-, ar-, ir-*; ihnen schliesst sich der merkwürdige N. Sg. Masc. der Adjectiva an: ahd. *blintêr*, g. *blinds*. Die Ausnahmestellung der einsilbigen Wörter ist wohl daraus zu erklären, dass sie betont und unbetont gebraucht werden konnten. Die betonten Formen, in denen der Consonant nicht erloschen ist, haben sich im Hd. erhalten, in verwandten Mundarten sind die unbetonten zur Herrschaft gekommen (*wî, mî, hê* u. a.), deren Spuren wenigstens bei einigen auch im Hd. nicht fehlen. Besonders hervorzuheben ist die Vorsilbe *zer-*, die im Alt- und Mittelhochdeutschen gewöhnlich ohne auslautenden Consonanten erscheint (§ 327), oft auch noch bei Luther (Franke § 94); die nhd. Schriftsprache verlangt überall *r*. In dem Adv. *mêr*, g. *mais* kann auch das Adj. *mêro*, g. *maiza* das *r* geschützt haben; vgl. Paul, PBb. 6, 531 f. Zimmer, ZfdA. 19, 397 f.

Anm. 1. Vielleicht darf man aus den angeführten Formen schliessen, dass das *s* überall, ehe es abfiel, in *r* übergegangen war, wie im An. Doch wäre daraus nicht zu folgern, was mir auch sonst nicht erwiesen ist, dass *s* zunächst in stimmhaftes *z* übergegangen sei; denn auch ein stimmloses *s* konnte in ein (zunächst stimmloses) *r* übergehen und verstummen, ohne stimmhaft geworden zu sein.

Anm. 2. Als westgermanische Formen, in denen ein ursprünglich auslautendes *s* erhalten sei, und zwar in Folge von Suffix-Betonung, sehen Paul a. O. 6, 550 und Brgm. I § 583 die Genitive *burges*, *nahtes*, *kustes* u. a., so wie die as. Pluralform *dagos* Tage = g. *dagôs* an. Ich glaube nicht, dass die Auffassung richtig ist; s. Flexion.

151. Jüngere Erscheinungen. In der Geschichte des Hochdeutschen erweisen sich als besonders schwach die auslautenden Dentale *r*, *n*, *t*, zumal im Fränkischen, wie bereits Hugo von Trimberg, Renner v. 22252 bemerkt: ʻ*wan Te und eN und eRre sint von den Franken verre an maneges wortes ende*' (Whd. § 200). Die Schriftsprache aber hat unter diesen mundartlichen Verstümmelungen nur wenig gelitten, um so weniger je später sie auftreten.

r schwand in einsilbigen oft wenig betonten Wörtchen mit langem Vocal, schon seit dem 11. Jahrh. in *dâr* da, dort, *wâr* wo, *sâr* sogleich, *êr* früher, *hiar* hier; in mhd. Zeit tritt auch *abe ab* sehr oft für *aber* (ahd. *avur*, g. *afar*), *mê* für *mêr* ein. Br. § 120 A. 2. Whd. § 213. *abe* und *mê* hat die Schriftsprache wieder aufgegeben, *hier* ist neben *hie* in überwiegendem Gebrauch, *ehe* und *eher* stehen in differenzierter Bedeutung neben einander, *da* und *wo* zeigen das alte *r* wenigstens noch in der Composition vor folgendem Vocal: *darin*, *worin* etc.

n fehlt im Ahd. nur hier und da, zuweilen aus Nachlässigkeit der Schreiber (Br. § 126 A. 2). In der mhd. Zeit greift der Verfall weit um sich (Whd. § 215. 217), und von den lebenden Mundarten haben viele das ausl. *n* verloren; Behaghel, Grdr. § 79. Die Schriftsprache aber leistet kräftigen Widerstand. Wo sie den Laut hat fallen lassen, erscheint Formübertragung als das eigentlich treibende Element, wenngleich die schwache Articulation des Lautes die Form-

Übertragungen jedenfalls gefördert hat. So ist das *n* in der 1 P. Sg. Prs. überall aufgegeben. Das Ahd. unterscheidet noch: *gibu, sentu* aber *lëbên, salbôn, tuon, gân, stân*. Br. § 305 A. 4; das Mhd. hält es nur in den einsilbigen noch fest: *tuon, gân, stân, hân, lân* aber *lëbe, salbe*; das Nhd. hat es überall beseitigt ausser in *bin*. Dagegen im Infinitiv, wo alle Verba auf *n* ausgingen, hat die Schriftsprache den Laut festgehalten, obgleich er in mhd. Zeit gerade hier besonders oft unbeachtet blieb. — Über die sehr willkürliche Behandlung der Endung *-en* in der Declination der Feminina s. Fl.

Auch ausl. *t* hält die Schriftsprache fest; sein Verlust in der 3 Pl. Ind. Präs. (mhd. *gëbent*, nhd. *gëben*) ist durch die übrigen in der 3. Pl. gebräuchlichen Formen (mhd. *gëben, gâben, gœben*) veranlasst. Über den Schwund des Lautes im Ahd. und Mhd. s. Br. § 161 A. 6. Whd. § 194. 200.

Anm. 1. Viel älter und anders zu erklären ist der Wechsel von *zant* und *zan* Zahn in der älteren Sprache; Brgm. II § 198 S. 537.

Anm. 2. In manchen Mundarten hängt der Gebrauch des auslautenden *n* gar nicht mehr von der grammatischen Form des Wortes sondern von dem folgenden Anlaut ab: vor *t, d, z, h* und Vocalen findet es sich immer, auch wo es etymologisch gar nicht berechtigt ist, vor andern Lauten nie. J. Meier, Untersuchungen über den Dichter und die Sprache der Jolande. 1888. S. 51 f. Behaghel, Grdr. § 79, 6. Der Zustand muss dadurch entstanden sein, dass auslautendes *n* zunächst abfiel, ausser wo es durch die Verwandtschaft des folgenden Consonanten (*d, t, z*) oder durch kräftigere Vernehmbarkeit (vor *h* und Vocalen) geschützt war. Und da in diesen Fällen der Gebrauch des *n* lediglich von seiner Umgebung abhing, stellte es sich in derselben Umgebung auch bei solchen Worten ein, denen es ursprünglich gar nicht zukam; das *n* erscheint hier also als ein an und für sich bedeutungsloses rein euphonisches Zeichen.

Anm. 3. Über den Schwund eines ausl. *h* s. § 90.

Epithese von Consonanten.

152. Dem Abfall steht die Hinzufügung eines auslautenden Consonanten gegenüber. Beide Vorgänge bilden scheinbar einen starken Gegensatz, hangen aber oft jedenfalls eng zusammen. Wenn es den Sprechenden zum Bewusstsein kommt, dass sie gewisse Consonanten im Auslaut ungenügend oder gar nicht articulieren, können sie in der Absicht correct zu sprechen leicht dem Fehler verfallen, eben diese Consonanten auch da anzuwenden, wo sie nicht begründet sind. Natürlich kann die Epithese, so weit sie diesen Grund hat, nicht in den Zeiten naiven Sprachlebens erfolgen; sie setzt ein gewisses grammatisches Bewusstsein voraus. So handelt es sich hier auch fast durchaus um jüngere Vorgänge.

a. Am öftesten ist *t* hinzugefügt. Die 2 P. Sg. ging im Ind. Prs. und im Opt. auf *s* aus; aber schon im Ahd. gesellt sich dem *s* ein *t* zu; zuerst in dem Verb. *sein*, das als Hilfszeitwort unter dem Einfluss der Präterito-Präsentia steht; dann auch in andern Verben. Die häufige Inclination des Pron. *du (gibistu)*, die zu falscher Auflösung *(gibist du)* führte, beförderte den Gebrauch; vgl. Fl. — Das Ahd. bildet viele Composita auf *-scaf*, z. B. *eiginscaf, gameinscaf* etc., auch im Md. wird oft *schaf* gebraucht, die gewöhnliche mhd. Form aber ist *-schaft*; das Subst. *schaft* (Beschaffenheit) wird Einfluss geübt haben; vgl. Wbg. — Die Endung *-icht* in Wörtern wie *Dornicht, Dickicht, Kehricht* u. a. hat ihr *t* erst im Nhd. angenommen; ahd. *-ahi*, mhd. *-ahe*, und *-ehe* s. Wbg.; ebenso *Habicht*, mhd. *habech*. — Einzelne Wörter, die im Mhd. mit epithetischem *t* vorkommen, erwähnt Whd. § 194. 200; in den meisten, in denen die Schriftsprache es angenommen hat, tritt es im Mhd. erst vereinzelt auf: *Axt* mhd. *aches, Hüfte* mhd. *huf*, Pl. *hüffe*; *Obst* mhd. *obez, Saft* mhd. *saf*; *gewohnt* mhd. *gewon*; *sonst*, mhd. *sus*. Ferner in den Fremdwörtern *Dechant* mhd. *dechan, Pallast* mhd. *palas*; *Papst* mhd. *bâbes*; *Morast* erst nhd., vgl. ndl. *moras*; *doppelt* erst nhd., frz. *double*. — *einst*, mhd. *eines* daneben aber (unter Anlehnung an Superlative?) schon früh *einist, einost*, und ein merkwürdiges ahd. *einêst*; DWb. 3, 305.

b. Ebenso ist wohl das seltnere *d* zu beurteilen: *Jemand, Niemand* mhd. *ieman, nieman*; *nirgend* mhd. *niergen*; *Dutzend* spät. mhd. *totzen*, frz. *douzaine*. — In *Mond* sind zwei Wörter zusammengefallen: mhd. *mâne* (luna) und *mânet* (mensis). *weiland* beruht auf dem mhd. *wîlen*, daneben *wîlent*, *wilont, wilunt*; und darnach ist wohl zu mhd. *ieze, iezuo* ein erweitertes *iezunt* gebildet.

c. *r* ist unorganisch in *oder*; die älteren Formen sind ahd. *ëddo, ëdo, odo*, mhd. *ode, od*; aber daneben schon im Ahd. zuweilen auch *oder*, öfter im Mhd.; vielleicht hat die Analogie von *wëder* gewirkt. — *dëster* für *dëste* ist mhd. nicht selten, aber nicht durchgedrungen.

d. *n* tritt bereits im Mhd. zuweilen an *nu*, Whd. § 216; die ältere Form hält sich bis ins Nhd. (Luther), ist jetzt aber aufgegeben ausser im substantivischen „*in einem Nu*". *albern*, älter nhd. *alber* (Luther), mhd. *alwære* verdankt sein *n* wohl Adj. wie *hölzern, gläsern*. — Über die unregelmässigen Pronominalformen *denen, deren, dessen, wessen* s. § 278.

Anm. In ältern Schriften findet man öfter auch ein *b* nach *m*: *Eigentumb, koumb* u. dgl. Es ist dies der Gegenzug zu der Assimilation des *b* an vorangehendes *m* (§ 80). Die Schriftsprache hat den Gebrauch nicht anerkannt.

Consonantische Zwischenlaute.

153. A. Zuweilen hat zwischen zwei Consonanten sich ein neuer Consonant entwickelt, der den Übergang von der einen zur andern Articulation zu erleichtern scheint. Einige Erscheinungen dieser Art aus älterer Zeit sind bereits angeführt: *str* für *sr* (§ 37), *scl* für *sl* (§ 103 A. 2), *mft* für *mt* (§ 96), *nst* für *nt* (§ 38); andere jüngere kommen dazu.

So ist *t* eingeschoben zwischen *n* und *l* in nhd. *gelegentlich, öffentlich, freventlich, namentlich, ordentlich, wöchentlich, geflissentlich*. Andere ähnliche Bildungen könnte man auf Partic. Präs. beziehen: *eigentlich, flehentlich, hoffentlich, wesentlich, wissentlich*; jedoch ist zu bemerken, dass in der älteren Sprache das *t* zu fehlen pflegt: mhd. *eigenliche, hof-, hoffenliche, vlêhe-, vlêhentliche, wesen-, wese-, wesentliche, wizzen-, wizzentliche*.

Schwerer ist zu bestimmen, wie weit adverbiale Bildungen auf *-ends*, z. B. *eilends, durchgehends, zusehends, stillschweigends* sich an Participien anlehnen oder durch die Einschaltung eines *d* nur den Schein participialer Bildungen erhalten haben. Sicher kein Participium ist *vollends*, mhd. *vollen*; s. Orth. § 91. — Zwischen *n* und den Liquiden *r*, *l* schiebt sich *d* ein: Comparativ *minder*, g. *minniza*, ahd. *minniro*, mhd. *minner, minre*, aber auch schon *minder* (vgl. Franck, Gr. § 115); *Fähndrich*, nhd. Umbildung von mhd. *venre*, ahd. *fanari. Quendel*, mhd. *quënel (konel), quëndel*, ahd. *quënala*; *Spindel*, mhd. *spinnel*, ahd. *spinnala*; (daneben *Spille*, aus *spinle, spinnala*).

Anm. Andere Beispiele für Epenthese im Mhd., welche die Schriftsprache nicht aufgenommen oder festgehalten hat (namentlich *b* od. *p* zwischen *m* und *t*) bei Whd. § 157; auch Luther schreibt: *allesampt, kumpts, zympt, berumpt, ungereimbt, verdampten, frembdling; vordampten, kömpst* etc. *wundsch, wündschen* Franke § 71. 83. — Nicht hierher gehört, dass die unbetonte verbale Vorsilbe *ent-* im Nhd. immer mit *t* gesprochen wird. Zwei Partikeln *and-* und *ana-* sind in ihr zusammengefallen; im Ahd. und Mhd. wird meist *in-, en-* gebraucht, auch da wo *and-* zu Grunde liegt; später zog man umgekehrt als die vollständigere und scheinbar correctere Form *ent-* vor; § 324. Über *emp-* § 109 A. 1. Nach dem Muster der verbalen Vorsilbe ist dann auch *entgegen* umgebildet aus mhd. *engegene*, ahd. *in gegini, in gagini, entzwei*, mhd. *enzwei* d. i. *in zwei*.

154. B. Einschiebung von Consonanten zwischen Vocalen. Vocalisch auslautende Stammsilben sind nicht eben häufig und oft hat die Sprache darnach gestrebt, durch Einschiebung consonantischer Zwischenlaute sie zu beseitigen.

Im Gotischen ist von dieser Neigung erst wenig wahrzunehmen. Ein unorganisches *h* ist von den Schreibern einige mal gesetzt, aber nur in fremden Eigennamen; Br. § 61 A. 3. *j* ist vielleicht in dem Verbum *saian* säen als Übergangslaut eingetreten, öfters findet es sich in der Form *saijiþ*, also vor folgendem *i*, einmal auch vor *a*, in *saijands*; doch ist es fraglich, ob diese Auffassung des *j* richtig ist; s. über diese schwierige Frage Brgm. I, § 142 A. 1; vgl. auch oben § 129.

Weitere Verbreitung gewinnen die Übergangslaute im Hochdeutschen, und zwar sind es die Consonanten *j (g), w, h*, die so gebraucht werden, also dieselben Laute, die, wo sie etymologisch begründet sind, schwach articuliert werden und allmählich verklingen. Schwach articuliert waren sie natürlich auch als Übergangslaute; daher werden sie in der Schrift bald bezeichnet, bald nicht, wechseln auch untereinander. Ihre Scheidung von den organischen Lauten fällt zuweilen schwer, besonders beim *j*, weil dieses auch als organischer Laut besonders flüchtig ist.

155. Für die Geschichte dieser Zwischenlaute sind am wichtigsten die Verba pura auf *â* und *uo* und ihre nominalen Ableitungen; z. B. *sâan* säen, *bâen* bähen, *knâen* kennen, *krâen* krähen, *bluoan* blühen, *muoan* mühen, *gluoen* glühen, *krâ* Krähe, *sâio* Sämann u. a. Der Zwischenlaut wird in den älteren Denkmälern, wenn überhaupt, gewöhnlich durch *h* bezeichnet und dieses *h* muss ein wirklich gesprochener Laut gewesen sein, da in N.'s Schriften vor ihm dieselben Vocalwandlungen eintreten, wie vor dem organischen *h*; Br. § 152^b. Ursprünglich war es wohl ein schwacher, möglicherweise stimmhafter Reibelaut, der sich mit dem ohne Vocaleinsatz gesprochenen Vocale verband (vgl. § 87 A. 2). — Neben *h* werden dann *j (g)* und *w* gebraucht; *j* wird erst mit dem 11. Jahrh. häufiger, *w* ist local beschränkt (ostfränkisch) und namentlich bei den Verben auf *uo* selten; Br. § 359 A. 3. 4. Das *j* mag in diesen Verben zunächst von der ersten schwachen Conjugation, der sie im Hd. folgen, übernommen, in den Formen auf *-is, -it* (z. B. *sâjit*) auch spontan entwickelt sein; Bremer, PBb. 11, 71. Da aber der Gebrauch des *j* im allgemeinen jünger ist, darf man es vielleicht als lautliche Entwickelung des *h* ansehen; indem der Umlaut den Charakter des Stammvocales umgestaltete, verschob sich die Articulationsstelle des *h*, für den velaren Reibelaut trat der schwache palatale, jedenfalls stimmhafte Reibelaut ein. — Als Ausgangspunkt des *w* sieht man die Formen an, welche *u* in der Endung hatten, also in den Verben die 1 Sg. Präs. und den Plural des ursprünglich starken Prät., in schw. Fem. wie *krâwa* (neben *krâa, krâ*) die Casus obl.; Bremer, PBb. 11, 73. Doch dürften auch hier die verwandtschaftlichen Beziehungen zwischen *h* und *w* in Betracht kommen; vgl. § 115 A.

Anm. In andern Wörtern beruht *h : w* auf grammatischem Wechsel, § 32 f., so auch in ahd. *dwëraher : dwërawer*; mhd. *scëlah*, mhd. *schëlch : mhd. schël, -wes*. Kluge, Grdr. S. 388.

156. Von den Verben auf *â* und *uo* abgesehen, finden wir *j* und *w* nur neben verwandten Vocalen, aus denen sie sich immer von neuem leicht erzeugen konnten (Kräuter, ZfdA. 21, 266); *j* neben *î, ei, iu* (d. i. ü), *w* neben *û, ou, iu*. So findet sich *j* z. B. in *fugir = fuir*; in dem Stamm *hiwa-* (g. *heiwafrauja* Hausherr, ahd. *hîwî* matrimonium, *hîwisgî* familia), tritt, indem das organische *w* schwindet, *j, g* an seine Stelle: *higî higisgî*; ebenso *spigit* neben *spîwit*, *niugiu* neben *niuwiu*; Br. § 110 A. 3. 117. A. 1. Im Mhd. dauert der Gebrauch fort; Whd. § 221. 224. Da nun auch das organische *j* im Hochdeutschen fast nur neben denselben Vocalen erscheint und in der Schrift ebenso unsicher steht, so ist man berechtigt auch dieses als einen Laut anzusehen, der sich nicht mehr aus eigner Kraft erhalten hat; z. B. *friêr, frîgêr, fîant, fîiant*. Neben unverwandten Vocalen finden wir *j* nur in den Verben auf *â* und *uo* und in den längeren Optativformen; § 131.

w ist als Übergangslaut vielleicht in *bûwan, trûwên* anzusehen; Br. § 110 A. 2. Im Md. begegnet er öfter: *fûwer — fuir, fiur, gehûwer = gehiure, tûwer = tiure*; auch in Wörtern, in denen ein inlautendes *h* verstummt war: *vlûwet — fliuhet, schûwe = schuohe*. Whd. § 181.

Weniger beschränkt ist *h*, aber ausser in den Verben auf *â, uo* im Ahd. überhaupt selten. Vereinzelt findet es sich für organisches *w* in *êha, hîhun*; für *j* in *herihunga, werihan*; auch in den verlängerten Optativformen; Br. § 152 A. 2—4. Wie weit aber diesem *h* noch ein Lautwert zukommt, ist zweifelhaft. Denn schon im Ahd. wird *h* als stummes Schriftzeichen gebraucht; vereinzelt steht es sogar zwischen den Bestandteilen eines Diphthongen oder eines durch Doppelschreibung bezeichneten Vocales, z. B. *hohubit = houbit* Haupt, *seher = sêr* Schmerz. In der mhd. Zeit, namentlich in md. Schriften seit dem 14. Jahrh. nimmt der Gebrauch dieses stummen *h* stark zu, ein Zeichen für das Erlöschen des organischen *h*, Br. 152 A. 3. Whd. § 245.

157. Erlöschen der Übergangslaute. Im Nhd. sind die Übergangslaute ebenso wie die organischen *j, w, h* aufgegeben; nur die Schrift bewahrt ihnen noch ein Andenken, indem sie in vielen Wörtern ein *h* setzt, nicht nur wo es etymologisch begründet war, sondern auch in solchen, wo früher *j* und *w* galten. Orthographie § 97. In Mundarten aber dauern die Übergangslaute fort und sind zum Teil sogar zu Verschlusslauten weiter entwickelt; Behaghel, Grdr. § 74, 4.

Anm. 1. Für die Beurteilung der Übergangslaute kommen auch die Contractionen zwischen Stamm und Endung in Betracht; s. Br. § 359 A. 3. 4. Bremer, PBb. 11, 70. Beachtenswert ist, dass Walther in den Verben auf *â*, *uo* stets Synkope eintreten lässt: *blüet*, *blüende*, *mîlet*, *wœt*; dagegen nicht in *schrien*, *schrîet*, *gefrîet*, *gedrîet*, *vîent*; vgl. § 274.

Anm. 2. Einige nhd. Wörter haben *h* zwischen Silben, die erst durch Zerdehnung eines *ê* entstanden sind: *gehen* mhd. *gên*, *stehen* mhd. *stên*, *ehe* mhd. *ê*, *ehern* mhd. *êrîn*.

Anm. 3. Einigemal steht ahd. *r* als Übergangslaut zwischen vocalischem Aus- und Anlaut: *wolar abur*, *bistur unschuldıc* (Br. § 120 A. 3); im Mhd. vor der Partikel *â* in *jarajâ*, *nurâ* (s. Lachm. zu Nib. 446, 3). Stammt der Gebrauch aus der Zeit, wo auslautendes *s* in *r* übergegangen und vor consonantisch anlautendem Wort schon geschwunden, vor vocalischem aber noch erhalten war (vgl. § 150 A. 1)? Wir finden *r* aber auch in gewissen Verbalformen· *scrirun* schrieen, *spirun* spieen s. Fl.

Anm. 4. In einigen Wörtern liegt es nahe, Einschub eines *d* anzunehmen (Weigand, Wb.³ 1, 338); namentlich in nhd. *Hauderer*, *haudern* neben mhd. *hûren* mieten, mit Mietpferden reisen; nhd. *Schauder* neben *Schauer*; mhd. *sluderaffe* neben *slûraffe* Schlaraffe. Das *d* könnte sich aus dem *r* entwickelt haben (vgl. § 113 A. 1). Doch ist sehr fraglich, ob den Formen mit *d* überhaupt die andern zu Grunde liegen; s. Kluge, Wb.⁵. *Hauderer* erklärt dieser aus ndl. *stalhouder* d. i. Stallhalter.

Ekthlipsis.

158. Wenn mehrere Consonanten nacheinander ausgesprochen werden, kommt der einzelne leicht nicht zu deutlicher Wahrnehmung und genauer Articulation; Assimilationen (§ 135. 137) oder Schwund eines Consonanten sind die Folge. — Dem Schwunde ist, wie wir gesehen haben (§ 148 f.), am meisten der Auslaut preisgegeben, aber selbst der stark betonte Anlaut vermag sich nicht überall unversehrt zu halten. Die Wurzel *skleut* hat in ahd. *sliozan* ihr *k* verloren (vgl. l. *clavis*, gr.

κληίς und § 103 A. 2); allgemein sind im Hd. *w* und *h* vor folgendem Consonanten unterdrückt (§ 120. 87); auch daran, dass manche Wurzeln in der einen Sprache mit *s* anfangen, in der andern nicht (§ 101 A. 4), ist hier zu erinnern. — Ähnliche Verluste hat der Inlaut erfahren. *h* ist unterdrückt in Wörtern wie *Marstall, Berta* etc. (§ 90) und vor *s* + Cons. (§ 91), *f*, unter ähnlichen Bedingungen (§ 95), *r* in *Welt, Ekel* u. a. (§ 113). Andere Beispiele aus den verschiedensten Perioden der Sprache und ohne durchgreifende Regel schliessen sich an.

Vor ableitendem i zeigt sich Verlust eines labialen Lautes: g. *niþjis* Vetter, St. *neptio-*, vgl. l. *nepos*; eines dentalen: g. *sunjis* wahr, *sunja* Wahrheit, Grdf. *sṇtio-, sṇtiá*; g. *bisunjanê* ringsum, G. Pl. eines Prtc. Präs. der Wz. *es-* sein (Grdf. *sṇtion-ēm*); ahd. *hefianna* (entstellt zu *Hebamme*), altes Participium zu *hafjan* heben, Grdf. *kapiontiá*; Verlust des u: g. *hardja-, sutja-* < *hardui-, sutui-,* ahd. *fatureo* Vetter < *faduruia*; vgl. *huggrjan* zu *hûhrus* Hunger (aber *waurstwa, skadwjan*) Kluge, Grdr. S. 334. 342.

Vor *sk* fehlt ein Guttural in ahd. *frosk* Frosch, vgl. ags. *frocca*, an. *fraukr*; in nhd. *morsch*, mhd. *mursch* neben *murc*; ein Dental in ahd. *rasc*, nhd. *harsch* (s. Kluge, Wb.); für *diutisc* wird im Mhd. *tiusch* beliebt, für *welhisch* zu *Walh* tritt *welsch* wälsch ein.

Ausfall eines Consonanten vor andern Verschluss- oder Reibelauten belegen: g. *waurstw* Werk, zu *waurkjan*; ahd. *lenzo* Lenz > *langito*; ahd. *runza* Runzel aus *wrunkita·* Schwanz gehört zu schwanken und schwingen (AfdA. 11, 27; vgl. mhd. *swanzen, swanzieren* = einherstolzieren, tanzen); *Blitz*, mhd. *blitze, blicze, blicz* (Luther: *blixen*), Ableitungen von ahd. *blik* Blick, Blitz; *stutzen* beschneiden aus **stuckezen, schmatzen* aus mhd. *schmackezen, rutschen* aus **ruckezen* (PBb. 14, 461); *Tinte* < l. *tincta, bunt* < l. *punctus*; vgl. auch *Spund* (Kluge Wb.).

Vor ableitendem *m* ist ein Guttural unterdrückt in ahd. *brosmo* Brosamen zu *brëchan*; ein Labial in *halmo* Handhabe Stiel s. Kluge, Wb. s. v. *Halfter*; vielleicht auch in *arm* > **orbhmo* (vgl. Arbeit), Franck AfdA. 11, 17. Im Ahd. war zur Unterdrückung eines Consonanten vor ableitenden Nasalen und Liquiden kein Anlass, weil die Secundärvocale eintreten (§ 300); späterer Zeit gehören an *Albrecht* < Ad̦elbreht, *Ulrich* < Uodelrîch, *Sense* < sęgense, *Elster* < egelster, *Nelke* < negelkîn.

Auch Composition veranlasst Ekthlipsis. Dass in got. Texten in der Verbindung der Vorsilben *us-, twis-, dis-* mit einem mit *st* oder *sk* anlautendem Wort öfters nur ein *s* geschrieben wird (Br. § 78 A. 5), ist wohl nicht nur Nachlässigkeit; im Ahd. verliert die unbetonte Vorsilbe *ant-* ihr *t* sehr oft (§ 324); neben *sęhszug* (g. *saihs tigjus*) gilt schon im Ahd. *sęhzug*, aus *siebenzig* ist nhd. *siebzig* geworden. Über andere Verstümmlungen in der Composition s. § 317.

Anm. 1. Manche Ekthlipsis, die früher begegnet, hat die Schriftsprache nicht angenommen; s. Whd. § 156; über *t*, das besonders oft wegfällt, § 193. 195.

Anm. 2. Das Bestreben Consonantverbindungen zu erleichtern, welches in den angeführten Beispielen zur Unterdrückung eines Lautes führt, äussert sich auch in anderer Weise. Sie hemmt die Entwickelung der mit einer Spirans verbundenen Tenuis (*sp, st, sk, ft, ht*) zur Affricata (§ 38), sie bewirkt, dass Affrication des Auslautes aufgegeben wird (§ 50), Consonantverdoppelung nach vorangehenden Consonanten nicht eintritt oder Stand hält (§ 134, 4), und veranlasst die in § 53 besprochene Neigung der ahd. Schreiber, in Consonantverbindungen für *p, t, k* die Buchstaben *b, d, g* zu wählen, die ihnen leichtere Laute bezeichneten.

Metathesis.

159. 1. Gewöhnlich besteht die sogenannte Metathesis in der verschiedenen Stellung des Vocales zu einer Liquida oder einem Nasal, denen gewöhnlich noch ein anderer Consonant vorangeht; am häufigsten tritt sie bei *r* ein; z. B. l. *granum*: g. *kaurn* Korn, l. *crates*: g. *haurds*, ahd. *hurt* Hürde; l. *corpus*: ahd. *hrëf* Mutterleib; l. *sterno*, gr. στορέννυμι, στρώννυμι: g. *straujan* streuen; l. *plenus*: g. *fulls* voll; l. *lana* < *wlana*: g. *wulla* Wolle; ahd. *naba* Nabe : l. *umbo*; ahd. *nabalo* Nabel : gr. ὀμφαλός. — g. *faur* vor, ahd. *furisto* : g. *frauja* Herr, ahd. *frô* (PBb. 14, 186 f.); ahd. *frâgên* l. *precari* etc. : *forscôn* forschen; ahd. *scarbôn* (concidere) : *scrëvôn* (incidere); g. *fôtu-baurd* Fussbrett, ndd. *bord* : ahd. *brët* Brett; ahd. *knâan* verstehen : *kann*; ahd. *knuot* Geschlecht : *kind* nhd. *Feld* : *Fladen* u. a. Die Verschiedenheit, die hier hervortritt, reicht bis in die idg. Ursprache zurück und hängt mit der Entwickelung des Ablauts eng zusammen. Kluge, KZ. 26, 90 A. Grdr. § 17.

Äusserlich ganz gleich ist die Metathesis des *r*, die später das Md. und Ndd., aber auch das Elsässische oft eintreten lässt, meistens in Wörtern mit kurzem Vocal und darauf folgendem dentalen Consonanten, zu dem das Zungen-*r* natürliche Verwandtschaft hat (Franck, ndl. Gr. § 106). Daher stammt in der nhd. Schriftsprache *Born* neben *Brunnen*, *bersten* für *bresten*, *Bernstein* für *Brennstein*, *Albert* neben *Albrecht* u. a. Whd. § 213 f. J. Schmidt, Voc. 2, 453.

Den älteren Vorgängen näher verwandt ist der Wechsel zwischen unbetonten *en* : *ne*, *er* : *re* der im Mhd. nicht selten ist, besonders in der Negation *ne* und der Vorsilbe *er*-; vocallose ṇ, ṛ bilden die Vermittelung: *er enist, ich enkan, nu enwelle*; *dô restarp, wol rekande* etc. Whd. § 158. 215.

160. 2. Auch zwei Consonanten können ihren Platz vertauschen; gewöhnlich sind sie benachbart. Am frühesten erfolgt diese Metathesis durch die Aufnahme eines suffixalen Nasals in die Stammsilbe. Präsensbildendes *n* tritt in den Wortstamm: l. *scindo, scidi*; *pango, pepigi*; mit Nasal-Suffix und -Infix gr. λαμβάνω, ἔλαβον. Im Germanischen ist diese Bildungsweise verwischt; ein deutlicher Rest aber ist g. *standa, stôþ*.

In deutschen Mundarten wiederholt sich der Vorgang: z. B. alem. *gseng got* gesegne es Gott; bair. *sang* sagen, *gengad* Gegend; vgl. auch die übliche Aussprache des l. *magnus* = *mangnus*. J. Schmidt, Voc. 1, 29 f. 102 f. — Auch *l*- und *r*-Suffix lassen Mundarten in den Stamm treten: *nâlde* aus *nadel*, (auch ndl. *naalde*, me. *nêld*), *ingesilg* aus *ingesigel*, *dornstac* aus *donnerstac* oder *donrestac*. Whd. § 211—213. Für die Schriftsprache kommen diese Übergänge nicht in Betracht, wohl aber die Metathesis von *ps* zu *sp*; s. § 95.

Seltner erfolgt die Metathesis von Consonanten, die durch

einen Vocal getrennt sind. Zum Teil sind es Fremdwörter, die diese Entstellung erfahren haben: ahd. *ezzih* Essig : l. *acetum*, mhd. *kokodrille* : l. *crocodilus*, nhd. *Kabeljau* : ndl. *bakeljauw* s. Kluge, Wb.; aber auch einheimische: germ. *alisa*, ndd. nhd. *Else*, ahd. *elira Eller* : ahd. *erila Erle*; mhd. *nabegêr, nebegêr : negebêr Neber* (Bohrer). Auch ahd. *geiz* Geis : *ziga* Ziege, mhd. *kitzeln* : engl. *to tickle* u. e. a. glaubt Kluge, Grdr. § 17 so erklären zu können.

Partielle Assimilation.

161. Die vollständige Assimilation, durch welche ein Consonant seinen Nachbarlaut ganz in sich aufnimmt und dadurch sein eignes Gewicht mehrt, ist unter der Consonantverdoppelung in § 135 f. behandelt. In andern Fällen nähert sich der Consonant nur der Natur benachbarter Laute. Dahin gehört der häufige Übergang stimmloser in stimmhafte, oder stimmhafter in stimmlose Laute, je nachdem die Umgebung stimmhaft oder stimmlos ist; also die Wirkungen des Vernerschen Gesetzes (§ 22 f.), die Verhärtung stimmhafter Spiranten und Verschlusslaute im Wort- und Silbenauslaut (§ 145 f.), der Notkersche Canon (§ 65); ferner der Übergang von *m* zu *n* vor Dentalen, von *n* zu *m* vor Labialen (§ 108 f.), von *t* zu *p* vor *f*, (§ 109 A.), auch der von *tw* zu *kw* (*q*), denn in Folge der Nebenarticulation sind *k* und *w* näher verwandt als *t* und *w* (§ 85).

Eine dritte Art von Assimilation endlich ist es, wenn zwei Consonanten zu einem verwachsen, der an den Eigentümlichkeiten beider Teil nimmt. So entstehen schon in alter Zeit *p*, *b*, *f*, aus *ku̯*, *gu̯*, *hu̯*, indem das labiale Element die Articulationsstelle, das gutturale die Articulationsweise bestimmt (§ 35), so im mhd. nicht selten *k* und *p* aus *tg* und *tb*, z. B. *Liu(t)kart, Liu(t)polt, enkegen, enkelten, empieten, enprennen*, Whd. § 155; so auch aus l. *pituita* mlat. *pipita*, ahd. *pfiffiz, pfipfiz*, nhd. *Pfipfs, Pips*.

Geschichte der Vocale.

Ablaut.

162. Wörter, die aus derselben Wurzel entsprossen sind, pflegen in den Consonanten der Wurzelsilbe übereinzustimmen. Einfluss benachbarter Laute, Assimilation, grammatischer Wechsel, verschiedene Behandlung des einfachen und gedehnten Consonanten in der Lautverschiebung und andere Momente haben zwar mancherlei Abweichungen hervorgebracht, aber im ganzen behaupten sich die Consonanten, und zwar um so mehr, je weiter wir in der Geschichte der Sprache zurückgehen, als der feste allen zusammengehörigen Wörtern gemeinsame Stamm. Die meisten Consonanten haben Veränderungen erfahren, indem sie aber derselben Veränderung in allen verwandten Wörtern zu unterliegen pflegten, blieben sie doch das einigende Band. Anders ist es mit den Vocalen. Die Wörter: *geben, giebst, gab, gäbe, Gabe*; *biege, bog, böge, beugen, Bucht*; *kann, können, konnte, kenne, Kunst, Künste* zeigen die gleichen Consonanten *g—b, b—g, k—n*, aber vier, fünf, sechs verschiedene Vocale. Zum Teil ist diese Mannigfaltigkeit das Ergebnis junger Vorgänge, zum Teil aber reicht sie über das Leben der germanischen Sprachen bis in die indogermanische Vorzeit zurück. Die älteste Schicht von Vocalentwickelungen fasst man unter dem Namen Ablaut oder Vocalabstufung zusammen.

163. Über den Ursprung des Ablautes hat man verschiedene Vermutungen aufgestellt. J. Grimm fasste ihn als eine rein dynamische Veränderung des Wurzelvocales, die nur dazu diene, die Verschiedenheit der Bedeutung oder grammatischen Function sinnlich hervorzuheben; richtiger Bopp als einen rein phonetischen Vorgang, der ursprünglich keinen logischen Wert gehabt hätte und in dem verschiedenen Gewicht der Endungen begründet sei: vor leichten Endungen erscheine schwerer, vor schweren Endungen leichter Wurzelvocal. A. Holtzmann (1844) und Benfey (1845) vermuteten zuerst in dem Accent eine wesentlich treibende Kraft, und so weit sie noch davon entfernt waren, die mannigfachen Erscheinungen des Ablautes richtig zu erkennen, so hat sich diese Vermutung der späteren Forschung doch als brauchbar erwiesen. Jetzt ist allgemein anerkannt, dass der alte indogermanische Accent der wichtigste Factor für die Ausbildung des Ablautes war, er bewirkte zuerst, dass innerhalb derselben Wurzel sich verschiedene Vocale entwickelten. Unter den zahlreichen neueren Schriften, die den idg. Vocalismus behandeln, mögen besonders genannt werden: F. de Saussure, Mémoire sur le système primitif des voyelles dans les langues indo-européennes, Lipsick 1879. Hübschmann, das indogermanische Vocalsystem, Strassb. 1885. Andere Litteratur bei Hübschmann S. 1 f. Brgm. I S. 32, Fussn. 2. Einen historischen Überblick der Forschung giebt Collitz in der ZfdPh. 15, 1 (1883), und sehr eingehend Bechtel, Die Hauptprobleme der idg. Lautlehre, Göttingen 1892.

Die *e*-Reihe.

164. Die Hochstufe. Sehr viele Wurzeln zeigten, je nach Beschaffenheit der Betonung in der idg. Ursprache einen Wechsel von *e* und *o*; *e* bezeichnet man als erste, *o* als zweite Hochstufe; *e*, nimmt man an, habe in Silben mit Udātta (Acut), *o* in Silben mit Svarita (Gravis) gegolten, oder *e* habe der haupttonigen Silbe angehört, *o* der Silbe nach dem Hauptton. Fick, G. G. 1880 S. 421 f. Möller, PBb. 7, 492 f. Brgm. I § 311. Das Griechische, Lateinische, Slavische haben die Laute in dieser Form bewahrt, z. B. gr. ἔχω : ὄχος, ψέγω : ψόγος, λέγω : λόγος, l. *precor* : *procus*, *tego* : *toga*. Im Germanischen ist *o* in *a*, *e* vielfach in *i* übergegangen. Am deutlichsten ausgeprägt finden wir den Wechsel im starken Verbum; das Präs.

hat *i*, der Sg. Prät. *a*; z. B. *giba gaf, binda band, nima nam*. Die arischen Sprachen haben diesen Unterschied aufgegeben, sie haben überall ein eintöniges *a*. Und da diese Sprachen in so vieler Beziehung am altertümlichsten sind, hatte man früher dieses *a* für den ursprünglichen Laut gehalten und angenommen, dass er in den europäischen Sprachen sich in *e* und *o* gespalten habe. Aber nachdem man erkannt hat, dass im Altindischen die Gaumenlaute vor *a*, je nachdem es einem europäischen *e* oder *o* entspricht, verschiedene Gestalt gewinnen (§ 31 A.), ist als sicher erwiesen anzusehen, dass die europäische Doppelheit älter ist, als die arische Einheit.

Die Doppelheit *e-o* ist das älteste, was wir erreichen können; welcher Vokal erklang, ehe die Sonderung von *e* und *o* vor sich gegangen war, oder mit andern Worten, welcher Vocal der Wurzel an sich zukam, ist nicht zu ergründen (§ 171). Früher bezeichnete man den Laut oft durch *a*, und zwar die erste Stufe durch a_1, die zweite durch a_2, aber über die Natur des Lautes ist dadurch nichts entschieden; diese a_1 und a_2 sind nur Zeichen für eine gedachte Grösse.

165. Wurzeln mit *i̯* und *u̯*. In Wurzeln mit den Halbvocalen *i̯* und *u̯* verbinden sich diese mit dem vorhergehenden Vocal zu Diphthongen. So entstehen *ei oi, eu ou*; vgl. gr. λείπω, λέλοιπα; σπεύδω, σπουδή. Im Germanischen ist auch in diesen Verbindungen *e* in *i*, *o* in *a* übergegangen, so dass die Laute *i* (=*ii*, im Gotischen *ei* geschrieben), *ai, iu, au* entstehen: *giban : gaf = steigan : staig = biugan : baug*. Die drei Verba repräsentieren die drei ersten starken Conjugationen, aber dieselbe Ablautreihe, die *e*-Reihe.

166. Tiefstufe. Der Vocal betonter Silbe steht auf der **Hochstufe**, der Vocal unbetonter Silbe auf der **Tiefstufe**. Hier wird er unvollkommner articuliert und erscheint entweder reduciert (nebentonige Tiefstufe), oder er verstummt ganz (tonlose Tiefstufe). Bechtel S. 103 f.

Die schwächste Gestalt zeigt sich sehr deutlich in den Wurzeln, auf deren Vocal *i̯* oder *u̯* folgte. Während sie in betonter Silbe *i̯* und *u̯* mit dem vorhergehenden *e* und *o* zu

[§ 166.] Ablaut. e-Reihe. 149

Diphthongen verschmelzen lassen, müssen sie in unbetonter Stellung die Vocale *e* und *o* ganz entbehren, und *i̯* und *u̯* werden zu selbständigen Vocalen *i* und *u*; so z. B. im Part. und im Pl. Prät. der st. V. 2. 3: *steiga, staig, stigum, stigans; biugan, baug, bugum, bugans.* Denselben Wechsel in ursprünglich betonten und unbetonten Wurzelsilben zeigt das Griechische: λείπω, λέλοιπα, ἔλιπον; πείθω, πέποιθα, ἔπιθον; φεύγω, ἔφυγον. Was für Laute gesprochen wurden, ehe sich *i̯* und *u̯* zu selbständigen Vocalen entwickelten, können wir nicht wissen; es würde eine willkürliche Voraussetzung sein, dass ihnen die Diphthonge *ei, eu* oder *oi, ou* zu Grunde lägen. Die Entwickelung von *i* und *u* kann begonnen haben, ehe *e* und *o* in ihrer Qualität gesondert und mit *i̯* und *u̯* zu Diphthongen verschmolzen waren*.

Hätte sich der Vocalismus aller Wurzelsilben gleich entwickelt, so wäre nach dem Verhältnis von *steiga : stigans, biuga : bugans* zu erwarten *giba : gbans, mita : mtans, sita : stans*; es heisst aber *gibans, mitans, sitans.* Vor den Verschlusslauten war der Vocal nicht geschwunden, sondern reduciert; er steht auf der nebentonigen Tiefstufe und erscheint hier in derselben Gestalt wie auf der ersten Hochstufe: g. *i*, idg. *e*; vgl. Bechtel S. 104 f. Dass an und für sich auch zwischen Verschlusslauten der Vocal schwinden konnte, zeigen Formen wie gr. ἐ-πτ-όμην neben πέτομαι, ποτή; σπ-έσ-θαι neben ἕπομαι (d. i. σέπομαι); aber das germanische Verbum hat zwischen Anlaut und Auslaut der Wurzel immer einen Vocal. Den Schwund eines anlautenden Wurzelvocales belegt z. B. g. *sind* sind neben *ist*, Wz. *es*, g. *tunþus* Zahn, Participialbildung zu *itan* essen, Wz. *ed*; vgl. § 337.

Der Vocalismus der *e*-Wurzeln bewegt sich also in folgender Reihe:

Hochstufe: 1. idg. *e*, germ. *e, i*. 2. idg. *o*, germ. *a*.
Tiefstufe: 1. tonlos —, 2. nebentonig idg. *e*, germ. *e, i*.

---

* Osthoff MU. 4, 349 f. setzt die Diphthonge als älter voraus und gelangt von ihnen zu *i* und *u*, indem er *ī* und *ū* als Zwischenstufen annimmt (vgl. Brgm. I § 313 A.); ebenso Bechtel S. 147 u. a. Mit Recht, wie mir scheint, bezeichnet Bremer, PBb. 11, 264 A. 2. 267 dies als unerwiesen.

167. Liquida und Nasalis sonans. 1. Ähnlich wie i und u können auch Liquide und Nasale silbenbildend als Vocale gebraucht werden. Im Skr. erscheint r in dieser Function, in slavischen Sprachen r und l, auch im Deutschen kennen wir noch silbenbildende l und Nasale, wenn auch nur im Auslaut für die Ableitungssilben -*el*, -*en*, -*em*. Man kam daher auf die Vermutung, dass unter denselben Bedingungen, unter denen ei und eu zu i und u wurden, aus *er*, *el*, *em*, *en* silbenbildende r, l, m, n erzeugt wurden, und dass die Vocale, die wir in den historischen Sprachen neben diesen Consonanten finden, erst später sich entwickelt haben. Die Hypothese, auf die verschiedene geführt waren, ist zur Theorie ausgebildet von Brugmann: Nasalis sonans in der idg. Grundsprache. Curtius Studien 9, 287 f. (Weitere Litteraturangaben: Brgm. I, § 222 A. Geschichte der Forschung: Bechtel, Hauptprobleme S. 119—124). Manche haben mit Gründen, die zum Teil wohl zu beachten sind, widersprochen, zuletzt und sehr entschieden Bechtel a. O. S. 128 f. Er leugnet die silbenbildenden Nasale und Liquiden für die Ursprache und nimmt statt ihrer Silben mit reduciertem Vocal an, also $ər$, $əl$, $əm$, $ən$.

Aber wie es sich damit verhalten mag — vielleicht haben beide Formen nebeneinander bestanden — jedenfalls gestattet die Natur der Liquiden und Nasale sie silbenbildend zu brauchen, und jedenfalls hat der Vocal unter dem Einfluss dieser Laute seine eigentümliche Form gewonnen. Vor den Liquiden gelten im Germanischen und Lateinischen die dumpfen Vocale u und o, im Slavischen i, im Griech. α; die Nasalbildungen ergeben im Germ. *un*, *um*, im Lit. *in*, *im*, im Lat. *en*, *em*; im Gr. und Ai. einfach den Vocal a; z. B. in den st.V. 1[bc]: g. *hilpa*, *halp* : *hulpans*; *wairpa*, *warp* : *waurpans*; *nima*, *nam* : *numans*; *binda*, *band* : *bundans*; vgl. ferner δέρκομαι, δέδορκα : ἔδρακον; βέλος, βολή : ἔβαλον; g. *hund*, l. *centum*, skr. *çatám*, gr. ἑκατόν, lit. *szimtas*.

2. In den st. Verben steht der unbetonte Vocal immer an derselben Stelle, wo der betonte steht; z. B. g. *brikan* : *brukans*, ahd. *flëhtan* : *giflohtan* etc. In andern Wörtern geht er den Liquiden und Nasalen oft voran; z. B. *Bord* zu *Brett*,

forschen zu *fragen* u. a. (§ 159). Wer Liquida und Nasalis sonans annimmt, kann diese Stellung als die ursprüngliche ansehen und die abweichende Formation der Verba durch Systemzwang erklären; wer annimmt, dass auch vor Liquida und Nasal der Vocal nur reduciert war, muss in den Formen des Verbums das Ursprüngliche sehen, und die abweichende Bildung der andern Wörter durch Metathesis erklären.

3. Wenn auf Liquida oder Nasal ein Vocal folgt, kann der vorangehende Vocal ganz untergehen, ohne silbenbildende Consonanten zu hinterlassen; z. B. *Knie*, g. *kniu* neben l. *genu*, gr. γονύ; g. *triu* Baum, gr. δρύ-τομος neben δόρυ; g. *grêdus* Hunger neben ahd. *gërôn*; g. *fruma* neben *faur* u. a.

Anm. Der Vocal u ergiebt sich also im Germanischen sowohl in Wurzeln mit $eu̯$, als in solchen mit el, er, em, en; aber mit dem Unterschied, dass $u̯$ selbst zum Vocal wird, l, r, m, n aber neben dem Vocal bestehen bleiben. — Über ein drittes u s. Sievers PBb. 16, 234 f.

168. Lange Vocale. Bisher haben wir nur kurze Vocale und Diphthonge kennen gelernt. Daneben aber bestanden schon in der idg. Zeit die Dehnungen $\bar{e}$, $\bar{o}$, $\bar{\imath}$, $\bar{u}$.

$\bar{e}$ zeigt das Germ. in den st.V. 1 im Plur. und Opt. Prät. g. *sêtum* wir sassen, *nêmum* wir nahmen; ebenso in Nominibus, z. B. *wêgs* Bewegung, Woge zu *wigan*, *andanêms* angenehm zu *niman*, *andasêts* abscheulich zu *andsitan* u. a.

$\bar{o}$ fehlt in den Verben der e-Reihe, aber nicht in Nominibus; z. B. ahd. *luog* < *lôg* Wildlager zu *ligan*, vgl. gr. λέχος, λόχος; g. *fôtus* Fuss neben l. *ped-*, gr. ποδ-.

$\bar{u}$ haben einige st.V. 3, deren Präsensstamm ursprünglich unbetont war; z. B. g. *lûkan* schliessen, ahd. *sûgan* saugen; ebenso ahd. *hlût* laut, Wz. kleu̯ (vgl. gr. κλυ-τός, l. clŭ-tus); g. *anabûsns* Befehl, zu *biudan*.

$\bar{\imath}$ ist in manchen st.V. 2 anzusetzen, deren Präsensstamm, wie der grammatische Wechsel zeigt, ursprünglich unbetont war; z. B. g. *bileiban* bleiben, Wz. leip̑; vgl. gr. λείπω, l. *linquo*; ebenso in g. *usbeisns* Erwartung u. a.

Anm. Die Geschichte dieser Dehnungen ist noch wenig erhellt. Im allgemeinen ist zu vergleichen: Bechtel, Hauptprobleme

Cap. 4 f.; über $\bar{e}$ Brgm. I § 314 A. Hübschmann § 196—198. Osthoff, Perf. S. 110 f. u. a. Über $\bar{o}$ Bechtel S. 235. Über $\bar{\imath}, \bar{u}$ Osthoff, Morph. Unters. IV (die Resultate S. 281 f.); vgl. PBb. 11, 264 A. und Bechtel S. 147 f. 232 f. — Am wenigsten ist in Betreff der langen sonantischen Liquiden und Nasale $\bar{l}, \bar{r}, \bar{m}, \bar{n}$, die man dem $\bar{\imath}$ und $\bar{u}$ entsprechend ansetzt, Sicherheit erzielt. Hübschmann § 189—194. Brgm. I § 253. 306. — Bechtel S. 215 f. leugnet sie ganz und setzt S. 229 dafür $ə\bar{r}, əl, ə\bar{m}, ə\bar{n}$. an.

Über Contraction von Vocalen in idg. Zeit s. Brgm. I § 111 f.

169. Hiernach ergeben sich in der e-Reihe folgende Vocale:
1. in e-Wurzeln:
   idg. e o $\bar{r}\, \bar{l}\, \bar{m}\, \bar{n}$ $\bar{e}$ $\bar{o}$
   germ. $e\ i$ a ur, ul, etc. $\hat{e}$ $\hat{o}$
2. in $e\underset{\smile}{i}$-Wurzeln:
   idg. $e\underset{\smile}{i}$ $o\underset{\smile}{i}$ i $\bar{\imath}$
   germ. $\hat{\imath}$ ai i $\hat{\imath}$
3. in $e\underset{\smile}{u}$-Wurzeln:
   idg. $e\underset{\smile}{u}$ $o\underset{\smile}{u}$ u $\bar{u}$
   germ. $iu\ (eu)$ au u $\hat{u}$

Also im Germanischen:
1. Kurze Vocale: *a e i u*
2. Lange Vocale: *ê î ô û*
3. Diphthonge: *iu (eu) ai au*.

Das sind nun, abgesehen vielleicht von einigen vereinzelten Erscheinungen, thatsächlich die Vocale, welche die germanischen Sprachen als gemeinsamen Besitz aus älterer Zeit voraussetzen. Man würde aber doch irren, wenn man daraus schliessen wollte, dass die angeführten idg. Laute die Grundlage des ganzen germanischen Vocalismus bildeten und dass alle Wurzeln sich in dem Geleise der e-Reihe bewegt hätten.

Andere Ablautreihen.

170. Die e-Reihe entwickelt in betonten Silben die kurzen Vocale idg. e und o; es giebt aber auch Wurzeln, die in den entsprechenden Formen $\bar{e}$ und $\bar{o}$ zeigen. Dem g. *giban gaf* steht ein g. *lētan lailōt* gegenüber, und während in unbe-

[§ 170. 171.] **Verschiedene Ablautreihen.**

tonter Silbe der Vocal der *e*-Reihe entweder verschwunden ist oder als *e* erscheint, finden wir hier ein *a*; zu *lētan* gehört das Adj. g. *lats* lässig, faul (vgl. l. *lassus*); zu gr. ῥήγνυμι, ἔρρωγα : ἐρράγην. Kluge, Grdr. § 23, 6.

Das *a* unserer *e*-Reihe geht, wie bemerkt, auf ein älteres im Griechischen und Lateinischen erhaltenes *o* zurück. Wir finden aber im Germanischen auch ein *a*, dem gr. lat. *a* entspricht; z. B. g. *akrs*, l. *ager*, gr. ἀγρός, g. *aljis*, l. *alius*, gr. ἄλλος. Im Germanischen also sind zwei etymologisch verschiedene Laute, idg. *o* und *a*, zusammengefallen; nur der erste war in der *e*-Reihe entwickelt — Ebenso ist es mit germ. *ai* und *au*. Zum Teil stammen sie aus der *e*-Reihe und entsprechen idg. *oi̯*, *ou̯* (gr. οι, ου); zum Teil beruhen sie auf idg. *ai̯*, *au̯* (gr. αι, αυ) und setzen anderen Ursprung voraus; z. B. g. *aiws*, gr. αἰών, l. *aevum*; g. *aukan*, l. *augere*. Auch in germ. *ô* sind verschiedene Laute idg. *ō* und *ā* zusammengefallen; vgl. einerseits g. *weitwôds* Zeuge, gr. εἰδώς, anderseits g. *brôþar*, l. *frater*. Über die Zeit dieser Übergänge s. Kluge, Grdr. § 26.

Die Ursprache besass also Vocale, welche der *e*-Reihe nicht angehören, und nicht alle Vocale bewegten sich in der *e*-Reihe. Die schwierige Frage, wie viele Ablautreihen das Idg. besass, und welche Vocale in ihnen entwickelt waren, ist zuletzt von Hübschmann zusammenhängend behandelt. Er unterscheidet sechs Ablautreihen, eine *a*-, *e*-, *o*-, *ā*-, *ē*-, *ō*-Reihe; ebenso Brgm. I § 307 f. Die germanische Lautlehre erfordert nicht näher darauf einzugehen, weil die in andern Reihen entwickelten eigentümlichen Laute im Germanischen doch mit den Vocalen der *e*-Reihe zusammengefallen sind.

Anm. Bechtel, Hauptprobleme S. 265 leugnet *a* als Grundvocal, er ist der Ansicht, dass von den Kürzen wahrscheinlich nur *e* als Ausgangspunkt einer Reihe betrachtet werden kann; S. 236.

171. Auffallend ist, dass die *e*-Wurzeln alle übrigen an Zahl und Reichtum der Bildungen weit überwiegen. Dies Verhältnis legt die Vermutung nahe, dass die andern Ablautreihen doch nur Unterarten der *e*-Reihe sind, und so hat man denn auch versucht sie auf diese zurückzuführen; vgl. de Saussure

S. 135 f., Möller, PBb. 7, 492 f und speziell für die ē-Reihe Bremer, PBb. 11, 262 f. Für diese letztere, die sich in den Vocalen ē, ō, ă bewegt, ist die Construction einfach und ansprechend. In den Vocalen der Hochstufe ē und ō sei mit dem ursprünglichen e und o irgend ein Phonem verschmolzen, grade wie in den Diphthongen ei, eu, oi, ou mit e und o die Halbvocale i̯ und u̯ verschmolzen sind; und wie die ei̯- und eu̯-Wurzeln auf der Tiefstufe i̯ und u̯ als selbständige Vocale ĭ und ŭ zeigen, so sei in den ē-Wurzeln auf gleicher Stufe das unbekannte Phonem als Vocal ă übrig geblieben. Aber Sicherheit ist hier nicht erzielt. Vgl. die abweichende Auffassung Kluges, Grdr. § 23, 6 und die Einwürfe Bechtels S. 236 f.

Träfe die Hypothese, dass der ganze indogermanische Vocalismus auf die Grundlage einer Ablautreihe zurückzuführen sei, das Richtige, so würde daraus folgen, dass ursprünglich die Bedeutung der Rede allein auf den Consonanten beruhte. Nicht als ob die Rede nur aus Consonanten bestanden hätte — das ist nicht denkbar —; aber der tönende Hauch, der zwischen ihnen vernehmbar wurde, war form- und bedeutungslos; erst allmählich gestalteten sich unter verschiedenen Einflüssen aus dem unbestimmten Urvocal einzelne gesonderte Laute, die dann für die Worte ebenso charakteristisch und bedeutsam werden konnten, wie die Consonanten; vgl. die Erwägungen Benfeys bei Bechtel S. 91.

Anm. Formübertragungen haben die alten Ablautverhältnisse, wie sie sich unter der Herrschaft des Accentes entwickelt hatten, vielfach gestört. Innerhalb des Flexionssystemes ist der Ablaut lebendig geblieben im Verbum, im Nomen beseitigt. Über die Spuren ursprünglich stammabstufender Declination s. Flexionsl.

Vocale in betonten Silben.

Erstes Kapitel.

172. Indem wir uns zur Geschichte der Vocale innerhalb der germanischen Sprachen wenden, sondern wir die betonten Stammsilben von den Endsilben. Denn wenn auch ursprünglich dieselben Gesetze für die Endungen wie für die Stammsilben gegolten haben müssen, so werden die Wirkungen derselben in den Endungen doch früh durch Contractionen und Formübertragungen getrübt, so dass die Verhältnisse schwerer zu durchschauen sind. Und später, als der Accent im Germanischen auf der Stammsilbe fest gelegt war, stehen die Vocale der Endungen unter ganz andern Bedingungen, nehmen ihre eigentümliche Entwickelung und verlangen also gesonderte Betrachtung.

Die Vocale im Gotischen.

In mehreren Punkten wich schon der germanische Vocalismus von dem indogermanischen ab. Der Übergang von *o* zu *a* (§ 165), von *a*:*ō* (§ 170), von *ei* zu *ī* (§ 165), die Entwickelung von Vocalen aus *r̥*, *l̥*, *m̥*, *n̥* (§ 167) sind bereits erwähnt; ebenso die Vocalisierung von *i̯* und *u̯* (§ 165 f.) und die Dehnung, welche der Schwund des Nasals vor *h* veranlasst (§ 107). Über die Entstehung neuer *ē* und *ai*, die gleichfalls gemeingermanisch sind, s. § 189. 185.

An diesem Vocalsystem hat das Gotische, abgesehen von feineren Schattierungen der Aussprache, im allgemeinen festgehalten; stärkere Abweichungen sind namentlich bei idg. *e*, *i*, *u* eingetreten.

Idg. *e*, *i* > g. *i*, *ai*.

173. Idg. *e* und *i* sind im Gotischen unterschiedslos zusammengefallen. g. *i* gilt sowohl für idg. *i*, z. B. *fisks*, l. *piscis*, *widuwô* l. *vidua*, als für idg. *e*, z. B. *fill* l. *pellis*, *wigan* bewegen l. *vehere*, *niman* nehmen, gr. νέμειν. Vor *r* und *h* aber tritt, für beide Laute ein kurzes offenes *e* ein, das wie gr. ε in Fremdwörtern und Namen, durch *ai* (*aí*) bezeichnet wird; z. B. für idg. *e*: g. *airþa* Erde, vgl. ἔρ-αζε; *raihts* recht, l. *rectus*; für idg. *i*: *wair* Mann, l. *vir* (vgl. hd. *wëralt* Welt); *maihstus* Mist, vgl. l. *mingo*, gr. ὀμιχεῖν. Ausserdem findet sich g. *ai* = idg. *e* in der Perfect-Reduplication; z. B. *lai-lôt* liess, und in wenigen einzelnen Wörtern: *aiþþau* oder, ahd. *ëddo* (vgl. § 152c); *waila*, ahd. *wëla*, *wola* wohl. Br. § 20.

Dass die Sprache vor *r* und *h*, von ganz wenigen Ausnahmen abgesehen, kein *i* zulässt, muss in der Articulation dieser Consonanten begründet sein; warum *ai* in den andern Fällen erscheint, ist unerklärt. Man könnte nun annehmen, dass wo g. *ai* dem idg. *e* entspricht, der alte Laut unversehrt erhalten sei; das ist aber wenigstens vor *r* und *h* ganz unwahrscheinlich, weil hier auch idg. *i* in *ai* übergegangen ist. Vielmehr ist anzunehmen, dass im Gotischen auch vor *r* und *h* einst *i* für idg. *e* galt, und erst durch einen jüngeren Process das *e* wieder hergestellt wurde.

Germ. *u* > g. *u*, *au*.

174. Wie auf *i* wirkten *r* und *h* auch auf germ. *u*, gleichgültig ob es es einem idg. *u* entspricht, oder sich aus *r* entwickelt hat. Für *i* tritt offenes *e*, für *u* kurzes offenes *o* ein, das wie gr. ο in Fremdwörtern und Namen, durch *au* (*aú*) bezeichnet wird. Zu derselben Conjugation und Ablautreihe gehören einerseits *baug*, *bugum*, *bugans*, andererseits *tduh taúhum*, *taúhans*; und einerseits *band*, *bundum*, *bundans*, andererseits *warp*, *waúrpum*, *waúrpans*. Nur ganz ausnahmsweise und nicht völlig sicher steht *aú* auch vor andern Lauten, Br. § 24 A. 1.

Anm. 1. Über die wenigen Wörter, in denen g. *i*, *u* auch vor *r* und *h* steht s. Br. § 20 A. 1. § 24 A. 2.

Anm. 2. Die Bezeichnung des offnen *e* durch *ai* hatte ihr Vorbild im Griechischen, wo damals *ai* längst als einfacher *ä*-Laut gesprochen wurde. Das Zeichen *au* für offnes *o* mag der Gote dann nach der Analogie des *ai* gebildet haben, doch kann auch die Bedeutung des l. *au* = *o* eingewirkt haben. Bremer, PBb. 11, 52.

Germ. *eu* > g. *iu*.

175. In dem Diphthongen *eu* geht das *e* regelrecht in *i* über; z. B. g. *biudan* bieten, gr. πεύθεσθαι; g. *kiusan* kiesen, gr. γεύεσθαι. Doch scheint der Laut dem alten *eu* noch nahe gestanden zu haben, da die Lateiner in got. Namen ihn durch *eu* bezeichnen; z. B. *Theudes*, *Theudicodo*. Der zweite Bestandteil des Diphthongen erscheint immer als *u*, selbst vor *r* und *h*; z. B. *stiur* Stier, *tiuhan* ziehen. Die Lateiner schreiben auch *eo*: *Theodoricus*. Br. § 18 A. 1. Kluge, Grdr. § 25, 7. Wrede, Sprache der Wandalen. QF. 59, 100 f.

Zweites Kapitel.

Die Vocale im Hochdeutschen.

176. Die Laute, in denen das Gotische von der germanischen Grundlage abgewichen ist, sind im Hochdeutschen zum Teil treuer bewahrt. Aber dafür sind andere starke Änderungen eingetreten: der Übergang von *ê* zu *â*, die Monophthongierung von *ai* und *au*, die Diphthongierung von *ê* und *ô* und der Umlaut, so dass im ganzen das Gotische auch in den Vocalen viel altertümlicher ist als das Hochdeutsche. Wir betrachten zunächst die Laute, die schon im Got. geändert waren.

Idg. *e* > ahd. *ë**, *i*.

Die Grenze zwischen idg. *e* und *i*, die im Got. ganz aufgehoben ist, hat sich auch in den andern germanischen Sprachen verschoben, indem sowohl *e* zu *i*, als *i* zu *e* geworden ist. An der Neigung *e* in *i* zu wandeln, nehmen alle germanischen Sprachen teil, wenn sie auch keine so beherrscht wie das Gotische. Kluge, Grdr. § 25.

---

* Dieses Zeichens bedient man sich, wenn man das dem idg. *e* entsprechende ahd. *e* von dem jüngeren Umlauts-*e* unterscheiden will; über ältere Bezeichnungen s. Br. § 29 A. 2.

Im Hochdeutschen hat sich das *e* bis auf den heutigen Tag erhalten, wenn die folgende Silbe ein *e*, *a*, *o* enthielt, Vocale, denen *e* näher steht als *i*. So finden wir es in den *a*-Stämmen; z. B. g. *wigs*, ahd. *wëg* Weg; g. *sitls*, ahd. *sëzzal* Sitz; g. *ligrs*, ahd. *lëgar* Lager; g. *ibns*, ahd. *ëban* eben; in *ô*-Stämmen: g. *giba*, ahd. *gëba* Gabe; g. *bida*, ahd. *bëta* Bitte; in *ôn*-Stämmen: g. *qinô*, ahd. *quëna* Weib; in den meisten Präsensformen der st.V. 1: g. *giban*, ahd. *gëban*; g. *gibands*, ahd. *gëbanti*; g. *giband*, ahd. *gëbant*; g. *gibai*, ahd. *gëbe* etc.

Anm. So lange man *a*, *i*, *u* als die drei Grundvocale ansah, nahm man an, dass *ë* unter dem Einfluss eines folgenden *a* „durch Brechung" aus *i* entstanden sei. Die Ansicht ist aufgegeben, doch pflegt man den Ausdruck „gebrochenes *ë*" noch zu gebrauchen, um den Laut von dem Umlauts-*e* zu unterscheiden.

177. Nur unter gewissen Bedingungen ist *e* zu *i* geworden.

1. Vor Nasalverbindungen (Doppelnasal oder Nasal + Cons.) gilt *i* allgemein; auch in solchen Wörtern, in denen die folgende Silbe ein *a*, *e*, *o* enthält oder enthielt; z. B. g. *winds*, ahd. *wint*, l. *ventus*; g. *sinþs* Weg, ahd. *sind*; g. *duginnan*, ahd. *biginnan*; g. *bindan*, ahd. *bintan*; g. *drigkan*, ahd. *trinkan* u. a. Die Erscheinung ist nicht so aufzufassen, dass der Nasal nur die Wirkung von *e*, *a*, *o* paralysiert habe, vielmehr muss er den Lautwandel positiv befördert haben; denn gerade vor diesen Nasalverbindungen stellt sich das *i* am frühesten und in allen germanischen Sprachen ein (§ 178. A.) Das Alter der Lautentwickelung verbürgt unter anderm der Übertritt einiger st.V. aus der zweiten in die erste Ablautreihe und umgekehrt aus der ersten in die zweite; s. Flexionsl.

178. 2. Wie die Nasalverbindungen, so wirkt auch die Nachbarschaft der Laute *i* und *u* günstig auf die Entwickelung des *i*.

Der Diphthong *ei* erscheint von Anfang an und in allen germanischen Sprachen nur als *î*, später wirkt auch ein *i* oder *j* der folgenden Silbe. So haben *i* die *i*-Stämme; z. B. ahd. *gift* Gabe zu *gëban*; *nift* Nichte, l. *neptis*; dann zahlreiche Bildungen mit *j*-Suffix; z. B. st.M.: ahd. *hirti* Hirte, g. *hairdeis*, zu ahd. *hërta* Herde; collective Neutra: ahd. *fëld* : *gifildi*, *bërg* : *gibirgi*, *knëht* : *geknihti*. — Adjectiva: *mitti*, g. *midjis*, l. *medius*   Sw.V. 1. *rëht* : *rihten*; *fëll* : *fillen* geisseln, schinden. Ferner *wërt* : *wirdi* Würde; *gërsta* : *girstīn*; *ërda* : *irdīn*, *irdisc*; gr. ἔχινος: ahd. *igil*   Suffixale *l*, *r*, *n* hindern die Wirkung eines folgenden *j* nicht; z. B. *wëtar* Wetter : *giwitiri*; *sëdal* Sitz : *gisidili*; *thëgan* Held : *githigini*. So haben auch die st.V. 1 in der 2. 3. Sg. Präs. *i*: *gibis*, *gibit* zu *gëban*; die ursprünglichen Endungen waren -*esi*, -*eti*; vor dem auslautenden *i* ging zunächst das *e* der Endung, dann auch das der Stammsilbe in *i* über.

Anm. Zur Chronologie des Lautwandels s. Kluge, Grdr. § 26 (S. 357). Im ersten nachchristlichen Jahrh. hat sich noch *e* vor *i* gehalten: *Segimerus*, *Segimundus*, ahd. *Sigimār*, *Sigimunt*; dagegen schon *Ingaevones*.

179. 3. Einer späteren Zeit gehört der Übergang von *e* zu *i* vor einem *u* der folgenden Silbe an; z. B. ahd. *sibun*, l. *septem*, gr. ἑπτά. Brgm. I § 67 A. 4. Wir finden dieses *i* namentlich in der 1 Sg. Präs. der st.V. 1 *gibu* ich gebe : *gëban* und in den meisten *u*-Stämmen; z. B. *situ* Sitte, g. *sidus* : gr. ἔθος; *sigu* Sieg; *filu* viel; ferner mit Schwund des *u* (§ 257): *scilt* Schild, g. *skildus*; *quirn* Mühle, g. *qairnus*; *wirt*, g. *wairdus*; *widar* (mit Secundär-*a*), g. *wiþrus* Widder. Nur *fihu* zeigt häufig ein *e* im Stamm und *mëtu* Met ist die gewöhnliche Form neben *mitu*; einige seltnere Wörter führt Paul, PBb. 6, 80* an. Den *u*-Stämmen kam *i* in den Formen des Pluralis und im N. A. Sg. zu und O. flectiert mit regelrechtem Wechsel: *fihu*, *fëhes*, *fëhe*, *fihu*. Doch vermochte sich dieser Wechsel nicht zu halten, die besser gestützten Formen mit *i* trugen den Sieg davon.

Während *j* wie *i* wirkt, wirkt *w* nicht wie *u*; vgl. *mëlo*, *mël(a)wes* (St. *melua*-) Mehl; *zëso*, *zës(a)wēr* recht u. a. Ebenso gilt ursprünglich *ë* auch unmittelbar vor *w*: *cnëo*, *cnëwes*, *cnëwon* (St. *knewa*-Knie). Nur vor dem gedehnten *w* ist schon in den ältesten Quellen *i* eingetreten; z. B. *hriuua* Reue, *triuua* Treue, *bliuuan* schlagen, Br. § 30 A. 2. Die Entwickelung

---

* *fridu* und *mist* mit idg. *i* gehören nicht hierher.

des *i* hängt jedenfalls mit der Vocalisierung des *u* zusammen, die bei dem gedehnten *w* früher erfolgte als bei dem einfachen; § 125. — Auch das Pron. der 2 Pers. zeigt in alten Quellen *ë*: g. *izwis*, ahd. *ëu, ëuuih* neben *iu, iuuih*.

180. **Unregelmässigkeiten** erklären sich zum Teil leicht durch Systemzwang. Zu *wërt* gehört *wirdî*, aber zu *snël* wird ein Abstractum *snëllî* gebildet, indem das Grundwort den Vocal des abgeleiteten bestimmt. So braucht O. *ëbinî* zu *ëban*, *wësinî* zu *wësan* u. a. Br. § 30. A. 1. Zu *fëdara* wird ahd. *kafëdare* (alites, volatilia) gebildet; mhd. nach dem Muster anderer Collectiva *gefidere*; vgl. auch mhd. *geswister* neben ahd. *giswëster*. — Über *felis, felisa* Fels; *welih* neben g. *hileiks* s. § 197 A.

2. Ziemlich oft steht *e* vor *u*. In den Abstracten auf *-unga* wie *nëmunga, wërfunga, gërunga*, die erst spät zu einer kräftigen Sippe heranwachsen, liesse es sich durch die Beziehung auf das Grundwort erklären (Br. § 30c); aber nicht in Wörtern wie *ëbur, ërnust, nëbul* (daneben *nibulnisse, Nibelunc*), *suëhur* Schwäher (aber *suigar* Schwiegermutter) PBb. 6, 81. Wenn hier das *u* der Ableitung ebenso alt ist wie das *u* in der Flexion der *u*-Stämme, so muss man schliessen, dass jenes weniger wirksam gewesen ist als dieses, ein Verhältnis das nicht unbegreifbar wäre. Die Flexion mit ihren wechselnden Formen ist charakteristischer und bedeutsamer, in Folge dessen auch lebendiger im Bewusstsein des Sprechenden als die immer gleichen Ableitungssilben; vgl. § 212. *suigar* neben dem a-Stamm *suëhur* erklärt sich aus der alten Stammform *swegrū- (vgl. l. socrus). — Auffallend ist, dass die sw. Fem. *ë* haben; z. B. *quëna* Weib, *suëgala* Pfeife, da sie doch in den meisten Endungen -*û* haben; doch fragt sich, wie alt dieses *û* ist; im Got. ist die Endung -*ôn*. — Zu *mëto* darf man vielleicht neben dem *u*- einen *wa*-Stamm voraussetzen; (vgl. g. *skadus*, ahd. *scato, scatewes*). Wegen der zahlreichen Ausnahmen hatte man bezweifelt, ob *i* vor *u* überhaupt lautgesetzlich entwickelt und nicht vielmehr durch Formübertragung zu erklären sei; z. B. in der 1 Pers. *gibu* durch Einwirkung der 2. 3. P. *gibis*,

gibit (PBb. 6, 79. AfdA. 1, 102). Doch lässt sich diese Erklärungsweise nicht halten; vgl. PBb. 12, 548*.

3. Umgekehrt fällt in einigen Wörtern *i* auf: ahd. *stimna* Stimme (vgl. as. *stemnia*) steht neben *stëmna, stëbna*, g. *stibna*; *scirno* Possenreisser (zu *scërn* Spott) neben *scërno, hilfa* verhältnismässig selten neben *hëlfa*. Vielleicht bestanden jô-, jan-Stämme neben ô-, an-Stämmen. (Nhd. *Hülfe* geht auf ein älteres *hulfe* zurück, das im Md. öfters, ganz vereinzelt im Ahd. begegnet. Das *u* ist wohl nicht andere Ablautstufe, sondern jüngere durch *l* bewirkte mundartliche Färbung des Vocales). — Auffallend wäre *wiga* Wiege, wenn das Wort zu *wëgan* gehörte; es ist aber eine *ei*-Wurzel anzusetzen; s. Franck Wb. und PBb. 15, 299.

4. Übergang von *e* zu *i* zeigen auch Fremdwörter; einige noch in ahd. Zeit: l. *census*, ahd. *zins*; *menta*, ahd. *minza*; *cerasum*, ahd. *kirsa* Kirsche; *thesaurus*, ahd. *treso* und *triso*; hier mag das *e* von Anfang an sich mit dem deutschen *e* nicht gedeckt haben. Später kommen hinzu: mhd. *termen* und *tirmen*, l. terminare; nhd. *Mispel*, mhd. *mespel* und *mispel*, ahd. *mespila*, gr. μέσπιλον; nhd. *Ginster*, l. *genista*.

Anm. 1. Insofern der Übergang von *e* zu *i* durch ein *i* oder *j* der folgenden Silbe bedingt ist, kann man ihn als Assimilation ansehen, als ersten Schritt des *i*-Umlautes; von Borries, das erste Stadium des *i*-Umlautes. Strassb. 1887. Da der Lautwandel aber nicht auf diesen Fall beschränkt ist, muss man für die ältere Zeit die Neigung, überhaupt die Aussprache des *e* zu erhöhen, voraussetzen, eine Neigung, die im Gotischen bis zum Extrem getrieben ist. Später dagegen war im Hochdeutschen *ë* ohne Zweifel ein offner Laut; § 197. Diese offene Aussprache war vielleicht eine Wirkung der Vocale *a, o, e*, vor denen allein sich *ë* behauptet hat; vielleicht aber hängt die Änderung auch mit dem Übergang von *ê* zu *â* zusammen (§ 188); beide Vorgänge zeigen die Neigung, den Vocal tiefer zu stimmen. Die erhöhte Aussprache der älteren Zeit liesse sich umgekehrt mit dem gemeingerm. Übergang von *o* zu *a* vergleichen.

Anm. 2. Über *ie* < *i*, *e* s. § 189 A.

Anm. 3. *o* ist für *e* eingetreten unter dem Einfluss eines vor-

---

* Das *ë* vor Ableitungssilben mit *u* findet seine Erklärung durch Kögels Bemerkung (PBb. 16, 501), dass der Übergang von *i* unterbleibt, wenn auf die Ableitungssilbe *a, ô, ê* folgt oder folgte. Vermutlich hatte dieses *u* einen besonderen Klang; vgl. § 184 über die beiden oberdeutschen *iu*.

angehenden *w* in *Woche*, g. *wikô* ahd. *wĕcha*, (*wohha*), mhd. *woche* (ndrrh. auch *wĕche*); *wohl*, g. *waila*, ahd. *wĕla*, *wola*, mhd. *wole*; vgl. Whd. § 44. Durch Assimilation ist *o* entstanden in *oder*, g. *aippau*, ahd. *ĕddo*, *ĕdo*, *odo*; mhd. *odę*, *oder*. — Vgl. ferner g. *nih* = l. *neque* : ahd. *noh*. — Über das *o* in *kommen* und *wollen* s. Flexionsl.; über *ko*, *ku* = *quĕ*, *qui* § 119; über jüngere Entartungen des Lautes s. § 223. 230, 2.

Anm. 4. Über *ĕ* > *i* in unbetonten Silben s. § 258.

Idg. *î* > hd. *ĕ*.

181. Während die Bedingungen, unter denen idg. *e* zu *i* wurde, klar liegen, ist der entgegengesetzte Übergang von idg. *i* zu *ĕ* noch nicht aufgehellt. Man pflegt anzunehmen, dass er bereits im Urgermanischen begonnen habe und dann in den Einzelsprachen auf verschiedene Weise weiter geführt sei, aber der Verlauf der Bewegung und die Umstände, welche sie geregelt haben, sind noch dunkel. Heinzel, Niederfr. Geschäftssprache S. 46. Zimmer, AfdA. 1, 99. Paul, PBb. 6, 82 f. Brgm. I, § 35. Kluge, Grdr. § 25, 2.

Paul hat es gewagt die Regel aufzustellen, dass im Ahd. der Übergang von *i* zu *ĕ* durch ein *a*, *e*, *o* der folgenden Silbe bewirkt wurde, wofern diese Laute auf der überlieferten Sprachstufe noch erhalten sind. Aber selbst wenn man zahlreiche und an und für sich unwahrscheinliche Formübertragungen annimmt, gelingt es nicht die Thatsachen aus dieser Regel zu erklären. Die Part. der st. V. 2 haben stets *i* (*gistigan*, *gitriban*), obwohl die Endung *-an* ist. Paul meint, unter dem Einfluss der andern Verbalformen; aber warum sollte gerade hier die gesetzliche Lautentwickelung consequent durch Formübertragung beseitigt sein, da wir doch sonst im st. V. die Vocale in lebendigster Bewegung sehen? Von dem Pron. *er, sie, es* lautet bei O. der N. Sg. Masc. *ĕr* (g. *is*), der G. Sg. *ĕs* (g. *is*), dagegen der N. Sg. Neutr. *iz* (g. *ita*), und ebenso *imo, inan, ira, iro*, also überall *i*, wo man nach der Regel *ĕ* erwartet.

Bildungen, welche, soweit wir sehen können, ganz gleichartig sind, erscheinen bald mit *ĕ*, bald mit *i*. Zu *stîgan* steigen gehört *stĕc* M. und *stĕga* F., zu *snîdan* schneiden *snit* Pl. *snita* M., *snita* F., zu *blîchan* glänzen gehört *blĕh* N. Blech (an. *blik*), zu ags. *hlidan* schliessen *lit* N. Deckel (Augenlied). *ĕ* zeigen

§ 181.] Hochdeutscher Vocalismus. Idg. *i* = hd. *ë*. 163

ferner *wër* Mann (l. *vir*), *nëst* (vgl. l. *nidus*), *klëb* N. Klippe
(ags. an. *clif*), *wëhha* Woche (g. *wikô*, an. *vika*), *wëhsal* M. N.
Wechsel (vgl. l. *vices*), *lëbara* Leber (ags. *lifer*), *quëck* lebendig (g. *qius*, l. vivus), *slëffar* schlüpfrig (vgl. an. *sleipr*,
mhd. *sleif*) u. e. a.; *i* haben *danatrib* (repudium, zu *triban*),
gasig M. N. Sumpf zu *sîgan*, *bettiriso* der Gichtbrüchige zu
risan fallen, *slito* M., *slita* F. zu ags. *slîdan* gleiten, *riga*
Reihe zu *rîhan*, *hlina* die Lehne, *wizzôd* das Gesetz, *blick*
Blitz, *fisk* Fisch, *ziga* Ziege, *wisa* Wiese, *bittar* bitter (g.
baitrs) u. a. Auch die Adverbia *nidar* und *widar* (g. *wiþra*).
Das st.V. *stëchen*, ahd. *stëchan* ist aus einer *ei*-Wurzel erwachsen, vgl. gr. στίζω, l. *in-stigo*; ebenso ahd. *stëccho* Stecken,
ags. *sticca* und ahd. *stecchên* festsitzen, die vielleicht mit *stëchan*
nicht unmittelbar verwandt sind; s. Franck, Wb. s. v. *steken*.

Von den sw.V. 2 haben *i*: *gafridôn*, *lidôn* caedere, *smidôn*, *spilôn*, *zilôn*, *sitôn* machinari, wie die Subst. *fridu*, *lid*,
smid, *spil*, *zil*, *situ*: aber *giliberôt* (geronnen) steht neben
lëbara. *i* gilt auch in *zittarôn* zittern und *scidôn* unterscheiden (zu *sceidan*), *ë* dagegen in *lëccôn* lecken (vgl. g. *laigôn*,
gr. λείχω, l. *lingo*). Neben mhd. *slicken*, *slichen* schlemmen, *slic*,
slich der Schlemmer (vgl. an. *sleikja*) tritt mhd. *slëcken*, *slëc*.

Sw.V. 3: *ë* gilt in *suëbên* schweben (vgl. an. *svifa*, ahd.
sweibôn), *klëbên* kleben (zu *kliban* kleiben); in andern dringt
es erst später durch. Neben *lëbên* steht noch *libên* (an. *lifa*);
lërnên ist im Ahd. gewöhnlich *lirnên* (*lërnên* O. T.); lehnen,
mhd. *lënen*, ahd. *linên* (vgl. gr. κλίνω); gähnen mhd. *gënen*
und *ginen* (*geinen*), ahd. *ginên* (*geinôn*); *bëben* mhd. *biben*,
ahd. *bibên* (an. *bifa*).

Doppelformen zeigen namentlich *scif* und *scëf* Schiff;
scirm und *scërm* Schirm; *lëdic* und *lidic* ledig; zu *wizan*
lautet das Prät. oberd. *wissa*, *wista*, frk. *wëssa*, *wësta*. So
braucht T. auch *giwësso* für *giwisso*, *mëssa-*, *mësse-* für *missa-*.
Br. § 31 A. 1—3.

In Fremdwörtern ist *i* in der Regel beibehalten·
z. B. *tihtôn*, l. *dictare*, *tisc*, l. *discus*, *phister* Bäcker, l. *pistor*·
circôn, *umbicirc* u. a. Einige haben *ë* angenommen: *bëch* Pech
l. *pix*; *bëhhar(i)*, vulgärlat. *bicarium*; *pfëffar*, l. *piper*; *sëgan*,

l. *signum*; *mëssa* oder *missa* Messe, l. *miṣṣa*, frz. *messe*; ahd. *minig*, mhd. *minig, menig,* Mennig, l. *minium.* Whd. § 40. PBb. 6, 84.

Anm. 1. In seiner Qualität steht das *ë* = idg. *i* dem *ë* = idg. *e* ganz gleich; es ist ein offner Laut und wird daher wie dieses durch *ë* bezeichnet. In einer früheren Zeit aber muss es, da es aus *i* hervorgegangen ist, geschlossenes *e* gewesen sein; die Änderung in der Aussprache mag in derselben Zeit eingetreten sein, in welcher sich für *e* > idg. *e* die offne Aussprache festsetzte und hd. *â* für germ. *ê* eintrat (§ 180 A. 1). Mit dieser Neigung zu tiefer Aussprache hängt denn zum Teil auch wohl der Übergang von *i* zu *e* zusammen. Jedenfalls scheint die Annahme ausgeschlossen, dass, so lange die Neigung herrschte, die Aussprache des *e* zu erhöhen, sich auch die entgegengesetzte *i* in *e* zu wandeln geltend gemacht habe. Der Übertritt von *i* zu *e* müsste also, soweit nicht etwa äussere Einflüsse die Natur des Lautes änderten, früher oder später erfolgt sein.

Anm. 2. Unregelmässig stehen gegenüber g. *iba, ibai,* ahd. *ibu* : ahd. *oba,* mhd. *obe.* — Über *ie* = *i* s. § 189 A.

Germ. *u* > hd. *u, o.*

182. 1. Während im Gotischen der Übertritt von *u* zu *o* von dem folgenden Consonanten, hängt er im Hochdeutschen von dem Vocal der folgenden Silbe ab. *o* gilt, wenn diese *a, e, o* enthält und die Stammsilbe nicht etwa durch Nasalverbindungen geschützt ist, *u* gilt, wenn die folgende Silbe *i* oder *u* enthält oder der Stamm auf eine Nasalverbindung ausgeht. Also unter denselben Bedingungen, unter denen germ. *e* sich zu *i* verändert, hat *u* sich gehalten, und wo germ. *e* sich gehalten hat, verändert sich *u* in *o*. Deutliche Beispiele bieten die Perfectformen der st. V. 1c und 3. Dem got. *budum* wir boten, *budi* er böte entspricht ahd. *butum, buti* mit demselben Vocal, dagegen dem Part. g. *budans*: ahd. *gibotan*; ebenso g. *hulpum, hulpi* : ahd. *hulfum, hulfi*; aber g. *hulpans* : ahd. *giholfan.* Nur zufällig treffen Got. und Ahd. in dem *o* zusammen; z. B. g. *waurpans,* ahd. *giworfan*; g. *tauhans,* ahd. *gizogan.* — Der Regel gemäss herrscht das *o* auch in allen *a-, an-, ô-, ôn*-Stämmen, sowie in den sw. V. 2. 3. z. B. St. M. g. *wulfs,* Wolf; g. *fugls,* Vogel. — St. N. g. *huzd,* Hort; g. *juk,* Joch. — St. F. g. *mulda* Staub, ahd. *molta* (dazu mhd. *moltworf,* Luther *maulworff,* jetzt *Maulwurf*). — Sw. M.

g. *guma* Mann, ahd. *gomo* (dazu *brûtigomo* Bräutigam); g. *fula* (pullus), ahd. *folo* Fohlen. — Sw.F. g. *fullô* (supplementum), ahd. *volla*; g. *fauho* (vulpes), mhd. *vohe*. — Adject. g. *fulls*, voll; g. *hulþs*, hold. Sw.V. 3 g. *þulan*, ahd. *dolên*. Dass die schwachen Fem. in den meisten Casus *û* haben, hindert die Brechung nicht; ebenso wenig ein *w*; z. B. *horo, horwes* Kot; vgl. § 179 und § 180, 2. Dagegen vor gedecktem Nasal steht in den gleichen Fällen *u*; z. B. *hunds* Hund; g. *brunna* Brunnen; g. *tuggô* Zunge; g. *sunna* und *sunnô*, ahd. *sunno* und *sunna* Sonne; g. *dumbs* dumm; g. *juggs* jung.

2. Die Regel bedingt nicht selten einen Wechsel des Vocales zwischen einfachem und abgeleitetem Worte; z. B. *hold : huldî; wort : antwurti* st.N.; *horsg* hurtig : *hursgida; vogal : gifugili; foll : fullî* Fülle, *fulljan* füllen; *durri* dürr : *dorrên* verdorren. Doch haben Analogiebildungen zuweilen das regelrechte Verhältnis gestört oder wieder aufgehoben. So bildet O. zu *foll* das Abstractum *follî* statt des sonst gebräuchlichen *fullî* Fülle; vgl. ferner ahd. *holz, gihulzi, hulzîn* : nhd. Gehölz, hölzern; ahd. *wolla, wullîn* : nhd. wollen; *gold guldîn* : nhd. golden (daneben noch *gülden* und ohne Umlaut *Gulden*); ahd. *wort, antwurti* : nhd. Antwort; mhd. *mort, murden* : nhd. morden; ahd. *fordoro, furdrjan* : nhd. fördern u. a. Auch mhd. *fürhten, forhte* (st.F.) : nhd. Furcht.

Anm. 1. Ausnahmen. Die Präterito-Präsentia ahd. *onda* ich gönnte, *konda* ich konnte, die *o* vor gedecktem Nasal haben, erklärt man gewöhnlich (abweichend Behaghel Germ. 31, 382 A.) als Analogiebildungen zu *mohta, scolta, torsta, tohta, dorfta*; aber auch in diesen ist *o* auffallend, weil *o* von rechtswegen nur dem Sg. zukommt, nicht dem Pl. und dem Opt. Dasselbe Verhältnis ursprünglich in *furhten, forhta; wurken, worhta*. — *dorn* hat *o*, obwohl es im Got. *u*-Stamm ist (g. *þaurnus*; vgl. ë in *u*-Stämmen, § 179); neben ahd. *truhtin* steht *trohtin* (*trahtin, trehtin*). — Umgekehrt fällt in andern Worten *u* auf: ahd. *sculta*, mhd. *schulde* neben ahd. *scult* (*i*-St.); *wurzela* (PBb. 12, 378) Wurzel, neben *wurz* (*i*-St.) und *wurza* (*jô*-St. vgl. as. *wurtea*); zu ahd. *fruma* st.F. Vorteil, *frumo* sw.M. (auctor) vgl. *frumi*- im ersten Teil von Compositis; ferner ahd. *sumar*, mhd. *sumer* Sommer; ahd. mhd. *drum* st.N. (dazu nhd. *Trümmer*); ahd. *trucchan* (selten *trockan*), trocken; ahd. *ubar* über und die Fremdwörter *kupfar, krusta, kurz*; s. Paul PBb. 12, 549.

Anm. 2. Vereinzelt *uo* = *o, u*; s. Br. § 32 A. 6. PBb. 11, 308.

Idg. *eu* > ahd. *iu, io.*

183. Die alte Form des Diphthongen, die in gotischen Schriften nicht begegnet, ist anderwärts durch ältere und jüngere Zeugnisse belegt und findet sich auch im Hochdeutschen. Gr. 1,³ 108. Dann spaltet sich der Laut, indem unter gewissen Bedingungen *u* in *o*, *e* in *i* übergeht. Kluge, Grdr. § 25, 7. In fränkischen Namen des 6.—7. Jahrh. werden *eu* und *eo* ohne consequente Unterscheidung gebraucht; im 8. Jahrh. stellt sich ein geregelter Wechsel zwischen *iu* und *eo* ein; wo der zweite Bestandteil des Diphthongen erhalten ist, gilt *i*, wo er in *o* übergeht, behauptet sich *e*. Br. § 47 A. 1. Erst 100 Jahre später geht auch vor *o e* in *i* über.

iu dauert, wenigstens in der Schrift, bis ins Mhd. (§ 213), wandelbarer ist *io*. Es herrscht noch im 10. Jahrh.; daneben aber erscheint, zum Teil unter dem Einfluss eines *e* der folgenden Silbe, *ie*, auf beschränktem Gebiet (O.) auch *ia*. *ie* ist seit dem 11. Jahrh. die gemeingültige Form, die sich bis in das Mhd. hält. Br. § 48 A. 1. 2. Behaghel, Grdr. § 41, 3.

Die Bedingungen, unter denen die Brechung des alten Diphthongen eintritt, sind dieselben unter denen das einfache *u* zu *o* wird, also vor *e, o, a* der folgenden Silbe. Das deutlichste Beispiel geben die Präsensformen der st.V. 3; der Sg. Prs. hat *iu*: *biutu, biutis, biutit*; der Pl. *io*: *biotam, biotat, biotant*; ebenso der Opt. *biote* etc.; der Inf. *biotan*, das Part. *biotanti*. Ebenso tritt die Brechung in den *a-, an- ô-, ôn*-Stämmen ein; z. B. g. *þiubs*, ahd. *diob* Dieb, aber *diuba* (d. i. *diubja*) Diebstahl; g. *liuhaþ*, ahd. *lioht* Licht, aber g. *liuhtjan*, ahd. *liuhten* leuchten; g. *þiuda*, ahd. *diota* Volk, aber g. *þiudisks*, (paganus), ahd. *diutisc* deutsch; g. *diups*, ahd. *tiof* tief, aber g. *diupei, ahd. *tiufî* Tiefe (st. Teufe); g. *siuks*, ahd. *sioh*, siech, aber g. *siukei*, ahd. *siuhhî*, Seuche.

184. Diese consequente Durchführung zeigt die Regel jedoch zunächst nur im Fränkischen; in dem gesammten Oberdeutschen des 8. und 9. Jahrh. tritt die Brechung nur vor dentalen Consonanten und vor germ. *h* ein; vor *b, p, f, m* und *g, k, hh* erscheint ohne Rücksicht auf den folgenden Vocal immer *iu*; Braune, PBb. 4, 457 f.; also *liub, diub, sliufan*,

§184.] Hochdeutscher Vocalismus. Idg. *eu* = hd. *iu, io, ie.* 167

riumo, biugan, siuh u. a. Auch der Südfranke O. zeigt Spuren dieses Gebrauches, indem er einige mal *liub* und immer *liublich* schreibt. Die Erhaltung des *u* vor den labialen und gutturalen Lauten erklärt sich leicht aus ihrem gegenseitigen Verhältnisse; den Lippenlauten steht das *u* durch die Lippenarticulation, den Gaumenlauten durch die Lage der Zunge (vgl. § 115 A.) nahe; die innere Verwandtschaft der Laute gewährte also dem zweiten Bestandteile des Diphthongen Schutz; nur germ. *h* war schon zu schwach ihn zu gewähren. — Merkwürdig aber ist, dass seit dem 10. Jahrh. auch oberdeutsche Dialekte dieselbe Sonderung des gebrochenen und ungebrochenen Diphthongen annehmen, die wir im Fränkischen von Anfang an gewahren. Es heisst jetzt *liut* (*i*-Stamm, Volk) aber *diep* (*a*-Stamm), und die st.V. 3 flectieren nunmehr: *biuge, biugest, biuget, biegen, bieget, biegent.* Die Scheidung von *iu* und *io* (*ie*) beruhte auf der Verschiedenheit der Vocale in den Endungen; wie konnten die oberdeutschen Mundarten zu einer Zeit, als die Vocale der Endungen nicht mehr intact waren, die Grenze so genau wiederfinden, dass nur wenige Ausnahmen nachzuweisen sind? PBb. 4, 566. Den Zustand aus Analogiewirkungen und Systemzwang zu erklären, will nicht gelingen; noch weniger ist an Einfluss einer fränkischen Schriftsprache zu denken; es bleibt nur die Annahme übrig, dass der durch *iu* bezeichnete Laut selbst die Möglichkeit der etymologisch richtigen Scheidung gegeben habe; das oberdeutsche *iu* vor Gutturalen und Labialen muss verschieden gesprochen sein, je nachdem in der folgenden Silbe ursprünglich *i* und *u* oder *e, o, a* gestanden hatten. Über die Zusammenziehung des *iu* zu *û* und *û* s. § 213.

Anm. 1. Ausgeschlossen von der Brechung ist das *iu*, welches sich in der Verbindung eines idg. *e* mit geschärftem *w* ergiebt; z. B. *triuwa, riuwa.* § 179.

Anm. 2. In einigen Wörtern beruhen die ahd. *iu, io* nicht auf idg. *eu*: *fiur* Feuer, in älterer Form *fuir*; Br. § 49 A. 3. Schmidt, Voc. 2, 275. 278. *friunt* Freund. g. *frijônds.* — *fior* vier, g. *fidwôr.* Kluge, Grdr. § 30, 4. — In den Praeterita der ursprünglich reduplicierenden Verba, welche *ô* oder *au* im Inf. haben, wechseln im Oberdeutschen *iu* und *io* nach derselben Regel, die für den echten Diphthongen gilt, also *steoz, stioz,* aber *liuf.* Über *io* = *êo* s. § 186.

Germ. *ai, au* > hd. *ei, ou*.

185. 1. Die germanischen Diphthonge *ai* und *au* beruhen in der Regel auf idg. *oi̯* und *oṷ* §. 165. 170.; aber auch aus der Verbindung von idg. *a, ā, ē, ō* mit *i̯* und *u̯* konnten sie erwachsen (Bremer, PBb. 11, 40. Brgm. I, § 144. 179), und die Zahl der *ai* ist vielleicht durch einige Fälle von *i*-Epenthese vermehrt (Kluge, Grdr. § 25, 3). Aber soweit diese Laute Diphthonge geblieben sind, fallen sie in den germ. Sprachen mit den andern zusammen.

Anm. 1. Die 'Langdiphthongen' sind zuletzt eingehend behandelt von Bechtel, Hauptprobleme S. 271 f. und von Streitberg, Zur germ. Sprachgeschichte (Strassburg 1892).

2. Im Gotischen werden die Diphthonge durch *ai* und *au* bezeichnet; wie sie gesprochen wurden, ist eine viel umstrittene Frage. Fest steht durch die Vergleichung der verwandten Sprachen und Mundarten, dass die Zeichen *ai* und *au* sowohl für etymologisch kurze als lange Vocale gebraucht wurden. Die kurzen *ai* und *au* darf man als offene *e* und *o* auffassen, denn der Gote braucht sie für gr. ε und ο (§ 173 f.). Die langen *ai* und *au* müssen doppelter Art sein; denn in manchen Stämmen gehen sie vor vocalisch anlautender Nachsilbe in *aj* und *aw* über (§ 116. 126), in andern bleiben sie erhalten, z. B. *saian* säen, *staua* Gericht, *stauida* richtete (zu *stôjan* Br. § 22. 26). Für die ersteren hat man jedenfalls diphthongische Aussprache vorauszusetzen, da der Übergang der *i* und *u* in consonantische Laute die Selbständigkeit des zweiten Elementes bekundet; die andern hingegen, in denen diese Selbständigkeit nicht hervortritt, hat man vermutlich als einfache Vocale anzusehen, die nur durch die Quantität, nicht aber durch die Qualität von den kurzen *ai* und *au* unterschieden waren. Wir haben hiernach drei verschiedene Werte für g. *ai* und *au*: 1. kurze offene *e* und *o*; 2. lange offene *e* und *o*; 3. Diphthonge. Da nun nicht anzunehmen ist, dass der Gote ganz verschiedene Laute auf dieselbe Weise bezeichnet habe, so ist zu vermuten, dass seine Diphthonge dem offnen *e* und *o* sehr nahe standen, etwa wie *äi* und *ou* klangen mit überwiegendem ersten Bestandteil.

Anm. 2. Wie weit in consonantisch auslautenden Stämmen, in denen ein Wechsel zwischen *ai* und *aj*, *au* und *aw* nicht hervortreten kann, Diphthonge oder einfache Vocale gesprochen wurden, ist aus dem Gotischen nicht mehr zu erkennen. Dass aber diphthongische Aussprache dem Goten nicht fremd war, ist daraus zu schliessen, dass lateinische Schriftsteller g. *ai, au* durch Doppelzeichen wiedergeben, z. B. *Dagalaiphus, Gisaleicus, Audericus*. Bremer, PBb. 11, 51 f. sucht freilich diesen Grund zu entkräften.

3. Im Hochdeutschen finden wir zuerst auch die Zeichen *ai* und *au* in Gebrauch. Aber schon gegen Ende des 8. Jahrh. ersetzte man *ai* durch *ei* (Br. § 44 A. 2), im 9. Jahrh. *au* durch *ou* (Br. § 46 A. 1); es trat also im Hd. eine ähnliche Aussprache ein, wie wir sie für das Gotische vermuten; der erste Bestandteil des Diphthongen näherte sich dem zweiten. In dieser Form halten sich beide Laute bis ins Mhd.; s. § 216.

186. Zusammenziehung der Diphthonge. Unter gewissen Bedingungen aber ging schon im Ahd. die Entwickelung weiter; auch der zweite Bestandteil näherte sich dem ersten, die einfachen langen Vocale *ê* und *ô* traten an die Stelle von *ai* und *au*. Die vorbereitende Stufe bezeichnen *ae* und *ao*, die in den ältesten Denkmälern noch öfters gebraucht werden. Br. § 43 A. 1. § 45 A. 1. 2.

1. *ai* erfährt die Zusammenziehung bereits im 7. Jahrh. und zwar im Auslaut und vor *r, w,* und germ. *h*; z. B. g. *sai*, ahd. *sê* siehe; g. *wai*, ahd. *wê*; g. *aihts*, ahd. *êht* Besitz; g. *sair*, ahd. *sêr* Schmerz; g. *aiz*, ahd. *êr* Erz; g. *saiws*, ahd. *sê(o)*, *sêwes* See. Vor allen andern Consonanten hält sich der Diphthong bis heute; z. B. g. *hails heil*, g. *stains Stein*, g. *haims Dorf*, vgl. *heim*; g. *hlaifs Laib*; g. *aips Eid*, g. *braids breit*; g. *taikns Zeichen*. Da die Contraction auch im Auslaut eintrat, so muss die Neigung zur Monophthongierung, d. h. zu schlaffer Articulation des *i* in dem Laute selbst gelegen haben, warum sie aber nur vor *r, h, w* durchdrang, ist dunkel. Dass *r* und *h* im Gotischen kein *i* vor sich dulden, hat keinen Zusammenhang, denn der Diphthong *ai* wird ja im Gotischen durch diese Abneigung nicht berührt.

Der neu entstandene Laut war zunächst wohl offnes *ê*, das aber früh in geschlossenes *ê* überging; am frühesten in den unbetonten Pronominalformen *dê* die (g. *þai*) und *dêm* den (g. *þaim*), wenn die Formen *dea, deam, die, diem* auf lautlicher Entwickelung beruhen; s. § 189. — Auch in den wenig betonten Partikeln *êo* (g. *aiw*) immer, *hwêo* wie (vgl. g. *ƕaiwa*) entwickelte sich der Laut weiter, indem *ê* verkürzt und dann die Verbindung *eo* wie der alte Diphthong *eo* behandelt wurde (§ 184 A.): *io, wio*. Genaueres bei Br. § 48 A. 4. Behaghel, Grdr. § 41, 3.

Anm. 1. Über das auslautende *ei* in *ei, zwei, screi* s. § 132; wo das *i* auf gedehntem *j* beruhte, widerstand es der Assimilation.

Anm. 2. Unregelmässiges *ê* für *ei* findet sich im Ahd. nicht selten, ist aber meistens als Nachlässigkeit der Schreiber anzusehen; Br. § 44 A. 4. Anders muss es in *zwêne, bêde* (neben *beide*), *wênag* begründet sein. In den Zahlwörtern erklärt es sich durch den Einfluss einsilbiger *zwê, bê*, die man nach g. *twai, bai* auch für das Hd. vermuten darf. *wênag* g. *wainags* aber ist abgeleitet von der Interjection g. *wai*, ahd. *wê*, und da die Bedeutung des Adj. noch im Ahd. bejammernswert, unglücklich ist, begreift man, dass der Zusammenhang im Sprachbewusstsein lebendig blieb und die Ableitung dem Grundwort folgte. Sievers PBb. 10, 495 A. Collitz, BB. 17, 30 f. Im D. Pl. *dêm* g. *þaim* erklärt sich *ê* durch den geringen Ton des Wortes; s. § 262.

Anm. 3. Wie *ê* < *ai* zunächst auf *ae* zurückzuführen ist, so ist es auch in *gên* und *stên* aus *ae* entstanden s. Fl. Über das problematische mhd. *dêr* = *daz er* s. Paul, PBb. 1. 358 A.

187. 2. Ein weiteres Gebiet als *ê* für *ai* hat *ô* für *au* gewonnen, obowohl die Zusammenziehung etwas später, im 8. Jahrh., erfolgt. Br. § 45 A. 1. Sie gilt im Auslaut, vor germ. *h* und allen Dentalen (*d, t, z, s, n, l, r*); z. B. g. *faus*, ahd. *fô* wenig; g. *hauhs*, ahd. *hôh*; g. *dauþus*, ahd. *tôd*; g. *rauds*, ahd. *rôt*; g. *hlauts*, ahd. (*h*)*lôz* Loos; g. *kaus* (zu *kiusan* wählen), ahd. *kôs*; g. *raus*, ahd. *rôr* Rohr; g. *laun*, ahd. *lôn*. Die Übergangsform *ao* findet sich namentlich in bairischen Denkmälern, gar nicht in fränkischen. — Der Diphthong hält sich nur vor Lippen- und Gaumenlauten ausser germ. *h*; z. B. g. *galaubjan* glauben; *daupjan* taufen; *augo* Auge; *auk* (denn) auch. Warum die Neigung, den Diphthongen zusammenzuziehen vor diesen Lauten nicht durchdrang, erklärt sich aus ihrer oben (§ 184) näher bezeichneten Beschaffenheit. Dass aber im ganzen *ai* seltener contrahiert ist als *au*, entspricht der Behandlung der einfachen Vocale *i* und *u*; auch das einfache *u* ist zum Übergang in *o* viel mehr geneigt, als *i* zu dem in *e*.

Anm. 1. Über das auslautende *ou* in *tou* Thau und den Prät. *kou* zu *kiuwan*, *blou* zu *bliuwan* s. § 125; das auf gedehntem *w* beruhende *u* widerstand der Assimilation.

Anm. 2. Über vereinzelte ahd. *uo* für *ô* s. Br. 45 A. 5; über unregelmässiges *ô* für *ou* Br. § 46 A. 3.

Anm. 3. Mundartlich greift später die Monophthongierung von *ei* und *ou* weiter um sich, namentlich im Md. Whd. § 96. 98. 109. 112. Behaghel, Grdr. § 39. 40.

Anm. 4. Die Aussprache der neu entstandenen *ê* und *ô* war zunächst wohl offen (Behaghel a. O.), doch stand, da die geschlossenen *ê* und *ô* durch Diphthongierung beseitigt wurden, ihrer Entwickelung zu geschlossenen Lauten nichts im Wege.

Idg. *ē*, g. *ê* > hd. *â*.

188. *â* war im Germanischen ein seltner Laut; denn idg. *â* war zu *ô* geworden und ein neues *â* hatte sich nur durch Schwund des Nasals in der Lautverbindung *anh* ergeben (§ 107); z. B. g. *þâhta* dachte, *hâhan* hangen. Auf diesem Standpunkt steht das Gotische; in den andern germanischen Sprachen trat eine starke Vermehrung der *â* ein, indem idg. *ê*, gleichgültig, welchen Ursprung es hatte, zu *â* wurde; z. B. g. *sêþs*, ahd. *sât* Saat; g. *rêdan*, ahd. *râtan*; g. *mêna*, ahd. *mâno* Mond. Die ältesten deutschen Namen, die uns fremde Schriftsteller erhalten haben, zeigen noch *ê* wie im Gotischen. Die Schwaben heissen bei Caesar und Tacitus *Suebi*; aber im 4. Jahrh. beginnen, in Oberdeutschland zuerst, die Zeugnisse für deutsches *â*. Die Sueben, die sich auf der pyrenäischen Halbinsel niederliessen, brachten den Laut schon aus ihrer Heimat mit. Im Fränkischen vollzieht sich der Übergang seit dem 6. Jahrh.; die Weissenburger Urkunden zeigen vom Jahre 693 an nur *â*, die Fuldischen seit 740, die Lorscher seit dem Ende des 8. Jahrh. und weiter erstreckt sich dann die Bewegung auf das Niederrheinische und

Niederdeutschland. Im Heliand finden sich vielleicht noch Reste des *ê* (Zweifel hegt Franck), dagegen in unseren ältesten hochdeutschen Denkmälern ist der Lautwandel vollständig durchgedrungen. Bremer, PBb. 11, 1—76. Kluge, Grdr. § 30,1.

Was die Aussprache betrifft, so muss man aus dem Übergang in *â* für das germ. *ê* auf offne Aussprache schliessen, während got. *ê* ein dem *i* nahe liegender Laut war; daran lassen schon Buchstabenverwechselungen in den Hss. der gotischen Bibel keinen Zweifel, seit dem 6. Jahrh. ging der Laut geradezu in *i* über; Br. § 6 Anm. 2. Dem ahd. *Diotmâr* (der Volksberühmte) steht ein jüngeres got. *Thiudimir* gegenüber. — Das hd. *â* muss zunächst einen hellen Klang gehabt haben, ging aber später vielfach in einen dumpfen, dem *ô* nahe stehenden Laut über; s. § 228.

Anm. In der erhöhten Aussprache des got. *ê* nimmt man dieselbe Neigung war, welche in diesem Dialekt idg. e ganz allgemein in *i* übergehen liess, nur dass sie dem langen Vocal gegenüber erst später durchdrang. Anderseits steht im Hd. dem Übergang von *ê* zu *â* die offne Aussprache des idg. e und der Übergang von *i* zu e zur Seite. § 180 A. 181 A. 1.

Diphthongierung von *ê* und *ô*.

189. *ê* > *ia*, *ie*. Neben dem idg. *ê* besassen die germanischen Sprachen noch einen jüngeren e-Laut, der zwar nicht im Gotischen, wohl aber in den andern Mundarten von jenem zu unterscheiden ist, indem er an dem Übergang in *â* nicht Teil nimmt. Im Hd. erscheint dieser Laut zunächst wie im An. As. Ac. als *ê*, dann wird er im 8. Jahrh. diphthongiert, wandelt sich in *ea*, im 9. Jahrh. zu *ia* und *ie* und fällt schliesslich seit dem 10. und 11. Jahrh. mit dem aus idg. e*u* gebrochenen Diphthongen *eo*, *io*, *ie* zusammen. Br. § 35.

Unter welchen Bedingungen sich dieser dem Germanischen eigentümliche Laut entwickelt hat, ist noch nicht hinlänglich aufgeklärt; jedenfalls ist er zu verschiedenen Zeiten enstanden; s. Gr. 1[3], 95. 105. 109. Scherer ZföG. 1873. S. 295. ZfdA. 19, 391. Singer, PBb. 11, 293 f. 301 f. Jellinek, PBb. 15, 297. Holz, Urgerm. geschlossenes *ê* und Verwandtes. Lpz. 1890 (AfdA. 17, 185). Sievers, PBb. 15, 238 f. Kluge, Grdr. § 25, 4. Br. § 36.

In einheimischen Wörtern scheint der Laut durch Contraction und Dehnung zu entstehen. Es zeigen ihn die Präterita der ursprünglich reduplicierenden Verba, die in den Präsensformen die Vocale *a, â, ai* haben; z. B. *fallan, fial*; *haldan, hialt*; *râtan, riat*; *heizan, hiaz*. Ferner von einzelnen Wörtern: g. *hêr*, ahd. *hiar*; g. *fêra* Seite, ahd. *fiara*; g. *mizdô*, ahd. *mêta* (aus *mërda*, vgl. ags. *meord*); ahd. *ziari* vgl. l. *decor-*. u. e. a.

In Fremdwörtern entspricht es l. *ĕ, ē, ae* z. B. l. *mensa*, g. *mês*, ahd. *mias* Tisch; l. *breve*, ahd. *briaf*; l. *febris*, ahd. *fiebar*; l. *tegula*, ahd. *ziagal*; l. gr. *theca*, ahd. *ziahha* Zieche· l. *Rhaetia*, ahd. *Riaz* Riess, l. *Graecus*, g. *Krêks*, ahd. *Kriach* u. a.

Aus ahd. *ê* = germ. *ai* scheint der Diphthong im N. Pl. M. des Artikels zu erwachsen, im Alem. auch im D. Pl.: g. *þai*, ahd. *dê, dea, die*; g. *þaim*, ahd. *dêm, diam, dien* (Br. § 43 A. 3). Doch beruhen die Formen vielleicht nicht auf rein lautlicher Entwickelung; s. Franck, AfdA. 17, 101. Collitz, BB. 17, 28.

Anm. 1. Nur sporadisch findet sich ahd. *ie* für *i* und *e*; Br. § 31 A. 5. — Auffallend ist ahd. *stiega, stiagil* Stiege neben *stiga, stigilla* zu *stîgan*, und mhd. *krieg* Krieg neben nl. *krijg* PBb. 15, 298 f. Holthausen AfdA. 17, 187.

Anm. 2. In andern Fremdwörtern entspricht l. *ē* hd. *î, ei*: mlat. *fēria*, ahd. *fîra* Feier; l. *crēta*, ahd. *krîda* Kreide; mlat. *sēta* ahd. *sîda* Seide; l. *poena*, mlat. *pēna*, ahd. *pîna* Pein; mlat. *spesa* für *spensa*, ahd. *spîsa* Speise; l. *dēleo*, ahd. *dîlôn, tîligôn* tilgen.

190. *ô* > *uo*. Eine entsprechende Diphthongierung erfährt im Ahd. das germ. *ô* (= idg. *â* und *ô*). Seit der Mitte des 8. Jahrh. treten die diphthongischen Formen neben dem einfachen Laut hervor und zwar *oa* namentlich im Alemannischen und Bairischen, nicht im Fränkischen, *ua* etwas später auf demselben Gebiet und im Südrheinfränkischen (O.), *uo* ist von Anfang an die herrschende Form im übrigen Franken. *ô* und *oa* halten sich am längsten in Baiern, um 900 ist *uo* überall durchgedrungen; z. B. g. *stôls*, ahd. *stuol*; g. *gôds*, ahd. *guot*; g. *blôma*, ahd. *bluomo*, g. *fôr*, ahd. *fuor*. — Über *dô* und *zwô* neben *duo, zwuo* s. § 331.

Da germ. *ê* und *ô* in gleicher Weise zu Diphthongen werden, muss man für beide Laute eine gleiche Qualität voraussetzen. Vermutlich waren es wie im Gotischen (Br. § 6. 11) geschlossene Laute, Br. § 38 A. 3. Offenes *ê* also geht in *â* über, geschlossene *ê* und *ô* wandeln sich in Diphthonge. In einer früheren Zeit freilich muss *ô*, wenigstens soweit es idg. *â* entspricht, offen gewesen sein; vgl. Kluge, Grdr. § 26, 1. (Möller, PBb. 7, 482 u. a. sehen offene Laute als die Grundlage der hd. Diphthonge an).

Anm. Nur sporadisch findet sich ahd. *uo* auch für *o*, *ô* (= germ. *au*), *u*, *û*. Br. § 32 A. 6. § 41 A. 2. § 45 A. 5. Auffallend ahd. *snur* (l. nurus) neben *snuora*, mhd. *snur* und *snuor*.

Drittes Kapitel.

Umlaut.

191. Durch die in den vorangehenden Paragraphen besprochenen Vorgänge ist im Ahd. folgendes Vocalsystem entwickelt:

5 kurze Vocale: *a, e, i, o, u*;
die entsprechenden Längen: *â, ê, î, ô, û*;
6 Diphthonge: *ei, ou, iu, io, ia* (= *ê*), *uo*.

Dazu treten nun noch die Vocale, die durch den sogenannten Umlaut entstehen, d. h. durch den Lautwandel, den ein *i* oder *j* in dem Vocal der vorangehenden betonten Silbe hervorruft. Die Vocale, welche diesen Einfluss erleiden, sind namentlich *a, â, o, ô, u, û, ou, uo*, aber auch *ë* und *iu*; am ersten nachweisbar ist er beim *ă*, das seit dem 8. Jahrh. durch folgendes *i* in *e* gewandelt wird.

In den ältesten Urkunden findet sich vielfach noch *a*, aber bald gewinnt *e* die Herrschaft, im 9. Jahrh. ist es auf dem ganzen oberdeutschen und fränkischen Gebiet durchgedrungen; Litteraturangaben bei Br. § 27 A. 1. Behaghel, Grdr. § 24.

Anm. Das gewöhnliche Zeichen für umgelautetes *a* ist im Ahd. *e*, daneben *ę*, ein Zeichen, das auch für l. *ae* gebraucht wird, und diphthongische Verbindungen *ai*, *ae* und namentlich *ei*. Letz-

[§ 192. 193.] Umlaut. ă : e. 175

teres ist in manchen alten Denkmälern ziemlich häufig (Kögel, K. Gl. S. 6 f.) und begegnet auch noch in späterer Zeit nicht selten, namentlich im Ripuarischen (Whd. § 29), weniger in bairischen und alemannischen Hs. (Whd. § 22). Ausserdem führt Whd. als Zeichen für den Umlaut in mhd. Zeit å, œ, ê, ẻ an; wie weit diese Zeichen etwa verschiedene Bedeutung haben, bedarf noch genaurer Untersuchung.

a > *e* (alter Umlaut).

192. Da *a* in den Stammsilben, *i* und *j* in den Flexionen und Ableitungen sehr häufig ist, so tritt der Umlaut in zahlreichen Formen und Wörtern uns entgegen.

1. Flexion. a. Der Umlaut herrscht im Plural aller *i*-Stämme (Masc. und Fem.); g. *gasteis, gastê, gastim, gastins*, ahd. *gesti, gestio, gestim, gesti*. Ebenso im G. D. Sg. der Fem.; z. B. *fart, ferti, ferti, fart*. — b. Im Plural der alten *s*-Stämme, vor der Endung *-ir* (aus *is*): *grab, grebir*; *lamb, lembir*. — c. In der 2. und 3. P. Sg. Präs. der st.V. 4 und 5: *faru, feris, ferit; stantu, stentis, stentit*.

2. Ableitungen. a. Den Umlaut erleiden die ja-, jô-, jan-, jôn-Stämme; so die zahlreichen st. Neutra, z. B. *endi* Ende, g. *andeis*; *erbe*, g. *arbi*. — St. F. *gerta* Gerte für *gardja. — Sw. M. *erbo* der Erbe, g. *arbja*. — Sw. F. auf *-i*: *elti* Alter, zu *alt*; *lengî* Länge, zu *lang*. — b. Die zahlreichen swV. 1; z. B. *zellen* für *zaljan*, *denken*, g. *þagkjan*; und einige st.V. 4, die ihr Präsens mit *j* bilden: *heffen*, g. *hafjan* heben, *seffen* einsehen (vgl. l. *sapio*), *suerren* für *suarjan*, (g. *swaran*). — c. Umlaut bewirken ferner Ableitungssilben, die unbetontes *i* enthalten. So *-ir*, *-ist* im Comp. und Superl. z. B. *bezziro, bezzist*. - *-in*: *bekin* das Becken; *megin* Kraft; *redina* Rede; *redinôn* reden; *irmeginôn* sich erheben. — *-il*: *edili, ediling* zu *adal*. — *-id*: *fremidi* fremd; *selida* Wohnung, zu *sal*; *beldida* Kühnheit zu *bald*. — *-is*: *egiso* Schrecken.   *-ig*: *kreftig, giweltig, stetig* feststehend. — *-ing*: *pending* Pfenning. — *-isg*: *frenkisg* fränkisch, *mennisgo* Mensch, zu *man*. — *-ih*: *ezzih* (§ 160), *kelih* aus l. *calix*.

193. Hemmungen des Umlauts. Die Wirkungen des Lautgesetzes sind sehr energisch. Während die Verschiedenheit der Stammsilbenvocale, welche einst der Ablaut zwischen den Formen desselben Nomens hervorgerufen hatte, in den germanischen Sprachen fast überall ausgeglichen sind, und die jüngeren Lautgesetze, welche die Sonderung von *ë* und *i*, *o* und *u*, *iu* und *io* bewirkt haben, die zu demselben Nomen gehörigen Formen fast nie auseinander zu reissen vermocht haben, führt der Umlaut bei gewissen Stämmen zu einer Verschiedenheit der Numeri, bei manchen sogar der Casus desselben Numerus.

Aber ganz rein waltet das Lautgesetz auch hier nicht; teils wird es durch die Wirkung gewisser Consonanten eingeschränkt, teils durch Formübertragungen gestört.

1. Nach den Untersuchungen Braunes (PBb. 4, 540—557) wird der Umlaut durch *h*,- *l*- und *r*-Verbindungen behindert, und zwar durch *h*-Verbindungen allgemein, sowohl im Fränkischen als im Oberdeutschen, durch einfaches *h* und durch *l*-Verbindungen nur im Oberdeutschen, durch die *r*-Verbindungen auch im Oberdeutschen ohne feste Regel; vgl. Kögel, K.Gl. S. 8. Es heisst also zunächst: *gislahti* st. N. Geschlecht, *mahti* N. A. Pl. Mächte; *nahti* der Nacht u. a.; oberdeutsch und fränkisch unterscheiden sich in *ahir* und *ehir* Ähre; *alti* und *elti* Alter; *giwaltig* und *giweltig*, *chalpir* und *kelbir* Kälber; *palgi* und *belgi* Bälge. Dagegen vor *r*-Verbindungen erscheint auch im Oberdeutschen oft der Umlaut; so heisst es *ferte*, *fertig*, *geferto* Gefährte, *gerta* u. a., aber *-wartig* steht neben *-wertig*, *harti* neben *herti* u. a.; nur *rw*, eine Verbindung, in der sich oft ein schwaches *a* entwickelt, hält den Umlaut auch im Fränkischen auf; auch O. schreibt *farawen*, *garawen* oder *garwen*, *garawî* u. dgl. Vor *a* fehlt der Umlaut oder tritt ein, je nachdem vorher der Vocal zum Diphthongen entwickelt war oder nicht (§ 124); *hău̯ui* wird *heu*, *hŏu̯ui* *hau*. Behaghel, Grdr. § 24.

Um diese Verhältnisse möglichst rein zu finden, muss man auf die ältesten Denkmäler zurückgehen, denn früh wird die eigentümliche Stellung der angeführten Consonanten verdunkelt. So braucht O. schon einmal im Reim auf *krefti* die Form *mehti* st. *mahti* und die 3 P. Sg. von *wahsan* lautet immer *wehsit*, wie *stentit* zu *stantan*, *grebit* zu *graban*. Vor den *l*-Verbindungen zeigen im Oberdeutschen namentlich die sw.V. und dazu gehörige Nomina Neigung zum Umlaut; sie bilden eine kräftige Bedeutungsgruppe, welche die Lautregel durchbricht. Zu *halz* lahm bildet N. *halzi*, daneben aber steht *gehelzit* gelähmt; und so heisst es auch *smelzen* (Causativ zu *smëlzan*); *stellen, gestelli, gestellida*; *fellen, fellida, gefelle, gefellig*; *felscen, helden* (neigen). Die Neigung zum Umlaut nimmt rasch zu; im Mhd. begegnen zwar noch die alten Formen *geslahte, mahte, mahtic, balge, alter, altest* u. a. aber die gewöhnlichen sind *geslehte, mehte* etc. Jetzt herrscht in den angeführten Wörtern der Umlaut fast durchaus und nirgends halten ihn die Consonantverbindungen auf, selbst vor altem *rw* gilt jetzt *e*: *färben, gerben*.

Anm. Auch vor *w* erkennt unsere Schriftsprache im allgemeinen den Umlaut an (doch vgl. § 209); Luther braucht vielfach abweichend von ihr *aw* (d. i. *au*) neben *ew* (d. i. *eu*): *verstrawen, hauschrecken, dawen* (verdauen), *frawen, drawen* neben *dewen* (däuen), *frewen, drewen*; auch *lawe* für *lewe* (Löwe, Leu) *grawlich* für *griuwelich*. v. Bahder, Grundlagen, S. 221 f. Franke § 23.

194. 2. Systemzwang hindert den Eintritt des Umlautes in die Adjectivflexion. Die Formen auf *-iu* (N. Sg. Fem., N. und A. Pl. Neutr.) sollten ihn von rechtswegen haben, und so findet man oft (bei O. regelmässig) bis ins Mhd. *elliu, ellu*, zu *all*; in andern Adj. aber behauptet sich *a*; z. B. *armiu, halbiu*.

b. Der Gen. und Dat. Sg. der sw. M. N. geht in manchen Denkmälern auf *-in* aus, und dem entsprechend finden sich auch Formen mit Umlaut: *hano, henin*; *namo, nemin* u. a. (Paul, PBb. 4, 408 f. Braune eb. 556), aber nur in den ältesten Quellen und ohne Lebensfähigkeit; vgl. § 263.

c. Die st.V. 5 haben bei O. in der 2. 3. P. Sg. Präs. regelmässig Umlaut, im Oberdeutschen aber ursprünglich nicht. Br. 4, 548 belegt *faltet, waltit, cangit, spannet, bannet* und solche Formen begegnen oft auch im Mhd., die Mundarten halten sie noch jetzt fest. Das *a* erklärt sich daraus, dass die meisten und am häufigsten gebrauchten Verba dieser Klasse solche sind, welche im Oberdeutschen wegen der *l*-Verbindungen keinen Umlaut haben können: *haltan, faltan, waltan, spaltan, scaltan, salzan.*

d. Bei weitem die auffallendste Ausnahme bilden die Opt. Prät. der sw.V. 1 mit Rückumlaut; sie lauten selbt im Fränkischen nie um. O. braucht *zalti, dualti*; *thakti, githagti, wakti; harti; branti, nanti, wanti, santi, kanti, nanti; wangti, giangti, hangti; skankti; scafti; fir-thuasbti; quatti;* nirgends eine Spur des Umlautes. Und so ist es auch sonst im Ahd.; erst viel später, und zwar zunächst im Md., dringt der Umlaut in diese synkopierten Präterita; Whd. § 388. Die Formen des sw. Prät. zeigen hier dem Umlaut gegenüber eine ähnliche Geschlossenheit wie in Betreff des Wechsels von *u* und *o*; § 182 A. Wie *dorfta, tohta, scolta* etc. in allen Formen *o* haben, obwohl es nur dem Sg. Ind. zukommt, so bestimmt hier der Vocal des Ind. den Opt.

e. Abgeleitete Wörter behalten zuweilen den Vocal des Grundwortes; z. B. braucht O. regelmässig *lengi, seti, lemi*, daneben aber *ganzi, argi*, auch einmal *baldi*; er sagt *beldida, hermida, selida*, aber anderseits *sarphida, ganzida, wassida·* so auch *forasagin* Prophetin, zu *forasago*.

Anm. Wo sonst bei O. der Umlaut fehlt, obwohl ein unbetontes *i* auf die betonte Stammsilbe folgt, ist anzunehmen, dass das *i* selbst jünger ist und noch nicht entwickelt war, als der Umlaut eintrat: *giwahinen* erwähnen, *fravili, gatiling* der Verwandte, *namiti* die Namengebung, *mannilih* Mann für Mann (= *mannolih*).

195. Einfluss der Tonverhältnisse. Bisher sind nur solche Worte in Betracht gezogen, in denen auf die hochbetonten Stammsilben unbetontes *i* folgt, und in der That scheint dieser Gegensatz in den Tonverhältnissen zunächst eine wesentliche Bedingung für den Umlaut zu sein.

a. In unbetonter Mittelsilbe erscheint nicht selten *a·* z. B. bei O. *gikamari* Gemach; *gisamani* Versammlung; *zahari, zaharin* zu *zahar* Thräne: *ubari, widari, giboraniu*. Freilich findet man in solchen Wörtern statt des *a* auch *e* und *i*; aber diese Vocalschwächungen und Assimilationen scheinen von dem regelmässigen Umlaut wesentlich verschieden zu sein. § 302 f.

b. Auch ein *a*, das den untergeordneten Haupton hat,

entzieht sich dem Umlaut. Wörter wie *ērhaftī, houbethaftī, lustsamī, arbeitsamī*, sowie Composita auf *-haftig* und *-tagig* könnte man auch durch Beziehung auf das Grundwort erklären (§ 194e), kaum aber solche wie *stôzhabig, fasthabig*. Braune, PBb. 4, 556.

c. Wirkungslos ist im Ahd. auch das nebentonige *i* in *-niss* und *-lîch*. O. sagt *irstantnissi, firstantnissi, gihaltnissi, iruuartnissi; baldlîch, gizamlîch*, und auch in andern Denkmälern sind Ausnahmen sehr selten. Doch kommen hier vielleicht mehr als die Tonverhältnisse die anlautenden Consonanten *l* und *n* in Betracht, welche die Endsilben kräftig gegen die Stammsilbe abschliessen und leicht die Wirkung des *i* hemmen konnten*. — Im Mhd. ist der Umlaut vor *-lich* und *-niss* sehr gewöhnlich.

196. Unmittelbare Wirkung eines *i* aus der dritten auf die erste Silbe ist im Ahd. nicht nachweisbar. Formen wie *ephili* zu *aphal, edili* zu *adal, fremidi* zu *framadi* (g. *framaþs*) u. ä., sind so zu erklären, dass das *i* der dritten Silbe zunächst den Vocal der zweiten bestimmt und dieser den Vocal der Stammsilbe umlautet. Wo diese Vermittelung fehlt, kommt auch kein Umlaut vor. So namentlich bei den Nom. Agentis, auf *-ari*. Das Mhd. braucht ihn hier nicht selten; z. B. *beckære, jegære, sengære* u. a. Und so mag denn auch der Umlaut in Wörtern wie *frevele, zehere, megede, gerwen* u. a., wo ihn das Ahd. gar nicht oder wenig kennt, nicht durch ein *i* der Mittelsilbe veranlasst sein. Über den Ursprung dieses jüngeren Umlautes s. § 199 f.

197. Qualität des Umlaut-*e*. Durch den Umlaut trat dem alten *ë*-Laut, der teils idg. *e*, teils idg. *i* entsprach, ein neues *e* mit eigentümlicher Qualität zur Seite. Die genau reimenden ober- und mitteldeutschen Dichter des 12. und 13. Jahrh. meiden es die beiden *e* im Reime zu binden (Gr. 1³, 138 f.) und in einem grossen Teil der deutschen Mundarten werden sie noch jetzt verschieden gesprochen; s. Trautmann § 937. Luick,

---

* Sollte die Selbständigkeit der Endung auch den Umlaut im Opt. Prät. der sw. V. gehemmt haben?

PBb. 11, 492. Braune, PBb. 13, 573. Behaghel, Grdr. § 26. Die Laute sind nicht unverändert geblieben, oft sind andere Vocale oder Diphthonge für sie eingetreten, aber die alte Grenze ist bald mehr bald weniger erhalten, weil e und ë sich verschieden entwickelt haben. Namentlich gilt dies nach Trautmanns Angaben für das alemannische Sprachgebiet (Schweiz, Schwaben, Elsass) und die bairisch-österreichischen Mundarten; dann für die Pfalz, Oberhessen und Mainfranken, auch für Thüringen und Obersachsen; über Schlesien s. Braune PBb. 13, 573 f. Auf norddeutschem Boden scheint eine genaue Scheidung nicht mehr vorzukommen; doch fehlt es nicht an Spuren, dass sie ehedem galt. Trautmann bringt solche Zeugnisse bei für die Gegend von Quedlinburg, Magdeburg, aus der Mark Brandenburg und westfälischen Mundarten; während ihm aus Niederhessen, dem nördlichen Teil der Rheinprovinz, dem Friesischen, Holstein und Mecklenburg keine Zeugnisse bekannt sind; vgl. auch Behaghel a. O.

Über den Wert der beiden Laute konnten die Dialektkenner nicht in Zweifel sein; in den grammatischen Lehrbüchern aber blieben die Ansichten lange unsicher, unbestimmt und widersprechend. Erst durch die Darlegungen Francks in der ZfdA. 25, 218 f. wurde der Unterschied festgestellt: das alte ë ist offnes e, der Umlaut e geschlossenes. Es klang also, wenn wir das offne e durch ę, das geschlossene durch e bezeichnen, mhd. *gelëgen* (situs) wie *gelęgen*, *legen* (ponere, g. *lagjan*) wie *lęgen*; mhd. *bewëgen* st.V. wie *bewęgen*, *bewegen* sw.V. wie *bewęgen*; mhd. *rëgen*, g. *rigns* wie *ręgen*, *regen* (moveri, aus *ragjan*) wie *ręgen*; mhd. *wëtter* (vgl. *gewitter*) wie *Wętter*, *wetten* (für *wadjan*, zu g. *wadi* Wette) wie *wetten* etc. Das Verhältnis befremdet, weil man grade für das aus *a* entsprungene e die offne Aussprache erwarten sollte; aber an der Thatsache, dass die Laute jetzt und schon lange in der angegebenen Weise unterschieden waren, ist kein Zweifel. Anderseits freilich ist mit Sicherheit anzunehmen, dass früher einmal das Umlaut-*e* als ein dem *a* nahe liegender offner Vocal gesprochen wurde; denn nur durch allmähliche stufenweise Änderung kann *a* zu geschlossenem *e* geworden sein; es muss

also auch einmal der Zeitpunkt eingetreten sein, wo *ë* und *e*
— falls nicht etwa noch andere Unterschiede vorhanden waren
— gleich klangen. Wenn dennoch eine Vermischung nicht eintrat, sondern das Umlaut-*e* allein seinen Weg weiter fortsetzte
und *ë* zurückliess, so kann der Grund nur darin liegen, dass
beide nicht unter den gleichen Bedingungen standen. Das
Umlaut-*e* galt nur in Silben, auf welche *i* oder *j* folgte, das
gebrochene *ë* aber hatte in solchen keine Stelle, da es bereits
gemeingermanisch zu *i* geworden war (§ 178). Also in dem
i lag die Kraft, welche den Umlaut bis zu der hohen geschlossenen Aussprache trieb, während das *ë*, dem dieser Anstoss
fehlte, zurückblieb. Die Sonderung der beiden Laute, wie sie
die lebenden Mundarten zeigen, muss in die Zeit zurückreichen,
wo *i* noch unmittelbar oder mittelbar auf die vorhergehende
Silbe wirken konnte. Eine Vermischung dagegen musste da
eintreten, wo entweder das alte *ë* nicht die gemein-deutsche
offne Aussprache hatte, oder die Wirkung des *i* nicht kräftig
genug war, die Bewegung des *e* bis zu Ende zu führen. Ob
etwa das eine oder andere in den Mundarten der Fall war,
in denen jetzt beide Laute gleich sind, mag dahin gestellt
bleiben. Sicher sind unter gewissen Bedingungen auch in
Mundarten, welche im allgemeinen den Unterschied anerkennen,
beide Laute zusammen gefallen.

Anm. Luick (PBb. 11, 495. 509 f. 512) hat beobachtet, dass in
gewissen Wörtern (*schelme, velse, belliz, welcher, sehs, dreschen,
helm, swester, gestern, scherbe*) verschiedene Mundarten dem *ë* geschlossene Aussprache geben; vgl. das Verzeichnis von Bahder's,
Grundlagen S. 132 f. — Paul, PBb. 12, 548 f. fand, dass dies geschlossene *e* zum Teil als Umlaut von *ë* zu erklären ist, und Kauffmann, PBb. 13, 392 f. gab dieser Erklärung weitere Anwendung.
Zwar konnte im allgemeinen *ë* vor folgendem *i* nicht vorkommen,
da es schon in vorhistorischer Zeit in *i* übergegangen war; aber
in Fremdwörtern (*pelliz*, l. *pellicium* Pelz) konnte die Lautfolge
aufgenommen, in heimischen durch Formübertragung geschaffen
werden. So erklärt Kauffmann *sehs* (mit geschlossenem *e*) neben
sechzehen, sechzig (mit offnem *e*), aus der flectierten Form *sehse*, urspr.
sehsi. Doch ist die Erklärung nicht überall anwendbar und einleuchtend. (In *velse*, das Paul als Compromissform aus urgerm.
felus- und *filis*- ansieht, liegt gewöhnlicher Umlaut vor; Franck,
AfdA. 11, 18.)

Consonantische Einflüsse *st* und palatales *g* machen mhd. Reime wahrscheinlich: z. B. *wëste* (wusste): *beste, geste, reste*; *nëste*: *beste*; *brësten : esten*; *swëster, gëster : vester*; *dëgen : legen, slegen*; *pflëgen : legen*. vgl. Franck, ZfdA. 25. 220. Kauffman, PBb. 13, 393. Luick eb. 588 f. v. Bahder, a. O. S. 133.

$a > ä$ (junger Umlaut).

198. Aussprache. Was im Vorstehenden über die Qualität des Umlaut-*e* gesagt ist, gilt nur für die älteste Schicht des Umlauts, die bereits von den ahd. Schreibern durch eigentümliche Bezeichnung anerkannt ist. Aber, wie bemerkt, breitet sich der Umlaut in der spätern Zeit aus, wird auch durch ein *i* in der dritten und durch *i* in schweren Ableitungssilben bewirkt und greift vor Consonantverbindungen Platz, die ihn ursprünglich gehemmt hatten. (§ 193. 195 f.). Dieser jüngere Umlaut, den ich durch *ä* bezeichnen will, war ein **offner** Laut. Franck hatte schon auf diesen Unterschied hingewiesen; gründlichere Untersuchung ist dem Gegenstand in neuerer Zeit zu Teil geworden; s. Heusler, zur Lautform des Alemannischen, Germ. 34, 121 f. und besonders von Bahder, Grundlagen S. 104 f. Wir wissen jetzt, dass dieser jüngere Umlaut der offenste *e*-Laut war und dem *a* noch näher stand als *ë*, so dass die Laute zwischen *i* und *a* folgende Reihe bilden: *i e ë ä a*. In manchen Mundarten, namentlich schwäbischen und bairisch-österreichischen haben sich die drei *e*-Laute gesondert gehalten, in den alemannisch-elsässischen und den mitteldeutschen dagegen sind *ë* und *ä* meist zusammengefallen.

199. Ausbreitung. Das *ä* stellt sich zunächst in solchen Wörtern ein, in denen ein *i* der Endung den Umlaut zu *e* hervorzubringen nicht vermocht hatte; bald aber überschreitet es diese natürlichen Grenzen. Insbesondere ist wahrzunehmen, dass die Sprache, wo sie das Gebiet des Umlauts durch Analogiebildungen erweitert, nicht das geschlossene *e*, sondern das offne *ä* braucht; so namentlich im Plural der *a*-Stämme; z. B. *äcker, väter, gärten, äbte*; in den Wörtern, welche im Lauf der Zeit die Plural-Endung *-er* annehmen; z. B. *dächer, fässer, bäder*; in schwachen Verben, die ursprünglich nicht der ersten

§ 199. 200.] Umlaut. *a* : *ä* (junger Umlaut). 183

schwachen Conjugation folgten, in Adjectiven auf *-ig* (ahd. *-ag*), in Comparativen u. s. w. Aber weiter: auch das geschlossene *e* wird durch *ä* mehrfach verdrängt, die Form des alten Umlauts weicht der Form des jungen, indem das Doppelverhältnis *a* : *e* und *a* : *ä* dazu führte, dass die Sprache in solchen Fällen, wo der Umlaut lebendig blieb, die dem reinen Vocal näher liegende Form des Lautes vorzog. Nach Trautmanns Angabe gilt jetzt der offne Laut vor *ht* und *r*-Verbindungen, sowie in Wörtern auf *-lich, -chen, -er* (*Blättchen, Bäcker, kälter*), wenn ihnen ein Stammwort mit *a* zur Seite steht. Genauere Angaben bei v. Bahder, a. O. S. 107. 134 f.

Anm. Das *ä*, das sich im Alem. und Rheinfränk. vor *sch* entwickelt (*äsche. däsche* (Tasche), *fläsche, wäsche* s. Bahder a. O. S. 136. AfdA. 17, 102) hat mit dem *i*-Umlaut natürlich keinen ursächlichen Zusammenhang. — Das Fremdwort *Lärm* (*Allarm*) mag sein *ä* der hohen Aussprache des fremden *a* verdanken; in *Erker, Kerker, Ketzer* erklärt es sich durch die Anlehnung an die Nom. agentis auf *-ære*. — In *Mähne* beruht es auf dem Pl. *mene* des in die *i*-Declination übergetretenen mhd. *man*, ahd. *mana*.

Anm. 2. Aus der Qualität des jüngeren Umlauts erklären sich mhd. Reime wie *rëhte* : *geslehte* (genus), *hehte* (lucius), *ehte* (octo); *vëlden* (campis) : *welden* (silvis); *nëbel* : *frebel* (ahd. *fravali*). Gr. 1³. 139 f.

200. Die Geschichte der Schreibweise hat von Bahder verfolgt. Während in der mhd. Zeit noch oft alle *e*-Laute durch *e* bezeichnet werden, geben manche Schreiber mehr oder weniger consequent das offne *e*, namentlich das offenste des jüngeren Umlauts durch *ä* wieder und dieser doppelte Gebrauch pflanzt sich in den Drucken fort. Die eigentliche Heimat des Zeichens *å* ist das schwäbisch-alemannische Gebiet. In den Augsburger Drucken kommt es oft, mehr noch in denen aus Basel, Zürich, Bern vor, dort entspricht es gewöhnlich nur dem jüngeren Umlaut von *a* und *â*, hier auch dem *ë*; in jedem Fall aber hat es phonetischen Wert. In andern Gegenden, in Nürnberg, Strassburg und in Mitteldeutschland lässt man sich an dem einen *e* für die ganze verwandte Lautgruppe genügen. Aber allmählich nimmt man auch hier *ä* auf, am spätesten im östlichen Mitteldeutschland; noch die letzte Ausgabe der Bibel Luthers braucht kein *ä* (vgl. § 202).

Mit der Übertragung des Zeichens nach Mitteldeutschland fand zugleich eine Umdeutung desselben statt. Da man seinen phonetischen Wert nicht genügend zu würdigen wusste, lieh man ihm etymologische Bedeutung, indem man es als Zeichen des Umlauts aus *a* erklärte. Der erste Grammatiker, der diesen Gesichtspunkt aufstellte, war F. Frangk; andere folgten ihm und brachten das neue Prinzip je länger um so mehr zur Anerkennung; vollständig freilich nicht. Nach dem Prinzip käme das Zeichen *e* dem alten *ë* zu, *å* sowohl dem geschlossenen *e* als dem ganz offnen *ä* des jüngeren Umlauts, so weit der Umlaut in der lebenden Sprache noch erkennbar war. Diese Durchführung des Princips scheiterte jedoch teils an dem Herkommen, teils auch an der mangelhaften Sprachkenntnis der alten Grammatiker.

1. Nicht jeder deutlich erkennbare Umlaut wird durch *ä* bezeichnet. In der Flexion ist die Sache geregelt, in der Ableitung aber blieben viele Ausnahmen, zumal wo die Ableitung nicht durch eine besondere Silbe kenntlich war; z. B. *Henne* zu *Hahn*, *behende* zu *Hand*, *strenge* zu *Strang*, *edel* : *Adel*, *Geselle* : *Saal*, *sprengen*, *rennen*, *stellen*, *schenken* u. a. Orth. § 46—50.

2. Nicht jeder verdunkelte Umlaut wird durch *e* bezeichnet. *ä* gilt z. B. in *Mähne*, *Mähre*, *Ähre*, *Zähre*, *Thräne*, *ähnlich* u. e. a. von Bahder S. 129 f.

3. Auch einige Wörter mit *ë* haben dem alemann. Gebrauch gemäss *ä* angenommen; z. B. *Bär*, *Käfer*, *Häher*, *Schwäher*, *Schädel* u. a. Orth. § 51. v. Bahder S. 130 f.

So werden also beide Zeichen ohne bestimmte Regel gebraucht; das allgemeine Princip gründet sich nicht auf die lebendige Sprache und der Gebrauch fügt sich nicht dem Princip.

201. Nhd. Aussprache der *e*-Laute. Dieser willkürlich geregelte Schreibgebrauch ist nicht ohne Einfluss auf die Aussprache geblieben. Die historische Scheidung ist wenigstens den Norddeutschen im allgemeinen verloren. Wo der Laut kurz geblieben ist, sprechen wir ihn offen: *Fälle* wie *Felle*

(mhd. *vël*), *Ecke* wie *Flecke* (mhd. *vlëc*), *erben* wie *sterben* (mhd. *stërben*). Wo Dehnung eingetreten ist, spricht man in mehr oder weniger strenger Anlehnung an die Schrift offnen oder geschlossenen Laut: *begehren* (mhd. *begërn*) wie *zehren* (mhd. *zern*) mit geschlossenem *e*, *gebären* (mhd. *bërn*) wie *nähren* (mhd. *nern*) mit offnem. Hier fügt sich also die Sprache der Schrift: wenn auch nicht allgemein. Denn wie Trautmann S. 258 richtig hervorhebt, neigen viele dazu, den gedehnten Laut überall geschlossen zu sprechen: *Hehne, Medchen, Kefer* u. dgl. Das Ziel, dem die Lautentwickelung in dieser Aussprache zustrebt, ist klar; sie trachtet darnach, den qualitativen Unterschied mit einem quantitativen zu verbinden, so dass wie bei den übrigen Vocalen der kurze Laut offen, der lange geschlossen gesprochen wird. Orth. § 55. Braune, PBb. 13, 579 f.

Andere Umlaute.

202. Sehr viel später als der Umlaut von *a* lässt sich der Umlaut der andern Vocale nachweisen. In der ältern Zeit erscheinen vor einem *i* oder *j* der folgenden Silbe dieselben Zeichen, die für die reinen Vocale herkömmlich sind, und wo etwa Abweichungen begegnen, lässt sich kaum sicher entscheiden, ob sie den Umlaut ausdrücken sollen; z. B. wenn bei O. zuweilen *ya* für *ua* steht. Consequente Bezeichnung des Umlautes treffen wir zuerst, seit dem 10. 11. Jahrh., beim langen *û*; im allgemeinen dringt die Bezeichnung des Umlauts im 12. und 13. Jahrh. durch, also zu derselben Zeit, da man den jüngeren Umlaut des *a* zu bezeichnen anfängt. Die Frage, ob er auch damals erst geschaffen wurde, ist nachher zu erwägen. § 211.

Die Versuche der Schreiber für die neuen Laute entsprechende Zeichen zu finden, sind sehr mannigfach, fast allen gemeinsam aber ist, dass der Grundvocal irgendwie mit *i* oder *e* verbunden wird, sei es dass die beiden Zeichen neben oder übereinander gesetzt werden. Viele Schreiber widerstrebten der Zeichenhäufung überhaupt. In der kaiserlichen Kanzlei bezeichnete man noch im 16. Jahrh. den Umlaut von *a* und *â* durch *e*, den von *ou* (= mhd. *ou, û*) durch *eu*; die Umlaute von *o, u, ue* (= mhd. *uo*) liess man überhaupt unbezeichnet. Man vermied es also zwei Vocalzeichen nebeneinander zu setzen, wenn nicht deutliche Diphthonge gesprochen wurden, und wählte lieber eine unvollkommene als eine durch diakritische Zeichen überladene Schrift. Wie weit die unvollkommene Schrift etwa auf den Reimgebrauch der Dichter eingewirkt hat, bleibt zu untersuchen. Jedenfalls beweist die Bindung von reinem und umlautfähigem Vocal nicht ohne weiteres, dass der Umlaut noch nicht entwickelt war.

Anm. 1. Zeichen der Umlaute in der mhd. Zeit sind: *a*: oberd. gewöhnlich æ, md. e; daneben ae, å, ä, e̊, ę, ę̇, ai, æi, ei, md. auch i, ie. Whd. § 89. 95. — *o*: œ, oe, ŏ, oi, ȯ. e̊. Whd. § 111. — *u*: ů, v̊, û̊, v̑, ui, iu, ij, i. Whd. § 73. *uo*: ů̈, ůe, ue, uŏ, ůŏ, ůi, iv, iů, ȯi, ůei, iů̈, ui. Whd. § 138. — *ou*: ŏu, öu, åu, aeu, e̊u, ŏi (namentlich in alem. Hss.), eu (namentlich in bair. und md. Hs.) Whd. § 126. 128. Allmählich gelangte man zu grösserer Übereinstimmung. Die Schreiblehrer des 16. Jahrh. verlangen ein übergeschriebenes *e*, das sich namentlich in den Drucken lange erhält, oder übergeschriebene Striche oder Pünktlein, wie wir sie jetzt brauchen. Orth. § 44. Luther folgt dem sparsamen Gebrauch der kaiserlichen Kanzlei. Den Umlaut von *a* bezeichnet er durch *e*; *ö* und *ü* finden sich anfangs in seinen Hss. fast gar nicht. Später ist *ü* nicht selten (Franke § 25), doch ist zu bezweifeln, dass er damit den Umlaut ausdrücken wollte; denn dieses *ü* steht ebenso oft da, wo dem Worte kein Umlaut zukommt: in den Diphthongen *eu* und *ou*: *deütunge, bedeütet, taüg*; für *uo*: *rhüm, blüme, nü*; für *u*: *jügent, hünde*, und selbst in dem lat. *noüm* (= novum), hier offenbar als Mittel das vocalische von dem consonantischen *u* zu unterscheiden, unserm *u*-Haken entsprechend. Auch in Luthers Drucken wird bis 1525 der Umlaut von *o* und *u* meist nicht bezeichnet; dann aber überwiegen die umgelauteten Formen je länger je mehr. Franke § 25. § 8.

Anm. 2. Für die mhd. Umlaute sind jetzt folgende Zeichen allgemein recipiert: a : e, â : æ, o : ö, ô : œ, u : ü, û : iu, uo : üe, ou : öu (eu, oi), und man pflegt sie in den Ausgaben mhd. Texte nicht nur da anzuwenden, wo so oder auf andere Weise der Umlaut überliefert ist, sondern überall wo die Bildung des Wortes ihn erwarten lässt. Genauere Untersuchung der Überlieferung wird vermutlich noch manchen Aufschluss über die Geschichte des merkwürdigen Lautprocesses gewähren.

$o > ö.$

203. Umlaut von *ŏ* sollte von rechtswegen gar nicht vorkommen, denn da das hd. *ŏ* aus *u* entstanden ist und zwar nur vor folgendem *a*, *o* oder *e*, so konnte es lautgesetzlich vor *i* nicht stehen, es fehlte bei diesem Vocal also die Umlaut wirkende Kraft. Aber durch Formübertragung ist auch dieser Umlaut ins Leben getreten. Gr. 1³, 153. Whd. § 61.

1. In der Flexion. Die st.N. (*a*) haben im Sg. regelrecht *o*, im Pl., wenn sie ihn auf *-ir* bilden, *u*; also ahd. *hol hulir, apkot apkutir, loch luchir*. Aber diese Formen hielten sich nicht; der Vocal des Singulars drang in den Plural und wurde umgelautet: *abgöter, löcher, höler*, und ebenso *dörfer, örter* u. a. — St. M. (*a*) treten in späterer Zeit vielfach in die *i*-Declination über (s. Fl.) und nehmen den Umlaut an: ahd. *bocka böcke, rocka röcke, froska frösche*. — Ebenso können die Optative zu *mohta, tohta, torsta, dorfta* im Mhd. nach der Analogie der andern Opt. umgelautet werden; nur *wolte* und *solte* (*l*-Verbindungen) widerstehen.

2. In der Ableitung. Zu *lock* (Locke), *bock, bloch* (Block) gehören die Deminutiva *luckili, buckili, bluchili*; aber unter Einfluss des Grundwortes werden sie zu *lockili, bockili, blochili* und erhalten dann *ö*; ebenso mhd. *knöpfelin, tröpfelin*. Zu *got* gehört *gutinne*, später *götinne*; zu *hov* zunächst *hüvisch, hübsch*, dann aber auch *hövisch, höfisch*. — Ebenso Umlaut vor *-lich: götelich, löbelich*.

Im Nhd. ist die Zahl der *ö* noch etwas vermehrt durch Übergang von *ü* zu *ö* (vgl. § 225); mhd. *mügen mögen, gunnen gönnen, kunnen können, künig König, münich Mönch*.

$u > ü.$

204. Der Umlaut von *u* zeigt sich im Ahd. in einzelnen Spuren. Br. § 32. A. 4. Die späteren Zeugnisse zeigen, dass er in Mitteldeutschland energischer durchgeführt wurde als in Oberdeutschland. Hier wird er, wie die mhd. Reime und Hss. ersehen lassen, durch Liquida- und Nasal-Verbindungen gehemmt; so im Opt. Prät. der st.V 1ᶜ: *gulte, schulte, hulfe, wurde; gewunne, brunne, kunne, funde, begunne, drunge,* *sunge*. — Ferner: ahd. *antwurti*, mhd. *antwurte* Antwort: ahd. *krumbi*, mhd. *krumbe* Krümme; ahd. *jungiro*, mhd. *junger*, *jünger*; ahd. *umbi*, mhd. *umbe* um Whd. § 61. 66. 73. 75. Auch *gg* und *ck* hindern den Umlaut: *brugge* Brücke, *mugge* Mücke, *rucke* Rücken, *stucke* u. a. Paul, § 40 A. 2. Behaghel. Grdr. § 24.

Die jetzige Schriftsprache folgt im allgemeinen dem md. Gebrauch, wie denn in den angeführten Wörtern ausser dem unbetonten *um* der Umlaut gilt. Aber in andern hat sich *u* gehalten: *dulden, geduldig, Huld, schuldig, Gulden,* (aber Adj. *gülden, golden,* ahd. *guldin*), *purzeln* (aber *Bürzel*), *Kunde, Wonne* (für *Wunne* § 225), *Buckel* (aber *bücken*); *Kur, Kurfürst* (aber *Willkür*), mit differenzierter Bedeutung *drücken* und *drucken, zücken* und *zucken*; s. v. Bahder, Grundlagen S. 199 f.

Anm. Bei manchen Bildungen ist zweifelhaft, ob sie Anspruch auf den Umlaut haben; besonders gehören hierher die Intensivbildungen, denen teils Verba auf *-jan*, teils solche auf *-ôn* zu Grunde liegen; vgl. *rupfen, schupfen, zupfen* (vgl. *ziepen*): *schlüpfen; bücken, schmücken, drücken, zücken : schlucken* (zu *schlingen*), *ducken* (zu *tauchen*), *spucken* (zu *speien*), *stutzen* (zu *stossen*); s. von Bahder a. O.

â > æ.

205. Im Ahd. ist von diesem Umlaut noch keine Spur wahrzunehmen; erst seit dem 11./12. Jahrh. tritt er, zuerst in fränkischen Denkmälern auf. Br. § 34. A. 2. Im Friedberger Christ dient er bereits zur Unterscheidung des Ind. und Opt. Prät. *jah : jæhe, was : wære,* und mittelfränkische Dichter des 12. Jahrh. reimen schon unbedenklich *æ : ê.* Whd. § 93. Anderseits aber hält sich auch noch *â* und Heinrich von Veldegge lässt nicht wahrnehmen, dass er umgelautetes *â* kannte. Auch manche oberdeutsche Dichter gestatten noch im 13. Jahrh. *â : æ,* namentlich vor *r* und *h*; Whd. § 89. Gr. 1³, 173. Dennoch ist schliesslich der Umlaut regelmässig durchgeführt; z. B. ahd. *giwâti,* mhd. *gewæte;* ahd. *ginâmi* genehm, ahd. *zâhi* zähe; ahd. *wân(i)u* wähne; ahd. *gibârida* Gebärde; ahd. *gâbi* ich gäbe; ahd. *sâ(i)an* säen.

Bezeichnet wurde der Umlaut ganz wie der jüngere Umlaut von *a* teils durch *e*, theils durch *ä*. *ä* oder *ä* ist in der Schriftsprache zur Anerkennung gekommen, und zwar nicht nur in Formen, in denen der Umlaut leicht zu erkennen ist, wie in den Optativen *bräche, träte, ässe* etc.; den Pluralen *Spähne, Drähte, Räte* etc.; in durchsichtigen Ableitungen wie *Nähe, Gräfin, jährig*; sondern auch in andern; z. B. *bähen, blähen, nähen, Gräte, Märchen, verbrämen*; auch in einigen, in denen der Vocal verkürzt ist: *dächte, brächte, ansässig, Schächer*. In verhältnismässig wenigen ist *e* eingetreten: *Schere* mhd. schære, *schwer* mhd. swære, *leer* mhd. lære, *genehm* mhd. genæme, *selig* (*glück-, gott-, leut-, holdselig*) mhd. sælic u. e. a. Orth. § 45. Da nun das alte aus *ai* zusammengezogene *ê* in unserer Schrift durchaus als *e* fortbesteht (z. B. *See, Schnee, sehr, Klee, hehr, Zehe* etc.), so ist der historische Unterschied hier ziemlich gut bewahrt. Der Schrift entsprechend scheidet auch die Aussprache; nur wo wir *e* schreiben, geben wir dem Umlaut die geschlossene Aussprache, so dass *schwer* mhd. swære wie *sehr* mhd. sêre, *drehen* mhd. dræjen wie *flehen* mhd. vlêhen klingt; sonst hat æ den offnen, ê den geschlossenen Laut, und es ist anzunehmen, dass hiermit der ursprüngliche Unterschied gewahrt ist. Der Umlaut von *â* stimmte also wie in dem Zeichen so auch in seinem Wert mit dem jüngeren Umlaut von *a* überein. Mundartlich ist er allerdings vielfach in geschlossenes *ê* übergegangen (vgl. PBb. 13, 574), besonders in Mitteldeutschland, wenn auch von Bahder, Grundlagen S. 110 mit Recht hervorhebt, dass aus den md. Reimen von æ : ê nicht auf vollen Gleichklang zu schliessen ist.

Anm. Abneigung gegen den Umlaut zeigen früher die 2. 3. Sg. Präs. der st. V. 5: *râtest, râtet*; *slâfest, slâfet* etc. Whd. § 89; vgl. § 194 c.

ô > œ.

206. Für den Umlaut des *ô* finden sich im Ahd. erst spät wenige Spuren, indem *oi* geschrieben wird: *troistest, troistanne*. Br. § 45. A. 4. Auch md. Schreiber halten vielfach an dem *ô* fest (vgl. § 202) und selbst oberdeutsche Dichter wie Heinrich von Türlin und Thomasin von Zirclære unterscheiden in ihren Reimen nicht *ô* und *œ*. Gr. 1³, 179. Whd. § 116. 111. Im allgemeinen jedoch wird der Umlaut im Mhd. anerkannt und jetzt ist er regelmässig durchgeführt; z. B. ahd. *hôren* (g. *hausjan*), *hören*; ahd. *lôsen*, *lösen*; ahd. *brôdi*, *brœde*; ahd. *scôni*, *schön*; ahd. *hôhi*, *Höhe*; ahd. *nôti*, *nœte*.

û > iu, ü.

207. Den Umlaut von *û* bezeichnet zuerst N. consequent, und zwar durch *iu*, während andere ahd. Schreiber sich mit dem einfachen *u* zu behelfen pflegen; Br. § 42. Auch in jüngeren Hss. namentlich in md., herrscht vielfach noch *u*, Whd. § 119. 122; jedoch ist der Umlaut ziemlich regelmässig durchgeführt; z. B. *mûs*, Pl. *miuse* Mäuse; *hût*, *hiute* Häute; *krût*, *kriuter* Kräuter; ahd. *chûski*, mhd. *kiusche* keusch; ahd. *hlûtjan*, mhd. *liuten* läuten, zu *hlût* laut; ahd. *hlûtarjan*, mhd. *liutern* läutern, zu *hlûttar* lauter; ahd. *gibûrisc*, mhd. *gebiurisch* bäurisch; ahd. *bûtil*, mhd. *biutel* Beutel; mhd. *kiuzelîn* Käuzlein, zu *kûze* Kauz; mhd. *fiustelinc* Fäustling, zu *fûst* Faust etc. Auch *rûmen*, *sûmen*, *sûmig*, die im Mhd. ohne Umlaut gebraucht zu werden pflegen, haben ihn jetzt angenommen *räumen*, *säumen*, *säumig* (aber *saumselig*); vgl. von Bahder, Grundlagen S. 213. Whd. § 119. (*trauern* und *traurig* ahd. *trûrên*, *trûrag* haben keinen Anspruch darauf).
— Über die Diphthongierung des *û* s. § 217.

uo > üe, ü.

208. Dass der Diphthong *uo* durch folgendes *i* beeinflusst wurde, lassen die altdeutschen Handschriften noch wenig erkennen. Einige Spuren begegnen vielleicht schon im 9. Jahrh. (Br. § 40 A. 2. § 39 A. 8); bestimmtere, aber doch nur wenige, seit dem 10. 11. Jahrh. (Br. § 40 A. 3), und noch im 13. Jahrh. lassen die Reime namentlich bairischer Dichter den Unterschied zwischen *uo* und *üe* nicht immer scharf hervortreten. Whd. § 138. vgl. § 144. Aber schliesslich ist der Unterschied doch mit ziemlicher Regelmässigkeit durchgeführt. Gr. 1³, 199; z. B. ahd. *huonir* Hühner, ahd. *huobi*, mhd. *hüebe* höbe; ahd. *truogi* trüge; ahd. *ginuogen* genügen; ahd. *suonen* sühnen;

ahd. *kuoni kühn*; ahd. *gruoni grün*; zu *tuoh* gehört *tuohil*, mhd. *tüechel* Tüchlein; zu *kuofa Küfer*, zu *guot gütlich* etc.

Nur wenige haben sich dem Umlaut entzogen. Im Mhd. gilt neben *üeben* (ahd. *uoben*, as. *ôbian*) *uoben*; *suchen* (ahd. *suochen*, g. *sôkjan*) und *geruhen* (ahd. *ruochen*, as. *rôkian*) haben sich bis jetzt behauptet.

ou > *öu, äu.*

209. Die ersten Spuren des Umlauts sind kaum jünger als bei andern Vocalen, doch wird er weniger regelmässig bezeichnet. Whd. § 126. Gr. 1[3], 196. Beispiele: mhd. *bougen, böugen* (ahd. *baugjan*) beugen zu *biegen*; mhd. *rouchen, röuchen* räuchern zu *riechen*; mhd. *erougen, eröugen* (vgl. g. *at-augjan*) vor Augen bringen, zeigen, zu *ouge*; mhd. *soumœre, söumœre* Säumer zu *soum*; mhd. *göuchelîn* Gäuchlein zu *gouch*; durch Formübertragung: mhd. *boum, boume* oder *böume*; *loub, louber* und *löuber*. Gehemmt wird der Umlaut durch labiale Laute: g. *haubiþ*, ahd. *houbit* : Haupt, g. *galaubjan* : *glauben*; g. *raupjan* : *raufen*, g. *daupjan* : *taufen*, g. *daupeins*, ahd. *taufi* : Taufe; ebenso mhd. *sloufen* und *stroufen*; aber nach der Analogie anderer Ableitungen sagen wir *Täufer* neben *taufen, gläubig* neben *glauben*; ebenso *läufst, läuft*; *ersäufen, betäuben, stäuben, sich bäumen, säumen, träumen* u. a.

Auch das vor geschärftem *w* entstandene *au* entzieht sich dem Umlaut: *Frau* aus *frawja*, *Aue* aus *awja*; in Wörtern wie *Heu, streuen, freuen, Freude* liegt nicht Umlaut von *ou* sondern von *a* vor; § 193.

Anm. In Luthers Mundart hindern die Labiale den Umlaut nicht; er sagt *Heubt, gleuben, erleuben, teufen, keufen* (vgl. ags. *cŷpan* neben g. *kaupôn*, ahd. *choufôn*). Auch die Ableitungen *zeuberer, zeuberey* haben den Umlaut, während ihn *glaubig, taufer* abweichend vom Nhd. und den zugehörigen Verben entbehren. *lougnen* schreibt er neben *leugnen, leucken* (ahd. *lougnjan*) altem Brauche gemäss; hier hinderte das *n* den Umlaut (§ 195c); s. Franke § 23 f. von Bahder, Grundlagen S. 216 f.

iu.

210. Einen Umlaut von *iu* lässt unsere Schriftsprache

nicht erkennen. Aber Mundarten und alte Handschriften zeigen, dass wenigstens auf einem Teil des Sprachgebietes der Diphthong sich verschieden gestaltete, je nachdem ein *i* in der folgenden Silbe stand oder nicht. In Grieshabers Predigten z. B. wird der reine Diphthong durch *iu*, der umgelautete durch *u^i* bezeichnet; *hiute*, ahd. *hiutu* und der Sg. *liut* klangen anders als der Pl. *liute*, ahd. *liuti*. Wir sprechen jetzt denselben Diphthongen *eu*. Behaghel, Germ. 34, 247. 370.

Ursprung und Wesen des Umlauts.

211. Abgesehen von den consonantischen Einflüssen, die sich bei den verschiedenen Vocalen verschieden äussern, hält sich der Umlaut aller Vocale in denselben Grenzen wie der des *ä*. Wie ist das zu erklären, da er doch erst zu einer Zeit in die Erscheinung tritt, da die *i* und *j*, welche den Umlaut von *ä* bewirkt hatten, längst nicht mehr intact waren? Dieselbe Frage drängt uns der jüngere Umlaut von *ä* auf. In Bildungen, deren Endung das *i* bewahrt hatte wie die Ableitungssilben *-inn*, *-niss*, *-lîch*, *-lîn*, könnte man annehmen, dass der spät erscheinende Umlaut erst spät entstanden sei; aber auf viele andere ist die Erklärung nicht anwendbar. Wörter wie *geslehte, mehte, gerwen, zehere, megede, frevele, beckære, jegære* u. v. a. hatten ihr *i* schon in der ahd. Zeit verloren und doch zeigen sie später den Umlaut. Aus den Wirkungen der Analogie (Whd. § 9) lässt sich die auffallende Thatsache nicht befriedigend erklären; denn das offene *ä*, die *ö*, *ü*, *öu* waren Vocale, die in der Sprache noch gar nicht vorhanden waren, und wie hätten neue Laute durch Formübertragung entstehen können? Die Verhältnisse zwingen zu der Annahme, dass der Umlaut in der Sprache früher vorhanden gewesen ist, als er in der Schrift bezeichnet wurde.

Man hat sich gegen diese Annahme lange gesträubt, namentlich ist ihr Grimm öfter sehr entschieden entgegen getreten (Gr. 1², 78. 109. 361. 1³, 75); und in der That erscheint sie zunächst auch bedenklich. In mehreren unserer ahd. Denkmäler ist die Lautbezeichnung mit grosser Sorgfalt behandelt; so im Isidor, von Otfried und Notker; wie sollten sie einen so auffallenden Unterschied unausgedrückt gelassen haben? Aber dieser Einwand wäre nur stichhaltig, wenn der reine und der umgelautete Vocal sich von Anfang an so bestimmt unterschieden hätten, wie jetzt. Und zu dieser Voraussetzung hat man keinen Grund; im Gegenteil. Zunächst kann die Wirkung des *i* nur zu einer Nuance des Vocals geführt haben, welche den Grundcharakter des Lautes noch deutlich hervortreten liess, den Schreibern es gestattete für beide dasselbe Zeichen zu verwenden, weniger sorgfältigen Dichtern beide im Reim zu binden. Die Bezeichnung des Umlautes in der Schrift bekundet nicht sowohl eine Neubildung der Sprache als eine Verbesserung der Orthographie. Der Grund zu allen Umlauten muss gelegt sein, als *i* und *j* der Endung noch vorhanden waren, und für alle Vocale in derselben Zeit, also im 8. Jahrh. Die Schreiber behalfen sich noch lange mit den herkömmlichen Zeichen, obschon ihnen der Unterschied der Laute gewiss nicht entging. Nur einen Umlaut, von *a* bezeichneten sie durch *e*, weil die Schrift ihnen für diesen Laut ein Zeichen von gleichem oder annähernd gleichem Wert bot. Dann kam *û* an die Reihe, aus keinem andern Grunde, als weil der alte Diphthong *iu* zu einem *ü*-Laut zusammengezogen war (§ 213). Für die übrigen Umlaute, denen kein Zeichen von selbst erwuchs, erfand man sie schliesslich. Wie langsam sie recipiert wurden, ist oben § 202 bemerkt.

Wenn diese Auffassung von dem Alter der Umlaute richtig ist, so ergiebt sich von selbst, dass auch der sogenannte jüngere Umlaut des *a* nicht eigentlich jünger, sondern nur schwächer ist. Ein *i* in dritter Silbe und in schweren Ableitungssilben wirkte weniger kräftig als das unmittelbar auf die Stammsilbe folgende und gewisse Consonantverbindungen schützten den Vocal der Stammsilbe. In dem einen Falle ergab sich das dem *i* näher stehende geschlossene *e*, in dem andern das offne *ä*, welches dem Grundlaut näher stand. Für die übrigen Laute ist ein ähnlicher Unterschied vorauszusetzen, wenn er auch in der Sprache nicht zur Geltung gekommen ist.

212. Weiter ist zu erwägen, in welcher Weise das *i* auf den Vocal der Stammsilbe wirkte. Scherer S. 71—75 stellte die Ansicht auf, dass diese Wirkung sich zunächst auf den vorangehenden Consonanten erstreckt habe; dieser sei durch folgendes *j* oder *i* mouilliert, und der mouillierte Laut habe weiter den vorangehenden Vocal angegriffen, so dass die Änderung des Vocales noch stattfinden konnte, als das *i* bereits verschwunden war. Andere haben die Ansicht aufgenommen; selbständig glaubte Sievers darauf gekommen zu sein (Verh. der Leipz. Phil. Vers. 1872 S. 189 f.). Aber obwohl ich den Einfluss des *i* auf vorangehende Consonanten nicht leugnen will, so glaube ich doch nicht, dass die umlautwirkende Kraft desselben zunächst in den Consonanten gleichsam aufgespeichert wurde und erst später den Vocal ergriff. Für den jüngeren Umlaut, der durch *i* in der dritten Silbe und den Endungen *-niss, -lich, -lîn* bewirkt wurde, versagt die Erklärung überhaupt. Ich fasse ähnlich wie Grimm den Umlaut als eine Art Epenthese auf, nur nicht in der Weise, dass das *i* als selbständiges Element dem Vocal der Stammsilbe zugesellt wurde. Denn wenn dafür auch geltend gemacht werden könnte, dass der Umlaut öfters durch ein dem Stammvocal hinzugefügtes *i* bezeichnet wird (*airin, aigi, ailliu, muillen, suinta, guita, troistet, scoina*), so widerstreitet ihr doch die Thatsache, dass die Umlaute von den Diphthongen durchaus gesondert geblieben sind. Vielmehr wurde das *i* in der Weise in die Stammsilbe aufgenommen, dass die Zunge, noch ehe sie den trennenden Consonanten articulierte, schon die Stellung, die das *i* verlangte, einzunehmen trachtete. Wie die beiden Elemente mit einander verschmolzen, zeigen ganz deutlich *ü* und *ö*, welche die Lippenarticulation von *u* und *o* mit der Zungenstellung des *i* verbinden. Auch dass ein *i* der dritten Silbe auf die Stammsilbe wirkte, ist bei diesem Vorgang wohl begreiflich; Bedingung war nur, dass im Bewusstsein des Sprechenden der Charakter der Endung lebendiger war, als der der Mittelsilbe; vgl. § 180, 2.

Auf den Zusammenhang des Umlautes mit dem Verfall der Endungen hat man von jeher hingewiesen; Gr. 1³, 74 f. Th. Jacobi, Beiträge S. 127. Scherer S. 72. Paul, PBb. 6, 143. Je kräftiger sich die Stammsilbe im Bewusstsein und in der

Erscheinung über die Endung erhob, um so mehr zog sie die charakteristischen Lautelemente an sich, und je mehr dieses Ziel erreicht wurde, um so entbehrlicher wurden sie in den Endungen. Darum erfahren die unbetonten Mittelsilben den Einfluss eines folgenden *i* keineswegs in derselben Weise wie die betonten Stammsilben, und darum wirkt ein halb betontes *i* weniger energisch als das ganz unbetonte.

Viertes Kapitel.
Jüngere Monophthongierungen und Diphthongierungen.

Der Umlaut ist die letzte grosse Bewegung, welche, obschon nicht in ganz gleicher Ausführung, das ganze Sprachgebiet ergreift; die jüngeren Processe bleiben mundartlich beschränkt. Wir betrachten zunächst die, welche in der Schriftsprache noch zur Anerkennung gekommen sind; die Monophthongierung von *iu*, die Diphthongierung von *î*, *û*, *ü* und die Monophthongierung von *ie*, *uo*, *üe*.

Monophthongierung von *iu*.

213. Der Diphthong *iu* wird im Mhd. gewöhnlich noch durch *iu* bezeichnet, z. B. *tiure, biugest, biuget*; doch muss der Laut schon früh dem einfachen *ü* sehr nahe gestanden haben, da N. dasselbe Zeichen für den Umlaut von *û* gebraucht und auch frz. *u* durch *iu* wiedergegeben wird; z. B. *aventiure, covertiure, fossiure*. Br. § 49. Whd. § 129. Ein vollkommen einheitlicher Laut braucht es deshalb nicht gewesen zu sein, vielleicht immer noch ein Diphthong, in dem die Articulation allmählich von *i* zu *ü* fortschritt.

Neben *iu* wird aber auch *u* geschrieben, namentlich im westlichen Mitteldeutschland. Schon auf altchristlichen Grabsteinen von Worms und Mainz, in Urkunden des 8. Jahrh. und andern Aufzeichnungen findet man dieses *u*; im 11. und 12. Jahrh. wird es mit steigender Vorliebe neben *iu* und *ui* gebraucht (Whd. § 132); bei Heinrich von Veldegge ist es durchaus für *iu* eingetreten. Behaghel S. LVII. Aber auch in Oberdeutschland zeigt sich das *u*; aus bairischen Denkmälern giebt Whd. B. Gr. § 160 einige Belege, häufiger ist es in alemannischen; Beispiele für das Elsässische bei Whd. A. Gr. § 126, für das Schwäbische § 93, für das Alemannische § 47. — Braune (§ 49 A. 1) sieht in diesem *u* einen Versuch den Monophthong *ū* zu bezeichnen, der allerdings nahe lag, da der Umlaut von *û*, der ja auch wie *ū* klang, gewöhnlich noch durch *u* bezeichnet wurde. Aber diese Auffassung, obwohl in vielen Fällen sicher berechtigt (ZfdA. 35, 381 f.), hat keinen Anspruch auf allgemeine Geltung. Eine Reihe mitteldeutscher Mundarten zeigt, dass in gewissen Fällen sich wirklich *iu* zu *û* entwickelt hat, entweder direct aus dem Diphthongen, oder indirect durch Vermittelung von *ū*, und Reime lassen schliessen, dass diese Entwickelung schon in mhd. Zeit stattgefunden hatte. Whd. § 130. 132. Behaghel, Grdr. § 41, 2.

Besonders zu beachten ist *ûw* für *iuw*; in dieser Verbindung erkennt auch die Schriftsprache neben Formen mit *iu* (nhd. *eu* § 217) auch solche mit *û* (nhd. *au* § 216) an: mhd. *bliuwen* bleuen (schlagen), *riuwen* reuen; aber *briuwen* brauen, *kiuwen* kauen; neben *Treue*, mhd. *triuwe* steht das Adv. *traun*; neben *Greuel*, mhd. *griuwel* : *graulen, graulich*; neben *Knäuel*, mhd. *kliuwelîn* : *Knaul*, neben *Neuenburg* : *Naumburg* : neben *kauen* : *wiederkäuen*. (In *Durch-*, *Erlaucht* mhd. *erliuht* beruht das nhd. *au* = *û* auf einem (falschen) Rückumlaut: *liuhten lûhte*.) v. Bahder, Grundlagen S. 214 f.

Anm. 1. Nicht überall wo *û* und *iu* in verschiedenen Formen derselben Wurzel begegnen, darf *û* auf *iu* zurückgeführt werden, denn die beiden Laute sind schon idg. selbständige Stufen derselben Ablautreihe. Aber je später die Formen mit *û* zu belegen sind, um so misslicher ist es, ihre Erklärung auf die idg. Grundlage zurückzuführen.

Diphthongierung von *û*, *î*, *iu*.

214. Als seit dem 8. Jahrh. die langen Vocale *ê* und *ô* zu Diphthongen übergingen, hielten die extremen Vocale *î* und *û* Stand. Aber mehrere Jahrhunderte später unterliegen sie und ebenso der jüngere aus *iu* (Diphthong und Umlaut von *û*) entstandene Vocal *ū* einer ähnlichen Bewegung, indem sie in *ei, ou, eu* übergehen; *mîn : mein, wîp : weib, fûl : foul, hûs · hous, hiute : heute, briute : breute*. Die ältere und die jüngere Diphthongierung stimmen darin überein, dass die andauernde gleichmässige Articulation der älteren Laute aufgegeben wird und sich ein offner dem *a* näher liegender Laut mit ihnen verbindet; sie unterscheiden sich dadurch, dass bei *ê* und *ô* der neue Laut dem älteren folgte (*ea, oa*, dann *ia, ie*; *ua, uo*), bei *î, û, iu* voranging (*ei, ou, eu*). Ob aber die Sprache bei den jüngeren Diphthongen gleich mit Entschiedenheit den einfachen Laut auf diese Weise beseitigte, ist fraglich. Die frühesten Spuren der Diphthongierung glaubt man nämlich in einer Hs. des 11. Jahrh. in der Schreibung *huosherro, siet* für *hûsherro, sît* zu finden, wo also wie bei *ê* und *ô* der offnere Laut hinter *û* und *î* steht (MSD. S. XXVII. Schönbach, ZfdA. 20, 130. Scherer S. 42). Der Grund, dass die Sprache schliesslich die umgekehrte Bahn verfolgte, kann darin liegen, dass sie die Diphthonge *ie, uo, üe* bereits besass.

Die Diphthongierung beginnt auf bairisch-österreichischem Gebiet, kommt dann aber auch in den Mundarten von Schlesien und Obersachsen, im Oberfränkischen und in den südlichen Teilen des Mittelfränkischen, ja auch in einzelnen Bezirken des Alemannischen zur Geltung. Andere Mundarten lassen die Diphthonge nur in offener Silbe oder vor folgendem Vocal eintreten: der nördliche Teil des Mittelfränkischen, das Thüringische mit dem nördlichen Teil des Hessischen und ein Teil der alemannischen Mundarten. Die übrigen enthalten sich ihrer ganz. Wann die einzelnen Mundarten in die Bewegung eintreten, ist schwer zu sagen, weil der Einfluss der kaiserlichen Kanzlei und die Ausbildung der gemein-deutschen Schriftsprache nebenher gehen, also immer die Frage aufzuwerfen ist, ob die Diphthonge eines Denkmals durch diese Factoren oder durch die Änderung der Aussprache in der Mundart hervorgerufen sind. Behaghel, Grdr. § 35.

215. Eine kurze Geschichte der neuen Diphthonge in der Schrift giebt Whd. § 105. 106. 108. Wenn wir von einzelnen, zum Teil unsicheren Spuren absehen, die bis in die ahd. Zeit hinaufreichen (Singer, PBb. 11, 295. 300. Br.

§ 41 A. 3. § 49 A. 4), so beginnen deutliche Zeichen der Bewegung mit dem 12. Jahrh. Gegen Ende desselben finden wir sie in bairisch-österreichischen Hss. schon in ziemlicher Ausbreitung neben den alten Lauten; zu Ende des 13. Jahrh. hat die der Aussprache folgende Bezeichnung den Sieg über die historische Orthographie davon getragen, wenn auch noch im Anfang des 14. Jahrh. die alten *i, u, iu* aus der Schrift nicht ganz verschwunden sind. Aus dem Südosten verbreiten sich dann die neuen Diphthonge weiter. In Böhmen haben sie schon von 1310 an die Oberhand; bald nachher finden wir sie auch im östlichen Ostfranken, in Bamberg. In Schlesien fügen sich die fürstlichen Kanzleien in der zweiten Hälfte des 14. Jahrh., während die Städte bis gegen Ende des Jahrh. Widerstand leisten; ähnlich im westlichen Ostfranken. In Obersachsen erhalten *ei, au, eu* erst seit 1470 das Übergewicht; in Mainz, Worms, Frankfurt erst um die Wende des 15. 16. Jahrh. — Zu derselben Zeit waren die Diphthonge auch schon in das alemannische Gebiet vorgedrungen. Augsburger Drucker bedienen sich ihrer von Anfang an, schon seit den siebziger Jahren; bald folgen Ulm, Strassburg selbst Basel, namentlich in Verlagsartikeln, die für ein weiteres Absatzgebiet bestimmt waren. Obwohl man die einfachen Vocale noch lange nicht aufgab, manche sich streubten die der Mundart widersprechenden Diphthonge anzuerkennen, war ihre Herrschaft in der Schriftsprache doch zu Ende des 15. Jahrh. bereits entschieden. Am längsten widerstand die politisch und confessionell getrennte Schweiz. Während von Basel doch schon im 15. Jahrh. gemeindeutsche Drucke ausgegangen waren, nahm die Baseler Kanzlei die Diphthonge erst um 1580 an, die Züricher gar erst zwischen 1650 und 1675. Nähere Angaben: Wülcker, die Entstehung der kursächsischen Kanzleisprache, Z.d.V. f. Thüringische Geschichte IX, 349 f. Ders., Luthers Stellung zur kursächsischen Kanzleisprache, Germ. XXVIII, 191 f., PBb. 4, 1 f. Socin, Schriftsprache und Dialekte. Kluge, von Luther bis Lessing, S. 60 ff. W. Scheel, Beiträge zur Geschichte der nhd. Gemeinsprache in Köln. (Marburg 1892) S. 38.

216. Verhältnis der jungen zu den alten Diphthongen. Die mustergültige Aussprache des Nhd. erkennt einen Unterschied zwischen den älteren und jüngeren Diphthongen nicht mehr an; wir sprechen *mein*, mhd. *mîn* wie *Bein*, mhd. *bein*; *kaum*, mhd. *kûme* wie *Baum*, mhd. *boum*; *Häute*, mhd. *hiute*, ahd. *hûti* wie *Leute*, mhd. *liute*, ahd. *liuti* und *heute*, mhd. *hiute*, ahd. *hiutu*. Durch die Entwickelung der jüngeren Diphthonge war dieser Zusammenfall an und für sich nicht bedingt.

1. *î, ei; û, ou*. Dieselbe Neigung mit einem offneren Laut einzusetzen, welche *î* und *û* zu *ei* und *ou* verschob, hatte auch die alten Diphthonge *ei* und *ou* ergriffen und sie zu *ai* und *au* gewandelt; diese hatten also, soweit die Schrift die Qualität erkennen lässt, dieselbe Gestalt wiedergewonnen, die sie ehedem im Ahd. gehabt hatten, und die jüngern Diphthonge rückten an einen frei gewordenen Platz. Schönbach, Verh. d. Wien. Ak. XCVIII. S. 918 f. Durch diese Bewegung blieb also eine Grenze zwischen den älteren und jüngeren Lauten, und die Mundarten erkennen sie trotz mancher Umwandlungen, welche beide weiterhin erfahren haben, noch jetzt an (Behaghel, Grdr. § 39. 40.); ja selbst im Gebrauch der Schriftsprache macht sich auf schwäbisch-alemannischem Gebiet der historische Unterschied noch geltend (Trautmann § 940); doch im allgemeinen ist er erloschen in der Schrift und in der Sprache.

Zuerst fielen *û* und *ou* zusammen. Schon im 13. Jahrh. werden von Baiern und Österreichern beide Laute oft gereimt, namentlich in den Verbindungen *oum : ûm, oub : ûb, ouf : ûf*, also vor folgenden Labialen. Dem entsprechend wird denn auch schon im 12. Jahrh. *au* für *û* geschrieben; seit Ende des 13. Jahrh. drängt *au* sich stark vor und hat dann später die Alleinherrschaft errungen. Whd. § 118. — Besser behauptet sich der Unterschied von *ei* und *ai*. Zwar finden wir auch diese Laute bereits im 13. Jahrh. gereimt, zuerst von Heinrich von Türlein; aber andere meiden diese Reime noch am Ende des Jahrh. und später; Whd. § 106. „Auf das Vorhandensein einer Schriftsprache, die das grob Dialektische mit bewusster Absicht von sich fernhielt" (Socin S. 137), ist daraus mit nichten zu schliessen; die Reime werden gemieden, weil sie nicht genau waren; beide Laute waren zwar Diphthonge, aber verschiedene. So gehen auch noch im 14. Jahrh. die Zeichen *ei* und *ai* in ziemlich correcter Scheidung neben einander her (Whd. § 106) und noch unsere jetzige Orthographie deutet darauf hin, dass hier ein kräftigerer Unterschied waltete als zwischen *û* und *ou*. Für diese beiden gilt nur das Zeichen *au*, für *î* und *ei* aber sind noch beide, *ei* und *ai*, im Gebrauch. *ei* schreiben wir gewöhnlich, für altes *î* sowohl als für altes *ei* (z. B. *klein, Arbeit*), *ai* in wenigen Wörtern, aber nur für altes *ei*. Der Wunsch, gleichlautende Wörter in der Schrift zu unterscheiden, hat es gehalten, z. B. *Saite* mhd. *seite, Seite* mhd. *site*. Die Zurückdrängung des *ai* beklagt gegen Ende des 15. Jahrh. Nicolaus von Wyle. Orth. § 59. — Die jetzige Aussprache von *au* und *ei* variiert in den verschiedenen Landesteilen (Trautmann § 929). Gemeinsam ist der Zug, die Bestandteile der Diphthonge einander zu nähern: wo die Articulation von *a* ausgeht, endet sie in *e* oder *o·* endet sie in *i* oder *u*, so geht sie von *e* oder *o* aus.

217. 2. *iu, öu, eu, äu*. Verwickelter sind die Verhältnisse beim *eu*. Hier sind — abgesehen von Einzelheiten — drei ursprünglich verschiedene Laute zusammengefallen: der alte Diphthong *iu* (*hiute*, ahd. *hiutu, heute*), der Umlaut von *û* (*hiute*, ahd. *hûti, Häute*) und der Umlaut von *ou* (mhd. *roubære, röubære, Räuber*). Die beiden ersten pflegen schon im Mhd. durch dasselbe Zeichen *iu* ausgedrückt zu werden, doch waren die Laute, wie die mundartliche Entwickelung und handschriftliche Überlieferung zeigt, noch nicht identisch; ja vielleicht war der alte Diphthong noch gar nicht zu einem ganz einfachen Vocal zusammengezogen (§ 213). Noch gegen Ende des 16. Jahrh. weiss Helber die beiden Laute fast ganz genau zu sondern; nur umgelautetes *iu* (§ 210) fiel ihm mit dem umgelauteten *û* zusammen; Behaghel, Germ. 34, 370. Aber jedenfalls standen die Laute sich nahe, und unterlagen im Bairischen der gleichen Neigung wie *î* und *û*, sie mit einem offneren Einsatzvocal zu verbinden. — Kräftiger unterschieden sie sich von

dem *öu* (Umlaut von *ou*) und selbst die bairisch-österreichischen Dichter reimen sie nur selten. Whd. § 129. Auch manche Drucke hielten sie aus einander, indem sie den Umlaut von *ou* durch *eu* (*ŏu*, *áu*), das alte *iu* aber durch *eü* bezeichneten; also *Eül, feür, heür, teütsch, theüer, heürlinc, leüss, meüss*, mhd. *iule, fiur, hiure, tiutsch, tiure, hiurlinc, liuse, miuse*; aber *freuwlein, euglein, reuber, leuffer* zu mhd. *frouwe, ouge, roup, louf*. Orth. § 61. Doch beginnt die Vermischung früh. Für den Umlaut von *ou*, namentlich wo *aw* zu Grunde liegt (§ 193), war *eu* ein gewöhnliches Zeichen, und umgekehrt drang, nachdem *û* zu *ou*, *au* geworden war, *öu*, *äu* für den Umlaut von *û* ein; z. B. *höuser, zóunen*. Whd. § 126.

Wir brauchen in unserer Schrift jetzt *eu* und *äu* mit ähnlicher Unterscheidung wie *e* und *ä*. *äu* schreiben wir wo der Umlaut von *au* (mhd. *û* und *ou*) deutlich ist, sonst *eu*; z. B. *Haus*, mhd. *hûs* : *Häuser*; *faul*, mhd. *fûl* : *Fäule*; *Raub*, mhd. *roub* : *Räuber*; *Frau*, mhd. *frouwe* : *Fräulein*; dagegen *heute*, mhd. *hiute*, *neun*, mhd. *niun*.

Während also im Mhd. dasselbe Zeichen *iu* für den alten Diphthongen und den Umlaut von *û* gebraucht wird, brauchen wir jetzt *äu* für den Umlaut von altem *û* und *ou*. Consequent ist freilich unsere Schreibweise nicht durchgeführt; Orth. § 61. — Die Aussprache des Diphthongen variiert stark, indem man bei seiner Bildung teils von *e* oder *ä*, teils von *o* oder *ö* ausgeht; vgl. Trautmann § 942. Orth. § 58. Historische Unterschiede je nach dem Ursprung des Lautes sind im Nhd. nicht mehr zu erkennen. —

Dass in den Diphthongen ursprünglich verschiedene Laute so haltlos zusammen gefallen sind, ist zum Teil jedenfalls eine Folge davon, dass die jüngeren Diphthonge nur auf einem Teil des Sprachgebietes naturwüchsig waren. Sie wurden durch die Schriftsprache verbreitet und schlossen sich wie fremde Laute den zunächst verwandten einheimischen an. Der erste der es ausspricht, dass die deutsche Sprache nur drei Diphthonge *au, eu, ei* habe, ist wohl Fab. Frangk. Seine oberdeutschen Zeitgenossen standen der heimischen Mannigfaltigkeit ziemlich ratlos gegenüber. Orth. § 57.

218. Unregelmässigkeiten. Das Nhd. hat in einigen Wörtern die einfachen Vocale statt der Diphthonge; zum Teil beruhen sie auf ndd. Einfluss, zum Teil auf alten Doppelformen mit langem und kurzem Vocal, zum Teil auf Umdeutung. So gilt

i in *Biese, Beiswind* (Nordostwind), mhd. bîse, ahd. bîsa. *Friedhof* mhd. vrîthof, angelehnt an Friede. *Niednagel* (eig. Neidnagel, vgl. frz. l'envie), verschieden von *Niet* (Nagel). *schwiemen, schweimen* mhd. swcimen, swîmen; *schwiemeln*, mhd. swîmelen, swimmelen (schwindeln). *versiegen* urspr. st.V. 2; nach langem Schwanken hat sich der Vocal *ie* und die schwache Flexion durchgesetzt s. Weigand Wb. 2, 712 (wunderlich: Osthoff, PBb. 8, 267). *Spier* (hervorragende Gras- oder Kornspitze), *Spiere* (Mast- und Segelstange), *Spierschwalbe*, mhd. spîre. *Wiepe* (Strohwisch), ndd. wîp. — *Kiebitz* zeigt schon in der älteren Sprache mannigfach wechselnde Formen. In *Striemen* sind wohl zwei ursprünglich verschiedene Wörter zusammengefallen: mhd. strieme und streime, strîme. — Verkürzung von *î* zu *i* ist eingetreten in *dicht, Linnen, lichten*; s. § 250.

u: *Uhu* hat schon im Ahd. mannigfache Formen: hûwo, hûvo, hûf und ûwo, ûvo, ûf. Uhu, früher auch *Huhu* ist eine freie Umbildung; vgl. auch *Schuhu*; das regelrechte *Auf, Aufhütte* fehlt nicht.

ü: *Hüne* neben *Heune*, mhd. hiune.

Anm. Bei Luther finden wir *i* für *ei* in *Linwad* neben *leinen, dissyt, jensid, Erdrich* und namentlich in der Endung *-lin: pünktlin, megdlin, weiblin* etc. — *ü* für *eu* in *frund, fruntlich, früntlich* neben *freund, freundlich*; *süfftzen* für *seufzen*, *kültzlin* für *käuzlein*. — *u* für *au* in *uff* (vgl. ndd. *üf*, egl. *ŭp*) u. e. a., aber so vereinzelt, dass man es auf Rechnung der Setzer bringen darf. Franke § 30. 54. 59. Offenbar waren es verkürzte *î, û, ü*, die der Dehnung widerstanden.

Monophthongierung von *ie, uo, üe*.

291. Die Lücke, welche sich durch die Beseitigung der langen *î, û, ü* im Vocalsystem ergeben hatte, wurde bald dadurch wieder ausgefüllt, dass die Diphthonge *ie, uo, üe* zu *î*,

§ 219. 220.] Monophthongierung; mhd. *ie, uo, üe : ī, ū, ǖ.* 203

ū, ǖ zusammengezogen wurden. Die beiden Vorgänge fügen sich so gut zu einander, dass man ursächlichen Zusammenhang vermuten möchte, doch hat ein solcher nicht stattgefunden. Die Diphthongierung ist vom südöstlichen, die Monophthongierung von Mitteldeutschland ausgegangen. Sie beherrscht die nördlichen Grenzgebiete des Elsässischen und das Rheinfränkische; sodann Teile von Ostfranken, Thüringen, Obersachsen, Schlesien, auch den nördlichsten Teil des Mittelfränkischen. Behaghel, Grdr. § 33.

Es ist im wesentlichen derselbe Process, dem die drei Diphthonge unterliegen: der unbetonte zweite Bestandteil verklingt allmählich, so dass nur der erste übrig bleibt. Und so ist anzunehmen, dass die Laute gleichzeitig in die Bewegung eintraten, aber wann das geschah und wann dieselbe ihren Abschluss erreichte, ist nicht leicht zu bestimmen. von Bahder (Über ein vocalisches Problem des Mitteldeutschen, Lpz. 1880) setzte das allgemeine Zurücksinken in die Monophthonge in das 11. Jahrh., Müllenhoff (MSD. S. XXVI. XXXII) an das Ende des 11. und den Anfang des 12. Jahrh., Bechstein (Germ. 8, 355 f.) in das 13., Whd. unbestimmter in die mhd. Periode; Behaghel nimmt an, dass in Thüringen wenigstens bis ins 15. Jahrh. Diphthong und Länge noch gesondert waren.

220 1. Mhd. *ie* (Brechung von *iu* und Diphthong aus *ē*) > nhd. *ī*; z. B. ahd. *biotan*, mhd. *bieten*, nhd. *biten*; ahd. *miata*, mhd. *miete*, nhd. *Mīte*. Wir schreiben zwar noch *ie*, doch ist dies *ie* für uns nur Dehnungszeichen; phonetische Schreibung würde *i* verlangen. Dies einfache unserer jetzigen Aussprache gemässe Zeichen finden wir nun bereits im 9. Jahrh., also zu einer Zeit, da *io* noch die gewöhnliche Form war. Br. § 48 A. 3. Häufiger wird es seit dem Ausgang des 11. und dem Anfang des 12. Jahrh. in Denkmälern, die nach Mittelfranken und Hessen gehören; dann gehen im 13. und 14. Jahrh. *ie* und *i* in mitteldeutschen Hss. ohne bestimmte Regel neben einander her, bald wird *ie* vorgezogen, bald *i*. Whd. § 134. Umgekehrt wird auch *ie* für *i* geschrieben; im Ahd. von einem speciellen Fall der Notkerschen Mundart abgesehen, noch ganz selten; Br. § 31 A. 5. § 37 A. 1; ziemlich oft vom 12. Jahrh.

an im Mitteldeutschen; und zwar verhältnismässig selten für $\hat{\imath}$ (Whd. § 107), viel öfter für $\bar{\imath}$ (Whd. § 48). Aber diese wechselnde Schreibweise beweist doch noch nicht die Identität der Laute. Das einfache *i* wenden als ein bequemes Zeichen auch oberdeutsche Schreiber gar nicht selten für *ie* an, obwohl für sie der Laut doch ohne Frage diphthongisch war (Whd. § 131); und *ie* für $\bar{\imath}$ beweist nur, dass die Aussprache des kurzen *i* eine besondere Nuance angenommen hatte, welche die Schreiber durch ein hinzugefügtes *e* passend glaubten bezeichnen zu können; auch *ei* und *e* finden wir daneben in denselben Hss. (Whd. § 48. Gr. 1³, 163. 222 f. DWb. 1, LVII). Sorgfältige Dichter der guten mhd. Zeit binden *i* und *ie* gar nicht oder nur unter gewissen Bedingungen. Heinrich von Veldegge reimt sie, wo *ie* vor Doppelconsonanz verkürzt war (*jongelinc, dinc*: *vienc, ergienc*), oder wo $\hat{\imath}$ vor folgendem *r* einen vocalischen Nachklang erhielt (*Spire : schiere, gîre : ondiere*); Behaghel S. LXI; auch Herbort von Fritslar scheidet die Laute; Frommann zu v. 571. Also in ihren Mundarten war der historische Unterschied jedenfalls vorhanden, und so ist es auch jetzt noch in den meisten Mundarten, auch in solchen, welche *ie* zum einfachen Laut zusammengezogen haben. Die Schriftsprache aber hat, indem sie einerseits die Contraction anerkannte und anderseits das $\bar{\imath}$ in seiner reinen Qualität fest hielt, *ie* und gedehntes $\bar{\imath}$ zusammenfallen lassen und das diphthongische Zeichen zum orthographischen Mittel umgebildet. Die Orthographen des 16. Jahrh. urteilten noch verschieden, je nach ihrer Heimat. Der Baseler Kolross kennt *ie* nur als echten Diphthongen (A 7ᵃ. B 6ᵇ); Ickelsamer möchte es auch auf diese Bedeutung beschränkt sehen, weiss aber, dass andere die Grenze nicht anerkennen, und ahnt, dass er vergebens gegen den Missbrauch ankämpfe. Der Schlesier Frangk dagegen sieht in dem *ie* nur einen einfachen Vocal und setzt *e* als Dehnungszeichen mit dem *h* auf gleiche Stufe (Bl. J 8ᵃ). Diese Anschauung ist durchgedrungen. Die diphthongische Aussprache des *ie* ist noch nicht erloschen, sie ist aber jetzt als mundartliche Eigentümlichkeit anerkannt; *e* gilt überall nur als Zeichen der Länge. Orth. § 67.

Anm. Über *je = ie* s. § 128 A. Bei Luther findet sich bis 1531 öfters *ider, iglicher, ydermann, itzt;* später hält sich *itzt* und *jglich.* Franke § 34.

221. 2. Mhd. *uo, üe* > nhd. *ū, ǖ*: z. B. ahd. *guot*, nhd. *gut*; ahd. *fuoz*, nhd. *Fuss*; ahd. *gruoni*, mhd. *grüene*, nhd. *grün*; ahd. *fuozi*, mhd. *füeze*, nhd. *Füsse*. Im Vergleich zu *io* erscheint *uo* zunächst als ein kräftiger Laut. Denn als in *io* der zweite Bestandteil längst in *e* übergegangen ist, hält er sich in *uo* noch unversehrt, indem er in dem verwandten *u* eine Stütze fand. Gleichwohl kündigt sich schon früh die Schwäche des zweiten Bestandteils an. Zwar einfaches *u* erscheint, von ganz bestimmten Fällen abgesehen, im Ahd. erst selten; Br. § 40 A. 1; vgl. A. 4. Aber schon bei O. tritt durch Assimilation zuweilen *ue* für *uo* ein (*bluetes = bluotes*), und im Mhd. nimmt der Gebrauch dieser schwächeren Form *ue (ui)* zu; im Umlaut *üe* herrscht *e (i)* durchaus. Whd. § 137. So erlag auch der Laut der Monophthongierung nicht später als *io*, ja er war vielleicht eben wegen der von Anfang an näheren Verwandtschaft seiner Bestandteile noch mehr dazu geeignet. Veldegge, der *ie* doch nie mit *î* bindet, reimt sein *oe* (= mhd. *uo*) zuweilen auf *ô* oder *û* (Behaghel S. LIV f.) und die oberdeutschen Grammatiker des 16. Jahrh. erkennen den einfachen Laut unbedenklich an. Kolross, der *ie* zu den eigentlichen Diphthongen zählt, unterscheidet von ihnen *uo* und *üe* und Laurentius Albertus bezeichnet die diphthongische Aussprache als Eigenheit der *inculti et agrestes indigenae nostri.* Socin S. 286. 275.

Anm. 1. In einigen Mundarten, namentlich in dem grössten Teil des Mittelfränkischen, sind *ie* und *uo* nicht zu *î* und *û* sondern zu *ê* und *ô* zusammengezogen; Whd. § 135. 142. In wenigen Wörtern hat die Schriftsprache diese Formen aufgenommen: *Demant* neben *Diamant*, frz. *diamant*; *Demut*, mhd. *diemuot, diemüete*, ahd. *diomuoti* (vgl. Br. § 49 A. 4) zu ahd. *deo, dio* Knecht. — *Almosen*, mhd. *almuosen*; die Prät. *hob, schwor*, mhd. *huop, swuor* (vgl. Fl.); *versöhnen* auffallend neben *Sühne*, mhd. *suone, süene*. *Moor*, mhd. *muor*, *bohnen*, mhd. *büenen* sind aus dem Ndd. entlehnt (Luther braucht *almusen* und *versühnen*, anderseits *Bosam = Busen*, mhd. *buosem*. Franke § 51. 52, 8. 9. *versöhnen* steht in Ecks Bibel und oberd. Schriften. Kluge, Luther S. 32).

Fünftes Kapitel.
Einzelne Störungen des Vocalismus.

222. In der Diphthongierung von $\hat{i}$, $\hat{u}$, $\ddot{u}$ und der Monophthongierung von *ie, uo, üe* hat das nhd. Vocalsystem seinen wesentlichen Abschluss gefunden. Die durch Formübertragung innerhalb des Flexionssystems herbeigeführten Störungen kommen hier nicht in Betracht. Die zahlreichen und mannigfachen Wandlungen, welche die Vocale neben und nach diesen Processen in den Mundarten noch erfahren, sind auf diese beschränkt geblieben und nur in einzelnen Wörtern in die Schriftsprache eingedrungen.

A. Wir betrachten zunächst die Übergänge zwischen den benachbarten Lauten *e* und *i*, *o* und *u*, *ö* und *ü*, *a* und *o*; fast nur die kurzen Vocale sind aus ihrer Bahn getreten, von den Längen allein *â*.

i > *e*. Schon im Ahd. lässt die Sprache eine feste Grenze zwischen *ë* und *i* vielfach vermissen, indem wohl der Übergang von *ë* zu *i*, aber nicht der von *i* : *ë* genau geregelt ist. Später sehen wir in md. Mundarten beide Laute sich berühren; doch hält sie die Schriftsprache im ganzen sehr gut auseinander.

Die Wörter, in denen wir *e* für idg. *i* haben, zeigen denselben Laut schon in der älteren Sprache (§ 181); nur insofern macht sich die Neigung zum *e* geltend, als in mehreren, die im Ahd. vorzugsweise mit *i* vorkommen, jetzt *e* unbestritten ist: *lernen, lehnen, Lehne, beben, gähnen*. Aber jüngere Übergänge von *i* zu *e*, wie wir sie in Luthers Schriften hier und da finden: *Fermelung, fermelt, wesel* (= Wiesel), Franke § 38, haben keine Geltung erlangt.

Anm. Norddeutsche Aussprache giebt jetzt jedem kurzen *ĭ* einen offnen Laut, der in seiner Qualität mit dem geschlossenen *ē* wohl ziemlich zusammenfällt, daher die Kinder beim Singen angehalten werden, in Wörtern wie *bin, Schnitte* nicht *e* zu articulieren. Unsere Schriftsprache ruht nicht auf dieser Grundlage; denn sonst würde in Wörtern mit *ĭ*, welche im Nhd. gedehnt sind, *ē* erscheinen: *Frēde* st. *Friede, sēben* st. *sieben*. Aber alt ist die Aussprache; und als ein Zeugnis für sie darf man wohl den ungeregelten Gebrauch von *e* und *i* in den nd. Hss. ansehen, ein Gebrauch, dessen Bedingungen und Ausbreitung noch genauer zu erforschen sind; vgl. Whd. § 46. 56. Wülcker, Vocalschwächung im Mittelbinnendeutschen. S. 22 f.

223. *ĕ, e > i.* Auch *i* für *ē* ist selten. Formen wie *wilch, wider, hirschen, gistern*, die Luther braucht (Franke § 27), erkennt die Schriftsprache nicht an. Aber *wirren, verwirren* ist für *werren* (so auch Luther) eingetreten: *Blutigel* gilt neben *Blutegel* (ahd. *ëgala*) durch Anlehnung an *Igel*, ahd. *igil*; und neben *Gäscht*, mhd. *jëst* (zu *gësen, gären*) steht *Gischt* und ein sw.V. *gischen*, Bildungen, auf deren mundartlichen Ursprung auch das *sch* für *s* hinweist. — *Bitte*, ahd. *bëta* ist nicht durch Lautwandel entstanden, sondern Neubildung zu *bitten*.

i für das aus *a* umgelautete *e* ist mundartlich früh zu belegen; Whd. § 29. 22. Wir haben es in einigen Wörtern, die mehr der Sprache des Lebens als der Litteratur angehören: *wichsen*, eig. mit *Wachs* bestreichen, also *wächsen*, ahd. *wahsen* sw.V. 1, spät mhd. *wichsen*. — *Gitter, Gatter*, ahd. *gataro* M., mhd. *gater* M.N., *geter, gitter* N. — *Hippe*, ahd. *habba, happa*, mhd. *happe, heppe*, durch Luther in die Schriftsprache eingeführt. — *Schierling*, ahd. *sceriling, scerning* (zu *scarno*), mhd. *scherning, scherling, schirling*. — *Trichter* mlat. *tractarius*, ahd. *trahtari*, mhd. *trahter, trehter, trihter*.

224. *ŏ > u.* Übergang eines ursprünglichen *ŏ* in *u* konnte, da es kein germ. *ŏ* giebt, nur in Fremdwörtern eintreten, und in ihnen fehlt er nicht; z. B. l. *pondus*, ahd. *phunt*, *Pfund*; l. *monasterium*, ahd. *munistar*, *Münster*; l. *moneta*, ahd. *muniza*, *Münze*; l. *monachus*, ahd. *munich*; l. *nonna* (νόννα), ahd. *nunna*; überall vor Nasal.

Ein aus germ. *u* entstandenes *o* ist zuweilen durch Formübertragung zu *u* zurückgeführt; so namentlich in dem Prät. der Prät.-Präs. unter dem Einfluss des Pl. und Opt. Präs. und des Inf. *kunde, gunde* sind im Mhd. allgemein üblich, *turste, sculde, muchte, tuchte* im Md. verbreitet, in *durfte*, wo wir das *ŭ* im Inf. bewahrt haben, erkennt auch die nhd. Schriftsprache *u* an. Ebenso ist in *Furcht*, mhd. *vorhte* das *u* unter Anlehnung an *fürchten*, mhd. *fürhten* aufgenommen.

Spontaner Lautwandel von *o* in *u* findet in Mundarten statt (Whd. § 59. 63); auch bei Luther begegnen solche jüngere *u*, bes. in der älteren Zeit: *hynfurt, furt*; *darub, knurbel, pucht, Must* (Franke § 55); aber die Schriftsprache hat sie nicht anerkannt.

225. *ŭ* > *o*. *ü* > *ö*. Ansehnliche Verluste haben *u, ü* an die benachbarten *o, ö* erlitten. Der Übergang von *ŭ* in *o* ist in den Mundarten, namentlich Mitteldeutschlands ziemlich weit verbreitet und aus ihnen in nicht wenigen Wörtern auch in die Schriftsprache eingedrungen. Whd. § 63. 74; v. Bahder, Grundlagen S. 186 f. Bedingung ist hier, dass dem Vocal ein Nasal folgt. — Fast regelmässig steht *o* vor ungedecktem *n*: mhd. *sun, sunne, nunne, wunne, gesunnen, gewunnen, begunnen* sind nhd. *Sohn, Sonne, Nonne* etc.; nur in *Brunnen*, ahd. *brunno* behauptet sich *u*. Vor gedecktem *n* pflegt *u* sich zu halten; z. B. *und, unter, Wunde, Wunsch, Trunk*; doch anderseits: *sonder, besonder, sonst*.

Vor *m*, das aus *mb* entstanden ist, steht *u*: *dumm, krumm, Hummel, Kummer*; aber auch in *stumm* ahd. *stum(m)*. Ebenso in onomatopoietischen Bildungen und in Wörtern, die entlehnt oder jung sind in der Schriftsprache: *brummen, summen, vermummen, Schlummer, Hummer, Rummel, Nummer, Summe*. In andern ist *o* eingetreten: *fromm, Sommer, geglommen, geschwommen*, auch in *geklommen* (ahd. *klimban*).

Den entsprechenden Übergang von *ü* zu *ö* zeigen *können, gönnen, König, Mönch*. — In *golden*, mhd. *guldîn*; *hölzern*, mhd. *hulzîn* liegt natürlich Formübertragung vor; auch in *mögen, möglich* beruht *ö* nicht auf rein lautlicher Entwickelung. — *grollen* ist Neubildung zu dem Subst. *Groll* (zu mhd. *grëllen*, st.V.); *Antwort, antworten* (ahd. *antwurti, antwurten*) umgebildet nach *Wort*.

Anm. Die Wörter, die jetzt *o* haben, zeigen es zum Teil schon in der alten Kanzleisprache, aber lange hat der Gebrauch geschwankt, ehe es zur jetzigen Festsetzung kam. Luther braucht in *Sonne* und seinen Zusammensetzungen schon immer *o*, in andern tritt *u, ü* erst allmählich zurück, in den verschiedenen Wörtern zu verschiedener Zeit; auch *mügen, mügelich, hültzen, hültzern, gulden* pflegt er zu schreiben. Franke § 52. Anderseits finden wir bei ihm oft ein mundartliches *o*, dass die nhd. Schriftsprache nicht anerkennt, bes. vor *r*: *Orteyll, worde, worden, Worfschauffel, Hanswortst, Frankfort, Erfort, Dorteltaube*; aber auch vor andern Consonanten: *Kopffer, schos, Botter, Moschel, Gonst, Pockeln* (= Buckel). Ebenso *o* oder *ö* für *u* oder *ü*: *Wilkore* (Willkür), *tzornen* (zürnen), *sie dorffen, stortzen, ich forchte, geworffelt, wörmicht, erfollet, Sondern* (Sündern), *schochter* (schüchtern), *kömerlich* (kümmerlich), *Pföle* (mhd. *pfülwe*, Pfühl). Franke § 48.

226. *ă* > *o*. Die Neigung *ă* in *o* übergehen zu lassen tritt seit der mhd. Zeit ziemlich stark hervor, namentlich vor Nasalen und Liquiden; Whd. § 25. 30. Die nhd. Schriftsprache nimmt daran nicht Teil; wo sie *o* für urspr. *ă* hat, fällt der Übergang schon in eine frühere Zeit. Hierher gehören: die Präp. *von*, mhd. *vonę* (*van*, namentlich md.), ahd. *fona (fana)*, as. *fana*. — Die minder betonte Silbe *-bold* in Wörtern wie *Raufbold, Trunkenbold*; schon ahd. *-bald, -bold*, Graff III, 112. DWb. II, 229. — *Hagestolz* ist unter Anlehnung an *stolz* umgebildet aus ahd. *hagustalt, hagastolt*. — Auf Formübertragung beruht das *o* in *soll*, g. *scal*, ahd. *scal* und *sol*; s. darüber Fl. ebenso über *mochte*, ahd. *mahta, mohta*. — In *dort*, mhd. *dort*, ahd. *dorot* ist *o* wohl durch Assimilation entstanden, obwohl ahd. *darot* nur in der Bed. *wohin* belegt ist. — Unsicher ist das Verhältnis von mhd. *traz, troz, truz*; vgl. auch mhd. *truhtin, trohtin, trahtin, trehtin*, ahd. *truhtin, trohtin*.

Anm. Das *o* in *gewohn(t), wohnen, Gewohnheit*, ahd. *giwon, giwonaheit, wonēn* ist nicht auf *a* zurückzuführen, obwohl *gewöhnen*, ahd. *giwennen* auf einen Stamm *wan* zurückgeht; es liegen hier verschiedene Ablautstufen vor. So vielleicht auch in *holen*, mhd. *holn (haln)*, ahd. *holôn (halôn)*, as. *halôn*.

227. *ŏ* > *a*. Über mundartliches *a* für *o* s. Whd. § 60. 67. Behaghel Grdr. § 28. Luther schreibt anfangs für *doch, noch, ob*: *dach, nach, ab*, wie noch jetzt im Obersächsischen gesprochen wird, ferner *adder* für *oder*, auch *aussgerattet* für *ausgerottet*; Franke § 41. Wir haben *a* für *o* nur in *Aberglaube*, wenn die Herleitung aus ndl. *overgeloof* = ndrh. und westf. *averglove* richtig ist; vgl. Kluge, Wb.

228. *â* > *ô*. Wichtiger ist das Verhältnis von *â* zu *ô*.

Die Bewegung, welche einst germ. *ê* zu *â* verschoben hatte, setzte sich fort. Während unter dem Einfluss des *i* ein helles *æ* entstand, wandelte sich der reine Vocal immer mehr in einen dumpfen Laut, geht in *ô*, unter Umständen in manchen Mundarten sogar in *û* über. Reime zwischen *â* und *ô* begegnen schon in der zweiten Hälfte des 13. Jahrh. namentlich bei bairisch-österreichischen und mitteldeutschen Dichtern und in den Hss. erscheint oft *ô* für ursprüngl. *â*; ganz allgemein wird es im Elsässischen. Folgender Nasal und vorangehendes *w* sind dem Laute besonders günstig. Whd. § 88. 90. v. Bahder, Grundlagen S. 154 f.

In einer nicht unerheblichen Zahl von Wörtern hat die Schriftsprache nach langem Schwanken das *ô* anerkannt. Die Aussprache ist geschlossen wie bei dem aus *au* entstandenen *ô*, das ursprünglich auch offen war (§ 187 A. 4). *Argwohn, argwöhnen, argwöhnisch*, mhd. *arcwân, arcwænen, arcwænec*; *Drohne*, ndd.; as. *drân*, Pl. *drâni* (das hd. Wort hat eine andere Stammform: ahd. *trëno*, mhd. *trëne*). — *Mohn*, mhd. *mâhen, mân*. — *Monat*, ahd. *mânôd*, mhd. *mânôt, mônet*. — *Mond*, ahd. *mâno*, mhd. *mâne*, und durch Anlehnung an das vorhergehende Wort: *mânde, mând*. — *Ohm*, mhd. *âme, ôme*, aus mlat. *ama* Gefäss, Weinmass, gr. ἄμη; dazu *nachahmen* mit *â*.   *ohne*, mhd. *âne*. Darnach auch *Ohnmacht*, umgedeutet aus mhd. *âmaht*. — Zweifelhaft ist *Ohmet* N. Nachschur des Grases; neben mhd. *âmât*, ahd. *âmâd* steht mit einem andern Präfix ahd. *uomât*.   *w* geht voran: *wo*, mhd. *wâ*, aus *wâr*, vgl. nhd. *warum*.   *Woge*, mhd. *der wâc*. Prät. *woben, wogen* zu *wëben, wëgen*. — *Kot*, mhd. *quât, quôt, kât, kôt* N.   Ferner: *Schlot*, ahd. mhd. *slât*. — *Thon* ahd. *dâha*, mhd. *tâhe, dâhe*; früher nhd. *die tahen*. — *Dohle*, ahd. *tâha*, mhd. *tâhele*, vgl. it. *taccola* Elster. — *Brodem*, ahd. *brâdam*, mhd. *brâdem*. — Neben *Atem*, mhd. *âtem*, ahd. *âtum* steht, durch Luther befestigt, *Odem*, in teilweise modificierter Bedeutung.

Verkürzt ist *ō* in *Brombeere*, ahd. *brâmberi* zu *brâmo* Dornstrauch. — *Docht*, mhd. ahd. *tâht* (*Tacht* noch bei Haller). — *Troddel*, Demin. zu mhd. *trâde*, ahd. *trâda* und *trâdo*

Franse. — *Otter* Schlange. mit Verlust des anl. *n* aus ahd. *nâtara*, mhd. *nâtere*, as. *nâdra*; vgl. ndl. *adder*, engl. *adder* (Hans Sachs: *Atter*, Luther: *Otter*).

Mehrere dieser Wörter schreibt Luther namentlich in der älteren Zeit auch noch mit *â*: *an, wa, kat, tacht, anmechtig*, und *onmechtig, argwan* und *argwon*. Aber umgekehrt kommt auch *ô* für nhd. *â* vor: *noch, worhafftig, anfohen, gethon, hot, hon, sie sprochen, Woge* (libra), *Woffen* u. a. Franke § 44. § 50.

Anm. In *Drohne, Dohle, Docht, Odem* entspricht auch der Consonant nicht dem hd. Lautstande. § 61 f.

B. Übergänge zwischen ö, ü, eu, und e, i, ei.

229. Die Vocale *ö, ü, eu* unterscheiden sich von *e, i, ei* durch das Plus einer charakteristischen Lippenartikulation, welche sie den Lauten verdanken, aus denen sie durch Umlaut und Diphthongierung entstanden sind. Die Grenze zwischen den beiden Lautgruppen ist in unserer Schriftsprache an mehreren Stellen durchbrochen; teils haben *ö, ü, eu* die Lippenarticulation verloren, teils aber *e, i, ei* sie angenommen, in vielen Wörtern offenbar unter dem Einfluss benachbarter Consonanten. In der lebendigen Rede ist die erste Neigung sehr viel weiter verbreitet; viele ober- und mitteldeutsche Mundarten haben *ö, ü, eu* ganz aufgegeben (v. Bahder, Grundlagen S. 169) und auch die Schriftdeutsch Redenden articulieren die Laute oft sehr unvollkommen; in der geschriebenen Sprache aber kommt die andere Bewegung öfter zum Ausdruck, indem sie durch das Streben, der stärkeren und weiter verbreiteten Neigung zu entgehen und die correcte Form zu wahren unterstützt wurde. Die Vermischung beschränkt sich fast ganz auf die kurzen Vocale und die Diphthonge.

Wir betrachten zuerst *ö, ü, eu* für *e, i, ei*.

230. 1. *e > ö*. v. Bahder, Grundlagen S. 168 f. Der Übergang eines umgelauteten *e* in *ö* lässt sich bis in das 13. Jahrh. zurück verfolgen. Die ältesten Drucke geben dem *ö* einen weit über sein ursprüngliches Gebiet gehenden Raum. Namentlich die Augsburger Drucke haben es massenhaft, aber auch in Basel, Strassburg und anderwärts ist es mehr oder weniger beliebt. Zurückhaltend zeigt sich das östliche Mitteldeutschland und besonders enthält sich Luther der jüngeren *ö* fast ganz, ein Zeichen, dass in seiner Mundart der lautliche Unterschied zwischen *ö* und *e* besser bewahrt war als im südlichen, zumal im südwestlichen Deutschland. Andere Schriftsteller schliessen sich dem Gebrauch Luthers zunächst an, aber schliesslich ist *ö* doch in einer ziemlichen Anzahl von Wörtern durchgedrungen. In der Regel finden wir in ihnen ein benachbartes *l* oder *sch*, in den Mundarten begünstigen *sch* und Labiale die Entwickelung des Lautes. Anerkannt ist das *ö* in: *Hölle*, g. *halja*, ahd. *hella*; *wölben*, *Gewölbe*, ahd. *welben*; *zwölf*, g. *twalif*; *Flötz*, ahd. *flezzi*; *löcken* mit dem Fuss ausschlagen, mhd. *lecken* (so noch Lessing und Bürger); *Löffel*, ahd. *leffil*; *löschen*, ahd. *lescen* sw.V. und *lëscan* st.V. — *schöpfen*, ahd. *scephen*; ebenso *Geschöpf*, *Schöpfer*, *Schöffe*; *schröpfen*, mhd. *schrepfen*; *schwören*, ahd. *swerjan* (*schweren* noch bei Liskow); *stöhnen*, md. ndd. *stenen*. — Ohne Nachbarschaft von *l* oder *sch* gilt *ö* in *Wört*, ahd. *warid*, *werid*; *pökeln*, ndd. *pekelen*, und besonders auffallend in *ergötzen*, mhd. *ergetzen*, wo noch Adelung 2, 703. 694. 720 *e* verlangt, denn *ö* spreche kein Hochdeutscher. Durch Anlehnung an verwandte Wörter erklärt sich *dörren*, mhd. *derren*, daneben mhd. *dorren* dürr werden, verdorren; *gewöhnen*, mhd. *gewenen*, daneben das Adj. *gewon* gewohnt. — Unsicher ist die Etymologie von *trödeln* und *nörgeln* oder *nergeln*.

2. *ë* > *ö* ist selten und unsicher. *Gewölle* st.N. das vom Raubvogel wieder ausgebrochene Unverdauliche, mhd. *gewelle*, gehört zu st.V. *wëllen*, kann aber geschlossenes *e* gehabt haben. In *Kröte*, ahd. *chrëta* und *chrota*; *Köder*, ahd. *quërdar*, mhd *quërder*, *kërder*, *korder*, *këder*, *koder* geht *ö* wohl auf *o* zurück. Mhd. *schëmebart* Maske, zu *schëme* M. Schtten, Larve ist zu *Schönbart* entstellt.

3. *ê* > *ö* gilt in dem aus dem Ndd. aufgenommenen *Möwe* (ahd. *mêh*). Zweifelhaft ist der ursprüngliche Laut in *Höhrauch* (s. Weigand, Wb.) und *Löwe*; vgl. § 123.

Anm. *ö* für *u* zeigt *Börse*, mhd. *burse*, frz. *bourse*, it. *borsa*; das ndl. *beurs* hat *ö* wohl veranlasst.

231. 1. *i* > *ü*. Übergang von *i* zu *u* (*ü*) begegnet (abgesehen von *qui : ku* § 119) im Ahd. nur ganz selten und ohne erkennbare Regel. Br. § 31 A. 4. Häufiger wird er in der mhd. Zeit, besonders in md. Mundarten; Whd. § 50. 57. 45. 55. Aber auch in andern breitet sich der Laut unter der Einwirkung gewisser Consonanten, namentlich des *w*, aus und in alten Drucken, zumal Augsburgern, wird ausgiebiger Gebrauch von dem Zeichen gemacht. v. Bahder, Grundlagen S. 180. Bei Luther ist *ü* selten (Franke § 57) und nur in wenigen Wörtern ist es zur Herrschaft gekommen; in den meisten und wichtigsten schon in älterer Zeit. In *fünf*, g. *fimf*, ahd. *finf* stellt sich *u* im 12. Jahrh. ein; neben ahd. *minza* (l. *mentha*) gilt *munza*, mhd. *minze*, *münze* Pfefferminz. — Mhd. *rümpfen* neben *rimpfen*, ahd. *rimphan*, und *Hülfe* neben *Hilfe* sind vielleicht selbständig entwickelte Formen (§ 180, 4); mhd. *slipfer*, *slipferic* und *slupfer*, *slupferig* schlüpferig gehen vielleicht auf verschiedene Wurzeln zurück.

Jung ist das *ü* in *Würde*, *würdig*, ahd. *wirdi*, mhd. *wirde*, *wirdic*; mit *i* auch bei Luther und bis in das 16. 17. Jahrh. In *flüstern*, ahd. *flistrian* verlangt Adelung noch *i*.

Rüffel, *rüffeln* (einen Verweis geben) zu ahd. *rifila* Säge hat Lessing in dieser Form in die Litteratur geführt. — *Sündflut* ist durch Umdeutung aus *sintvluot* entstanden; *Sprüchwort* unter Anlehnung an *Spruch* neben älteres *sprichwort* getreten aber nicht durchgedrungen; noch weniger hat *bezüchtigen* (unter Anlehnung an *Zucht*) das echte *bezichtigen* verdrängt.

Anm. Beachtenswert steht *funfzig* neben *fünf*, wie *sechzig* neben *sechs*. § 197 A.

2. *ī* > *ü*. Langes *ī* (mhd. *ie*) ist durch *ü* verdrängt in *lügen*, ahd. *liogan*, mhd. *liegen*, so auch bei Luther; das Subst. *Lüge*, ahd. *lugi*, *lugina*, mhd. *lüge*, *lügene* gab den Anlass. An *lügen* schloss sich *trügen*, mhd. *triegen*, in dem noch Adelung *ie* verlangte. *Hüfthorn* hat sich durch Anlehnung an *Hüfte* gebildet; die älteste nachweisbare Form ist *hiefhorn*. — *lüderlich* ist durch Anlehnung an *Luder*, mhd. *luoder* neben *liederlich* getreten, aber nicht durchgedrungen. — *nüdlich* neben *niedlich* (vgl. sp. ahd. *nietsam* angenehm, mhd. *nietliche* mit Eifer) scheint nd. Form.

232. *ei > eu.* Übertritt von *ei* zu *eu* erfolgt in gewissen md. Mundarten. Whd. § 124. Die Schriftsprache hat unorganisches *eu* durch falsche Deutung in *Wetterleuchten* für älteres *wëterleich* Wetterspiel, zu mhd. *leich* Gesang, Spiel, Tanz. — Beliebt ist auch *gescheut* st. *gescheit*, mhd. *geschîde.* Orth. § 38. — In *dreist* und *Heirat* (Stamm *hîw > hiu(w) > heu*) ist das früher oft gebrauchte *eu* wieder abgekommen. (*Reuter*, ein jetzt veraltetes Wort, ist von *Reiter* etymologisch verschieden).

233. Die Neigung, die Lippenarticulation aufzugeben, hat nur dem *ü* und *eu*, aber nicht dem *ö* Verluste gebracht, abgesehen etwa von dem Fremdwort *Nörz, Nerz*, mlat. *noerza*, aus altslaw. *nor'z'*; s. Weigand, Wb.

1. *ü > i.* Gleichberechtigt als verschiedene Ablautstufen waren *ü* und *i* in *wirken*, g. *waurkjan*, ahd. *wurken*, mhd. *würken*, daneben schon ahd. *wirken*, as. *wirkjan* (Osthoff, Perf. S. 596 A. PBb. 7, 532). Ebenso behauptet *i* einen rechtmässigen Platz in *kirre*, g. *quairrus* sanft, ahd. **quirri* und daraus einerseits *kurri, kürre*, anderseits *kirri, kirre* (§ 119). — Jüngeres *i* ist eingetreten in *Findling, Findelkind, -haus, ausfindig, spitzfindig*, welche alle die Stammform *fund-* voraussetzen. *Fündling* schreiben noch Möser, Wieland, Schlegel u. a. — *Gimpel*, mhd. *gümpel* zu *gumpen* sw.V. — *Kitt*, mhd. *küte*, ahd. *chuti* Leim; *ü* noch bei Claudius. — *Spritze* zu *spriezen* st.V.; noch im 18. Jahrh. vorwiegend *Sprütze.* *Griebs* Kerngehäuse des Obstes, mhd. *grübiz.* — *Bingelkraut* vgl. *Bachbunge.* — *Schlingel*, älter nhd. *Schlüngel.* — *Simmer*, mhd. *sümmer*, ahd. *sumbir.* — *Kissen*, mhd. *küssen*, mlat. *cussinus*; Adelung hält noch *ü* fest. — *Pilz*, mhd. *bülez*, aus l. *boletus*, gr. βωλίτης *Bimsstein*, mhd. *bimz* und *bumez*, l. *pumex.* Die meisten dieser Wörter gehören mehr der Umgangs- als der Schriftsprache an.

2. *üe > i*: *Mieder*, mhd. *muoder, müeder*, noch im 17. Jahrh. mit *ü.*

Anm. 1. In andern Wörtern ist *i* nicht durchgedrungen: *Gülte, gültig*, mhd. *gulte, gülte, gultec*; also auch *gleichgültig.* *Knüttel, Knüttelvers*, ahd. *knutil*, zu *knoto* Knoten. — *Schüppe*, nd. zu *schieben.*

§ 234. 235.] Einzelne Störungen im Nhd. öu, iu : ei; ei : e. 215

— *Tüttel, Tüttelchen*, ahd. *tutta* Brustwarze. — *tüfteln*. — *Tülle*. *Rüpel*, Demin. zu *Ruopreht*.

Anm. 2. Durch Umdeutung ist *e* für *ü* eingetreten in *Kette* (Kette Hühner), mhd. *kütte*, ahd. *chutti* Herde, Schar; zu unterscheiden von *Kette* = l. *catena*.

234. 1. *öu : ei*. Von dem Subst. *Auge* ist abgeleitet mhd. *erougen, eröugen* vor Augen stellen, zeigen; dazu nhd. *ereignen, Ereignis*. Andere Ableitungen von demselben Subst. (mhd. *zöugen* vor Augen bringen, *bezougen, erzougen* vgl. g. *ataugjan*) sind durch das sinnverwandte ahd. *zeigôn* verdrängt; doch sagt man noch *Mitleid bezeugen*. — *streifen* abstreichen, mhd. *ströufen, stroufen* die Haut abziehen, schinden. *Schleife*, älter nhd. *Schläufe*, zu mhd. *sloufen, slöufen* ziehen, schlüpfen, sich anziehen, g. *slaupjan*, zu unterscheiden von *schleifen*, mhd. *slîfen*.

2. *iu* > *ei*: *Steiss*, ahd. *stiuz*; *Steuss* noch im 18. Jahrh. — *Kreisel*, mhd. *kriusel, krûsel*, angelehnt an *kreiz, kreizen*. — *spreizen*, mhd. *spriuzen* stemmen, stossen zu st. V. *spriezen*; *spreutzen* im ält. nhd. — *ei* und *eu* gilt in *keuchen* und *keichen*, gleichbedeutende Bildungen, in denen zwei ursprünglich verschiedene Wörter zusammengefallen sind: mhd. *kûchen* hauchen, *kichen* schwer atmen, keuchen. Ungewisser Herkunft ist *Keuler, Keiler* Wildeber.

C. Berührung zwischen Diphthongen und einfachen Vocalen.

235. Die Grenzen, innerhalb deren die Diphthonge *ei* und *ou* (*öu*) zusammengezogen sind, ist für das Hochdeutsche bereits in ahd. Zeit gezogen und im ganzen unverrückt geblieben. Die Mundarten gehen weiter (Whd. § 112. 125), aber die Schriftsprache hat darunter wenig gelitten.

e für *ei* gilt in dem nd. *Lehm*, mhd. *leime*; *Feldwebel*, mhd. *weibel* Gerichtsbote. Bei Luther begegnet das *e* auch in andern Wörtern, bes. in *wegern, zunegung*, vereinzelt in *schmechlern, leblin* (Laiblein), Franke § 39; auf altem Herkommen beruht *bede*; § 186 A. 2. Umgekehrt hat er *ei* für *e* in *feilen* = fehlen, mhd. *vælen, vâlen, veilen*, aus frz. *faillir*.

— Über kurzes *ĕ* = *ei* s. § 251.

ö, o für oi: *Flöte*, mhd. *vloite*. — *drohen*, mhd. *dröuwen* ist Neubildung zu *drô* Drohung.

ô oder â für ou ist kaum nachweisbar. Etymologisch dunkel ist *Rahm* (Sahne), mhd. *roum* und *râme* (vgl. Osthoff, M.U. 4, 142). — Noch mannigfaltiger sind die Formen von *Strom*; ahd. *stroum*, *strūm* repräsentieren verschiedene Ablautstufen der Wz. *srŭ*, dazu kommen im Mhd. *strâm*, *strôm*, vielleicht Bildungen aus einer andern Wurzel. Franck, AfdA. 17, 101.

236. Die Diphthongierung von ê und ô hat im Ahd., die von î, û, iu im Mhd. ihren Abschluss erreicht, â folgt in manchen Mundarten (Behaghel, Grd. § 36; von Bahder, Grundlagen S. 155 f.), hat aber kaum Einfluss auf die Schriftsprache. — In dem Fremdwort *Kartaune*, it. *quartana*, beruht *au* auf willkürlicher Umbildung des â zu û, mlat. *cartûna*; vgl. *Posaune*, mhd. *bosûne*, *busûne*, *busîne* l. *bucina* (AfdA. 11, 13). — *anberaumen* ist unter Anlehnung an *Raum* aus mhd. *râmen* trachten, streben, ahd. *râmên* entstanden. *behaupten* führt Kluge auf mhd. *behaben* zurück.

Für ô ist *au* eingetreten in *Flause*, wenn die Zurückführung auf ahd. *giflôs* Geflüster, *giflôsida* Blendwerk (Kluge) richtig ist; vgl. Franck, Wb. s. v. *vlies*.

Auffallend ist *au* auch in nhd. *Schaukel* F., ndd. *schuckel*, vgl. mhd. *schoc* M. und *schocke* F.; nhd. *schaudern*, *Schauder*, ndd. *schuddern*, vgl. ahd. *scutisôn*.

Sechstes Kapitel.
Änderungen in der Quantität.

237. Während die Qualität der Vocale zu allen Zeiten bedeutenden Wandlungen ausgesetzt ist, hält sich die Quantität, wie sie schon in urgermanischer Zeit bestand, fast unverändert bis ins Mhd. Dann aber treten tief greifende Änderungen ein, Verkürzung langer, und in grösserem Umfang Dehnung kurzer Vocale, so dass die Verschiebung der Quantität wohl als der wichtigste Unterschied zwischen der älteren und der neueren Sprache angesehen werden kann. Der Unterschied erscheint um so wichtiger, als vermutlich eine andere Änderung sich mit ihm verbindet. Wir sprechen nämlich die langen Vocale mit einem andern Accent als die kurzen, jene mit einem gleichmässig fliessenden oder sanft abschwellenden Tone, den ich als Gravis (schwach geschnittenen Accent), diese mit einem energischeren stossenden Ton, den ich als Acut (stark geschnittenen Accent) bezeichnen will. Wenn dieser Unterschied alt ist, würde also neben der Dehnung Änderung des Acuts in den Gravis, neben der Kürzung Änderung des Gravis in den Acut anzuerkennen sein; und es wäre weiter zu fragen, was das Erste und die Hauptsache war, die Änderung der Quantität oder des Accentes. Natürlich könnte auch in einem Teil der Fälle die Änderung des Accentes, in einem andern die Änderung in der Quantität das nächste Ziel der Sprache gewesen sei.

Die Mundarten und die Schriftsprache haben wie in der Diphthongierung von $î$, $û$, $ü$ und der Monophthongierung von ie, uo, $üe$, so auch in diesem jungen Process verschiedene Wege eingeschlagen. Den Grund zu einer umfassenden Untersuchung hat Paul gelegt: Vocaldehnung und Vocalverkürzung im Nhd. PBb. 9, 101—134. Neu aufgenommen ist sie von v. Bahder, Grundlagen S. 85—103, der namentlich auf die besondere Stellung von m und t hinweist und die mundartlichen Unterschiede, sowie die Ausbreitung der Consonantverdoppelung in der früh nhd. Schreibung verfolgt. Vgl. ferner: Burghauser, Die nhd. Dehnung (Prgr. der deutschen Staatsrealschule in Karolinenthal 1891); Behaghel, Grdr. § 22. 23 und die dort angegebene Litteratur. Auch Gr. 1³, 212—218; Kräuter, zur Prosodie der nhd. Mitlauter, PBb. 2, 561—573. AfdA. 3, 19. Für die ältere Zeit kommen namentlich die Reime in Betracht. Zusammenstellungen, aber ohne Sichtung des Materials bei Whd. unter den einzelnen Lauten: § 24. 32 (a, e), § 42. 51 ($ë$), § 55. 57 (i). § 62. 68 (o). § 74 (u). Khull, der Kreuziger des Joh. von Frankenstein (Stuttgart 1882) S. 403 A.

Anm. Einige Zeugnisse für den Kampf der Schriftsprache gegen die Mundart führt Martin im AfdA. 14, 287 an. Buchner: Veteres vix geminabant litteras; itaque crassiore sono dicebant *Gŏt, glŭk*; quod in agrestium lingua adhuc hodieque durat. J. Titz: so sehen wir in den andern billich auf die reine Meissnische Aussprache, und sagen nicht wie unser Pöfel *Goôt*, der *Spoôt*, der *Maán*, der *gewien*; vgl. von Bahder, S. 99 f.

Dehnung kurzer Vocale.

238. a. Ob ein kurzer Vocal erhalten oder gedehnt wird, hängt offenbar mit der Natur der auf ihn folgenden Consonanz zusammen: je leichter dieselbe ist, um so grösser die Neigung zur Dehnung; je schwerer, um so geringer. Was aber als leichte, was als schwere Consonanz anzusehen ist, lehrt zunächst die alte Metrik.

Schwer sind die Consonanten und Consonantverbindungen, welche Position bilden: alle verdoppelten Consonanten, z. B. *füllen, stërre, sippe*; die Verbindungen verschiedener Consonanten, z. B. *hëlfen, wërben, binden, rihten*; die hochdeutschen aus Affricaten entstandenen Spiranten *f, z, ch*; z. B. *schëffe*, g. *skipa*; *ëzen*, g. *itan*; *brëchen*, g. *brikan*. Wörter dieser Art bilden klingende Reime.

Leicht sind die Consonanten, welche keine Position bilden: die Liquiden, z. B. *hëlen, bëren*; die Nasale, z. B. *nëmen, senen*; die germanischen Spiranten, z. B. *hove* Höfe, *lësen, sëhen*; die Medien, z. B. *gëben, laden, sagen*; die Tenuis *t*, z. B. *trëten*. Wörter dieser Art bilden im Mhd. stumpfe Reime. Inlautende *p* und *k* können in hd. Wörtern nach kurzem Vocal nicht vorkommen, weil die germ. *p* und *k* zu Spiranten geworden und neue Tenues in der Labial- und Gutturalreihe nur in der Gemination entwickelt sind (§ 143). *j* kommt schon im Ahd., *w* im Mhd. nach kurzem Vocal nicht mehr vor; Position bildeten diese Halbvocale nicht.

Einen Unterschied in dem Gewicht der nicht Position bildenden Consonanten lässt der metrische Gebrauch nicht erkennen; aber aus der Lautentwickelung ist, wie wir sehen werden, zu schliessen, dass *m* und *t* schwerer waren als die andern leichten Consonanten; sie nehmen eine Mittelstellung zwischen den leichten und schweren Lauten ein.

b. Wenn auch die Dehnung mit der Natur des folgenden Consonanten zusammenhängt, so kann doch darin nicht ihr eigentlicher Grund liegen; denn sonst müsste sie am frühesten und entschiedensten in den einsilbigen Formen eintreten, in denen die Verbindung zwischen Vocal und Consonant am engsten ist. Sie hat aber ihren eigentlichen Sitz und Ausgangspunkt in den flectierten Formen; *Tăge, Lŏbe, Băden* sind allgemein gültig, während *Tăg, Lŏb, Băd* mit schwankender Quantität gebraucht werden. Der regulierende Factor war offenbar die Silbenscheide: in offner Silbe trat die Dehnung ein, in geschlossner nicht; und wenn vor *t* und *m* die Dehnung oft unterblieben ist, so ist zu schliessen, dass zu der Zeit, da die Dehnung eintrat, die Neigung bestanden haben muss, die Silbenscheide in diese Consonanten zu verlegen, so dass vor ihnen offne Silbe mehr oder weniger aufgegeben war.

In geschlossene Silben dringt die Dehnung durch Formübertragung. Fälle wo diese Erklärung versagt, sind im Nhd. im allgemeinen selten; häufiger nur vor *r* und hier jedenfalls eine Folge der schlaffen Articulation des Consonanten. § 245 f.

c. Aus dem Einfluss, welchen die Lage der Silbenscheide auf die Dehnung hat, erklärt es sich auch, dass gewisse Nachsilben — es sind dieselben, die in der Lautverschiebung und Consonantendehnung kräftigend auf den vorhergehenden Consonanten einwirken — also namentlich -*er*, weniger -*el* und -*en* die Erhaltung resp. Entwickelung kurzer Vocale begünstigen. Wenn diese Silben vocallos gesprochen werden, wird der vorangehende Consonant in die erste Silbe gedrängt und die Stammsilbe in eine geschlossene gewandelt; aus *wĭ-de-men* wurde *wĭd-men*.

Anm. Man könnte versucht sein, das Verhältnis von *Tā-ges* zu *Tăg*, *Lō-bes* zu *Lŏb* u. s. w. ohne Rücksicht auf die Silbenscheide unmittelbar auf die Stärke des folgenden Consonanten zurückzuführen, und annehmen, dass in *Tag, Lob* die Dehnung deshalb nicht sicher anerkannt ist, weil der auslautende Consonant hochbetonter Silbe kräftiger articuliert wird als der inlautende. Wenn aber die Verstärkung, welche der Consonant durch seine Stellung im Auslaut erfährt, Einfluss auf die Dehnung gehabt hätte, so müsste dieser vor allem bei den Consonanten, die schon an und für sich am stärksten sind, hervortreten, also bei *t* und *m*. Sie aber zeigen in den unflectierten Formen stets gedehnten Vocal, wo er in den entsprechenden flectierten gilt. Die mangelhafte Durchführung der Dehnung in *Tag, Lob* etc. muss sich also anders erklären; § 245, 1 A.

239. Die Stärke des Consonanten und die Lage der Silbenscheide kommen also bei der Dehnung wesentlich in Betracht; ihren eigentlichen Grund aber hat sie vermutlich in dem Accent. Die Hemmung des Luftstromes, welche der energisch gestossene Accent voraussetzt, kann entweder dadurch herbeigeführt werden, dass der Sprechende den Luftstrom plötzlich herabsetzt, oder dass er ihn durch die Articulation eines Consonanten abschneidet. Die erste Art (selbständiger Acut) brauchen wir in dem Wörtchen *jă* (neben *jà* oder *jā*), und in einigen Interjectionen wie *băbắ*, *pắh*; die andere (bedingter Acut) ist die gewöhnliche in allen Silben, in denen auf kurzen betonten Vocal ein zu derselben Silbe gehöriger Consonant folgt. Wie weit die beiden Accente in der älteren Sprache gegolten haben, hat noch niemand untersucht. So viel ergiebt sich aus der Natur der Sache, dass der bedingte Acut nur in geschlossener Silbe gebraucht werden kann; denn eben dadurch, dass der Consonant die Hemmung des Luftstromes herbeiführt, entsteht das Gefühl, dass er ganz oder teilweise zu derselben Silbe gehört: Bil-der, Stät-te. Der selbständige Acut kann an und für sich sowohl in offener als in geschlossener Silbe Platz finden; doch möchte ich annehmen, dass, wenn er im mehrsilbigen Worte gebraucht wurde, die folgende Consonanz eben wegen der spontanen Hemmung des Luftstromes als zur folgenden Silbe gehörig empfunden wurde, und dass umgekehrt, wo die Silbengrenze in die Consonanz fiel, nicht der selbständige, sondern der bedingte Acut galt. Wüssten wir nur genau, wo die Silbengrenze lag! Bei den alten Geminaten, den Verbindungen von Liquida oder Nasal + Consonant, den Affricaten und den aus ihnen hervorgegangenen hd. Spiranten lag sie wohl in der Consonanz (§ 46. § 144 A.), vor ihnen also galt bedingter Acut; zweifelhaft ist die Sache in andern Fällen, namentlich bei den s-Verbindungen (sp, st, sc). Jedenfalls muss in allen Wörtern mit einem einfachen inlautenden Consonanten der selbständige Acut gegolten haben; denn der einfache Consonant wurde unbedingt als zur folgenden Silbe gehörig empfunden.

Dieser selbständige Acut wurde nun vermutlich in der Entwickelung der Sprache vom Mhd. zum Nhd. aufgegeben. War der folgende Consonant geeignet, den Luftstrom abzuschneiden, so wurde er durch den bedingten Acut ersetzt. Dies war der Fall vor allen Consonantverbindungen, vor denen sich der Acut etwa noch erhalten hatte; von den einfachen Consonanten aber waren nur *t*, weniger *m* einigermassen geeignet. Die übrigen verlangten selbst eine zu schwache Articulation, als dass sie dem starken Accent gewissermassen als Widerlager hätten dienen können; vor ihnen wurde der Acut durch den Gravis ersetzt, und der Vocal gedehnt; vgl. Wilmanns Beitr. 4, 125 Anm.

Anm. 1. Einen Versuch festzustellen, in welchem Umfang das Spätmittel- und Frühneuhochdeutsche offne Silben besass, macht Burghauser. Seine Angaben über die Silbenteilung in der jetzigen Sprache Österreichs sind interessant, aber man vermisst jede Angabe, auf welchen Momenten das Gefühl oder die Wahrnehmung der Silbenscheide beruhen soll, die er in seinen für mich höchst auffallenden Silbentrennungen zur Darstellung bringt. Die Schlüsse, die er aus seinem Material für die ältere Zeit zieht, kann ich nicht anerkennen. Schon im Mhd. soll *ge-gri-ffen, bi-ʒʒen, si-tzen, ku-sses, jo-ches, ma-chte, ri-ppe, tro-pfe, to-hter, a-hse* u. s. w. gesprochen sein. Gilt diese Aussprache jetzt, d. h. wird in diesen Wörtern der bedingte Acut, den ich zu sprechen glaube, nicht gebraucht, so möchte ich annehmen, dass in ihnen überhaupt kein Acut sondern ein Gravis gesprochen werde und die Sprache auf dem Wege zur Dehnung einen neuen Schritt gethan habe.

Anm. 2. Von Bahder S. 88 erklärt die eingeschränkte Geltung, welche die Dehnung vor *t* und *m* gewonnen hat, aus dem Einfluss südwestdeutscher Mundarten.

A. Die Dehnung in offner Silbe.

240. a. Vocalisch auslautende Stämme. Da die Neigung den Vocal zu dehnen von der Schwäche der folgenden Consonanz abhängt, so muss sie sich zunächst da zeigen, wo gar kein Consonant folgt, also in Stammsilben, die auf einen Vocal auslauten. Und so wird in der That in den Wörtchen *ja, bi, nu, du*, wenn sie überhaupt betont werden, schon in ahd. Zeit der Vocal gedehnt. Flectierbare auf einen kurzen Vocal ausgehende Stämme giebt es nur wenige; wo sie aber begegnen, zeigen sie, falls nicht Contractionen eintreten, die Dehnung: g. *fijands*, ahd. *viant*; g. *þrijê*, ahd. *drîo*. Otfried braucht in dem Verbum *tuon* noch einen kurzen Stamm *du-*, indem sich das *u* vielleicht diphthongisch mit dem Vocal der Endung verbindet (*duis, duent* etc.); bei N. gilt *tû-*. Br. § 40 A. 4.

241. b. Consonantisch auslautende Stämme. Stämme die auf einen Consonanten ausgehen, erfahren die Dehnung erst später. Frühe Spuren zeigt Heinrich von Veldegge (ed. Behaghel S. XXXIX), vielleicht auch der Rother (AfdA. 17, 108), dann andere md. Dichter. Jetzt gilt die Dehnung, wie in der Schriftsprache, in nieder- und mitteldeutschen Mundarten, auch in Teilen des Alemannischen. Behaghel, Grdr. § 29 Aber der grössere Teil des Südalemannischen bewahrt alte Kürze in der offnen Silbe noch heute, und so ist es auffallend, dass wir schon gegen Ende des 13. Jahrh. bei Schweizer Dichtern Wörter wie *klagen, reden* etc. als klingende Reime gebraucht finden; vgl. Wilmanns, Beitr. 4, 104 f. 125 f. Anm.

Für die nhd. Schriftsprache ist folgendes zu bemerken.

Die Consonanten, vor denen die Dehnung regelmässig eingetreten ist, sind die germanischen Spiranten *v, h, s,* die Medien *b, g, d,* die Liquiden *l* und *r,* der Nasal *n,* also alle schwachen Consonanten ausser *m* und *t.* Als Belege führe ich, soweit sie ausreichen, Formen der st.Verba an, welche die Entwickelung sehr gut hervortreten lassen; mehr Material bietet Burghauser S. 13 f.

1. vor *h, s, v*; *geschehen, gesehen; gediehen, geliehen, geziehen; geflohen; genesen, gelesen; gewiesen.* Für altes *v* im Auslaut bietet das st.V. kein Beispiel, aber Substantiva: *Hof, Hafen, Kofen* (mhd. *kobe*), *Frevel, Schwefel* (mhd. *swëbel*), *Ungeziefer* (mhd. *ungezibele, -ere.*) etc.

2. vor *b, d, g: geben, weben; geblieben, gerieben, getrieben; geschnoben, geschoben, gestoben, geschroben; gehoben.* — *gemieden, geschieden; laden.   liegen, pflegen, bewegen, wägen; geschwiegen, gestiegen; gebogen, geflogen, gelogen, getrogen, gezogen, gesogen; schlagen, tragen.*

3. Vor *l* und *r: befehlen, empfehlen, hehlen, stehlen; mahlen.   gebären, scheren, gären, schwären; gefroren, gekoren, verloren; fahren, schwören.*

4. Vor *n*: das st.V. bietet nur ein Beispiel: *geschienen*;

§ 242.] Dehnung kurzer Vocale in offner Silbe. Ausnahmen. 223

zahlreiche sw.V. und Nomina belegen die Dehnung: *Bahn Hahn, Zahn, Schwan, Sohn*; *Biene, Bühne, Fahne, Lehne, Mähne, Schiene, Sehne*; *dehnen, denen, ihnen*; *Honig, König* etc.

242. Ausnahmen sind selten:

1. Die Dehnung fehlt in einigen Wörtern auf -*er*: *Widder*, mhd. *wider*; *Böller*, sp. mhd. *boler* zu *bolen* werfen; *Koller* (Pferdekrankheit), mhd. *kolre*, ahd. *choloro*; *Söller*, mhd. *solre* oder *sölre*, ahd. *solari*, l. *solarium*; *Donner*, mhd. *doner*, ahd. *donar*. In vielen andern hat -*er* die Dehnung nicht verhindert: *Schwäher, Käfer, Schiefer, Hafer* (mhd. *haber*), *liefern* (frz. *livrer* l. *liberare*); *Eber, Haber, Hader, Bader, wieder, Schwieger, Jäger, Spieler, Köhler* u. a. — Noch regelmässiger ist die Dehnung vor -*el* eingetreten: *Esel, übel, Knebel, Friedel, Einsiedel, Igel, Flegel, Kegel, Striegel*. Nur einige Verba auf -*eln* zeigen Verdoppelung: *kribbeln* (mhd. *kribelen*), ferner *wabbeln, krabbeln, knabbern, buddeln*, Bildungen, die kein altes Gut der Schriftsprache sind. Dass -*en* die Dehnung nicht hindert, zeigen schon die in § 241 angeführten Beispiele: ausgenommen ist *Füllen*, mhd. *vülîn*.

In einigen tritt zugleich mit der Verdoppelung Verschärfung ein, Tenuis für die Media: *doppelt* (§ 62), *zappeln* (§ 78); *Zettel, flattern* (§ 84); *ch* für *h*: *Achel, Echer* (§ 89, 3).

Anm. In md. Drucken sind *dd* und *bb* beliebt; s. von Bahder S. 94 f. (vgl. 87). Bei Luther herrscht *dd* bis 1534 in *odder, widder*; noch später finden sich *hadder, besuddeln, feddern, leddern, eddelstein, foddern*, und *bb* in *lebber, gibbel*, also beide Buchstaben fast nur vor -*el* -*er*; Franke § 122, 3. 4.

2. Auffallendere Ausnahmen sind: *Granne*, mhd. *grane*; *toll*, mhd. *tol* mit einfachem *l* (vgl. ahd. *tulisc* thöricht); *Neffe*, mhd. *neve*, im 17. 18. Jahrh. (Gueintz, Schottel, Stieler, Steinbach s. v. Bahder S. 103) noch das regelmässige *Nefe* (ob der kurze Vocal unter Einfluss von frz. *neveu* steht?). In *Zinn* hat sich die Kürze behauptet, weil das Wort meist in der einsilbigen Form gebraucht wird. — Für das kurze *ă* in *Nachtigall*, mhd. *nahtigale* kommt in Betracht, dass die Silbe -*gall* halbtonig ist. *widmen*, mhd. *widemen* erklärt sich durch die

Unterdrückung des *e* in der Mittelsilbe; ähnlich *mannich-*, mhd. *manec*, neben *manch*; *Mennig*, mhd. *minig, menig*, neben *menige, minge*.

243. c. Vor *m* und *t* ist die Dehnung nicht durchgeführt und statt ihrer oft Verdoppelung des Consonanten eingetreten (§ 144).

Vor *m* gilt die Dehnung in ziemlich vielen Stämmen: *Gram, Scham, lahm, zahm, Name, grämen, schämen, lähmen, zähmen, Hamen* etc. (v. Bahder S. 86 f.), aber in andern nicht. Consonanten der Flexion und Ableitung, welche auf die Stammsilben mit schwächerem Consonanten nicht gewirkt haben, haben hier oft den Ausschlag gegeben, so dass die vor ihnen geltende Form zur Normalform geworden ist. *kommen* hat in den Formen des Präs. und im Partic. Prät. den kurzen Vocal bewahrt, *nehmen* nur im Part. und in der 2. 3. P. Sg. *nimmst, nimmt*; es heisst ferner *Kummet, Sammet, zusammen*, mhd. *zesamene, fromm, frommen, zu Nutz und Frommen*. Besonders deutlich tritt der Unterschied vor *-er* und *-el* hervor. Während *-er* nach den andern Consonanten nur ausnahmsweise, *-el* nie die Dehnung verhindert hat, bewirken sie nach *m* stets Erhaltung der Kürze: *Ammer, dämmern, Hammer, Kammer, Nummer, Schimmer, Schlummer, Sommer, Trümmer; Hammel, Himmel, Kümmel, Semmel, sammeln*; bei *Schämel* schwankt der Gebrauch; vgl. § 244 A. 2.

Anm. *stammeln* und *stemmen* haben schon in der ältern Sprache *mm* oder *m*.

244. Vor *t* ist in den Formen der st.V. gewöhnlich der kurze Vocal erhalten: *bitten; gelitten, geglitten, geritten, geschnitten, geschritten, gestritten; gesotten*. Dehnung gilt in *treten, getreten, gebeten; geboten*. Auch die Nomina zeigen meistens Kürze; *Gott, Blatt, Tritt, Schatten* etc. von Bahder S. 85 f. Andere dagegen Dehnung; zunächst mehrere, die erst spät in die Schriftsprache aufgenommen werden, namentlich aus dem Md. oder Ndd.: *Schote* (Tau im Segelwerk), *Kot*, ndd. *kote, kot* Bauerhütte; *Pate* Taufzeuge, (zunächst md.; im oberd. dafür *gote* und *phetter*); *Beet*, im älteren Nhd. auch noch *Bett* und mit diesem Wort identisch, jetzt sind beide

§ 244.] Dehnung kurzer Vocale in offner Silbe, vor *m* und *t*.

durch die Quantität differenziert. Ebenso *Köter* und *Kötter*, der Bauernhund und der Eigentümer einer kot, beide Ableitungen von *kot*. *Spate*, ndd. *spade*, und noch im 18. Jahrh. öfters mit *d* geschrieben. *Knoten, knoten*, md. Formen gegen oberd. *knode*. *Titel* aus l. *titulus*; das *i* stammt aus der früher gewöhnlichen Aussprache des Lateinischen, in welcher alle betonten Vocale vor einfachen Consonanten lang wurden. — *Zote* ist ungewisser Herkunft.

Auffallender ist die Dehnung in mehreren andern: *Gebet, beten, Gebot, Bote* entsprechen den st.V. *gebeten, geboten*. Ferner *kneten, waten, jäten, Kröte*, ahd. *chrota, chrëta* (§ 230), *Met*, ahd. *metu*; vor allem *Vater* (dagegen *Gevatter, Vetter*) und *Kater*, wo die Länge anerkannt ist, obwohl die Endung -*er* folgt. — In *Boot* und *Pfote* (zuerst ndrh. und mnd.) ist der lange Vocal alt. — Den weiten Umfang, den die Dehnung vor *t* gewonnen hat, glaubt Burghauser S. 16 aus dem mundartlichen Schwanken zwischen *d* und *t* erklären zu können.

Anm. 1. Zeugnisse für den Beginn der Verdoppelung von *t* und *m* im Mhd. führt von Bahder S. 88 f. an. — Bei Luther findet sich abweichend vom jetzigen Gebrauch einfaches *m* ziemlich oft: *komen, genomen, kumist, hymel, kamer* u. a.; einfaches *t* nur selten: *keten*. Franke § 123, 1. 4. Der Grund liegt wohl meist in Schreibergewohnheit; die Ligatur *tt* war beliebt (§ 134 A.), *mm* wurde von vielen gemieden; v. Bahder S. 90. vgl. jedoch § 237 A.

Anm. 2. Die Wörter mit inl. *p* und *k* sind, soweit sie überhaupt das Gepräge deutscher Wörter haben, meist in späterer Zeit aus dem Ndd. oder durch die Vermittlung des Ndd. aufgenommen, und zeigen wie die aus dem Ndd. aufgenommenen Wörter auf *t* langen Vocal:

a. *Stapel, stapeln*, ndrl. ndd., die hd. Form ist *Staffel*. *hapern*, ndrl. *haperen*. *Kaper kapern* Seeraub treiben, ndrl. *Kaper* (eine Frucht), hd. *kapperen*, aus frz. *câpre*, mlat. *capera*, gr. lat. *capparis*. — *Krüppel* ist schon mit Doppelconsonanz in das Hd. aufgenommen.

b. *Bake* (Schifferzeichen), ndl. *baak*, ndd. *bake*. *Takel, takeln*, ndrl. ndd. — *Makler, makeln* oder *mäkeln, Börsenmakler*, ndl. zu ndd. *maken* machen. — *Laken*, ndd.; mhd. *lachen*, vgl. *Scharlach*. — *Blaker* Hängeleuchter, ndrl. ndd. — *Luke*, ndd. — *Quäker*, engl. *quaker*. — *Schnake* lustige Erzählung, ndd., vgl. ndrl. *snaak* Possenreisser. — *Spuk*, ndrl. *spook*. — *Schmöker* zu hd. *schmauchen*. Auch *quaken, quieken, blöken* tauchen erst im Nhd.

W. Wilmanns, Deutsche Grammatik.

auf. In *Höker* gilt ŏ und ō; ō bezeichnet Weigand als niederdeutsch. Dazu kommen aus dem Lat. *Makel, mäkeln,* l. *macula,* und mit schwankender Quantität: *Artikel, Matrikel.*

B. Die Dehnung in geschlossener Silbe.

245. Dehnung durch Systemzwang. In geschlossener Silbe ist die Dehnung in der Regel durch Systemzwang zu erklären und, wie es bei Formübertragungen zu geschehen pflegt, nicht consequent durchgeführt. Im einzelnen ist folgendes zu bemerken.

1. Die Nomina nehmen in den unflectierten Formen dieselbe Quantität an wie in den flectierten. Aus mhd. *sĭges, sĭge* wird nhd. *Sieges, Siege,* und darnach bildet man auch mhd. *sic* zu nhd. *Sieg* um. Doch ist in den unflectierten Formen noch jetzt vielfach der kurze Vocal erhalten; in Wörtern wie *Hof, Glas, Gras, Grab, Tag, Rad* etc. hört man bald langen, bald kurzen Vocal sprechen. In *Schmied* und *Stadt,* ebenso in dem Adj. *grob* behauptet der kurze Vocal sogar die Herrschaft, bes. auffallend in *Schmied,* weil hier die Orthographie die Dehnung vorschreibt (PBb. 9, 112). Auch die Adv. *wĕg* und *flŭgs* haben sich der Einwirkung der Subst. *Wĕg, Flūg* entzogen.

Anm. Die Einwirkung der flectierten Formen war bei den Stämmen, deren Consonant im Inlaut anders als im Auslaut gesprochen wird, weniger energisch als bei solchen mit unveränderlichem Consonanten. Daher tritt in den Stämmen auf Liquida, Nasal und *t* die Dehnung in den unflectierten Formen regelmässig ein, wenn sie in den flectierten gilt, während in denen auf *b, d, g, s* und germ. *f* der Gebrauch schwankt. Denn die Medien und *s* werden im Inlaut stimmhaft, im Auslaut stimmlos gesprochen, und *f* zeigt schon im Ahd. Unterschiede, je nachdem es im In- oder Auslaut steht.

2. Die schwachen Verba haben vor consonantisch auslautender Flexion dieselbe Quantität des Stammvocales wie vor vocalischer: *lēgen, lēgt, lēgst, lēgte, gelēgt;* ebenso bei *quälen, lähmen, sagen, reden* etc. Ihnen kommt die Dehnung um so mehr zu, als ursprünglich und noch jetzt oft der Endung ein Vocal vorangeng (*legete, redete* etc.), so dass die Stammsilbe offen war und schon an und für sich Anspruch auf die

Dehnung hatte. Nur das unregelmässige *habe, hăst, hăt, hătte, gehăbt* weist verschiedene Quantität auf, wie ja auch die Form der Stammsilbe nicht überall dieselbe ist. *berĕdt* hält sich als isoliertes Participium neben *rēden*.

3. Im st. Verbum ist die Ausgleichung nicht so weit durchgeführt, weil auch qualitative Verschiedenheiten im Vocalismus die einzelnen Formen mehr auseinander halten. Doch ist sie eingetreten

a. zwischen dem Sg. und Pl. Prät. Im Mhd. hiess es *găb* : *gāben, năm* : *nāmen*, nhd. *gāb, nāhm*. (Bei den st. V. 2 und 3 wird sogar der qualitative Unterschied der Laute durch die Analogie aufgehoben; mhd. *steic stĭgen, meit mĭten, baug bŭgen, zōh zŭgen* sind zu *stieg stiegen, mied mieden, bōg bōgen, zōg zōgen* geworden).

b. Die einsilbigen 2. und 3. Sg. Präs. haben, wenn sie von den zweisilbigen Formen nur durch den Umlaut unterschieden sind, dieselbe Quantität wie diese: *grābe, grābst, grābt; schlāge, schlāgst, schlāgt; lāde, lādst, lādt* etc. Wenn dagegen der Imp. und die 2. 3. Sg. Präs. *i*, die übrigen Formen *e* haben (st. V. 1), ist der Ausgleich nicht durchgeführt. In *stehlen, befehlen, sehen, geschehen* gilt die Dehnung: *stiehl, stiehlst, stiehlt* etc., dagegen behaupten die entsprechenden Formen von *nehmen, treten, werden* den kurzen Vocal. Auch *līst* hört man nicht selten statt *liest*, verbreiteter ist *gĭbst, gĭbt* st. *giebst, giebt*. Die qualitative Gleichheit der Laute befördert die quantitative Ausgleichung, wo sie fehlt, ist die Analogie weniger wirksam; deshalb steht neben *mögen* : *măg, möchte*.

4. Auch in die geschlossenen Silben der Composita und abgeleiteten Wörter dringt der gedehnte Vocal vor; vgl. *lēsen, lēsbar; gēben, angēblich* etc. Verschiedenheit des Vocalismus und Consonantismus aber hemmt den Ausgleich: *gelōben, Gelübde; tragen, Trăcht, trăchtig; schlagen, Schlăcht; wiegen, Gewĭcht; gēben, Gĭft*. Ebenso hält sich die Kürze, wenn die Beziehung auf das Stammwort dem Sprachbewusstsein entschwunden ist: *Heer* aber *Hĕrberge, Hĕrzog; Meer, Mĕrrettich· bar, bărfuss; Fahrt, fĕrtig; beschälen, Schĕllhengst; Bohle, Bŏllwerk*. Freilich unterbleibt die Ausgleichung auch in

manchen Fällen, in denen weder Verschiedenheit der Form
noch der Bedeutung einen Grund dazu geben: *dieser, dĭsseits;
jĕner, jĕnseits; Rēde, Berĕdsamkeit, berĕdt; Pōlen, pŏlnisch;
lāben, Lăbsal; Name, nămlich*. Nicht in allen steht die Aussprache fest; vgl. die Schlussbemerkung in § 248.

246. Spontane Dehnung. Gedehnte Vocale in geschlossenen Silben, die sich nicht durch den Einfluss der offnen
Silben erklären, sind in manchen Mundarten verbreitet. Schon
im Mhd. tritt die Dehnung bes. vor *n* und *r* häufig ein und in
alemannischen und bairischen Dialekten herrscht jetzt vor auslautender Lenis die Dehnung allgemein PBb. 9, 110. Whd.
b. Gr. § 7. 36. Behaghel, Grdr. § 22. Die nhd. Schriftsprache
verhält sich ablehnend; nur vor *r* ist die Dehnung in weitem
Umfang zur Anerkennung gekommen, ausserdem findet sie sich
in einzelnen Wörtern vor *l* und Nasal.

In *wohl*, mhd. *wŏlę* (vgl. *Wŏllust*, aber *Wŏhlfahrt*) und
den Dativen *wem, dem, ihm*, mhd. *wëmę, dëmę, imę* lässt sich
die Dehnung aus der ursprünglichen Zweisilbigkeit erklären.
fahnden, mhd. *fanden* hat sich an *fâhen* angelehnt, *ahnden*,
mhd. *anden* mit *ahnen*, mhd. *anen* gemischt. — Mhd. *ellende*
gab unter der im Mhd. häufigen Betonung *ellénde* die Gemination auf und erfuhr dann regelrechte Dehnung: *Elend*. Ausserdem sind nur die Acc. *den, wen, ihn* anzuführen, auf welche
die Dative eingewirkt haben mögen (PBb. 9, 121), und das
Wörtchen *in*, in welchem die Dehnung früh zur Differenzierung dient: mhd. *in* Präp.; *in*, nhd. *ein* Adv.

In andern Wörtern wie *bin, an, von, hin, un-; ab, ob;
es, des, was; mit; doch, noch, ich* lässt nur mundartlich gefärbte Aussprache langen Vocal eintreten. Dagegen vor *r*
herrscht die Dehnung allgemein: *er, der, wer, ihr, mir, dir,
dar, her, für, vor, empor*. Dass einige dieser Wörtchen,
wo sie ganz unbetont bleiben, keine Dehnung zeigen, ist in
der Ordnung, also *dărin, vŏrdn, vŏrbei, hĕrein*; ebenso *er* und
der, wenn sie en- oder proklitisch stehen. In betonter Stellung
behauptet sich der kurze Vocal in *Vŏrteil*. — Über *ur-* s.
§ 247.

247. Ja selbst Stammsilben, die auf r + Cons. ausgehen, sind der Dehnung nicht entgangen. Im allgemeinen zwar behauptet sich der kurze Vocal; z. B. *arg, bergen, herbe, mürbe, Ferse, Hirse, Mörser, Erker, Harke, stark, hart, warten, Gerte, Karte, Harfe, scharf, Schorf, Herz, Kerze, Scherz, Kirsche, barsch, Bursche* etc. Aber vor r + Dental (*d, t, z, s, sch*), also vor r mit den nächst liegenden Consonanten, werden namentlich *o* und *e*, seltener andere Vocale, oft gedehnt, obschon die Dehnung nicht allgemein anerkannt ist: *Art, Bart, Fahrt, zart, Scharte, Schwarte, Harz, Quarz, Arsch, Barsch, Gefährte*; *Wert, Schwert, Herd, Herde, Pferd, Erde, werden*; *Begierde, Geburt, Börse*. Paul (PBb. 9, 119) sucht das Schwanken durch die Annahme zu erklären, dass lautgesetzlich der lange Vocal nur in den flectierten Formen eingetreten und dann durch Ausgleich bald die eine bald die andere Form zur Geltung gekommen sei. Ursprünglich habe es *hǎrt hǎrte, zǎrt zǎrte* geheissen; in *hǎrt* habe der Vocal der unflectierten, in *zǎrt* der der flectierten Form gesiegt. Doch ist die Annahme schwerlich richtig; denn grade wenn dem energischen Accent des kurzen Vocales sich noch eine Silbe unterordnet, zeigt die Sprache Neigung der Dehnung zu widerstehen; vgl. *Bǎrt : Bǎrte (Hellebǎrte), Fǎhrt : fěrtig, Ǎrzt : ǎrztlich, Gebǔrt : gebürtig, Erde : ǐrdisch.* — Die Vorsilbe *ur-* hat langen Vocal in *Urahn, Urkunde, Urfehde* u. a., kurzen in *Urteil, Urlaub*, neben denen die alten Formen *urtel, urlob* galten; ähnlich verhält sich *bǎrfuss* (nd. *barfęt*) zu *bǎrhaupt*. Auch die früher (§ 245, 4) erwähnten *Merrettich, Herzog* sind hier anzuführen.

Verkürzung langer Vocale.

248. Bereits in vorhistorischer Zeit wurden vor gewissen Consonantverbindungen lange Vocale verkürzt; nach Osthoff (Perf. S. 84) vor Sonorlaut (i, u, m, n, r, l) + Cons.; z. B. g. *fairzna* aus *fērzna*, g. *winds* aus *wēndas* u. e. a. Kluge, Grdr. § 22 S. 351. Streitberg, Zur Sprachgeschichte S. 71 f. 91 f. Wo sich lange Vocale vor Consonantverbindungen erhalten hatten oder durch neue Entwickelungen diese

Lautfolge erzeugt war, blieben die langen Vocale im allgemeinen bis in die mhd. Zeit unversehrt. Besonders ist zu bemerken, dass, wo lange Vocale vor gedehnten Consonanten standen, die Sprache die überlange Silbe nicht durch Verkürzung des Vocales sondern des Consonanten zu beseitigen pflegte (§ 139, 4). Im Mhd. macht, wie die Reime zeigen (vgl. Whd. § 102. 122 und die zu § 237 angeführten Stellen), die Verkürzung Fortschritte; freilich ist nicht immer leicht zu entscheiden, ob man aus der Bindung ursprünglich langer und kurzer Vocale auf Dehnung des kurzen oder Kürzung des langen Vocales schliessen soll; Whd. neigt mehr als recht ist zur Annahme der Dehnung. Ganz allgemein gilt mhd. *herre* (oder *hêre* § 134, 2. AfdA. 14, 287) = ahd. *hêriro*; beschränkter ist die Verkürzung in *brâhte, dâhte, dûhte, stuont, fieng, gieng, hieng, friunt* u. e. a. vgl. Gr. 1^2 461. Behaghel zu Veldegge S. XLII. Frommann zu Herbort v. 571. Im ganzen gehören die Verkürzungen erst der jüngeren Zeit an und treten in den verschiedenen Mundarten nach verschiedenen Gesetzen ein. Behaghel, Grdr. § 23. Auch die, welche schriftdeutsch reden und sich einer reinen Aussprache befleissigen, stimmen in manchen Worten, öfter als ich es hervorhebe, nicht überein. Wenn ich den folgenden Bemerkungen zu Grunde lege, was mir selbst geläufig ist, will ich dadurch andere Aussprache nicht als uncorrect bezeichnen.

249. Da die Dehnung, welche das Nhd. in den offnen Silben vor den schwachen Consonanten eintreten lässt, aus den flectierten Formen in die unflectierten übertragen zu werden pflegt, so ist daraus schon zu schliessen, dass die Sprache eine Abneigung gegen langen Vocal in geschlossener Silbe überhaupt nicht hat. Und so ist denn in der That der lange Vocal nicht nur vor den schwächsten Consonanten sondern auch vor *m* und *t*, ja selbst vor den hochdeutschen Spiranten, also vor allen einfachen Consonanten meistens erhalten; z. B. *Mal, Qual, Kiel; Wahn, gethan, Huhn,* mhd. *huon; Tod, lieb, klug, Krug; nach, hoch, Graf, Aas; Rahm, Ruhm; Brot, Grat, rot; Schaf, Ruf, schuf, lief, Schoss, Kloss, bloss, Griess, süss, Buch, Fluch.*

§ 249. 250.] Verkürzung langer Vocale. 231

Demgemäss ist denn auch die Diphthongierung vor diesen Consonanten eingetreten; z. B. *weit, Zeit, weiss, reich, Braut, auf* u. a.

Sogar Consonantverbindungen lassen zum grossen Teil den vorangehenden Vocal unbeeinträchtigt. Consonantisch anlautende Flexionen und Ableitungssilben üben wohl in nieder- und mitteldeutschen Mundarten Einfluss: *lāte, lĕtst, lĕt, sēke, sŏchte* etc. (Behaghel Grdr. § 23), aber nicht in der Schriftsprache: *sūchen, sūchst, sūcht, sūchte; grōss, grōsste; sūss, sūste* etc. Ebenso hält sich der lange Vocal vor manchen Consonantverbindungen, deren zweiter Bestandteil zum Stamme gehört oder wenigstens jetzt nicht mehr als ableitend empfunden wird. So besonders oft vor *st*: *Biest, düster, Husten, Kloster, Ostern, Österreich, pusten, Priester, Riester, Schuster, Wust, Wüste;* vor *sch*: *wusch, draschen;* vor Tenuis + *s, sch*: *Brezel, Rätsel, piepsen, wuchsen, Bratsche, hätscheln, grätschen, quietschen, trätschen,* mit schwankender Quantität: *Lŏtse, dŭzen, Wŭchs.* Auch hier ist die regelmässige Diphthongierung eingetreten; z. B. *rauschen, deutsch, Deichsel.* Vgl. ferner *Papst,* mhd. *bâbest, Propst,* mhd. *brôbest.*

So ist denn die Verkürzung der langen Vocale auf ein enges Gebiet beschränkt; Momente, die sie begünstigen, sind wahrnehmbar, ein durchgreifendes Gesetz aber nicht entwickelt.

250. Consonantverbindungen, vor denen der lange Vocal immer oder fast immer beseitigt ist, sind:

cht, in einer beträchtlichen Zahl von Wörtern: *Acht,* mhd. *âhte; Docht,* mhd. *tâht; Fichte,* mhd. *fiehte; Licht,* mhd. *lieht; nüchtern,* mhd. *nüehtern* u. a.; auch in den Prät. *brachte gebracht, dachte gedacht.* Aber dass die Durchführung dieser Verkürzung nicht alt ist, zeigt die Diphthongierung in *leicht,* mhd. *lîhte; Beichte,* mhd. *bîht, bigiht; leuchten,* mhd. *liuhten* u. a. — *lichten* (in die Höhe heben, zu *lîhte*) ist ndd.; auf ndd. Einfluss ist auch wohl *dicht,* mhd. *dîhte* (mundartlich *deichte*) zurückzuführen und die *cht* = *ft* in *echt,* mhd. *êhaft; sacht* aus *sâcht* = hd. *sanft; Gerücht, berüchtigt, ruch(t)bar* zu *ruofen.*

Vor Nasal + Cons. ist in *Feind* und *Freund,* mhd.

viẹnt, vriunt noch Diphthongierung eingetreten, in *Mond*, mhd. *mânet, Dienst*, mhd. *dienest* der lange Vocal erhalten; Verkürzung gilt in *ging, fing, hing* (Luther meist mit *ie*), *stund*, mhd. *stuont; Winzer*, ahd. *winzurila; Pfründe*, mhd. *pfrüende* (Luther mit falscher Diphthongierung *pfreunde*, Francke § 66).

251. Die Verkürzung vor andern Consonantverbindungen beschränkt sich auf einzelne Beispiele:

ft, fz: *Klafter*, mhd. *klâfter; heftig*, ahd. *heiftig;* s. Kluge e. Wb. — Diphthongierung in *seufzen*, mhd. *siufzen* (Luther *süffzen* Francke § 54).

tz, ts: Verkürzung in dem veralteten *itzt*, mhd. *ieze;* einige mit schwankender Quantität s. § 249. Diphthongierung in *Kauz, Käuzlein* (Luther *kützlin*). — *Grütze*, ahd. *gruzzi* neben mhd. *griuze*, ist selbständige Bildung.

l + C o n s.: langer Vocal in *hielt, hielten;* Verkürzung in *elf*, g. *ainlif*, mhd. *einlif, eilif, eilf;* ahd. *tîligôn*, mhd. *tiligen, tilgen* (l. delere).

Auch vor *r* + C o n s., wo kurzer Vocal oft gedehnt wird (§ 247), haben doch einige Wörter Verkürzung erfahren: *herrschen*, ahd. *hêrisôn*, mhd. *hërsen: vërsen* (Ferse); *Dirne*, mhd. *dierne*, *Lerche*, ahd. *lêrahha; horchen*, mhd. *hôrchen* zu *hœren*. Die Verkürzung ist älter als die Dehnung.

Vor *st* hat sich im allgemeinen die Länge gehalten (§ 249), schwankende Quantität haben *Osten, Rost* (crates).

Über Verkürzung vor Doppelconsonanten s. § 143 b.

Anm. In einigen Wörtern ist die Silbe mit kurzem Vocal aus zwei kurzen Silben zusammengezogen: *Elster*, mhd. *agelster, egelster; Nelke*, md. *negelkîn; Sense*, mhd. *segense*.

252. Auch Stammsilben, die auf einen e i n f a c h e n C o n s o n a n t e n ausgehen, haben hin und wieder Verkürzung erfahren:

1. in Zusammensetzungen, namentlich verdunkelten: *Brombeere* zu ahd. *brâmo* Dornstrauch; *Lorber*, mhd. *lôrber* zu l. *laurus; Grummet* aus *gruon-mât* (vgl. auch *Ummet* aus *uo-mât*); *Musteil* zu *muos, gemüese; ruchlos*, mhd. *ruochelôs* zu *ruochen, geruhen; Damwild* zu mhd. *tâme; Nachbar*, mhd.

nâchgebûre (Gr. 1³, 218); *Hochzeit* (Gr. a. O.), *Hoffahrt* zu *hôch*; *zwanzig*, mhd. *zweinzig, zwenzig*; *vierzig, vierzehn, Viertel* mit kurzem *i*, trotz der Orthographie. Auch die Eigennamen *Konrad*, ahd. *Kuonrât*; *Ulrich*, ahd. *Uodalrich*; *Gerbert, Gerhard, Gertrud* (Zusammensetzungen mit *gêr-*) sind hier anzuführen. — Nebenformen mit kurzem Vocal sind entwickelt in *wărlich, gehŏrsam*. — *herrlich, Herrschaft*, mhd. *hêrlich, hêrschaft* haben sich an *Herr* angelehnt; durch Anlehnung sind auch *Dickbein* und *Bocksbeutel* entstanden.

2. in einigen Wörtern mit ableitendem *-er, -el, -en*: *Blatter*, mhd. *blâtere*; *Futter*, mhd. *vuoter*; *Natter*, ahd. *nâtara*; *Mutter*, mhd. *muoter* (bes. auffallend neben *Vater*, mhd. *vâter*); *Ritter*, mhd. *rîter, riter*; *Jammer*, mhd. *jâmer*; *immer, nimmer*, mhd. *iemer, niemer, imer, nimer*; *Juchert* oder *Jauchert*, mhd. *jûchert*; *Rüssel*, mhd. *rüezel*; *bosseln* Kegel schieben zu mhd. *bôzen*; *tummeln*, ahd. *tûmolôn*, vgl. *taumeln*; auch in *Troddel* (vgl. § 228) und *Lümmel* s. Kluge e. W.; *Wappen, Waffe* aus *wâpen, wâfen*; *Linnen = linîn* nd. Form für hd. *Leinen*. Also fast überall vor schweren Consonanten.

3. Schwache Betonung erklärt die Verkürzung in *Amboss*, mhd. *anebôz* und in *gen*, mhd. *gegen, gein*; auch in den Hülfszeitwörtern *hat, hatte, hätte*; *müssen, musste*; *lassen* (PBb. 9, 132. Gr. 1², 526).

4. Ohne besondere begünstigende Umstände findet sich verkürzter Vocal: *Genosse*, mhd. *genôze*; *Schach*, mhd. *schâch*; *Rache*, mhd. *râche*, vgl. *rĕchen rächen*; *Puppe*, l. *pūpa*, mhd. *puppe*; *Mucke* Laune, mhd. *muoche*. — Schwankende Quantität in *genüg*, mhd. *genuoc*; *Flŏss*, mhd. *vlôz*; *Schlŏssen*, mhd. *slôz* Hagelkorn; *Rŭss, rŭssig*, mhd. *ruoz*. — (*schleppen* nd. *slĕpen* hat ursprünglich kurzen Vocal; auch *brüllen* ist vielleicht selbständige Bildung neben mhd. *brüelen*; s. Franck, Wb. In *Rettich*, mhd. *retich* und *rœtich*, l. *rādix* war der Vocal vermutlich unter Einfluss der Tonlosigkeit verkürzt (*rādĭcem* wie *sōlārium*, ahd. *sŏlāri*).

Anm. Sehr auffallend werden bei N. die langen Vocale vor inl. *h* verkürzt, auch die Diphth. *ie* und *uo* zu *i* und *ŭ*. Br. § 154 A. 7a. Ähnliches bei Neidhart; s. Haupt zu 54, 19. Kögels Erklärung (PBb. 9, 541 A.) befriedigt nicht.

Die Vocale in den unbetonten Silben.

253. So lange der Accent an keine bestimmte Stelle gebunden war, mussten sich die Vocale in allen Silben des Wortes in gleicher Weise entwickeln. Nachdem er aber im Germanischen auf den Stammsilben festgelegt war, ergaben sich für diese einerseits und die betonten Vor- und Endsilben anderseits ganz verschiedene Bedingungen. Die Lautgesetze, nach denen in jenen die Vocale sich wandeln, gelten nicht für diese; die unbetonten Silben traten in den Hintergrund des Sprachbewusstseins, die Rede glitt schneller über sie hin, die unvollkommen und flüchtig articulierten Laute wurden allmählich verkürzt, oft ganz unterdrückt.

Die Lautentwickelung in diesen unbetonten Silben hängt wesentlich von der Stellung ab, die sie zur betonten Stammsilbe einnehmen, also davon ob sie Vorsilben oder Endsilben oder Mittelsilben sind. Doch wird die durch die Stellung bedingte Lautentwickelung durch die Bedeutung beeinträchtigt, indem die Ableitungssilben, welche in den flectierten Formen eines Wortes als Mittel-, in den unflectierten als Endsilben stehen, immer derselben Form zustreben. Ich teile daher diese unbetonten Silben in Vorsilben, Ableitungs- und Flexionssilben und beginne mit den Flexionen, in denen alle germanischen Sprachen schon zu der Zeit, da sie in die Litteratur eintraten, mehr oder weniger starke Einbusse erlitten hatten.

Erstes Kapitel.
Flexionssilben.

A. Die Auslautgesetze der vorhistorischen Zeit.

254. Den Anfang zu einer wissenschaftlichen Behandlung machte R. Westphal mit einer Abhandlung in KZ. 2,

161 f. Geraume Zeit später erwarb sich Scherer GdSpr. [1] 99 f. [2] 200—210. 605) das Verdienst, den Blick über das Gotische, auf das Westphal sich wesentlich beschränkt hatte, auf die andern Mundarten zu lenken. Von neueren Arbeiten, die sich teils durch die Benutzung neuen Materials, namentlich aber durch neue Gesichtspunkte auszeichnen, nenne ich Sievers, zur Accent- und Lautlehre (PBb. 4, 522—539. 5, 63—163); Paul, Vocal-Synkope und Accent (PBb. 6, 124—177); Mahlow, die langen Vocale a, $\bar{e}$, $\bar{o}$, Berlin 1879; Hirt, Vom schleifenden und gestossenen Ton in den indogermanischen Sprachen (Indogerm. Forschungen I, S. 1—42. 195—231). Eine kritische Übersicht der bis zum Jahre 1890 vorgetragenen Meinungen giebt Jellinek, Beiträge zur Erklärung der germ. Flexion (1891) S. 1 f. Vgl. ferner Kluge, Grdr. § 27 f. und die von ihm und Braune, ahd. Gr. § 54 A. verzeichnete Litteratur.

Der eigentliche Grund für die Lautverluste der letzten Silben ist ihre Unbetontheit. Daneben kommen in Betracht:

1. Die Quantität der Vocale; lange Vocale und Diphthonge leisten, wenn sie auch nicht unversehrt bleiben, doch länger Widerstand als die kurzen.

2. Die Stellung des Vocales; Vocale, denen ein Consonant folgt, haben sich im allgemeinen besser gehalten, als solche, die im absoluten Auslaut stehen. Besonders ist zu beachten, dass lange Vocale, denen ursprünglich ein Nasal gefolgt war, sich in ihrer Quantität fast immer behauptet haben, obschon der Nasal selbst spurlos verschwunden ist. Nasalierte lange Vocale also, nimmt man an, widerstanden der Verkürzung. Manche Gelehrte haben auch eine ähnliche Einwirkung ursprünglich auslautender Dentale angenommen; in neuerer Zeit namentlich Jellinek S. 60 f. und van Helten PBb. 16, 311.

3. Die Accentuationsweise; lange Vocale, die ursprünglich einen Circumflex trugen, behaupten sich, während die mit gestossenem Accent verkürzt werden (vgl. § 339). Schon Scherer hatte, um gewisse Erscheinungen in der Geschichte der Endsilben zu erklären, die Beobachtung A. Kuhn's benutzt, dass in den Veden manche Silben mit langem Vocal zweisilbig

gebraucht werden. Später erkannte man den Zusammenhang dieser Zerdehnung mit der Accentuationsweise und nachdem Hansen (KZ. 27, 612 f.) den ersten Versuch gemacht hatte, hat Hirt a. O. in eingehender Darlegung die germanischen Auslautgesetze wesentlich auf die Verschiedenheit der Accentuationsweise zu gründen gesucht. Wie weit aber der Accent, wie weit deckende Consonanten, deren Einfluss auch Hirt anerkennt (S. 211), die Länge geschützt haben, ist darum schwer zu entscheiden, weil die Silben, für welche cicumflectierende Betonung anzunehmen ist, fast immer zugleich solche sind, die auf einen Consonanten (*s* oder *n*) ausgehen oder — gingen; vgl. Hirt S. 199. Der Eigenton der Vocale, dem Scherer eine entscheidende Bedeutung glaubte zumessen zu dürfen, kommt nicht in Betracht. —

Was die Zeit betrifft, so ist die Sprache wohl erst ziemlich spät in die Bewegung eingetreten. Unbetonte Flexionen gab es schon in der idg. Ursprache viele; aber wie in den verwandten Sprachen hielten sie sich zunächst auch im Germanischen. Erst nachdem die germanische Accentverschiebung zum Abschluss gekommen war und die gleichmässig durchgeführte Betonung der Stammsilben zur Gleichgültigkeit gegen die Endungen geführt hatte, meint man, habe der Verfall begonnen. Kluge vermutet, dass etwa mit dem 3. Jahrh. die Periode der Auslautgesetze anfange. Ihre Wirkung gehört also einer Zeit an, da die engere Verbindung der germanischen Stämme längst gelöst war; aber da die Bedingungen in allen Mundarten dieselben waren, mussten sich doch ähnliche Erscheinungen ergeben. Kluge, Grdr. § 27. § 28, 5.

255. Trotz der Aufschlüsse, die Fleiss und Scharfsinn im Laufe der Zeit gefunden haben, bleibt doch manches zweifelhaft und dunkel. Die Lautgetze sollen den Lautwandel fixieren, den gewisse Formen in einer gewissen Zeit erfahren. Um sie zu finden, müsste man also vor allem diese verschiedenen Formen genau kennen; aber die Bestimmung, zu welchen Formen die idg. Ursprache die Flexionen ausgebildet und was sie den Einzelsprachen als Grundlage für die weitere Entwickelung überliefert hatte, ist eine schwierige, nicht sicher gelöste Aufgabe. Von Anfang an ist die Einsicht in die Lautverhältnisse der Flexionen erschwert, weil die grossenteils aus Vocalen und flüchtigen Consonanten (i, u) bestehenden Affixe leicht unter sich und mit vocalisch auslautenden Stämmen verschmelzen; und es ist fraglich, wie weit solche Verschmelzungen den Auslautgesetzen vorangehen oder erst durch sie herbeigeführt werden. Erst in neuerer Zeit ist Dank den Bemühungen von J. Schmidt u. a. die Einsicht gewonnen, dass bereits in der idg. Ursprache auslautende i, u, r und Nasale nach langen Vocalen erhalten oder abgefallen sind je nach der Umgebung, in der sie standen. Für manche Schwierigkeit in den Einzelsprachen ist durch diese ursprüngliche Doppelheit von Formen die Möglichkeit einer neuen Lösung gegeben; aber die Grenzen und Bedingungen, welche diesen Lautverlust regeln, sind noch unsicher. Höchst wahrscheinlich hängen auch diese Sandhierscheinungen mit dem Accent zusammen; von der Accentuationsweise hing es ab, ob der Consonant schwand, und der schwindende Consonant übte wieder Einfluss auf die Accentuationsweise; s. Hirt S. 220 f. Streitberg, zur germ. Sprachgeschichte S. 42 f. 48.

Es ist ferner oft schwer zu entscheiden, ob die Formen, welche die verschiedenen Mundarten in gleicher Function brauchen, ursprünglich identische Bildungen sind; denn in den einzelnen Sprachen ist das alte Erbe nicht in gleicher Weise bewahrt; die eine hat diese, die andere jene Form fallen lassen und durch Neubildung oder willkürliche Formübertragung ersetzt. Dass z. B. das Gotische und das Ahd. in der 1. Pl. g. *gibam*, ahd. *gëbumês* grundverschiedene Endungen haben, liegt auf der Hand, dass dies aber auch im N. Sg. der ō-Stämme g. *giba*, ahd. *gëba* der Fall ist, leuchtet an und für sich keineswegs ein; es wird erst vermittelst der Lautgesetze geschlossen, die doch ihrerseits wieder erst aus einer Vergleichung der Formen zu gewinnen sind. Es droht daher die doppelte schwer zu vermeidende Gefahr, Formen durch Lautgesetze erklären zu wollen, die ursprünglich verschieden sind, oder Formübertragungen und äussere Einflüsse anzunehmen, wo doch Lautentwickelung stattgefunden hat. Wie weit es der Wissenschaft trotz dieser Schwierigkeiten gelungen ist oder gelingen kann einen sichern Bau aufzuführen, mag dahin gestellt bleiben. Ich beschränke mich auf eine Vergleichung der Endungen im Got. und Hd. und füge nur wenige Anmerkungen hinzu, um auf die Schwierigkeit des Gegenstandes und die Unsicherheit der Forschung hinzuweisen.

256. Kurze Vocale in ursprünglich letzter Silbe. Im Gotischen haben sich von den kurzen Vocalen in ursprünglich letzter Silbe das *u* erhalten und solche, die durch einen Consonanten ausser *s* gedeckt sind: N. A. Sg. *sunus, sunu, faihu*; 3 Pl. *bêrun*; A. Sg. *brôþar* (Brgm. I, § 660 A. 1); A. Pl. *wulfans, gastins*. Dagegen alle kurzen Vocale ausser *u*, die ursprünglich im Auslaut standen oder durch das consonantische Auslautgesetz in den Auslaut gekommen waren, sind unterdrückt; auch die nasalierten und durch *s* gedeckten Vocale, die in Runeninschriften noch vorkommen.

So ist beseitigt germ. *a* (idg. *o, a*): N. A. Sg. der a-Stämme g. *wulfs, wulf*, l. *lupus, -um*, gr. λύκος, -ον; g. *juk*, l. *jugum*, gr. ζυγόν. — 2 Sg. *waist*, gr. οἶσθα; 1 Sg. Perf. g. *bar* (urspr. *-a*).

germ. *e (i)*: 2 Sg. Imp. g. *bair*, gr. φέρε; V. Sg. g. *wulf*, gr. λύκε; g. *fimf*, l. *quinque*; g. *mik*, gr. ἐμέ γε; 1. 2. Pl. *bairam, bairiþ, bêrum, bêruþ* (urspr. *-omen, -ete, -men, -te*); N. Pl. der n-Stämme g. *gumans*, vgl. gr. τέκτονες.

germ. *i*: 2. 3. Sg. Präs. g. *bairis, bairiþ* (urspr. *-esi, -eti*); 3 Pl. Präs. g. *bairand* (urspr. *·onti*); N. A. Sg. g. *gasts, gast*, l. *hostis, hostem*; Comp. *mins* weniger, **minnis*.

Anm. Hirt S. 215 f. sucht nachzuweisen, dass wie im Westgermanischen (§ 257) so auch im Gotischen *i* und *u* nur nach langer Stammsilbe lautgesetzlich geschwunden, nach kurzer erhalten seien; vgl. auch van Helten PBb. 15, 455 f. und Streitberg a. O. S. 27.

257. In allen angeführten Beispielen stimmt das **Hochdeutsche** in der Beseitigung der Endvocale mit dem Gotischen überein: ahd. *wolf, joh, weist, bar, bir, wolf, fimf, mich, bëren, bëret, bârun, bârut, gomon, biris, birit, bërant, gast, min*; aber andere Fälle zeigen, dass die beiden Sprachen doch nicht durchaus denselben Weg gegangen sind (vgl. jedoch § 256 A.).

[§ 257.] Auslautgesetze. Kurze Vocale.

In den westgermanischen Sprachen zeigen sich die Vocale nach einer kurzen betonten Silbe dauerhafter als nach einer langen oder unbetonten. Dort, nimmt man an, seien sie lautgesetzlich erhalten, hier lautgesetzlich geschwunden; nur darüber sind die Ansichten geteilt, ob die Spaltung alle kurzen Vocale betraf (Paul, PBb. 6, 144. Brgm. I, § 635) oder nur *i* und *u* (Sievers, Kluge, Grdr. § 31, S. 365, Jellinek S. 41. 45). Das Hd. freilich entspricht dem durch dieses Lautgesetz verlangten Zustand sehr wenig. Zwar die u-Stämme (also die, welche im Got. den Vocal durchaus bewahrt haben), fügen sich im allgemeinen der Regel: g. *flôdus*, ahd. *fluot*; g. *skildus*, ahd. *skild*; aber g. *faihu*, ahd. *fihu*; g. *filu*, ahd. *filu*; nur wenige kurzsilbige haben schon im Ahd. den Vocal abgelegt (Fl.). Aber *i* pflegt auch nach kurzer Stammsilbe zu fehlen; z. B. *bah*, *slag*, *scrit*, *zug* etc., *baz* (g. *batis*); erhalten ist es nur in einzelnen, wie *kumi*, g. *qums* Ankunft, *quiti* Ausspruch, *wini* Freund u. e. a. Br. § 217. 220. 214 A. 1. Für erhaltenes *a* bieten die Flexionen kein Beispiel mehr. Die langen Stämme sollen die Formen der kurzen bestimmt und die gesetzmässigen Verhältnisse aufgehoben haben. — Das gedeckte *u* in der 3 Pl. *bârun* steht durchaus fest.

Anm. 1. Ob die verschiedenen Vocale und Wörter von verschiedener Silbenzahl gleichzeitig apokopiert sind, darüber sind die Ansichten geteilt. Diejenigen, welche annehmen, dass *a* und *e* auch nach kurzer Tonsilbe abfielen, pflegen die Apokope dieser Vocale für älter zu halten als die von *i* und *u*; van Helten, PBb. 15, 456 f. vertritt die Ansicht, dass *u* später gefallen sei als *i*; Jellinek S. 51. 58. 106 erklärt sich dagegen und nimmt nur für Wörter der Form –⏑⏑ eine frühere Apokope in Anspruch. — Die Frage ob die Auslautgesetze mit der Synkope der Mittelvocale zusammenhängt (Sievers, Jellinek S. 27), lasse ich unerörtert; vgl. § 310 A.

Anm. 2. Da auch ursprünglich auslautende *î*, *û*, *ô* in den westgerm. Sprachen abfallen, nimmt man an, dass sie, als das westgerm. Auslautgesetz wirkte, bereits verkürzt waren (§ 259 f.), so dass sie durch denselben Process wie die ursprünglich kurzen Vocale beseitigt wurden. Jellinek S. 27. Kluge, Grdr. § 31 a. Aber warum sollte der Process sich nicht wiederholt haben?

Anm. 3. Schwierigkeiten bereiten manche Partikeln, in denen ein ursprünglich auslautender Vocal erhalten ist: g. *ana*, ahd. *ana*, gr. ἀνά; ahd. *aba*, g. *af*; ahd. *oba*, g. *uf*; g. *faura*, ahd. *fora*, ahd. *umbi*, gr. ἀμφί (vgl. auch § 261 A.). Die Wörter sind verschieden gebildet und auf verschiedene Weise hat man sie zu erklären versucht; manche, indem man annahm, dass sie die alte Betonungsweise bis ins Germanische behielten (Sievers), oder als ganz unbetonte Wörtchen sich der Apokope entzogen (Kluge), oder durch Übertragung die Form annahmen, die ihnen in der Composition zu kam (Schmidt); andere dadurch, dass man den auslautenden Vocal auf ursprüngliche Länge zurückführte (Jellinek) oder auf den Diphthongen *ai* (Collitz). S. über diese Wörter Kluge, Grdr. § 28, 3. Jellinek S. 15. 39—41. Collitz, BB. 17, 17 und die dort angegebene Litteratur. — Über die Unterdrückung von *i* und *u* im zweiten Teil eines Compositums (*wini* : *Friduwin*, *fridu* : *Sigifrid*) s. Kluge, Grdr. S. 365 f.

258. Was die Qualität der Vocale betrifft, so scheint *e*, ehe es abfiel, unter gewissen Bedingungen zu *i* geworden zu sein; so in der Endung *-es* im N. Pl. der consonantischen Stämme (Kluge, Grdr. § 28, 5. § 24 S. 354) und im Imp. der st.V. (Kögel, PBb. 8, 135). Bei jenen erklärt der Lautwandel den Übertritt in die i-Declination, bei diesen die Form der st.V. 1: *nim* < **nemi* < **neme* (§ 178). Dass aber jedes unbetonte *e* (Sievers, PBb 5, 167 A. 1) oder jedes auslautende *e* (Kögel a. O. Brgm. I, § 67, 4) gemeingermanisch zu *i* geworden sei, glaube ich nicht; sonst würde die 2 Pl. Präs. und Imp. (urspr. *-ete*) regelmässig auf *-it* ausgehen, eine Form die zwar vorkommt, aber nur ganz beschränkt; s. § 263. Jellinek S. 42 f. leugnet den Übergang von auslautendem *e* in *i* überhaupt; das *i* der Imperative versucht er durch Formübertragung zu erklären.

259. Die langen Vocale in ursprünglich letzter Silbe sind teils verkürzt, teils als Längen erhalten.

a. Kurze und zum Teil in ihrer Qualität veränderte Vocale zeigt das Gotische, wo ursprünglich lange nicht nasalierte Vocale im absoluten Auslaut standen. Vor enklitischen Partikeln tritt zuweilen noch die alte Länge zu Tage; vgl. *aina* : *ainôhun*, *ainamma* : *ainummêhun*.

1. germ. *ô* (idg. *ô* und *a*) > g. *a* : 1 Sg. g. *baira*, l. *fero*, gr. φέρω; N. Sg. der ô-Stämme g. *giba*, *aina*; N. A. Pl. der neutralen a-Stämme g. *juga*, vgl. *þô*. Über *daga* s. § 262 A. 4.

2. germ. *ē* > g. *a* : 3 Sg. g. *nasida*; D. Sg. der pronominalen Declination *þamma*, *blindamma* (vgl. § 262 A. 4).

germ. *ō* und *ē* fallen also in g. *a* zusammen; einer von beiden Vocalen liegt vermutlich auch den Adv. auf -*ana* zu Grunde: g. *iupana* von oben, *ûtana* von aussen u. a.; vgl. § 260, 2. — Die Adv. auf -*ba* und *ufta* führt Hirt S. 205 auf *ēn* zurück; vgl. § 262 A. 2.

3. germ. *ī* > g. *i*: N. Sg. der *iē*-Stämme g. *bandi* Fessel; *þivi* Dienerin; 3 Sg. Opt. *wili* er will, *bēri* (urspr. -*īt*) er trüge.

4. Verkürzt trotz des folgenden *r* ist auch *ē* im N. Sg. der Verwandtschaftsnamen: g. *fadar*, gr. πατήρ. Wer das nicht zugeben will, muss die Form durch wenig wahrscheinliche Übertragungen erklären; s. Streitberg, zur Sprachgeschichte S. 85 f. — Auch g. *hvar*, *þar* u. a. hat man auf -*ēr* zurückgeführt (Hirt S. 29. 212); vgl. aber Streitberg S. 85.

Anm. Erhalten ist langer Vocal in den ablativischen Ortsadverbien auf *ō* (urspr. *ōt*): g. *hvaþrō* woher, *þaþrō* dorther u. a. (s. Schmidt, Festgruss an Böhtlingk S. 102. Streitberg, Comparative S. 37 f. Hirt S. 24. 200). Hirt S. 208 erklärt das lange *ō* aus circumflectierender Betonung; vgl. § 262 A. 2.

260. Auch das Ahd. zeigt keine Spur der alten Länge, modificiert aber zum Teil die Laute anders als das Gotische und hat in manchen Formen den Vocal ganz verloren (§ 257 A. 2).

1. germ. *ō* > *u* (also während das Got. dem Laut hellere Farbe giebt, verdunkelt ihn das Hochdeutsche, derselben Neigung folgend, die es auch in den Stammsilben bekundet; § 228): g. *baira*, ahd. *biru*; g. *aina*, ahd. *ein(i)u*. Über *gëbu*, *dëru*, *dëmu*, *tagu* s. § 262 A. 4. — Geschwunden ist der Vocal im N. A. Pl. der Substantiva ahd. *joh*, g. *juka*; aber die Pronomina haben (*i*)*u*: *siu*, *diu* (vgl. g. *þō*), *dësiu* und in beschränktem Umfang auch die ja-Stämme der Substantiva: *chunniu*, g. *kunja*.

Ebenso fehlt der Vocal in den durch die Partikel *a* erweiterten Formen der pronominalen Declination und in der 1. 3. Pl. Opt. g. *ainata*, ahd. *einaz*; g. *ainana* (vgl. *ainôhun*), ahd. *einan*; g. *bairaima*, -*aina*, *bēreima*, -*eina*, ahd. *bërêm*, -*en*, *bârim*, -*in*.

Unregelmässig steht im N. Sg. der ô-Stämme ahd. *gëba* neben g. *giba*; s. § 262 A. 1.

2. In der 3 Sg. ahd. *nerita* neben g. *nasida* und im D.

Sg. ahd. *dëmu, blintemu* neben g. *þamma, blindamma* nimmt man verschiedene Grundformen an; s. § 262 A. 2. 4.

Unregelmässig stehen die Adv. auf *-ana* (*innana, ûzana* u. a.) neben den got. mit derselben Endung; s. Jellinek S. 41. 64. Hirt S. 210. Collitz, BB. 17, 17; vgl. auch § 257 A. 3.

3. germ. *i* erscheint wie im Got. als *i* im Opt. der st.V. ahd. *wili, bâri*, g. *wili, bêri*; im Opt. der sw.V. hingegen muss sich *î* wenigstens im Alemannischen länger gehalten haben, denn N. braucht hier *i* (*neriti*), während er sonst das kurze auslautende *i* zu *e* geschwächt hat. — Geschwunden ist der Vocal im N. Sg. der movierten Feminina, z. B. ahd. *diu*, g. *þivi*, ahd. *gutin* Göttin (urspr. *-enī*).

4. Dem got. *ar* < *ēr* entspricht *-er : fater*. — Langer Vocal vor *r* erscheint in *blintêr*, einer jedenfalls jungen, aber schwer erklärbaren Form; Sievers, PBb. 2, 123. Kluge, Grdr. S. 392. Brgm. II, S. 775.

Anm. Die û-Stämme haben im Got. und Hd. ihre eigentümliche Form aufgegeben; germ. *quernû, g. *quairnus*, ahd. *quirn*; germ. *swegrû, g. *swaihrô*, ahd. *suigar*; germ. *snuzû, ahd. *snur*, *snura* Kluge, Grdr. § 31 A.

261. b. Als lange Vocale und Diphthonge erscheinen im Gotischen:

1. die durch *s* gedeckten Vocale: N. Sg. *hairdeis*; N. Pl. *wulfôs, gibôs, blindôs, gasteis*; G. Sg. *gibôs, þizôs*; 2. Sg. *nasidês*; *bairais, bêreis*.

2. ursprünglich nasalierte Vocale: N. Sg. der n-Stämme: *tuggô, hairtô, managei*; G. Pl. *dagê, gastê, þizê* ; *tuggônô, þizô*. Unregelmässig sind der N. Sg. *hana*, A. Sg. *giba* (N. *giba*), *bandja* (N. *bandi*), 1 Sg. *nasida*. *giba* und *nasida* lassen sich durch Formübertragungen aus dem Nominativ und der 3 Pers. erklären (§ 259), *bandja* nur mit grosser Unwahrscheinlichkeit (Hirt S. 204); über diese Form und *hana* s. § 262 A. 2.

Anm. Vielleicht gehören hierher auch die Adv. auf *ô* z. B. *galeikô* (Hirt S. 20. 23 f. 200. 207. Streitberg S. 26), möglicherweise auch die Relativpartikel *ei* (Hirt 221). Die Adverbia auf *-drê* (*hvadrê* wohin, *jaindrê* dorthin) sucht Hirt S. 209 aus denen auf *þrô* zu erklären.

3. die *î* und *ô* der sw.V. 1. 3. Imp. *nasei, salbô*; 3 Sg. Opt. *salbô*.

4. ursprüngliche Diphthonge, wenn sie auf Langdiphthongen, d. h. auf Diphthongen mit langem Anlaut, beruhen. g. *ahtau* (urspr. *ōu*); D. Sg. *sunau* (urspr. *ēu* oder *ōu*? Collitz, BB. 17, 27, Streitberg, zur Sprachg. S. 87); *anstai* (urspr. *ēi* oder *ōi*), *gibai, þizai* (urspr. *āi*).

Wo dies nicht der Fall ist, finden wir in manchen Formen *ai*, in andern *a*. *a* haben die Passivformen *bairada, -aza, -anda*; *ai* die 3 Sg. Opt. *bairai, habai*; Imp. *habai*, N. Pl. *blindai*. Collitz BB. 17, 1, AfdA. 17, 280 sieht die Formen auf *a* als die regelmässigen an und erklärt die andern als durch Formübertragung entstanden, was bei mehreren auch entschieden der Fall ist. Nach Hirts Theorie (S. 217) liegt dem *a* in *bairada oĩ* mit gestossnem, dem *ai* in *bairai oĩ* mit geschliffenem Accent zu Grunde. Eine andere wenig einleuchtende Erklärung versucht Jellinek S. 65 f. — Doppelformen auf *ai* und *a* zeigen auch manche Adverbia: *ibai* und *iba*, *nibai* und *niba*, *þauhjabai* und *þaujaba, jai* und *ja*; Collitz 17, 17.

Anm. Über die verschiedenen Versuche das *au* in g. *bairau, bairandau* zu erklären s. Jellinek S. 94 f. 98 f. Hirt S. 206 f. sieht darin den Vertreter von *ōn* mit gestossenem Accent; ebenso in *aippau, jau, þau*, in denen er Instrumentale auf *ōm* sieht.

262. Im Ahd. erscheinen die Endungen schwächer. Die Diphthonge sind zusammengezogen, *ō* entzieht sich der in den Stammsilben geltenden Diphthongierung, Länge hat sich in der Regel nur vor folgendem Consonanten erhalten und die Zahl der consonantisch auslautenden Endungen ist durch den Abfall des *s* (§ 150) eingeschränkt. Es heisst also 2. Sg. *neritôs, bërês, bâris* (*s* ist durch Formübertragung erhalten); 3. Pl. *neritôn*; 3 Pl. Opt. *salbôn, habên*; (über *blintêr* § 260, 4). Im übrigen pflegt dem got. langen Vocal ein kurzer zu entsprechen, wobei merkwürdige Unterschiede in der Qualität hervortreten.

1. Dem got. *ô* stehen im Ahd. *o* und *a (â)* gegenüber. Für *ôs* gilt *â* im N. Pl. der substantivischen ô-Stämme: g. *gibôs*, ahd. *gëbâ*; *a* im G. Sg. der ô-Stämme g. *gibôs*, ahd. *gëba*; g. *þizôs*, ahd. *dëra*; im N. Pl. der a-Stämme g. *wulfôs*, ahd. *wolfa (wolfâ)*; *o* im N. Pl. Fem. der Adjectiva g. *blindôs* ahd. *blinto*.

Anm. 1. Das *o* der pronominalen Flexion betrachtet Brgm. II, 663 als den regelrechten Vertreter von g. *ôs*; das *a* in *gëba* führt er auf Einfluss der iō-Stämme zurück, das *a* in *taga* auf Einfluss der Feminina; Formübertragungen, die nicht eben wahrscheinlich sind. Hirt S. 224 sieht wie andere *a* als regelrechten Vertreter von g. *ôs* (ursprünglich *ōs*) an und erklärt das *o* in *blinto* durch Übertragung von dem einsilbigen Pronomen *dio*, wie *blindai* aus *þai* erklärt wird.

Für *ōn* gilt *a* im N. Sg. g. *tuggô*, ahd. *zunga*; g. *hairtô* ahd. *hërza*; ebenso in der 1 Sg. *nerita* und im A. Sg. *gëba*, Formen, die dann auch auf die 3 Sg. und den N. Sg. übertragen sind. *o* steht im G. Pl. g. *tuggônô*, ahd. *zugôno*; g. *þizô*, ahd. *dëro*; im Adv. g. *galeikô*, ahd. *gilîcho*.

Anm. 2. Die Nom. der n-Stämme machen Schwierigkeiten; einmal durch den kurzen Vocal in g. *hana*, sodann dadurch dass dem *a* in g. *hana* ahd. *o*, und dem *ô* in *tuggô, hairtô* ahd. *a* entspricht. Als ursprüngliche Endungen der n-Stämme sieht man -*ēn* und *ōn* an, neben denen als Sandhiformen *ē* und *ō* gestanden hätten. Auf *ōn* führt man g. *tuggô, hairtô*, ahd. *hano* zurück, auf *ēn* ahd. *zunga, hërza*, auf *ē* g. *hana*. Hirt sieht als ursprüngliche Endungen der n-Stämme *ēn* und *ōn* mit gestossenem Accent, und neben *ōn* die Sandhiform *ŏ* mit geschliffenem Accent an. Auf *ēn* führt er S. 204 g. *hana* zurück (ebenso *bandja* (vgl. § 261, 2) die Adv. auf -*ba* und *ufta*); auf *ōn* ahd. *hërza, zunga* (ebenso 1 Sg. *nerita*, A. Sg. *gëba*) S. 205; auf *ŏ* g. *tuggô, hairtô*, ahd. *hano* (ebenso g. *galeikô*, ahd. *gilîcho* und g. *hvaþrô* etc. § 259 A.) S. 207; auf *ŏn* die G. Pl. g. *gibo*, ahd. *gëbôno*, S. 205. Bei dieser Verteilung aber ergeben sich Schwierigkeiten für den Instr. ahd. *tagu*, wo man *o* erwarten sollte; s. Hirt S. 208.

Andere haben sich die Sachen anders zurecht gelegt, indem sie annehmen, dass der Unterschied von idg. *ā* und *ō*, der in den Stammsilben und den got. Endungen aufgegeben ist, in den ahd. Endungen fortdauert, s. Jellinek S. 2f. Für den A. Sg. der ô-Stämme nimmt Mehringer (bei Jellinek S. 8 A.) einen Sandhi *ām, ā* an, auf *ā* beruhe g. *giba*, auf -*ām* ahd. *gëba*. In der 3 Sg. *nerita* erklärt Jellinek S. 64 das *a* im Ahd. aus dem Einfluss des urspr. auslautenden *t* (-*ēt*). Collitz vermutet in dem schw. Prät. mediale Formen, deren Endung -*tai* g. *da*, ahd. *ta* ergeben habe; vgl. § 261, 4.

2. Dem g. *ê* entspricht in der Partikel *þandê* ahd. *a*: *danta* (Hirt S. 209 nimmt geschliffenes *ĕ* an; ebenso in den Adv. *hera, wara, dara*); im G. Pl. ahd. *o*: g. *dagê*, ahd. *tago*; g. *gastê* ahd. *gestio*; g. *þizê* ahd. *dëro*. Hier nimmt man Grund-

§ 262.] Auslautgesetze. Urspr. lange Vocale im Ahd. 245

formen mit verschiedener Ablautstufe an (Bremer, PBb. 11, 37), für das Gotische $ē^n$, für das Hochdeutsche $ō^n$, und zwar mit geschliffenem Accent; Hirt S. 205.

Anm. 3. So entgeht man der allerdings unbefriedigenden Annahme, auf welche die Vergleichung von g. *tuggô, hairtô* mit ahd. *zunga, hërza*, von g. *dagê* mit ahd. *tago* zunächst führt, dass nämlich urspr. $ē^n$ ahd. *o*, urspr. $ō^n$ ahd. *a* ergeben habe, da man nach der Natur der Laute doch das umgekehrte erwarten sollte (Kluge, Grdr. § 31. S. 366. Hirt S. 197). Aber merkwürdig ist das Verhältnis der beiden Sprachen doch, da auch in den andern Flexionen, die im Got. *ê* haben oder hatten, das Hd. einen dumpfen Vocal zeigt: g. *nasidês*, ahd. *neritôs*; g. *þamma* < *þammê*, ahd. *dëmu* (A. 4); vgl. Collitz S. 13 f. — Wo im Hd. ein *ê* in der Endung steht, hat das Got. andere Bildungen: 1 Pl. ahd. *bërumês*, g. *bairam*; N. Sg. ahd. *blintêr*, g. *blinds*; G. Pl. *unsêr, iuuêr*, g. *unsara, izwara*.

3. Dem g. *î* entspricht ahd. *i*: *hairdeis*, ahd. *hirti*; 2 Sg. g. *wileis*, ahd. *wili*; N. Pl. g. *gasteis*, ahd. *gesti*; Imp. g. *nasei*, ahd. *neri*. — In den sw. F. wie *managî* haftet *î* lange.

4. Die auslautenden Diphthonge sind gewöhnlich zusammengezogen und verkürzt. *ô* für *au* findet sich in den ältesten Quellen noch im G. Sg. der u-Stämme: *fridô*; sonst gilt *o* und *e*: g. *ahtau*, ahd. *ahto*; g. *aiþþau*, ahd. *ëddo*; 3 Sg. Opt. g. *bairai*, ahd. *bëre*; g. *habai*, ahd. *habe*; Imp. g. *habai*, ahd. *habe*; N. Pl. g. *blindai*, ahd. *blinte*. — In ahd. *ensti* und dem alten Dativ *suniu* (zu unterscheiden von dem jüngeren Instrumental) sieht Streitberg S. 87 dieselben Formen wie in g. *anstai, sunau* (urspr. *ēi* und *ēu*).

Anm. 4. Ein eigentümliches Verhältnis besteht zwischen dem Got. u. Ahd. im D. Sg. der a- u. ô-Stämme: g. *gibai, þizai*, ahd. *gëbu, dëru*; g. *daga*, ahd. *tage* und daneben als Instr. *tagu*; g. *þamma, blindamma*, ahd. *dëmu, blintemu*. In g. *gibai, þizai* werden allgemein Dative auf *āi* anerkannt; ahd. *tage* kann ein entsprechender Dativ auf *ōi* (= g. *ai* = ahd. *e*) sein (Collitz S. 33, Streitberg S. 109), oder auch ein Locativ auf *oi* (Hirt S. 217). Als Dative sieht Collitz S. 34 f. auch g. *daga* und die hd. Dative auf *u* an; er führt sie auf Sandhiformen von *ōi* und *āi* zurück, auf urspr. *ō, ā* = germ. *ō*; der hd. Instr. *tagu* entspricht in seiner Form dem g. Dativ *daga*, kann aber auch alter Instrumental sein. Hirt S. 223 f. leugnet sowohl die Existenz dieser Sandhiformen in den europäischen Sprachen als auch die Möglichkeit aus ihnen die gotischen und die hochdeutschen Formen herzuleiten. Er neigt dazu, alle diese Formen für Instrumentale zu halten (S. 204. 208. 209. 217. 223·, entgeht dabei aber nicht schwierigen Übertragungen (S. 208 f.); für *daga* lässt er auch andere Möglichkeiten zu. Für *ēi* erkennt Hirt den Sandhi *ē* an, und erklärt daraus den Dat. (Loc.) der i-Stämme g. *gasta,* ahd. *gaste*; S. 210. 222. Ältere Erklärungsversuche bespricht Collitz S. 15—19. 21—24.

Die pronominalen Dative g. *þamma*, ahd. *dëmu* sieht man gewöhnlich als Ablative mit verschiedener Ablautstufe an: g. *þamma* = idg. *tosmēd; ahd. *dëmu* = idg. *tesmōd. (Bremer PBb. 11, 36 u. a). Zweifelnd äussert sich Hirt S. 209. Collitz fasst auch diese Formen als Dative auf, *ō* (= *ōi*), wobei aber g. *hvammēh, ainummēhun* ein schwer zu beseitigendes Hindernis bilden; denn in ihrem *ē* muss man doch notgedrungen die Grundlage für das *a* in *hvamma* sehen. Jellinek S. 64 f. sieht in ahd. -*emu* einen Dativ; in -*emo*, das in manchen Denkmälern, welche die jüngere Schwächung des *u* zu *o* nicht kennen, gebraucht wird, sieht er einen Ablativ; vgl. AfdA. 17, 277.

Anm. 5. Wie g. *daga* : ahd. *tage* verhalten sich auch mehrere Adverbia: g. *inna, ûta, iupa* : ahd. *inne, ûzze, ûffe*. Collitz, BB. 17, 17; anders Hirt S. 218.

263. Noch sind die Silben zu besprechen, welche nicht unter die Auslautgesetze fallen, also diejenigen, welche die vorletzte Stelle des Wortes einnehmen oder vor den Wirkungen der Auslautgesetze einnahmen.

1. In der vorletzten Silbe der zweisilbigen Flexionen zeigen sich zwischen dem Got. und Hd. meistens Unterschiede, welche sich durch regelmässigen Lautwandel nicht erklären lassen: g. *hananê*, ahd. *hanôno*; g. *hairtanê*, ahd. *hërzôno*; g. *blindaizôs, blindaizê, blindaizô*, ahd. *blintera, blintero*; g. *blindamma*, ahd. *blintemu*. Übereinstimmend gebildet ist g. *tuggônô*, ahd. *zungôno*. Über die Mittelsilben der schw. Prät. s. § 304. 309.

2. In der letzten Silbe sind *u* und *i* (idg. *i*) übereinstimmend bewahrt: D. Pl. g. *gastim*, ahd. *gestim*; g. *sunum*, ahd. *sunum*; 1. 2 Pl. g. *bêrum, bêruþ*, ahd. *bârum, bârut*. Die Diphthonge sind im Hd. zusammengezogen: 2. 3 Sg. Ind. g. *habais, habaiþ*, ahd. *habês, habêt*; 2 Pl. g. *habaiþ*, ahd. *habêt*; g. *bairaiþ*, ahd. *bërêt*; D. Pl. g. *blindaim*, ahd. *blintêm*. Auffallendere Verschiedenheiten zeigen die beiden Sprachen in den andern Vocalen.

ô steht übereinstimmend in den Endungen der sw. V. 2:

§ 263. 264.] Vocale in urspr. vorletzter Silbe. — g. ja = ahd. e. 247

g. *salbô, salbôs, salbôþ* etc.; ahd. *salbôm, salbôs, salbôt* etc.; im D. Pl. der ô- und ôn-Stämme: g. *gibôm, tuggôm,* ahd. *gëbôm, zungôm.* Hingegen G. Sg., N. A. Pl. g. *tuggôns,* ahd. *zungûn*; D. A. Sg. g. *tuggôn,* ahd. *zungûn.* Noch stärker weichen ab: N. A. Pl. g. *hairtôna,* ahd. *hërzŭn.*

idg. *o* erscheint im Got. wie in den Stammsilben als *a*; im Hd. nur teilweise: 3 Pl. g. *bairand,* ahd. *bërant*; Inf. g. *bairan,* ahd. *bëran*; Part. g. *bairands, baurans,* ahd. *bëranti, giboran.* In andern Fällen finden wir im Ahd. *u* oder *o*, je nach der Mundart: D. Pl. g. *dagam,* ahd. *tagum, -on*; A. Sg. g. *hanan,* ahd. *hanun, -on*; N. A. Pl. g. *hanans,* ahd. *hanun, -on.* Es ist anzunehmen, dass der dunkle Vocal sich unter dem Einfluss des Nasals entwickelt hat (Kluge, Grdr. § 24. S. 354 f. § 30, 2. § 31[h]), doch muss er schon vorher von dem als *a* erhaltenen Vocal verschieden gewesen sein, denn auch *a* finden wir vor Nasalen. Vielleicht war es ein stark reducierter Vocal.

Dem idg. *e* entspricht, wie in den Stammsilben, im Got. überall *i*, im Hd. *e* und *i*. *i* gilt in der 2. 3. Sg. g. *bairis, bairiþ,* ahd. *biris, birit,* wo ursprünglich ein *i* folgte (*-esi, -eti*). *e* behauptet sich im allgemeinen im G. Sg. der a-Stämme g. *dagis,* ahd. *tages,* in der 2 Pl.: g. *bairiþ,* ahd. *bëret,* und im G. D. Sg. der n-Stämme: g. *hanins, hanin,* ahd. *hanen,* obwohl im Dativ ursprünglich ein *i* folgte. Daneben finden wir freilich auch die Endungen *-it* und *-in* in sehr alten Denkmälern: *quidit, gasihit, ferit = quëdet, gasëhet, faret* (Br. § 308 A. 1), *nemin, lihhamin = namen, lichamen* (Br. § 221, A. 2), doch lässt ihre geringe Ausbreitung eher schliessen, dass sie sich erst später auf beschränktem Gebiete entwickelt haben, als dass sie allgemein gegolten und erst später durch *-et, -en* verdrängt seien; vgl. § 258.

Anm. Durch die Annahme eines stark reducierten Vocales erklärt sich vielleicht auch g. *ar*: ahd. *er* in g. *fadar,* ahd. *fater*; g. *anþar,* ahd. *ander.*

264. *ja* > ahd. *e*. Zu den qualitativen Abweichungen, die von Anfang an zwischen dem Ahd. und Got. bestehen,

kommt noch der Übergang von *a* zu *e*, den ein vorangehendes *j* veranlasst. Br. § 58 A. 1. Am bestimmtesten tritt dieser Unterschied im Verbum hervor; in mehreren Denkmälern, z. B. bei O., haben die sw. V. 1 und die starken, die ihr Präsens mit *j* bilden, überall ein *e* in der Endung, wo die starken Verba *a* haben: Inf. *zellen, suochen*; Part. *zellenti, suochenti*; 3. Pl. *zellent, suochent* etc. In der Declination finden wir die Spuren des Lautgesetzes nur in den ältesten Denkmälern, später wird durch Formübertragung vielfach *ia* oder *ea* wieder hergestellt: N. Pl. der ja-Stämme: *hirte* für *hirtia*, Br. § 198. N. G. A. Sg. und N. A. Pl. der jô-Stämme: *sunte* für *suntia* oder *suntiâ*, Br. § 209 A. 3. A. Sg. Masc. des Adj. *sniumen* für *sniumian*, Br. § 250 A. 2. N. Sg. der jôn-Stämme: *mucke* für *muggia*, Br. § 226. A 1.

Anm. Im D. Pl. steht *hirtim* neben *hirtum*, *kunnim* neben *kunnum*, g. *hairdjam, kunjam*; Br. § 198. In der Endung -*im* hat *i* die Stelle des schwachen Vocales, der sich sonst zu *u* entwickelt hat (§ 263) eingenommen.

B. Weiterer Verfall der Endungen im Ahd. und Mhd.

265. Obwohl die Auslautgesetze den ahd. Flexionen schon starke Verluste gebracht hatten, zeigen dieselben doch noch schöne Mannigfaltigkeit und eine fest ausgeprägte Individualität. Nur darin verrät sich schon auf den ersten Blick und ohne Vergleichung der älteren Sprache ihre Schwäche, dass wir in ihnen keine Diphthonge mehr finden ausser dem jungen, dem Gotischen noch unbekannten *iu* : *blintiu*, alem. *kindiliu*. In der weitern Entwickelung der Sprache vom Ahd. zum Mhd. erfolgt nun aber ein schneller Verfall, der schliesslich dahin führt, dass in den Flexionen alle Vocal-Unterschiede aufgegeben werden. Eine klare und deutliche Einsicht, wie dieser merkwürdige Process in den einzelnen Mundarten verlief, gewähren unsere Denkmäler nicht, teils weil sie an Zahl zu beschränkt, teils weil die Bezeichnung der Laute zu ungenau ist. Dass aber der Verfall der Endungen zunächst ebenso wie die Entwickelung der Stammsilben-Vocale durch bestimmte Lautgesetze geregelt war, zeigen namentlich im Anfang des 11. Jahrh. die Schriften N o t k e r s, vor allem der Boethius.

Kelle, Das Verbum und Nomen in Notkers Boethius (Wiener Sitzungsb. Phil. Hist. Cl. CIX, 229 f.). Die weder früher noch später geübte Sorgfalt, mit der N. nicht nur die Qualität sondern auch die Accentuationsweise der Laute zu bezeichnen bemüht war, giebt uns die wertvollsten Aufschlüsse über die Entwickelung der Sprache im alemannischen Gebiet.

266. Notkers Sprache. Die **langen** Vocale, welche die in § 262 f. besprochenen Auslautgesetze übrig gelassen hatten, dauern fort, zumal wo sie durch einen Consonanten gedeckt waren:

ê im Opt. Präs. *gëbêst, gëbên, gëbênt.*

î im Opt. Prät. *gâbîst, gâbîn, gâbînt.*

ô im Prät. der sw.V. *neritôst, neritôn, neritônt*; im G. und D. Pl. der ô- und n-Stämme: *gëbôn, botôn, zungôn, hërzôn.*

û in den ôn-Stämmen: *zungûn.*

Unsicherer ist die ungedeckte Länge. N. und A. Pl. der ô-Stämme tragen in der Regel den Circumflex: *gëbâ*; dagegen bleiben in der Regel unaccentuiert der N. und A. Pl. der a-Stämme: *taga*, die Subst. nach der toten Declination: *blinti. bittiri*, und der Opt. der schw. Prät.: *neriti.*

267. Die **kurzen** Vocale haben sich merkwürdiger Weise besser in ungedeckter als gedeckter Stellung gehalten.

1. *a* gilt, wie in der älteren Zeit in der 1. 3. Sg. der sw. Prät.: *nerita*; im N. und A. Sg. der ô-Stämme: *gëba*; im N. Sg. der ôn-Stämme: *zunga, blinta*; im N. und A. Sg. der neutralen n-Stämme: *hërza.*

o im G. Pl. der a- und i-Stämme: *tago, gesto, krefto*; im N. Sg. der männlichen n-Stämme: *boto.*

Dagegen die vocalischen Extreme *i* und *u* haben sich der Indifferenzlage genähert, indem *i* zu *e*, *u* zu *o* geworden ist.

ę für *i* steht im Opt. Prät. der st.V *gâbe*; im N. und A. Sg. der männlichen ja-Stämme: *hirte*, im N. und A. Sg. und Pl. der neutralen ja-Stämme: *bilede*; im G. und D. Sg. der weiblichen i-Stämme: *krefte*; im N. und A. Pl. aller i-Stämme: *geste, krefte.*

o für *u* gilt in der 1. Sg. *gibo*; im D. Sg. der ô-Stämme: *gëbo* und im D. Sg. der pronom. Declin. *blindemo, blindero*.

2. Für alle kurzen gedeckten Vocale ist e eingetreten.

für *a*: im Inf. *gëben, gëbenne*; im A. Sg. Masc. und im N. und A. Sg. Neutr. der st. Adj. *blinden, blindez*.

für *i*: 2. 3. Sg. Präs. *gibest, gibet*; D. Pl. der ja- und i-Stämme: *hirten, kreften*.

für *o*: D. Pl. der a-Stämme: *tagen*; A. Sg. und N. und A. Pl. der männlichen n-Stämme: *boten*.

für *u*: im Pl. des st. Prät.: *gâben, gâbent*; im N. und A. Pl. der neutralen n-Stämme: *herzen*.

268. Störungen des Flexionssystems durch Formübertragungen sind wenige zu verzeichnen: im G. Sg. der ô-Stämme ist durch Ausgleich mit dem Dativ *o* für *a* eingetreten; N.'s *gëbo, blindero* entspricht O.'s *gëba, gëbu, blintera, blinteru*. In den Dat. Pl. des schwachen Adj. ist die Endung *-ên* des st. Adj. eingetreten, und der Pl. Fem. hat im schwachen Adj. die Endungen des Masc. angenommen. (Schon bei O. sind die Pluralformen des sw. Adj. aus ihrer regelmässigen Bahn getreten, wie auch im G. und D. Sg. der ô-Stämme die Endungen *a* und *u* nicht selten vertauscht wurden). — Über Synkope und Apokope kurzer Vocale bei N. s. § 271. 277.

Aber so reinliche Verhältnisse wie in N.'s Boethius finden wir in andern Schriften nicht. Manche ahd. Denkmäler schwanken ausserordentlich in den Vocalen der Endsilben und widerstehen jeder rationellen Erklärung. Zum Teil mag Unsicherheit und Willkür der Schreiber und Abschreiber diesen Zustand verschuldet haben, zum Teil aber wird er in der Sprache selbst begründet sein; denn es ist klar, dass diese unbetonten Endungen den sich kreuzenden Einflüssen des Systemzwanges, der Formübertragung und Assimilation vor allem ausgesetzt waren. Selbst der subtilsten Forschung wird es nicht gelingen über die Einzelheiten zuverlässige Aufschlüsse zu gewinnen; s. Br. § 59; Behaghel, Grdr. § 50; bes. Whd. § 81 und die dort angeführten Schriften.

269. Die mhd. Kunst- und Litteratursprache erkennt Unterschiede in den Vocalen der Flexionssilben nicht mehr an; nur der Diphthong *iu* hält sich noch als *ü*, alle andern sind, so weit sie überhaupt erhalten sind, zu einem kurzen wenig charakteristischen Laut geworden, der gewöhnlich durch *e*, oft aber auch durch *i* bezeichnet wird. Wir finden dieses *i* neben *e* schon in jüngeren ahd. Denkmälern, bei N. nur inlautend, in manchen Schriften häufig, in andern selten, im Boethius, wie Kelle S. 246 annimmt, nur durch Schuld des Schreibers. Besonders beliebt wird es im Mitteldeutschen und noch Luther braucht es, abweichend von der kursächsischen Kanzlei, in Mss. und Drucken bis 1525 sehr häufig; dann aber wird es selten und die vereinzelten *i*, die noch nach 1528 begegnen, sind wohl als Schreib- und Druckfehler aufzufassen. Luther hatte also den Gebrauch als mundartlich erkannt und aufgegeben. Franke § 28.

In seiner Qualität ist dies unbetonte *e* mit dem betonten nicht gleich, auch nimmt es je nach der Mundart und den benachbarten Lauten verschiedene Färbung an; bald nähert es sich dem *a*, bald dem *o*, bald dem *i*. Unverkennbaren Einfluss üben die folgenden Consonanten: vor dem *s* nimmt der Laut hohe Aussprache an, vor *m* tiefe; aber auch das ungedeckte auslautende *e* klingt nicht immer gleich. Trautmann § 984 —986. Bemerkenswert ist, dass *i* in der älteren Zeit besondere Verwandtschaft zu folgendem *n* zeigt (Behaghel, Grdr. § 50), während es Luther fast nur vor ſ, ȥ, ſt, t braucht: *gottis, wortis, sterkist, heissit, setzist* etc., nur ausnahmsweise vor *r* und *n*.

Nachdem die Sprache die vocalischen Unterschiede in den Flexionen aufgegeben hatte, war die ehedem so grosse Zahl verschiedener Formen auf folgende neun zusammengeschrumpft: *e, es, est, et, en, en(t), er, er(e), em(e)*. Die Sprache aber ging noch weiter und liess die unbetonten Laute vielfach ganz fallen.

Unterdrückung der unbetonten Vocale.

270. Wir unterscheiden hier die Elision, d. h. die Unterdrückung eines auslautenden Vocales vor folgendem Vocal, und die Apokope und Synkope, d. h. die Unterdrückung des unbetonten Vocales vor folgendem Consonanten.

Die **Elision** unbetonter Endvocale ist zu allen Zeiten in der Sprache wohl verbreiteter gewesen als in der Schrift, da die Schreiber das einzelne Wort ins Auge zu fassen und es in seiner vollständigsten Form darzustellen pflegen. Im Gotischen ist sie wesentlich beschränkt auf die Formen des Pronomens, die vor enklitischem *ei* und *uh* das auslautende *a* verlieren: *þatei, þammei, þammuh, immuh*; auch *þatist* für *þata ist* begegnet, *karist* für *kara ist*, einmal *hazjuþ-þan* für *hazja uh þan*. Im Ahd. wird bes. das Pron. pers. mit dem vorhergehenden Verbum verbunden und dessen auslautender Vocal unterdrückt: *quidih, gedeilder* etc. (Braune § 61). Im ganzen aber drücken auch die hochdeutschen Schreiber die Elision nur selten aus, am häufigsten noch Otfried, der nicht nur möglichst richtig schreiben, sondern auch das Lesen der Verse erleichtern wollte. Bald lässt er den Vocal einfach fort, bald setzt er ein Pünktchen darunter, bei weiten in den meisten Fällen aber überlässt auch er es dem Leser nach eigner Einsicht die Elision zu vollziehen. Die Verse O.'s, in denen eine Elision stattfindet sind zahllos; kaum lässt sich beweisen, dass dieselbe irgendwo unterblieb, und sicherlich haben wir darin nicht eine poetische Freiheit, sondern das Abbild der lebendigen Rede zu sehen. Wilmanns, Beitr. 3, 72 f. Auch die mhd. Sänger geben der Elision den weitesten Raum; verhältnismässig selten stossen wir auf Verse, die mit Hiatus zu lesen sind.

Im Laufe der Zeit ist die Elision wesentlich eingeschränkt. In der wissenschaftlichen und geschäftsmässigen Prosa wendet man sie fast nie an; die normale Form des Wortes behauptet sich hier unter allen Umständen, diese abstracte Sprache ist unempfänglich geworden für jeweilige Einwirkungen. In der Umgangssprache stellt sich die Elision am leichtesten da ein, wo sie auch von den altdeutschen Schreibern am öftesten bezeichnet wird, wenn sich ein unbetontes Pronomen dem Verbum anlehnt: *Wie liebt' ich ihn! Ich hätt' es nicht geglaubt.* Aber Nomina behaupten ihren Vocal: *Eine angenehme Überraschung. Die Eiche ist gefällt.* Bei adjectivischen Wörtern gestattet kaum noch die Poesie die Elision, wenngleich anderseits sorgfältige Dichter bis in die neueste Zeit den Hiatus vermieden haben. Scherer, Über den Hiatus in der neueren deutschen Metrik. 1877.

271. Apokope und Synkope. In den älteren Denkmälern ist von Apokope und Synkope noch wenig wahrnehmbar. So häufig O. die Elision eintreten lässt, so selten lässt er einen Vocal fallen, dem nicht ein vocalisch anlautendes Wort folgt. Der Gen. Pl. der sw. Adj. geht regelmässig auf *-on* oder *-un* aus, während *-ŏno* die Endung der Substantiva ist; neben dem Adv. *thara* steht in unbetonter Stellung *thar* und für die Pronominalformen *thëra, thëru, thëro* tritt gelegentlich einsilbiges *thër* ein, bes. im Dativ. Wilmanns, Beitr. 3, § 47. Ausserdem finden wir zusammengezogenes *quist, quit = quidist, quidit*. Etwas weiter geht schon N. Neben *chist, chit* von *chëden = quëdan*, braucht er auch *slât, slân = slahit, slahan* und häufig *wirt* für *wirdit*; die Genitivendung *-ŏno* ist regelmässig durch *ôn* ersetzt; vgl. § 277. Aber die eigentliche Periode der Apokope und Synkope beginnt später; erst wurden die Unterschiede zwischen den unbetonten Vocalen aufgehoben, dann kam die Zeit, wo sie ganz unterdrückt wurden. In der späteren mhd. Zeit schreiten namentlich die oberdeutschen Dialekte in dieser Bewegung rasch fort, als wollten sie sich der Flexion ganz entledigen und die Sprache in den betonten Stammsilben concentrieren.

272. Wie der Übergang der Vocale in *e* ist auch dieser Process schwer zu verfolgen und in seinen einzelnen Stadien zu bestimmen. Es machen sich mundartliche Unterschiede geltend, die bis heute fortdauern (Behaghel, Grdr. § 52), und die Kunst- und Litteratursprache sträubt sich der Mundart zu folgen. Die Schreiber suchen, je besser gebildet sie sind um so mehr, die normale vollständige Wortform festzuhalten, und ebenso finden in dem langsamen nachdrücklichen Vortrage der Dichter, zumal der Sänger, in welchem das Wort in seinen einzelnen Teilen viel deutlicher hervortrat als in der schnellen Umgangssprache, die älteren Formen Schutz; selbst weit verbreitete Kürzungen sind sorgfältigen Dichtern nicht genehm. Wilmanns, Beitr. 4 § 84—86. Die Forschung findet hier also verwickelte Verhältnisse: die Schrift giebt kein treues Bild der Sprache und der Gebrauch der Dichter kein treues Bild der Mundart.

273. Als Factoren, welche die Bewegung regeln, kommen namentlich drei Punkte in Betracht: die Betonungsverhältnisse, die Quantität der Stammsilbe, die Qualität des Stammauslautes und des Consonanten der Endung.

1. Nach einer stark betonten Stammsilbe schwindet das schwache *e* weniger leicht als nach einer minder betonten Silbe; also leichter in den Pronominalformen und Partikeln als in Verben, Substantiven und Adjectiven; leichter nach schwachen Ableitungssilben (bes. *-el, -er, -en, -em*) als nach Stamm- und schweren Ableitungssilben. Es schwindet leichter im Verbum, dem sich oft unbetonte Wörtchen, bes. enclitische Pronomina anschliessen, als im Nomen; vgl. Jellinek, Flexion S. 36 f. und § 280, 2.

2. Die Neigung zur Apokope und Synkope ist nach kurzer Stammsilbe stärker als nach langer; die Bewegung läuft also grade umgekehrt wie in der früheren Zeit (§ 257). Ein merkwürdiger Unterschied, der irgendwie in der Betonungsweise begründet sein muss (§ 359 A.) und offenbar mit der Neigung zusammenhängt, in kurzer Stammsilbe den Vocal zu dehnen oder den auslautenden Consonanten zu verstärken (§ 237 f. § 144).

3. Am leichtesten schwindet das *e* nach Liquiden und Nasalen, also nach denjenigen leichten Consonanten, die in den Auslaut treten können, ohne ihre Natur zu verändern; (die Medien verlieren im Auslaut ihren Stimmton). — Die Synkope hängt von dem Verhältnis des vorangehenden und folgenden Consonanten ab. Am leichtesten und festesten wird sie — im Gegensatz zur nhd. Schriftsprache — wo der Stammauslaut und der Consonant der Endung ganz zusammenfallen: *stiftęte, rihtęte, kleidęte*; leichter zwischen Consonanten, die sich zur Silbeneinheit verbinden lassen, also vor *t, s, st,* (*gibęt, hilfęt, wirbęt*) und zwischen Liquiden und Nasalen (*spilęn, gęręn*), als zwischen andern Consonanten und Nasalen, weil der Nasal

nach diesen, auch wenn das *e* unterdrückt wird, Silbenwert behält: *reden, gëben.*

274. Das möge zur allgemeinen Orientierung genügen. Die Grenze bis zu der die einzelnen Dichter und Schreiber der Neigung der Sprache folgen, ist für jeden Fall besonders zu untersuchen; ich beschränke mich hier auf wenige Bemerkungen über den Gebrauch eines der bedeutendsten Sänger aus dem Anfang des 13. Jahrh., W a l t h e r s v o n d e r V o g e l w e i d e.

1. Nach langen Stammsilben gehört das *e* in der Regel zur Normalform des Wortes, denn es pflegt die ganze Senkung in Anspruch zu nehmen. Geläufig ist dem Dichter die A p o -k o p e in Partikeln wie *unde, alse, danne, âne, umbe*; er braucht sie oft zweisilbig, daneben aber, und ohne Bedenken auch in der Senkung, einsilbig. Regelmässig verstummt das *e* in *hërre* und *frouwe*, wenn sie als Titel vor Namen stehen; nur hin und wieder in den unbetonten Wörtchen *eine, mîne, sîne* und in Verbalformen vor enclitischem Pronomen: *wære mir, wære ez, solte ez*, ebenso in *ich wæne*, das ganz die Bedeutung eines modalen Adverbiums angenommen hat. — S y n k o p e begegnet einigemal in den Wörtchen *mînez, mînes, einez, eines*; fast regelmässig in *wirt, wirst* (= *wirdet, wirdest*), vereinzelt auch in *spricht, sticht, beswært, kêrt*. Für die Unterdrückung des *e* nach langen Nominalstämmen bietet er nur spärliche und wenig sichere Belege. — Apokope der Endung *-en* findet nach gemeinem Brauch in der 1. Pl. vor incliniertem Pron. statt: *gedæht wir, solt wir.*

Eine besondere Stellung nehmen die Wörter mit vocalisch auslautender Stammsilbe ein. Die Verba auf *œ, üe, ie* (urspr. *ëw*), *öu* (urspr. *ew*) lassen das *e* der Endung regelmässig mit der Stammsilbe verschmelzen: *wæt, blüet, müet, knieten, fröu, fröut*; ebenso die Nomina auf *â, ê, ô : lê, sê, brâ, frô*, deren Stämme ursprünglich auf *w* ausgingen. Dagegen *frî* und *drî*, die Verba *frîen, drîen, schrîen*, das Subst. *vient* und die Wörter mit urspr. geschärftem *w* wie *frouwe, ouwe, tou, schouwen, niuwe, trûwen*, auch *iuwer* gestatten die Zusammenziehung im allgemeinen nicht. § 124. 157 A. 1.

275. 2. Wie weit bei Wörtern mit k u r z e r S t a m m s i l b e das *e* zur Normalform des Wortes gehört, ist aus dem Metrum nicht mit gleicher Sicherheit zu entscheiden. Denn wenn der Ictus auf eine offene kurze Stammsilbe fällt, können nach altem Brauche drei Silben in einem Fusse Platz finden; Füsse wie *klage dir, loben den* etc. beweisen also nicht, dass das *e* verstummt war. Immerhin ist zu schliessen, dass das *e* um so schwächer war, je seltener gewisse Formen den ganzen Tact füllen, und um so weniger schwach, je häufiger es der Fall ist.

Am kräftigsten erscheint bei Walther das *e*, wenn die Stammsilbe auf *s* oder *t* ausgeht; *wësen, gelësen, boten, verboten, dise* werden ungefähr ebenso behandelt wie die langsilbigen. — Ferner nehmen in der Regel den ganzen Tact ein Substantivformen auf *-en* und *-es*: *gespilen, aren, namen, schaden, Juden, tagen, zagen, sunes, lobes, tages*; während die Formen auf *e* wie *schade, rede, klage, hove* sich nicht selten mit einem Teil des Tactes genügen lassen; fast ausnahmslos, wenn der Stamm auf Liquida oder Nasal ausgeht: *war, spër* (Dat.), *tür* (ahd. *turi*), *frum, namę, schame*. — Von Verbalformen nehmen die auf *-en* nicht selten den ganzen Tact ein: *varen, sweren, verloren, verlüren, sulen, verhëlen, entwonen, erlamen, nëmen, komen, haben, gëben, lëben* etc.; nur ausnahmsweise die Formen auf *-et* wie *lëbet, saget, betaget, pflëget*, und nie, wenn der Stamm auf Liquida oder Nasal ausgeht: *sult, stilt, spart, vert, erwert, nert, gërt, spürt, mant, wont, schamt, nëmt, nimt* etc. Selten ist auch der zweisilbige Gebrauch der Formen auf *-e* und der 3 Pl. auf *-ent*; die nicht eben häufige 2 Sg. auf *-est* kommt, wohl aus Zufall, nur vor folgender Senkung vor. — Die Pronominalformen *dër, ir, dëm, im* stehen immer einsilbig; ebenso die Partikeln *für* ahd. *furi*, *vor* ahd. *fora*, *hër* ahd. *hëra*, *dar* ahd. *dara*, *war* ahd. *wara*, *gar* ahd. *garo*, *wol* ahd. *wola*, *vil* ahd. *vilu*, *hin* ahd. *hina*, *sam* ahd. *sama*, *ab* ahd. *aba*, *ob* ahd. *oba* und die Präp. *mit* ahd. *miti*. *ane, vone* und das Adv. *mite* nehmen in vereinzelten Fällen den ganzen Tact ein. Neben *oder* behauptet sich das ältere *ode*, neben *aber*, ahd. *avur* gilt *abę*.

Für manche Wörter beweist auch der Reim Synkope und Apokope: *ane : kan, gar* (ahd. *garo*) : *bar, hin* (ahd. *hina*) ·

§ 276. 277.] Flexionsendungen im Mhd. — Apokope u. Synkope. 257

bin, wol (ahd. wola) : sol, dolę : sol, al : val (ahd. valo), schar (ahd. scara) : gebar, gęręt : wërt Adj., hant : gemanęt, die Part. verlorn, erkorn : dorn, zorn, der Inf. vervarn : barn. Es ist kein Zweifel, dass in diesen Wörtern — ihre Stammsilben gehen alle auf Liquida oder Nasal aus — das e in Walthers Vortrag verstummt war; aber allgemein aufgegeben war es auch nach Liq. und Nasal nicht, selbst nicht in Oberdeutschland; vgl. Wilmanns, Beitr. 4, 116.

276. 3. Wie nach den Stammsilben auf Liquida und Nasal wird das e der Flexion auch nach den Endungen -el, -er, -en unterdrückt; so braucht Walther im G. Pl. engel, ritter; ferner michels, tiufels, wandeln u. ä., selbst im Reim wundert : gesundert. Nach andern Endungen fällt es nur ausnahmsweise weg, so einmal im A. Sg. wiplichę güete.

277. 4. Was die zweisilbigen Flexionen betrifft, so hat die Endung -ôno im G. Pl. bereits bei N. den auslautenden Vocal verloren; im Mhd. gilt allgemein -en. — In den Adjectivendungen -eme und -ere (ahd. era, eru, ero) wird bald der erste, bald der zweite Vocal unterdrückt. Die Formen -em und -er haben gesiegt, in der älteren Zeit aber waren -me und -re gar nicht selten. Dass der Mittelvocal schwach war, zeigt schon das Ahd. in der Aufgabe des mm : ahd. emu, g. amma (§ 262 A. 4), ja schon das Gotische, indem es in dem Pron. ainshun a in u übergehen lässt : ainamma aber ainummêhun. Schwund des Vocales tritt bei N. ein, in der Endung -emo nach unbetontem -er, -el : andermo, luzelmo; in der Endung -ero nach unbetontem -er : unserro, auch dirro für direro (Br. § 66 A. 2. 288 A. 2). Das Mhd. setzt die Bewegung fort; hier finden wir auch Formen wie anderre, edelre, alre, swærre, minre, und vor m kann ein auslautendes n sogar assimiliert werden und dann ganz schwinden : eime, mîme, sîme, eigeme. Whd. § 505. 507.

Ein ähnlicher Kampf findet zwischen den beiden unbetonten Vocalen in den Endungen des sw. Prät. statt; nur ist er hier aus leicht erkennbaren Gründen umgekehrt entschieden. Die Unterdrückung des Mittelvocales ist das übliche geworden (s. hierüber § 309), also lebte, spielte, klagte u. a.; im Mhd.

W. Wilmanns, Deutsche Grammatik. 17

aber findet man nicht selten Formen mit abgeworfenem Endvocal, selbst im Reim. Whd. § 382. 385.

278. Epithese des *e*.

Der Apokope steht die Epithese des *e* gegenüber, die Hinzufügung eines etymologisch unbegründeten *e*. Während jene physische Ursachen hat und einen lange währenden Process zum Abschluss bringt, beruht diese auf Wirkungen der Analogie, welche in demselben Masse an Macht zunehmen, als durch den Verfall der Endungen das feste Gefüge des Flexionssystems gelockert wird. Sie beginnt langsam im 12. Jahrh. und gewinnt im spät Mhd. und früh Nhd. weite Verbreitung, indem sie durch das Streben der Schriftgelehrten, die Sprache gegen die die Mundart beherrschende Apokope zu schützen, gefördert wurde. Solche *e* finden wir im N. und A. Sg. der *a*- und *i*-Stämme; z. B. *boume, libe, friunde, knëhte; jâre, horne; burge, glüte, wërlte*; Whd. § 448. 454. 452; im N. A. Pl. der Neutra; z. B. *tiere, pferde, wîbe*, auch *kindere, bladere*; Whd. § 454; im Imp. und Prät. der st.V. z. B. *bîte, vermîde; vande, schuofe, stuonde, sahe* etc. Whd. § 371. 374. Im Plural der Neutra ist dieses *e* fest geworden, im N. A. Sg. nur in einzelnen Wörtern (Fl.); im Imp. der st. Verba erscheint es zulässig; dagegen im Prät., wo es lange Zeit sehr beliebt war, ist es wieder aufgegeben.

Neben *des, der, den* kommen in betonter Stellung seit dem 15. Jahrh. die Formen *dessen, deren, denen, derer* in Aufnahme und werden in ihrer Bedeutung allmählich differenziert; DWb. 2, 955 f. In *dero* hat der Kanzleistil eine altertümliche Form festgehalten. DWb. 2, 1020. Whd. § 483.

C. Unterdrückung des unbetonten Vocales im Nhd.

279. Die Unterdrückung des tonlosen *e*, die sich bei den mhd. Dichtern, namentlich den Lyrikern, noch in bescheidenen Grenzen hält, nimmt in der folgenden Zeit besonders in den oberdeutschen Mundarten sehr zu. Die nhd. Schriftsprache aber setzt die Bewegung im allgemeinen nicht fort. Der seit dem 16. Jahrh. steigende Einfluss der mitteldeutschen Mundarten und vor allem die grammatische Durchbildung der Sprache riefen eine Gegenströmung hervor, welche die oberdeutschen Verkürzungen nicht zur Anerkennung kommen liess und in vielen Fällen selbst über das in Mitteldeutschland Übliche zurückgriff. Es fehlte nicht an Widerstand gegen diese Pflege des unbetonten Vocals. Grimmelshausen findet, dass selbst in Wörtern wie *pflegen, bitter, Mangel* das *e* der zweiten Silbe überflüssig sei und hat sein Galgenmännlin zum Teil so geschrieben: *dein schreibn .. in welchm du von den so gnantn galgnmänlen so ausführlichn bricht von mir bgehrst* etc. Er spottet darüber freilich, wie über einen ungewöhnlichen neuen Stylum, aber doch mit versteckten Ernst. In einer andern Schrift, dem Teutschen Michel, bemerkt er, dass die Meissner und ihre Nachbarn zu viel überflüssige Wörter und Buchstaben brauchen, und unter lächerlichen Sprachkünstlern schildert er auch solche, welche 'alle wort einem jeden buchstaben nach *aussprechen wollen .. wie neulich einer, welcher einer Jungfer mit diesen worten eines zubrachte: ich wollete von hertzenn gernn meiner vielgeliebtenn jungfrauenn dieses kaleine galäseleinn mit weine zubringenn* (s. Hildebrand im DWb. 4, 1, 1596 ff.). Aber im allgemeinen war das Verlangen das *e* zu schützen sieghaft und wirkt noch in unserer Zeit fort. Die ganze Bewegung ist noch nicht genauer untersucht; ich beschränke mich darauf das Ergebnis zu betrachten, welches die Sprache jetzt erreicht hat.

Anm. Weit über das im Nhd. erlaubte Mass geht Luther im Gebrauch der Synkope und Apokope; s. Franke § 173 ff. — J. Wiesner, Über suffixales *e* in Grimmelshausens Simplicissimus. Wien 1889 (Prgr.).

280. **Allgemeine Gesichtspunkte.** 1. Besonders charakteristisch ist das Bestreben, die Flexionen, insofern sie Unterschiede der Person, des Numerus, Tempus, Modus, Casus bezeichnen, zu schützen; und zwar zeigt man sich dabei weniger besorgt um die Erhaltung des unbetonten *e* als um die Erhaltung einer vernehmbaren Flexion. Daher vermeidet man die Apokope mehr als die Synkope, und in der Synkope recht zum Unterschiede der naturwüchsigen Entwickelung der älteren Zeit, am meisten den Fall, wo die Endung mit dem Auslaut

des Stammes zusammen fallen würde. Hingegen das *e*, welches am Ende der Nomina als Rest alter eigentümlicher Stammbildung galt (ja-, i-, u-, n-Stämme) ist in weitem Umfang dem Verfall preisgegeben.

2. Für diese Unterdrückung des *e* kommen vor allem die Betonungsverhältnisse in Betracht. Hinter einem andern Suffix ist es regelmässig apokopiert; mhd. *vischære, handelunge, vinsternisse, küniginne, vedere, beseme* etc. sind nhd. *Fischer, Handlung, Finsternis, Königin, Feder, Besen* etc.; mhd. *edele, vremede, ellende, gëbende* nhd. *edel, fremd, elend, gebend* etc. „Die Sprache strebt", wie Heyse bereits richtig bemerkte, „sichtbar dahin, die Zweisilbigkeit und das einfache Verhältnis einer betonten zu einer tonlosen oder nebentonigen Silbe nicht zu überschreiten". Dieselbe Neigung wirkt auch auf andere *e*: *fridelich* wird *friedlich*, *jungelinc* *Jüngling*, zu *geleiten* wird *begleiten*, zu *genügen vergnügen, begnügen* gebildet. Auch das *e*, welches auf eine Stammsilbe folgt, musste sie ergreifen, wenn im Zusammenhang der Rede eine andere unbetonte Silbe folgte, z. B. *hiute ze tage* = *heutzutage*. Doch konnte sie hier nicht zu durchgreifender Geltung kommen, weil in anderm Zusammenhang das *e* ungefährdet blieb. Behaghel Grdr. § 52, 2; vgl. ob. § 273, 1.

3. Wo das *e* unmittelbar auf die Stammsilbe folgt, übt oft der Auslaut des Stammes Einfluss. Apokope tritt leichter ein nach stimmlosen Verschluss- und Reibelauten, nach Nasalen, Liquiden und Vocalen, die im Auslaut ebenso gesprochen werden wie im Inlaut, als nach stimmhaften Verschluss- und Reibelauten, die zugleich mit dem *e* ihren Stimmton verlieren, also durch die Apokope verändert würden; mhd. *spæte, küele, lære* sind nhd. *spät, kühl, leer* geworden, mhd. *œde, trüebe, wise* sind *öde, trübe, weise* geblieben. Behaghel, Germ. 23, 265. Boiunga S. 155—160.

4. Neben diesen lautlichen Momenten machen sich auch associative geltend, d. h. Worte, die durch ihre Function oder Bedeutung als zusammengehörige Gruppen empfunden werden, streben nach gleicher Form. In diesen Einflüssen wurzelt der Unterschied, den die Sprache zwischen dem flexivischen und

stammhaften *e* macht; sie treten aber auch in der Behandlung des stammhaften *e* hervor; bei den Substantiven hängt die Erhaltung oder der Schwund desselben wesentlich von dem Geschlecht und von der Bedeutung ab (§ 293 f.).

Hiernach betrachten wir die einzelnen Wortclassen und beginnen mit dem Verbum, bei welchem die Verhältnisse am einfachsten liegen.

Verba.

281. Apokope. Das ungedeckte *e* wird im allgemeinen erhalten. Bei Walther heisst es *var, spür, man,* wir schreiben und sprechen *fahre, spüre, mahne.* Nur im Imperativ braucht man Formen mit und ohne *e*. Von Alters her galten hier verschiedene Formen; die sw Verba und von den starken diejenigen, welche ihren Präsensstamm mit *j* bildeten, hatten im Imp. *e* als Endung, die andern entbehrten dieses *e*. Aber schon im Mhd. kam diese Sonderung ins Schwanken, indem *e* auch bei den st. V. Eingang fand (§ 278), oder umgekehrt *e* auch bei den sw. V apokopiert wurde; Whd. § 398. Im Nhd. nimmt der Imp. sowohl der starken als der schwachen Verba *e* an, oft aber wird es auch unterdrückt. Unzulässig ist es bei den st. V. 1., welche in der (2.) 3. Sg. Präs. notwendig Synkope erfahren; z. B. *sprichst, spricht, sprich; giebst, giebt, gieb; liest, lies* u. a.; nur *siehe* ist, zumal im theologischen Stil übrig geblieben. Heyse 1, 721. Bei diesen Verben halten sich die einsilbigen Formen offenbar unter dem Einfluss der 2. und 3. Sg., mit denen sie durch den gleichen Vocal verbunden sind. Doch lassen wir auch bei vielen andern sehr häufig das *e* fehlen, besonders bei *lass, komm.* Unentbehrlich ist umgekehrt das *e* allen Verben, welche hinter der Stammsilbe eine Ableitung haben: *füttere, sammle, segne, heilige, verweichliche.*

282. Synkope. 1. Das gedeckte *e* wird vor *n* erhalten: *geben, legen, reden, gebend* etc., ausgenommen sind nur die Verba auf *-el* und *-er: ändern, stammeln* (§ 276. 283.) — Die Pura, welche früher einsilbige Infinitive bildeten, haben jetzt nach dem Muster der andern Verba zweisilbige Formen angenommen: *gehen, stehen; freuen, mühen, wehen, säen;* nur *thun* behauptet sich noch in seiner alten Einsilbigkeit.

2. Vor *t* und *st* ist die Synkope sehr beliebt.

a. Besonders fest ist sie in der 2. 3. Sg. Ind. Präs. derjenigen Verba, bei welchen die Formen durch den Stammvocal von den übrigen Präsensformen geschieden sind (st. V 1. 4. 5): *helfen, hilfst, hilft; sprechen, sprichst, spricht; graben, gräbst, gräbt; fallen, fällst, fällt.* Selbst der Zusammenfall der Endung mit dem Stammauslaut, der in der 2. Pers. bei den Stämmen auf *s*, in der 3. Pers. bei denen auf *d* und *t* eintritt, vermag die Synkope nicht zurückzuhalten. In der 3. Pers. gilt die Synkope durchaus: *gilt, schilt, tritt, wird, hält, lädt, brät.* In der 2. Pers. gebührt sie wenigstens der Umgangssprache; Heyse (1, 723) hat Unrecht, wenn er die Formen *du liesest, issest, vergissest, bläsest, stössest, wächsest* als allein zulässig bezeichnet; nur in würdevoller Rede sind sie erträglich. Selbst wenn der Stamm auf *z* oder *sch* ausgeht, ist uns die unsynkopierte Form unbequem (*schmilzest, drischest, wäschest*), obschon man auch Abneigung gegen die Synkope hat; vgl. Sanders, Hauptschwierigkeiten[9] S. 170.

b. Bei denjenigen Verben, welche in der 2. 3. Sg. Ind. Präs. keinen eigentümlichen Vocal haben, ist die Synkope in diesen Formen zwar auch das gewöhnliche; z. B. *schreien, schreist, schreit; spinnen, spinnst, spinnt; frieren, frierst, friert; schreiben, schreibst, schreibt* etc., doch ist hier der Auslaut des Stammes von grösserer Bedeutung. In der 3. Pers. gestatten die Stämme auf *d* und *t* keine Synkope: *findet, bittet, reitet, redet* etc. Die älteren Grammatiker nehmen auch an Formen wie *findt, redt* etc. keinen Anstoss, die nhd. Schriftsprache aber hat sie aufgegeben, weil die Grammatik eine deutlich erkennbare Endung verlangt. Für die 2. Pers. sollte man hiernach erwarten, dass die Synkope überall gilt, ausser bei den Stämmen, die auf einen *s*-Laut ausgehen; doch trifft dies nicht zu. Auch die Verba auf *d* und *t* verlangen die volle Endung: *findest, bietest, reitest, redest;* und umgekehrt neigt die Umgangssprache bei den Stämmen auf *s*-Laute zur Synkope, obwohl die Grammatik für die Schriftsprache mit Recht die vollen Formen *reisest, preisest, löschest, tanzest, geniessest* empfehlen und fordern mag. Heyse 1, 723 f. Der

Grund dieser auffallenden Erscheinung liegt jedenfalls in der 3. Pers. und ihrem Verhältnis zur zweiten. Diese beiden Formen des Präsens stehen in besonders enger Beziehung, weil sie durch Brechung und Umlaut in vielen Verben charakteristische Unterschiede gemein haben. Sie folgen daher derselben Regel und die 3. Pers., als die häufiger gebrauchte, wird massgebend für die zweite. Wir vermeiden *bietst, redst*, weil wir *bietet, redet* sagen, und neigen zu *du reist, tanzst, löschst*, weil wir in der 3. Pers. *reist, tanzt, löscht* sprechen.

    c. In der 2. Sg. Ind. Prät. ist die Neigung zur Synkope geringer als im Präsens; nötig ist sie nirgends: *du gabst, halfst, schwurst* etc. sind die gewöhnlichen Formen, daneben aber auch *gabest, halfest, schwurest* durchaus üblich. Bei den Stämmen auf einen s-Laut wird die Synkope mehr gemieden als im Präsens, weil hier der Einfluss der 3. Person fehlt: *du assest, liessest, wuchsest, wuschest, schmolzest*; und umgekehrt ist, aus demselben Grunde, bei den Stämmen auf t die Neigung zur Synkope grösser als im Präsens: *du fandest, tratest, batest, rittest, rietest, hieltest*. Dass aber hier die synkopierten Formen den Vorzug verdienten, behauptet Heyse 1, 722 mit Unrecht und nach vorgefasster Meinung.

    d. In der 2 Pl. Ind. Präs. und Prät. hält sich die Neigung zur Synkope ungefähr in denselben Gränzen wie in der 2. Sg. Ind. Prät. Wo die Endung mit dem Stammauslaut zusammenfallen würde, also nach *d* und *t*, ist sie unerlaubt, sonst kann sie eintreten oder unterbleiben.

    e. Im Opt., namentlich im Opt. Präs. behaupten die Endungen *-et* und *-est* ihren Vocal.

    f. Die schwachen Präterita erleiden Synkope des Mittelvocales, ausser wenn der Stamm auf *d* oder *t* ausgeht: *redete, betete*, aber *liebte, reizte, mischte* etc. s. § 309.

    283. Verba auf *-er, -el, -em, -en*. Die Verba auf *-er* und *-el* verlangen, die auf *-em* und *-en* verweigern die Synkope des *e* in allen Endungen. Es heisst *sammelt, sammelst, sammeln, sammelte*; *ändert, änderst, ändern, änderte*; hingegen *segenet, segenest, segenen, segnete*; *atmet, atmest, atmen, atmete*. Die Umgangssprache liebt auch bei den Verben auf *-en*, (*-em*) Syn-

kope des Flexions-*e*: *segent, ebent*, aber die Schriftsprache meidet solche Formen; sie hindert durch die Erhaltung des *e*, dass der Nasal sich dem vorhergehenden Consonanten assimiliert, *ebenet* zu *ebmt, regenet* zu *regnt* wird, Verstümmlungen, die in der Umgangssprache oft genug eintreten. — Heyses Verlangen (1, 727) in den Conjunctivformen auch bei den Verben auf -*er* und -*el* das *e* der Flexion fest zu halten (*du sammlest, füttrest*) scheint mir in dem geltenden Gebrauch nicht begründet zu sein. Vgl. § 315.

Adjectiva.

284. In den flectierten Formen behauptet sich, abgesehen von den Ableitungen auf -*er*, -*el*, das *e* durchaus: Die zweisilbigen Endungen, ebenso der Wechsel zwischen -*em* und -*me*, -*er* und -*re* (§ 277) sind aufgegeben; -*er* und -*em* gelten allein.

In der unflectierten Form hat im Mhd. ein Teil der Adjectiva die Endung *e* (ahd. *i*), die grössere Zahl hat keine Endung. Im Nhd. ist die Zahl der letzteren vermehrt; nur der Umlaut lässt oft noch die ältere Formation erkennen; s. Behaghel, Germ. 23, 265. Der Abfall des *e* regelt sich im allgemeinen nach der Qualität des Stammauslautes. Nach stimmhaften Explosiv- und Reibelauten ist es erhalten, nach stimmlosen, sowie nach Nasalen, Liquiden und vocalisch auslautenden Stämmen abgefallen. An der Richtigkeit der Regel ist nicht zu zweifeln, obwohl der Einfluss der Mundart die Apokope oft über die angegebene Grenze hinausführt (vgl. § 296) und einzelne Ausnahmen nicht fehlen. Ich gebe zunächst Belege für den regelmässigen Gebrauch.

a. Das *e* ist abgefallen in mhd. *spœte, stœte, bereite, veste, wüeste, viuhte, dîhte* dicht; *dicke, gelenke; spitze; rîche; rîfe; süeze, gemœze; kiusche.* — *gare, lœre, swœre, gehiure, tiure, dürre; veile, küele, stille; kleine, reine, gemeine, schœne, grüene, küene, dünne; genœme, bequœme.* — *niuwe* neu, *getriuwe* treu, *nouwe* genau haben mit *w* zugleich das *e* verloren.

b. Das *e* ist erhalten in mhd. *trüebe, gœbe* (nur noch in der Verbindung *gäng* (mhd. *genge*) *und gäbe*); *müede, œde*, *snœde, blœde, behende; trœge, veige, gevüege, flügge; mürwe* mürbe; *wîse*.

Anm. In *senfte* sanft, *herte* hart ist zugleich der Umlaut und die Endung aufgegeben, d. h. die Form des Adverbiums ist auf das Adj. übertragen.

285. Ausnahmen. Manche Adjectiva verlangen trotz des veränderlichen Stammauslautes die Apokope: mhd. *vremede* fremd, *geschîde* gescheit (§ 84), *wilde* wild; gewöhnlich braucht man die apokopierte Form auch für mhd. *geswinde*, oft für *linde* gelinde, *milde*, *ringe* gering, *enge*, *strenge*. Bei den Wörtern auf *ng* erklärt sich die Apokope aus der Neigung, *ng* als gutturalen Nasal, also als unveränderlichen Auslaut auszusprechen (§ 80), bei mehreren andern besitzt schon die ältere Sprache Formen mit und ohne *e* nebeneinander; so bei *geswinde, linde, milde, wilde*; s. Fl.

Umgekehrt müssen oder können manche Adjectiva mit unveränderlichem Stammauslaut das *e* behalten: *zæhe, gæhe* jäh, *dünne, stille, dürre, irre, kirre, nütze*.

Anm. Die drei letzten lassen vielleicht vermuten, warum überhaupt die Apokope eintrat. Für die *a*-Stämme galt die Regel: attributives Adjectivum hat eine Endung, prädicatives Adj. nicht; *der gute Mann, der Mann ist gut*. Nach diesem Verhältnis bildete man die *ja*-Stämme um: *das schöne Weib, das Weib ist schön(e)*. *irre, kirre, nütze* widerstanden, weil sie nur prädicativ gebraucht werden.

286. Bei den Adjectiven, welche mit Ableitungssilben gebildet sind, behauptet sich die Flexion ebenso fest wie bei den andern; auch bei denen auf *-en*. Nur die auf *-er* und *-el* gestatten noch einige Freiheit. Heyse (1, 602) giebt die Regel, dass man bei ihnen wenigstens in der Endung *-en* besser die Synkope eintreten lasse: *edeln, heitern* etc., und in der That herrschten früher diese Formen, auch noch bei den Classikern des vorigen Jahrh.'s. Aber im Laufe der Jahre ist augenscheinlich auch hier eine Wendung zu Gunsten der vollen Endungen eingetreten. Wir ziehen jetzt *edelen, heiteren* vor und betrachten die andern Formen als eine Concession an die Umgangssprache. Vgl. § 315 c.

287. Die Adverbia adjectivischer Stämme wurden im Mhd. auf *e*, ahd. *o* gebildet. Im Nhd. haben sie alle die

Form des prädicativen Adjectivs angenommen; nur *lange* hat in der Bedeutung 'lange Zeit' die eigentümliche Form bewahrt.

Die Genitiv-Adverbia verlangen Synkope der Endung -*es*: *stracks, längs, bereits, links, rechts, stets, -wärts, einst* (§ 152). Demgemäss unterscheidet man adjectivisches *anderes* von adverbialem *anders*.

Substantiva.

288. Die Substantiva bieten die mannigfaltigsten Erscheinungen; s. Behaghel, Germ. 23, 264—268. Boiunga, die Entwickelung der nhd. Substantivflexion. Leipzig 1890.

Wir betrachten zunächst das flexivische *e*, d. h. die Endungen, welche zur Unterscheidung von Casus und Numerus dienen.

1. Flexivisches *e* nach betonter Stammsilbe.

Apokopiert wird *e* nie im Plural, häufig im Dat. Sg. Eine rein lautliche Entwickelung liegt hier also nicht vor, denn das *e* des Plurals ist nicht mehr betont als das des Dativs. Die Bedeutung hat die verschiedene Behandlung bestimmt. Die Bezeichnung des Plurals erschien dem Sprechenden als etwas Wesentlicheres als die Bezeichnung des Dativs; darum kann diesem die Endung fehlen, jenem nicht. Im Plural sagen wir durchaus *Säume, Schwämme, Kerne, Jahre, Schritte, Taue* etc. Ja die st. N. (a), denen im N. A. Pl. ursprünglich keine Endung zukommt, haben, abgesehen von gewissen abgeleiteten Stämmen (§ 291), im Nhd. ein *e* als Endung angenommen; § 278.

289. Den Dativ bilden wir bald mit, bald ohne *e*. Es kommen dabei namentlich folgende Gesichtspunkte in Betracht.

a. Das *e* fehlt gewöhnlich den Stämmen, die auf einen Vocal auslauten: *dem See, Ei, Schnee, Schuh, Stroh* etc.; vgl. *Er jagte einem Rehe nach; er hat zwei Rehe geschossen.*

b. Besonders beliebt, zum Teil notwendig ist die Apokope, wenn ein Substantivum ohne Artikel in adverbialen Bestimmungen oder formelhaften Verbindungen steht. Beispiele bei Heyse 1, 489: *mit Weib und Kind, von Haus und Hof vertreiben, von Ort zu Ort, von Jahr zu Jahr; zu Fuss; von Glas, aus Thon, aus Geiz, vor Zorn, mit Dank* etc.

§ 290. 291.] Flexionsendungen im Nhd. — Substantiva.

Wenn Rückert sagt: „*Da lagen die Blätter von Glase zerbrochen in dem Grase*", so empfinden wir den Dativ *Glase* als etwas Ungewöhnliches. Wir unterscheiden: „*Sie stürzten sich mit Mut auf die Feinde*" und „*Sie kämpften mit unvergleichlichem Mute*". Für die adverbialen Bestimmungen bilden sich also besondere Formen aus; das Substantivum büsst hier etwas von seiner substantivischen Natur ein.

c. Elision des Dativ-*e* pflegt vor vocalisch anlautendem Worte einzutreten; z. B. *dem Geiz ergeben, am Hals eine Kette tragen*.

290. Der Synkope kann das *e* in der Genitivendung -*es* unterliegen. Ob sie eintreten darf oder nicht, hängt wesentlich davon ab, ob sich das *s* bequem mit dem Stammauslaut verbindet oder nicht. Am beliebtesten, aber keineswegs erforderlich und in der Schriftsprache eher gemieden als gesucht ist sie nach Vocalen, Nasalen und Liquiden: *des Kleeęs, Strahlęs, Schwammęs, Hohnęs* etc. Durchaus vermieden wird sie bei Wörtern, welche auf *s*-Laute (*s, ss, z, sch*) ausgehen: *Fusses, Glases, Geizes, Hirsches*.

Adverbiale Verbindungen begünstigen die Synkope und machen sie zuweilen notwendig: *Tags darauf, hierorts, keinesfalls*.

Die Endungen -*en* und -*er* behaupten ihren Vocal in der Schriftsprache durchaus. In der Endung -*en* unterdrückt die Umgangssprache gern den Vocal und assimiliert dann weiter den Nasal dem vorhergehenden Consonanten, so dass *Gaben* zu *Gabm̥*, *Gedanken* zu *Gedankn̥* wird. Aber die Schriftsprache giebt diesem Gebrauch nicht nach.

Anm. Ihren Silbenwert verliert die Endung -*en* durch die Synkope und Assimilation im allgemeinen nicht; *den Karren, das Garn* ist kein genauer Reim. Nur in dem proklitischen *Herrn* ist die Verbindung -*rn* so eng wie im Stammauslaut, und deshalb lässt man hier auch in der Schrift das *e* fehlen; vgl. Heyse 1, 490. Manche halten selbst das schon für nachlässig.

291. 2. Wörter mit Ableitungssilben. Weiteren Umfang hat die Unterdrückung des *e* nach den Ableitungssilben gewonnen. Die Bildungssilben -*el, -er, -en, -em, -chen, -lein* dulden durchaus kein *e* hinter sich. Selbst das *e* des Pluralis fällt

hier fort; vgl. die Declination von *Vogel, Becken, Heber, Atem, Bäumchen, Bäumlein.* In den Wörtern auf *-en, -chen, -lein* empfängt nur noch der G. Sg. ein Zeichen der Flexion; denn auch im D. Pl. muss die Endung schwinden, da nach Unterdrückung des *e* das *n* der Flexion mit dem Auslaut des Stammes zusammenfällt; mhd. *den vogellinen,* nhd. *den Vöglein.*

Nach den andern Ableitungssilben: *-and, -at, -end, -icht, -ing, -ling, -rich, -sal, -tum* unterdrückt man im G. und D. Sg. gern den Vocal; hingegen das *e* des Pluralis und das *e* der Endung *-en* bleibt erhalten wie nach den Stammsilben. Ebenso bei den Femininis auf *-inn, -ung, -schaft, -heit, -keit.* Vgl. die Declination von *Heiland, Monat, Abend, Dickicht, König, Hering, Jüngling, Wütrich, Labsal, Reichtum; Königin, Handlung, Freundschaft, Narrheit, Freundlichkeit.* — Bei *-nis* hindert der Auslaut natürlich die Synkope der Endung *-es.* Heyse 1, 488 f.

Auffallend ist, dass die Endung *-en* bei den Femininis auf *-in* erhalten bleibt, bei den Wörtern auf *-en, -chen, -lein* schwindet. In den Betonungsverhältnissen kann der Grund nicht liegen, denn *-inn* ist nicht schwerer als *-lein;* er liegt vielmehr darin, dass die Endung *-en* bei den Femininis auf *-inn* dem ganzen Plural, bei den Wörtern auf *-en, -chen, -lein* nur dem D. Pl. zukommt. Das Pluralzeichen hielt man fest, das Casuszeichen liess man fallen. Dass aber den Wörtern auf *-lein* das Plural-*e* fehlt, das doch nach allen andern Ableitungssilben ausser den schwächst betonten steht, ist eine Folge ihres Geschlechts. Den Neutris kam ursprünglich im N. A. Pl. keine Endung zu; die Wörter auf *-lein* also haben das *e* in diesen Casus nicht verloren, sondern sie haben es nach der minder betonten Ableitungssilbe nicht angenommen.

Anm. Es ist beachtenswert, wie verschieden das Flexions-*e* nach *-el, -er, -en, (-em)* bei Substantiven, Adjectiven und Verben behandelt wird. Am festesten steht es bei den Adjectiven, bei den Substantiven ist es ganz verschwunden. Schottel bemühte sich noch, bei den Wörtern auf *-er* das Plural-*e* zu halten. Boiunga S. 126 f.

292. 3. Composita und minder betonte Stämme. Da die Synkope der Flexion wesentlich von der Betonung der vorangehenden Silbe abhängt, ist es natürlich, dass sie bei den

Compositis leichter eintritt als bei den einfachen Wörtern und zwar um so mehr, je entschiedener sich der zweite Teil des Compositums dem ersten unterordnet; vgl. *Tages : Montags· bei Tage: am Montag*; *des Hofes: des Kirchhofs*; *des Rates· des Hofrats*. Die Simplicia lehnen die Synkope nicht ab, die Composita verlangen sie nicht; aber die Neigung zur Synkope ist bei diesen grösser als bei jenen. Aus demselben Grunde hat auch das proklitische *Herrn* sein *e* verloren; es hat nicht den starken Ton, der sonst dem selbständigen Stammwort zukommt.

293. Apokope des stammhaften *e*.

Das *e*, welches die Sprache als Rest eigentümlicher Stammbildung überkommen hatte, ist nach Ableitungssilben, wie bereits bemerkt (§ 280, 2) immer aufgegeben; nach einsilbigen Stämmen ist es verschieden behandelt; der Auslaut des Stammes, das Geschlecht, auch Bedeutungsgruppen haben nebeneinander Einfluss geübt und die ursprünglichen Verhältnisse erheblich umgestaltet. Ich ordne den Stoff nach dem Genus.

Die Sprachentwickelung hatte dahin geführt, dass es verhältnismässig wenig Masculina und Neutra auf *e* gab. Von den Masculinis gingen auf *e* aus die sw. M., ausserdem die wenigen *ja*-Stämme und ein paar kurzsilbige *u*- und *i*-Stämme; von den Neutris die *ja*-Stämme, ein einzelner *u*-Stamm und die wenigen schwachen Neutra. Von den Femininis dagegen entbehrten der Endung nur die *i*-Stämme; die zahlreichen sw. F. und die st. F. der *ô*-Declination gingen auf *e* aus. Die Folge dieser Gruppierung war, dass die Masculina und Neutra ihr *e* oft aufgegeben haben, die Feminina es aber in der Regel behalten. Einige Feminina, die ihr *e* dennoch verloren haben, sind zum männlichen Geschlecht übergetreten, öfter Masculina auf -*e*, eben wegen dieses Vocales, Feminina geworden. Diese und andere Änderungen kommen in der Flexionslehre zur Sprache; hier handelt es sich nur um Substantiva, welche ohne sonst ihre Form oder ihr Geschlecht zu ändern, *e* behalten oder abwerfen.

294. Die **Feminina** haben im allgemeinen das *e* behalten, namentlich fast alle, die auf einen veränderlichen Consonanten (stimmhaften Verschluss- oder Reibelaut) ausgehen; z. B. *Liebe, Haube, Rede, Gnade, Wiege, Klage, Nase, Reise*; ausgenommen ist nur *Huld*; über dieses und *Schuld* s. Boiunga S. 159. Auch von den andern haben nur verhältnismässig wenige das unbetonte *e* fallen lassen; vgl. Boiunga S. 173 f.

a. Mehrere ursprünglich kurze Stämme auf Liquida oder Nasal, die im Mhd. fast regelmässig apokopiert werden: *Wahl, Zahl*; *Gier* (ahd. *girî*), *Schar, wahr-* (in *wahrnehmen*, ahd. *wara*); *Scham*; *Bahn*; und nach minder betonter Silbe *Nachtigall*. Die meisten sind zweisilbig; z. B. *Schale, Kehle, Sohle, Mühle, Mähne* (mhd. *man*), *Granne* (mhd. *gran*), *Bühne*; vgl. auch *Schwalbe*, mhd. *swal* (*swalwe*), *Farbe*, mhd. *var* (*varwe*).

b. Einige lange Stämme mit unveränderlichem Auslaut (Liquida, Nasal, stimmlose Verschluss- und Reibelaute): *Pein* (mhd. *pîne*), *Zier* (ahd. *ziarî*), *Qual, Mark, Form, Pfalz, Hut* (mhd. *huote*), *Acht* (mhd. *ahte* und *âhte* in verschiedener Bedeutung), *Tracht, Schlacht, Wacht, Furcht* (mhd. *vorhte*), *Kost, Rast, Maut* (mhd. *mûte*), und nach minder betonter Silbe *Einfalt* (ahd. *einfaltî*), *Kirmes*, mhd. *kirmesse*. Die meisten sind Stämme auf *t*, die zahlreichen Abstracta auf *-ti* werden eingewirkt haben. *Stirne* kann auch im Nhd. noch mit *e* gebraucht werden.

c. Die vocalisch auslautenden Stämme, welche im Mhd. die Endung mit dem Stammvocal verschmelzen lassen (§ 274), haben im Nhd. *e*; mhd. *brâ, klâ, ê, krâ* sind nhd. *Braue, Klaue, Ehe, Krähe*. Durchgedrungen ist die Verkürzung in dem oft proklitisch gebrauchten *Frau* (vgl. *Herr*), mhd. *frouwe* und nach dem minderbetonten *-schau*; z. B. *Brautschau, Heerschau*. Auch *Kirchweih*, ahd. *kirihwîhî* kann hier angereiht werden. *Zehe* (M. oder F., mhd. *zêhe* st. sw. F.) pflegt *e* zu behalten; neben *Aue* (mhd. *ouwe*) gilt *Au*.

Anm. 1. Mhd. *mûre, vîre, schiure* = *Mauer, Feier, Scheuer* entbehren, nachdem sich *r* zu *er* entwickelt hat (§ 301), ihr *e* nach der Regel. — Stärkere Umbildung haben *Wut*, mhd. *wüete, wuot* ahd. *wuotî*, *-mut* (*Demut, Gross-, Lang-, Wehmut*), mhd. *-müeie, -muot*, ahd. *-muotî*, *Schmach*, mhd. *smæhe*, ahd. *smâhî* erfahren, indem sie mit dem auslautenden Vocal auch den Umlaut aufgegeben haben. Weibliche *i*-Stämme wie *bluot*, G. *blüete*, *tât* G. *tæte* sind Muster gewesen.

Anm. 2. Einige Feminina, die ihr *e* eingebüsst haben, sind zum Masculinum oder Neutrum übergetreten; z. B. mhd. *strâle, mâze*; öfter haben sw. M. weibliches Geschlecht angenommen; z. B. *slange, wade*. Auch dadurch ist im Nhd. die Zahl der Feminina auf -*e* vermehrt, dass für einige Masculina und weibliche *i*-Stämme neue Singularformen auf *e* gebildet sind; z. B. *grät* st.M. *Gräte, bluot* st.F. *Blüte*; s. Fl.

295. Die Neutra, denen ursprünglich die Endung *e* zukommt, sind namentlich zahlreiche *ja*-Stämme, ferner ein alter *u*-Stamm (ahd. *vihu*) und einige *n*-Stämme. Die Neigung zur Apokope hat weit um sich gegriffen. Boiunga S. 155 f.

1. Die Wörter mit unveränderlichem Stammauslaut haben das *e* aufgegeben. So die *ja*-Stämme *Gau, Gäu* ahd. *gawi, Heu* ahd. *hawi; Heer, Meer; Öhl, Pfühl* ahd. *phulwi*, l. *pulvinus, Öhr; Hirn, Kinn, Bett* (auch *Bette*), *Kreuz, Netz, Flöz* mhd. *vletze, Erz, Antlitz, Stück, Glück, Reich, Amt, Heft* und viele mit *ge-* gebildete: *Geschrei, Geschirr, Gestein, Gestirn, Gestrüpp, Gemüt, Gestüt, Gerät, Gefährt, Gerücht, Gerüst, Geschäft, Geschlecht, Gespenst, Gedicht, Genick, Gesetz, Geschütz, Geschmeiss* etc. Ebenso der alte *u*-Stamm *Vieh* und die ursprünglich schwachen Neutra *Ohr, Herz*. Eine auffallende Ausnahme bildet *Gerippe*. — Eine besondere Gruppe von Wörtern bilden die von Verben abgeleiteten, welche ein wiederholtes Thun bezeichnen; sie pflegen mit *e* gebildet zu werden (und ohne Umlaut, es sei denn dass derselbe schon dem Verbum zukommt): *das Gethue, Gestöhne, Gedränge, Gesumme, Geschwirre, Gesinge* etc. Wir unterscheiden das *Geschreie* und *das Geschrei* u. ä.

2. Die Wörter mit veränderlichem Stammauslaut behalten *e*. Ausser den mit *ge-* gebildeten *ja*-Stämmen wie *Gewölbe, Gefilde, Geschmeide, Gesinde, Gelände, Gerede, Gebirge, Getöse*, denen sich einige andere wie *Gewerbe, Gelage, Gestade* angeschlossen haben (s. Wortbildung), sind es nur wenige. Die *ja*-Stämme *Erbe, Ende* und das ursprünglich sw. N. *Auge*. Wider die Regel ist die Apokope in *Bild* und *Hemd* (daneben auch *Hemde*) eingetreten; vielleicht kommt dabei in Betracht, dass die Wörter ehedem dreisilbig waren (ahd. *bilidi, hemidi*), eher noch, dass *Bild* immer, *Hemd* mundartlich den

Plural auf -er bildet, denn Neutra auf -er haben keinen Sing. auf -e. *Wild* entbehrt schon im Ahd. und Mhd. eines auslautenden Vocales.

Anm. Über vereinzelte Umbildungen in Geschlecht und Flexion. s. Fl.

296. Masculina. Die meisten, welche das *e* beanspruchen, sind schwache Masculina; dazu kommen einige *ia-, u- (i)*-Stämme.

Die Zahl der schwachen Masculina ist im Nhd. stark reduciert; nicht wenige sind Feminina geworden (Fl.), noch viel mehr haben die Endung *-en* aus den Casus obl. in den Nominativ treten lassen; hier handelt es sich nur um die, welche das männliche Geschlecht und die Nominativform mit oder ohne *e* bewahrt haben.

Ob das *e* abfällt, hängt zum Teil von der Bedeutung ab (Fl.). Boiunga S. 50 ff.

1. Die, welche lebende Wesen bezeichnen, müssen oder können meistens mit *e* gebildet werden, nicht nur nach veränderlichem, sondern auch nach unveränderlichem Stammauslaut. a. *Bube, Erbe, Knabe, Rabe*; *Jude, Rüde*; *Bürge, Ferge, Scherge, Zeuge*; *Hase, Riese*; *Löwe*; *Sklave*. — b. *Laie, Ahne, Hühne, Senne*; *Buhle, Geselle, Farre*; *Kämpe, Knappe, Rappe*; *Bote, Gatte, Gefährte, Pate*; *Bracke, Falke, Finke, Recke, Schurke*; *Affe, Laffe, Neffe, Pfaffe*; *Schulze*; *Drache*; *Ochse*.

Unterdrückt ist das *e* nach mhd. Brauch in fast allen ursprünglich kurzsilbigen auf Liquida oder Nasal: *Aar*, Bär, Staar*, Stär** (Widder), *Stör** mhd. *stüre*; *Hahn*, Schwan**. In andern erklärt sich die Apokope aus der geringen Betonung der Stammsilbe, so namentlich in den verdunkelten Compositis: *Bräutigam, Herzog, Steinmetz, Truchsess, Nachbar*; aber auch in *Herr, Fürst, Graf, Prinz, Schenk*, die oft proklitisch oder als zweiter Teil von Zusammensetzungen gebraucht werden. — Anderer Art sind *Geck*, Lump*, Narr, Schelm*, Schranz, Tropf*, Thor* (lauter Schimpfwörter) und *Spatz*, Greif, Strauss*, Salm*, Greis*, Mensch, Gemahl**; die beiden letzten waren ursprünglich dreisilbig. Die mit einem * bezeichneten sind

§ 296—298.] Flexionsendungen im Nhd. — Masculina. 273

zugleich in die starke oder gemischte Declination übergetreten. — In den oberdeutschen Mundarten und in der älteren Schriftsprache geht die Apokope vielfach weiter (Boiunga S. 53 f.), in manchen Wörtern schwankt auch das Nhd., so bes. in *Farr, Fink, Ochs, Pfaff, Schenk*; *Jud* steht in verächtlichem Sinne neben *Jude*.

2. Die Wörter, welche nicht lebende Wesen bezeichnen, sind, soweit sie nicht die Endung -*en* angenommen haben, regelmässig apokopiert und zur starken oder gemischten Declination übergetreten: *April, Brei, Golf, Keim, Kern, Lenz, Leichnam, Mai, März, Pfühl, Psalm, Reif, Schmerz, Stern*. Wörter mit veränderlichem Auslaut sind nicht darunter. — Nur bei wenigen (z. B. *Glaube, Name*) ist die Form auf -*e* der auf -*en* noch nicht ganz unterlegen, bei einigen andern gilt neben der Form auf -*en* die apokopierte, zum Teil in differenzierter Bedeutung (z. B. *Streif* oder *Streifen, Lump* und *Lumpen*), s. Fl.

Anm. Gegenüber der Abneigung, welche die Substantiva sächlicher Bedeutung gegen das *e* und die schwache Declination zeigen, fallen ein Paar Umbildungen zu dieser schwachen Gruppe auf: *Gedanke*, mhd. *gedanc* und *Buchstabe*, mhd. *buochstap, buochstabe*, ahd. *buohstab*.

297. Von den *ja*-Stämmen haben *Weck* und *Kitt* (ahd. *kuti*) nach unveränderlichem Auslaut das *e* abgeworfen, *Käse* nach veränderlichem behalten. *Hirte* kann auf die eine oder andere Weise gebraucht werden und hat sich in Folge seiner Bedeutung den sw. Masculinis angeschlossen.

Die u-Stämme *Sieg* und *Met* lassen schon im Mhd. oft ihr *e* fallen.

Partikeln.

298. Bei den Partikeln ist schon im Mhd. die Apokope weit verbreitet, namentlich nach kurzer Silbe auf Liquida oder Nasal (§ 274 f.). Im Nhd. gilt die Verkürzung fast überall. So ist sie eingetreten in ahd. *ana, fona, furi, fora, hera, hina, dara, garo, wola, filu; aba, oba, miti; hinnana, dannana, hintana, obana, ûzzana, untari, ubiri, ingagini, zisamini*; nach langer Tonsilbe in *unti, danne, denne, umbi, forna*, auch in

ofto, sêro, kûmo, baldo und allen andern adjectivischen Adverbien ausser *lange* (§ 287). *inne* hat sich nach Art der Adjectiva (§ 285 A.) erhalten in Verbindungen wie *inne werden, bleiben, halten, sein* auch in *mitten inne*; auffallendere Ausnahmen sind *heute* und namentlich die Präposition *ohne* (Luther: *on*). Behaghels Vermutung (Germ. 23, 267), dass *ohne* sich gehalten habe, weil das Wort auch adjectivisch verwendet werde, befriedigt nicht. Franck vermutet den Grund darin, dass grade diese Präposition oft betont werde.

o ist für den unbetonten Vocal in *desto* eingetreten, ahd. *dës diu*, mhd. *dëste, dëster* und so auch im älteren Nhd.· vgl. *dero* § 278.

Zweites Kapitel.
Ableitungssilben.
A. Die ältere Zeit.

299. Verfall der Ablauts. Wie in den Flexionen muss auch in den Ableitungssilben einst der Ablaut geherrscht haben, so dass in den verschiedenen Formen desselben Wortes je nach der Lage des Accentes sich verschiedene Vocale ergaben. Aber während in den Flexionen sich diese Mannigfaltigkeit als die wesentlichste Stütze zur Unterscheidung der grammatischen Formen bis in das Ahd. hinein behauptete, liess man sie in den Ableitungssilben ebenso wie in den nominalen Stammsilben früh als bedeutungslos fallen; eine Form kam zur Alleingeltung und stand der wechselnden Flexion als feste Stammform gegenüber. Schon im Gotischen finden wir deutliche Spuren der Lautabstufung nur noch in den Verwandtschaftsnamen und besonders in der schwachen Declination. Das *n*-Suffix der schwachen Nomina unterscheidet sich eben dadurch von den übrigen Suffixen; es hat ganz den Charakter der Flexionen angenommen und muss deshalb im Gotischen und den germanischen Sprachen überhaupt zu den Flexionen gerechnet werden. Dieselbe Stellung würde man dem Suffix der Verwandtschaftsnamen einräumen, wenn die Wörter zahlreicher wären und ihre stammabstufende Declination nicht früh undeutlich geworden und bald ganz erloschen wäre.

Die Formen, welche, nachdem der Ausgleich vollzogen war, die Ableitungssilben gewonnen hatten, bleiben im Gotischen unversehrt; im Hochdeutschen treten allerlei Änderungen ein: Entwickelung neuer Vocale, Assimilation, Übergang in *e* und schliesslich Synkope.

300. **Entwickelung neuer Vocale.** Im Gotischen können ableitende *l, r, n, m* sich ohne Vermittelung eines Vocales unmittelbar an consonantisch auslautende Stämme schliessen; z. B. *fugls* Vogel, *akrs* Acker, *taikns* Zeichen, *maiþms* Geschenk. Die Suffixe bilden mit dem Stamm keine Silbeneinheit, sie haben vermutlich selbst den Wert einer Silbe, aber einer vocallosen. In den westgermanischen Sprachen werden diese Verbindungen durch die Entwickelung vocalischer Übergangslaute aufgehoben, und zwar im Ahd. vor *l, r, n* regelmässig durch *a*, vor *m* durch *u*: *vogal, ackar, zeihhan, gadum* (Gemach). Dieser „Hülfsvocal" stellt sich zuerst in den unflectierten Formen ein und verbreitet sich von ihnen über die flectierten und abgeleiteten, zunächst nach kurzer, dann auch nach langer Stammsilbe: *vogales, ackres* und *ackares*. Br. § 65. Schon bei O. kommen nur noch verhältnismässig wenige Formen vor, welche den Vocal entbehren, z. B. *lougnen* leugnen, *bouhnen* bezeichnen, *finstremo* zu *finstar*, *zimbrôt* zimmert zu *zimbar*.

301. Sehr viel später entwickelt sich nach den Diphthongen *au, eu, ei* aus *r* die Endung *-er*; Gr. 1² 697 A. Kräuter, ZfdA. 21, 272. mhd. *bûr, sûr, schûr, bûre, mûre, fiur, hiure, schiure, fîre, gîre, lîre* lauten nhd. *Bauer, sauer, Schauer* etc. Diese Zerdehnung begegnet schon im Mhd., z. B. bei Neidhart (Whd. § 86), aber noch Luther schreibt fast durchaus die Formen ohne *e*: *feiren, schleyret, baur, bauren, maur, sawr, fewr, steur* u. a. Franke § 37. Jetzt brauchen solche Formen nur noch Dichter. — Der Vorgang besteht darin, dass der schwach articulierte Consonant anfängt sich in einen Vocal aufzulösen, der nach den Diphthongen als selbständige Silbe erscheint; nach langen Vocalen tritt die Entwickelung nicht ein; vgl. *Bär, baar, Bier, Ohr, Uhr*. Auch nicht vor *l*: *feil, Keil, faul, Saul*.

Anm. Auch andere Consonantverbindungen werden im Ahd. nicht selten durch vermittelnde Vocale aufgehoben, doch gewinnen sie nicht dieselbe Festigkeit, können stehen oder fehlen und werden späterhin meist wieder aufgegeben. Besonders beliebt ist die Auflösung der Verbindungen *rh, lh, rw, lw, sw*: *bifëlahan*, mhd. *befëlhen* befehlen; *garo* bereit, *garawêr, garawî*; *trëso* Schatz, g. *trisowes* u. ä.; ferner *bësamo* Besen, *brosama* Brosamen u. ä.; vgl. auch *starack* neben *stark, eribo, wurum* etc. Br. § 69. Whd. § 86 f. Über ähnliche Erscheinungen in späterer Zeit s. Boiunga S. 12 f.

302. Assimilation. Manche Ableitungssilben, zumal solche, als deren normaler Vocal *a* erscheint, zeigen im Ahd. eine ausserordentlich grosse Mannigfaltigkeit der Vocale. Es ist möglich, dass dieselbe zum Teil noch mit der alten Lautabstufung zusammenhängt (Paul, PBb. 6, 209 f. Br. § 64 A. 2.), aber nachweisbar ist das nicht. Vielmehr erscheint sie im Ahd. als das Ergebnis jüngerer Vorgänge, der Assimilation und Schwächung.

Die Assimilation geht bei weitem in den meisten Fällen von der Endung aus, doch einigen Einfluss üben auch die Stammsilben. Die zahlreichsten Belege bietet Otfried. Von P. Benrath, Vocalschwankungen bei Otfried (Aachen 1887 Diss.) sind sie sorgfältig behandelt; hier genügt es, das Wichtigste hervorzuheben; vgl. Br. § 67.

a. Besonders empfänglich zeigen sich die Ableitungssilben *-al, -ar, -an*: *fakala*, D. Pl. *fakolôn*; *zuîval*, sw.V. *zwîvolôn*; *wuntar*, G. Pl. *wuntoro*, sw.V. *wuntorôn*; *wolkan*, G. Pl. *wolkono*; *rëgan*, sw.V. *rëgonôn*; *adal, edili*; *fogal, gifugili*; *bittar, bittirî*; *nagal, nagultun*; *wëhsal, wëhseles*; *hungar, hungeres*; *bittar, bitteres, bitteremo* etc. Der Vocal vor *l, r, n* ist, wie bemerkt (§ 300) oft jüngeren Ursprungs, und in solchen Fällen ist anzunehmen, dass er nicht erst durch Assimilation aus dem *a* der unflectierten Formen hervorging, sondern von Anfang an durch die benachbarten Laute in seiner Qualität bestimmt wurde. Consequent durchgeführt ist die Gleichheit des Vocales der Mittel- und Endsilbe auch bei O. nicht; das *a* der unflectierten Form dringt vielfach auch in die andern, zumal wenn es in einem *a* der Stammsilbe eine Stütze findet; z. B. *zahari, zaharo*.

b. *-ag*. Die beiden Adjectivendungen *-ag* und *-ig* (g. *ag*, *eig*) werden in O.'s Sprache verschieden behandelt. *-ig* bleibt unverändert, *-ag* unterliegt der Assimilation: z. B. *manag, manegemo, manigu* (für *manigiu*), *manogo*. Einfluss der Stammsilbe erklärt es, dass *heilag* und *einag* oft mit *-ig* erscheinen, obwohl die Endung kein *i* enthält: *einigan, einigo, einigon, einigen, heiligen*.

c. Die Gradus des Adj. werden im Gotischen durch *-iza, -ist* oder *-ôza, -ôst* gebildet. Auch bei O. ist der Unterschied noch wahrnehmbar; dem Superlativ auf *-ist* entspricht ein Comp. auf *-ir*; dem auf *-ôst* ein Comp. auf *-or*; doch findet man durch Assimilation für *ir or* und für *or ar*; z. B. *jungist, jungoro; minnist, minnoro; liobost, liabara*; ebenso *giwissara, grôzara, scônara* u. a. Benrath. S. 37. — Über Assim. im schw. Prät. s. § 304.

303. Schwächung des Vocales zu *e*. Nur sehr wenige ahd. Wörter (die Verwandtschaftsnamen *fater* etc., *ander, after* Br. § 64 d) zeigen in der unflectierten Form *e* als Vocal der Ableitungssilbe, dagegen erscheint es ziemlich oft in den flectierten Formen, auch in solchen in denen kein flexivisches *e* folgt, also Assimilation nicht gewirkt haben kann. Früher als in den Flexionen, in denen schliesslich dieser charakterlose Laut allgemeine Geltung gewinnt, stellt er sich in den schwächsten Ableitungssilben ein, namentlich in solchen deren normaler Vocal *a* ist. So schreibt O. *speichelu, wurzelun, meistera, bittero, sëgenon, thëgenon, eigena* u. a. Die Adj. auf *-ag* haben im Isidor immer, bei O. oft *e* in den flectierten Formen: *heilag, manag* aber *heilegan, heilego, manegan* Br. § 64 A. 2. Ziemlich häufig schreibt O. *e* in den Comparativen, z. B. neben einem Superlativ auf *-ist* in *êrerun, jungero, suazeren*; neben einem auf *-ost* in *hêrera, liobera*; auch in den Superlativ dringt der Vocal ein: *hêresto, heizesta*. — Bei N. ist *-isc* zu *-esc, -inn-* zu *-enn-* geworden: *irdesc, gutenno*; Br. § 63 A. 1.

Unter diesen Umständen hat man auch keinen Grund ein *e*, dem eine Silbe mit *i* oder *j* folgt, als Wirkung des Umlauts anzusehen (vgl. § 195). In der Endung *âri* tritt bei O. zuweilen *i*, öfters *e* ein: *scepheri, scâcheres, driageru, huarera*.

Im Partic. Präs. der sw.V. 1 braucht er immer, in den st.V. gewöhnlich *-enti*; in jenen ist das *e* durch das ursprünglich vorangehende *j* bewirkt (§ 264), in diesen eine Folge der Schwäche, die im Mhd. oft zu einer Unterdrückung des Vocales führt. Weder Umlaut noch Formübertragung darf man darin sehen; denn im flectierten Inf. tritt auch kein Umlaut ein und die beiden Conjugationen bleiben geschieden, für die sw.V. gilt *-enne*, für die starken *-anne*.

Anm. 1. Die Form der Stammsilbe ist für die Entwickelung des *e* nicht ganz gleichgültig. *-en* für *-an* findet sich bei O. nur nach *g* und fast nur nach einem *g*, welchem vorangehende hohe Vocale (*ei, e*) palatale Aussprache sichern.

Anm. 2. Für Lehnwörter aus dem Lateinischen oder Frühromanischen stellt Möller, Zur ahd. Allitterationspoesie S. 142 f. die Regel auf, dass in ihnen (nachgotisch) mittlere lange Silbe verkürzt sei, wo sie nach germanischem Accentgesetz weder den Hochton noch den Nebenton behalte; z. B. *monēta* ahd. *munizza*, *catēna* ahd. *chétina* u. a., aber *christiáni*, *christáni* l. *christianus*. Nach derselben Regel sei auch in der aus dem lateinischen entlehnten Endung *-ári* das *á* bald verkürzt bald erhalten; ahd. *fandri, spëhári, bëtári, snitári*, aber *munizzári, mulinári, chellári, toufári, lërári* u. a.

B. Die Ableitungssilben im Mhd. und Nhd.

304. Im Spät-Ahd. greift die Abschwächung der Vocale weiter um sich, wenngleich nicht so weit wie in den Flexionen. In manchen Ableitungssilben behauptet sich der alte Vocal, in andern ist er zwar der Veränderung unterworfen, wird aber schliesslich nicht zu *e* sondern zu *i* oder *a*.

a. Die Form der erhaltenen Vocale.

1. *e* gewinnt früh allgemeine Geltung in den Nominibus mit *l, r, n*-Suffix; alle kurzen Vocale, die wir hier im Ahd. finden, sind im Mhd. zu *e* geworden; z. B. in *adal, sluzzil, ubil; ackar, suëhur, keisor, bittar; zeihhan, bekin, eigan*; ebenso gilt *e* im Infinitiv und im Part. Prät. der st. V.

Comparativ und Superlativ gehen im Mhd. regelmässig auf *-er, -est* aus; doch finden sich daneben noch, zumal in der unflectierten Form, *-ist* und *-ost*; ersteres, abgesehen von solchen Quellen, in denen *i* überhaupt für das reducierte *e* beliebt ist (§ 269), namentlich bei Baiern und Österreichern, letzteres bei

§ 304.] Vocale der Ableitungssilben im Mhd. und Nhd. 279

den Alemannen. Whd. § 313. In dem Subst. *Obriste* = Oberst hat sich die Endung am längsten erhalten.

Im Prät. der sw. V. unterscheidet das Ahd. noch deutlich die drei Conjugationen: *-ita, -ôta, -êta* (g. *-aida*); doch verrät sich die Schwäche des Mittelvocales schon früh in dem nicht eben seltenen Übergang von *ê* in *a*: *êrata, bisorgata, frâgata*; Br. § 368 A. Benrath S. 41 f. (Dagegen nur vereinzelt *u* für *ô*. Br. § 366 A. 1.) Bei Notker haben die sw. V. 3 schon regelmässig *ĕ*, die sw. V. 2 *ô* oder *ŏ* aber auch *ĕ*; Kelle a. O. S. 258—260. Im Mhd. ist *ĕ* für alle die herrschende Form, obschon auch *o* nicht grade selten ist, bes. im unflectierten Part. Whd. § 381.

Im Part. Präs. gilt schon im Ahd. nicht nur für die sw. V. 1 sondern auch für die st. V. oft die Endung *-enti* (§ 303); im Mhd. ist *-ende* die regelmässige Form auch für die sw. V. 2. und 3. (ahd. *-ônti, -ênti*); ebenso in Substantiven wie *jugunt, dûsunt, âbant*. Doch findet sich zuweilen auch noch *-ande*, und häufiger bis in späte Zeit *-unde*. Whd. § 373. 401. — Besonders hält sich der Vocal in einigen substantivierten Participien, weil hier die Ableitungssilbe dem Druck einer folgenden Flexion weniger ausgesetzt ist: ahd. *waltant, scepfant, hëlfant, wigant, heilant*. Br. § 236. Whd. § 465. *Heiland* besteht noch jetzt, *Wiegand* oder *Weigand* als häufiger Familienname. (*fîant* wird im Mhd. zu *vîent* und daneben tritt von den Cas. obl. ausgehend *vînt*, nhd. *Feind*. In *friunt* ist schon im Ahd. der Stammvocal mit dem Vocal der Endung zum Diphthongen verschmolzen).

-âri erscheint im Mhd. wie im Ahd. in doppelter Form: *ære* und *ere*, nhd. *-er: jegere* Jäger, *schuolære* Schüler, *gartenære* Gärtner (vgl. § 303 A. 2). — *in* behauptet im Mhd. gewöhnlich sein *î*, daneben aber kommt auch *en* vor, das vermutlich eine alte Nebenform *-in* voraussetzt, und dies dringt durch; z. B. *irdîn irden, steinîn steinen, guldîn gülden*. Whd. § 274. — Einige andere, weniger verbreitete Endungen, die ihren Vocal in *e* übergehen lassen, will ich nicht anführen; vgl. § 310.

305. 2. *i* ist im Nhd. die herrschende Form des un-

betonten Vocales geworden vor den palatalen Consonanten *g*, *ch*, *sch*; vgl. § 307. — Nhd. *-isch* ahd. *-isc* erscheint bei N. als *esc*; z. B. *irdesc*, im Mhd. bald als *-isch*, bald als *-esch*; Whd. § 278. — Die Adjectiva auf ahd. *-ag*, *-ig* gehen im Mhd. unterschiedslos auf *-ec* oder *-ic* aus; jetzt allgemein auf *-ig*; es heisst nicht nur *flüchtig, kreftig, seelig* = ahd. *fluhtig, kreftig, sâlic*, sondern auch *heilig, wenig, nötig, mannich-* = ahd. *heilag, wênag, nôtag, manag*. Vgl. ferner ahd. *botah*, mhd. *botech Bottich*, ahd. *ratich*, mhd. *retech Rettig*; ahd. *kranuh*, mhd. *kraneh Kranich*; ahd. *dornahi Dornicht*; mhd. *eckeht*, *-oht eckig*; *tôreht thöricht*.

306. 3. Einige Wörter haben *a* angenommen. — Ahd. *-um*, *-am*, *-(a)mo* ist im Mhd. gewöhnlich zu *-em*, *-(e)me̜* geworden, im Nhd. zu *-en* oder auch *-em*; z. B. ahd. *bodum*, *-am*, *Boden*; ahd. *buosum*, *Busen*; ahd. *vadum*, *Faden*; ahd. *bës(a)mo*, *Besen*; ahd. *âtum*, *Atem*, *Odem*; ahd. *brâdam*, *Brodem*. Einzelne Wörter aber haben *-am* angenommen; Luther braucht *bosam* für Busen, und wir haben diese Endung in *Eidam*, anhd. *eidem*, ahd. *eidum*; *Brosamen*, mhd. *brose̜me*, ahd. *brosma, brosama*; vgl. auch die Fremdwörter *Balsam*, ahd. *balsamo*, mhd. *balsame, balseme*; *Bisam*, ahd. *bisame̜*, mhd. *bisem*. — Für die Ableitungssilbe *-sal*, die sich aus *-sl̜* entwickelt hat, bestehen die Doppelformen *-sel* und *-sâl*; z. B. *Füllsel*, *Trübsal*; s. Wortbg. — Das Adv. *weiland* ist aus einem adverbialen Dat. Pl. ahd. *wîlôm* (zu *wîla* Weile) hervorgegangen; mhd. *wîlent, wîlônt, wîlunt*. — Die Endung *-ôt*, *-ôti* behauptet ihren Vocal in *Kleinod*. *armôti* Armut geht schon im Ahd. unter Anlehnung an *muot* in *armuoti* über; nhd. *Einöde* (ahd. *einôdi*) verdankt seine Form der Anlehnung an *öde*; *a* gilt in *Heimat* und *Monat*. Über die Adjectiva auf *-bar* s. § 317.

307. 4. In manchen Ableitungssilben ist der ursprüngliche Vocal erhalten, namentlich *i*, das auch, wo es ursprünglich nicht berechtigt war, mit dem unbetonten *e* concurriert (§ 305): ahd. *scilling* Schilling, *hofeling* Höfling, *finstarnissi* Finsternis, auch in der Endung *-inn-*, wo N. *-enn* hat: *kuninginna* Königin. *u* behauptet sich in *-ung*, ahd. *uobunga* Übung.

Der lange Vocal hat sich wenigstens auf einem Teil des Sprachgebietes erhalten in *-tuom* (ursprünglich Subst. s. Wbg.), sonst nur in einzelnen Wörtern wie *Kleinod*, *Heimat*; meist ist er verkürzt und entartet (§ 306). Diphthongierung wird versucht in *-in, -lîch* (urspr. Subst.), *-lîn*, z. B. *eiserein, künegein, êrleich, vingerlein*; aber für *-în* wird *-ęn* die herrschende Form; in *-lîch* siegt die schon im Mhd. weit verbreitete Kürze (Whd. § 16); nur *-lein* ist zur Anerkennung gekommen, obschon Luther noch zwischen *-lin* und *-lein* schwankt und sich schliesslich für das erstere entscheidet; bis 1519 schreibt er gewöhnlich *-lein*, dann *-lin*; z. B. *pünktlin, megdelin, weiblin*. Franke § 30. Das andere Deminutivsuffix *-kin* ist zu *-chen* geworden.

Diphthonge sind schon im Ahd. selten; erhalten in *Arbeit, Oheim, Ameise* und in *-heit, -keit* (urspr. Subst. s. Wbg.); aufgegeben in *Erbse*, ahd. *araweiz* oder *arwîz*, mhd. *areweiz, erweiz, erwîz*.

308. b. Synkope.

Auch die Synkope bleibt den Ableitungssilben nicht erspart. In den Mittelsilben, also in flectierten Formen abgeleiteter Wörter, tritt sie zuerst auf, breitet sich dann aber auf die unflectierten Formen aus. Durch Ausgleich wird die Lautentwickelung vielfach gehemmt und gestört, so dass der Unterschied zwischen flectierten und unflectierten Formen je länger um so weniger hervortritt.

Im übrigen sind die Factoren, welche die Bewegung regeln, dieselben, die wir schon bei der Synkope der Flexionen kennen gelernt haben. Im Ahd. beschränkt sie sich noch auf ursprünglich kurze Vocale in offner Silbe, im Mhd., als die Verkürzung weiter um sich gegriffen hatte, verfallen ihr auch Vocale, die ursprünglich lang waren oder durch eine Consonantverbindung gedeckt sind. Im Ahd. setzt die Synkope voraus, dass die Stammsilbe lang ist (§ 309 A.), im Mhd. tritt sie am leichtesten nach kurzen Stammsilben auf Liquida und Nasal ein (§ 273, 2. 3). Endlich wird die Synkope fester, wo die umgebenden Consonanten sich zur Silbeneinheit verbinden, als wo dies nicht der Fall ist (§ 273, 3). Die nhd. Schriftsprache in ihrem Streben nach grammatischer Correctheit ist der Synkope abhold und hat, wo die Bildung deutlich war, vielfach den Vocal wieder hergestellt; besonders meidet sie Formen, in denen durch die Synkope der Auslaut des Stammes mit dem Consonanten der Endung unterschiedslos zusammenfallen würde (§ 273, 3).

Indem ich mich nun zur Betrachtung des einzelnen wende, ordne ich die Ableitungssilben nach ihrem auslautenden Consonanten, weil es von diesem wesentlich abhängt, ob die Synkope in der Sprache fest geworden ist oder nicht.

309. 1. Den geringsten Widerstand leisten die Endungen *t, d, st, sc*.

Schon im Ahd. erleiden die sw.V. 1 mit langer Stammsilbe im Prät. und den flectierten Formen des Partic. Prät. regelmässig Synkope des Mittelvocales, jedoch nicht in allen Denkmälern (vgl. Fl.); z. B. *hôren hôrta, uoben uobta, decken dacta, senten santa* etc. aber *neren nerita, legen legita*. Im Mhd. dehnt sich die Synkope auch auf die kurzstämmigen und die sw. V. 2. und 3. aus, die im Ahd. noch *ô* und *ê* haben (§ 304, 1). Es heisst also jetzt nicht nur *hôrte, uopte, dahte, sande* sondern auch *weinde*, ahd. *weinôta; diende*, ahd. *dienôta; trûrte*, ahd. *trûrêta; frâgete*, ahd. *frâgêta* etc., ebenso *spilẹte, gẹrẹte, senẹte, schamẹte, lẹbẹte, schadẹte, sagẹte* (seite § 81) etc. In den Gedichten Walthers sind solche Formen stets auf einen Fuss beschränkt und nie oder fast nie kommt es vor, dass durch Elision des auslautenden *e* die Mittelsilbe die Senkung füllt, also Betonungen wie *frâgẹtẹ in, spilete ich*. Anderseits aber ist zu bemerken, dass er im allgemeinen solche Präterita auch nicht als klingende Reime braucht. Nur Präterita mit Rückumlaut *a* finden sich, wie *erkande : pfande, schankte : trankte*, also Formen über deren Zweisilbigkeit schon im Ahd. kein Zweifel ist, nicht solche wie *lẹbete : strẹ̄bẹte, schadete : ladẹte, frâgẹte : lâgẹte*, nicht einmal bei kurzen Stämmen auf Liquida oder Nasal, wie *gẹr'ten : wẹr'ten*. Der Mittelvocal war also gewiss noch nicht vollständig verklungen. — Die flectierten Formen des Part. Prät. werden ebenso behandelt.

§ 310. 311.] Ableitungssilben im Mhd. und Nhd. — Synkope. 283

In den unflectierten Formen des Part. Prät. ist die Synkope beschränkter. Bei den langstämmigen sw.V. 1 dringt sie durch Formübertragung aus den flectierten in die unflectierten Formen, z. B. *gevalt* zu *vellen*, *erkant* zu *kennen*, *verspart* zu *sperren*; doch bestehen daneben die alten unsynkopierten Formen. Whd. § 391. 392. Im übrigen schwindet das *e* ähnlich wie in der 3 Sg. Präs. namentlich in den kurzstämmigen auf Liquida und Nasal, z. B. *gedolt, gespilt, gemant, erwelt, gezelt* etc. Whd. § 389. 390; dagegen: *gelônet, gemachet, getrûret* etc. — Über das Nhd. s. § 282 f.

Anm. Das Prät. der sw. V. 1. und der Vocal in der Compositionsfuge (§ 319) sind es vor allem, welche zeigen, dass wie in den andern westgermanischen Sprachen auch im Ahd. die Neigung bestand, nach langer Stammsilbe den unbetonten Vocal zu unterdrücken. Sonst ist sie im Ahd. wenig zur Geltung gekommen; vgl. § 257. 314. Gewöhnlich nimmt man ein westgermanisches Synkopierungsgesetz an, durch welches nach langer Stammsilbe die kurzen Vocale unbetonter offner Mittelsilben überhaupt beseitigt seien. Sievers PBb. 5, 99 f. Paul PBb. 6, 151 f. 12, 552. Kluge, Grdr. § 32. Jellinek S. 28.

310. In der Endung *-ida*, wo das *i* stets in der Mittelsilbe steht, braucht schon N. synkopierte Formen; neben *tiureda* steht *sâlda, urteilda, zierda*. Br. § 66 A. 2. Walther reimt *bilde* (ahd. *bilidi*) : *wilde*. Dagegen sagt er *houbet*, weil hier keine andere unbetonte Silbe folgt. *dienest* behauptet sein *e* in der unflectierten Form, in *dienstes, dienste* wird das *e* unterdrückt. Jetzt ist in den nominalen Ableitungen vor *d, t, s, st* überall der Vocal verschwunden; vgl. ahd. *hemidi* Hemde, *fremidi* fremd, *kebisa* Kebse, *magad* Magd, *voget* Vogt, *helid* Held, *hehhit* Hecht, *houbit* Haupt, *nackot* nackt, *felis* Fels, *ackus* Axt, *obaz* Obst, *hiruz* Hirsch, *herbist* Herbst, *dionost* Dienst, *angust* Angst. Ebenso in den Verbis auf ahd. *-azzen, -ezzen, -izzen* (g. **atjan*) und *-isôn*; z. B. *schluchzen*, ahd. **sluchazzen; herrschen*, ahd. *hêrisôn*.

311. In den Superlativen kommt der alte Unterschied zwischen *-ist* und *-ost* früh ins Schwanken (§ 302 c); Synkope tritt im Mhd. namentlich nach kurzer Stammsilbe auf Liquida oder Nasal ein, aber auch anderwärts. So braucht Walther

hœhste, êrste, tiurste, schœnste. Besonders sind die Superlative *beste, græste, leste* hervorzuheben, in denen das stammauslautende *z* mit *s* zusammengefallen ist, indem die Consonantenhäufung zur Unterdrückung des in dem *z* enthaltenen *t*-Lautes führte (§ 158). — Im Nhd. wird der Vocal ähnlich behandelt wie in der 2. Sg. Präs. Nach dentalen Lauten, wo harte Consonantverbindungen durch die Synkope entstehen oder der Stammauslaut verschwinden würde, meidet man sie: *süsseste, leiseste, mildeste, sanfteste, dreisteste, schwärzeste, rascheste*; nur *beste* ist notwendig und *grösste* hält sich, obwohl von ängstlichen Leuten gemieden, neben *grösseste*. Wenn der Stamm auf andere Consonanten ausgeht, ist Synkope die Regel: *kleinste, jüngste, höchste* etc. Nach vocalischem Auslaut schwankt der Gebrauch: *freieste, genaueste, froheste.* — Abgeleitete Adjectiva erfahren durchaus Synkope; vgl. *sachteste* aber *törichtste, blindeste* aber *blendendste, härteste* aber *verhärtetste*. Bedenken machen nur die Adj. auf *-isch*. Hier treten die beiden bezeichneten Richtungen in Widerstreit: die Neigung, drei auf einander folgende unbetonte Silben zu vermeiden, mit der andern, die Consonanten des Stammes und der Endung unversehrt zu erhalten; *närrischeste* ist uns ungeläufig, *närrischste* unbequem, *närrischte* wider das grammatische Gewissen wenigstens unserer Zeit. Orth. S. 56.

312. Die Adj. auf *-isch* neigen im Mhd. stark zur Synkope. Wenn die Worte durch die Flexion dreisilbig werden, unterdrückt Walther stets das *e*: *hêrschen, heimschen, tiuschiu* (ahd. *diutisciu*), *welschen*; in andern Fällen tritt der Vocal hervor: *rœmesch, himeléschen*. Die nhd. Schriftsprache hat die verkürzten Formen nur in einigen Wörtern angenommen, deren Abstammung nicht mehr lebendig ist: *hübsch* (neben *höfisch*) zu *Hof*; *deutsch*, ahd. *diutisc*; *welsch*, ahd. *welhisc*; *Mensch*, ahd. *mennisco*; PBb. 6, 138. Ferner gilt Synkope in den von modernen Personennamen gebildeten Adjectiven: *Hofmannsche, Uhlandsche* etc.; s. Wortbg.

313. 2. Synkope vor Gaumenlauten.

Die Endung *-ig* verliert im Mhd. ihren Vocal besonders in *künęc*, ahd. *kuning*; der häufige proklitische Gebrauch vor

§ 313. 314.] Ableitungssilben im Mhd. und Nhd. — Synkope. 285

Eigennamen bewirkt hier die Verstümmlung ähnlich wie bei *herre* und *frouwe* § 290 a. 294 c. Die nhd. Schriftsprache erkennt die Synkope nur in *manch* an (ahd. *manag*, mhd. *manec*); daneben aber *mannig-fach, -faltig*. In der lebendigen Rede wird -*ig* vor folgender Flexion sehr häufig reduciert; an die Stelle von *ig* tritt ein consonantisches *j* (§ 75), besonders nach stimmhaftem Stammauslaut, welcher die stimmhafte Aussprache des *j* nicht alteriert. In Wörtern wie *seligen, heiligen, ewigen, blumigen, kündigen, grausigen, staubige* fällt die Reduction leichter als in *gütige, spitzige, schuppige*. Bekanntlich brauchen auch die Dichter die verkürzte Form gern.

-*ich* verliert seinen Vocal vor folgender Ableitungssilbe: *Bottich* aber *Böttcher* (*Bötticher*). — Aus dem alten Deminutivsuffix -*icho* ist durch Erweiterung -*ichîn*, nhd. -*chen* entstanden; md. *hûsichen, beinichen*, nhd. *Häuschen, Beinchen*. — In auslautender Silbe ist der Vocal nach *l* verschwunden in *Milch*, ahd. *miluh*, g. *miluks*; *kelch*, ahd. *kelih*, l. *calix*.

314. 3. Synkope vor Nasalen und Liquiden.

Wo im Ahd. ableitende *l, r, n* sich vocallos unmittelbar an consonantisch auslautende Stämme schliessen, liegen meist alte aus germanischer Zeit stammende Verbindungen vor, welche durch die Entwickelung des Hilfsvocals noch nicht aufgelöst sind (§ 300). Nur selten zeigen alte Denkmäler die jüngere Synkope, am verbreitetsten ist sie in *hêrro* und in *ander g. anþar*; Br. § 65 A. 3. § 261. A. 3. Später greift sie weiter um sich; N. braucht schon den Compar. *êrro = êriro* und Participialformen wie *gebornes, erfarnêr, gemalnemo, forsëwniu* (zu *sehen*). Br. § 266 A. 4. § 66. A. 2. Im Mhd. ist sie ganz geläufig nach kurzen Silben auf Liquida oder Nasal, besonders in den flectierten Formen des Part. Prät. und des Infinitivs, *ze hëlne, ze bërne* u. dgl. Auch in der Endung -*ari* wird der Vocal zuweilen unterdrückt, ahd. *vanari*, mhd. *venre* Fähndrich, und sehr oft zugleich mit dem folgenden *n* im Part. Präs., z. B. *spilde, werde, sende, schamde* etc. Auch synkopierte Compar. und Part. Präs. mit langer Stammsilbe fehlen nicht; z. B. *swærre, tiurre, diende = dienende, brinnde = brinnende*; die Übereinstimmung zwischen dem Auslaut des

Stammes und dem Consonanten der Endung begünstigt die Unterdrückung des Vocales. Whd. § 313. 373. 401.

315. Im Nhd. kann die Endung *-end* ihren Vocal nicht verlieren; *-el, -er, -en, -em* werden verschieden behandelt.

Vor vocalisch anlautender Ableitungssilbe schwindet der Vocal in *-en, -em*; in *-el, -er* haftet er besser, bes. wenn eine einfache Ableitung auf *-el, -er* zur Seite steht; z. B. *Redner, Gärtner, regnicht, Atmung*; *Sammlung* od. *Sammelung* neben *sammeln, Vöglein* od. *Vögelein* neben *Vogel, Jüngling, Stücklein* (mhd. *jungelinc, stuckelîn*); *Verbesserer* od. *Verbessrer, trügerisch, Bürgerin* etc.

Die Unterdrückung des *e* vor Flexionen hängt davon ab, ob die Flexion ihren Vocal behauptet. Hat die Flexionssilbe einen Vocal, so kann die Ableitung den ihrigen verlieren; ist der Vocal der Flexion geschwunden, so muss der Vocal der Ableitung erhalten bleiben; vgl. § 280, 2.

a. Die Verba auf *-en -em* pflegen in allen Formen den Vocal der Ableitungssilbe aufzugeben: *segne, segnest, segnet, segnen*; *atme, atmest, atmet* etc. Die auf *-el* und *-er* missen ihn nur, wenn die Flexionsendung ein einfaches *-e* ist: *wandle, wandre*; in allen andern Fällen giebt die Flexion ihren Vocal auf: *wandelt, wandelst, wandeln, wandert*; vgl. § 283.

b. Beim Substantivum behalten die Ableitungssilben ihren Vocal immer, denn hier hat ihn die Flexion überall verloren: *Hebel, Hebels, Hebeln*; *Atem, Atems*; *Feuer, Feuers*; *Busen, Busens* etc. Vgl. § 291.

c. Die Adjectiva pflegen den Vocal der Flexion zu bewahren infolge dessen kann der Vocal der Ableitungssilbe stets unterdrückt werden: *dunkler, dunkles, dunklem, dunkle*; entsprechend die Formen von *heiter, eigen*; aber auch *dunkeler, heitere* etc. Nur bei den Adjectivis, deren Stamm auf einen Diphthongen ausgeht z. B. *sauer, teuer, ungeheuer*, finden die Formen ohne *e* entschiedenen Vorzug; hier behaupten sich alte Bildungen (§ 301). — Von den Flexionssilben eignet sich nur noch *-en* zur Synkope nach *-el* und *-er*; *edeln, heitern* gilt neben *edelen, heiteren* und *edlen, heitren*; aber *heiterm* für *heitrem* od. *heiterem* ist nicht mehr üblich, noch weniger *heiters* für *heiteres*. — Differenziert sind *anders* Adv. und *anderes* Adj.; vgl. § 286. Auch das aus *-in* geschwächte *-en* verliert sein *e*, wenn ableitendes *-er* vorausgeht: *ehern* mhd. *ĕrîn, silbern* mhd. *silberîn.*

Anm. Über die Synkope in den zweisilbigen Flexionsendungen *-eme, -ere* s. § 277.

Drittes Kapitel.
Abschwächung des zweiten Compositionsgliedes.

316. Stammsilben behaupten im allgemeinen ihre Laute, auch wo sie als zweite minder betonte Bestandteile eines Compositums dienen. Das gilt besonders auch von den Stämmen, die durch häufigen Gebrauch ganz den Charakter von Ableitungssilben angenommen haben, also von *heit, schaft, tuom* in Substantantiven, *sam* und *haft* in Adjectiven, nur *lîch* ist allgemein der Verkürzung unterlegen und *bære* in *bar* gewandelt (§ 317). Aber in mehreren Wörtern ist mit dem Bewusstsein der Zusammensetzung auch die echte Lautform aufgegeben; die Vocale haben ähnliche Schwächungen erlitten wie in den Ableitungssilben, oft haben auch die Consonanten nicht Stand gehalten und selbst die ersten hochbetonten Stammsilben sind in den etymologisch undurchsichtigen Bildungen nicht immer unverändert geblieben.

Schon im Ahd. begegnet neben *urloub*: *urlub, urlob*, neben *folleist, folleisten* oft *follust follist, follisten* Br. § 63. A. 2. Aus *wëralt* wird unter dem Einfluss von *lt wërolt*, wie auch *infolt* für *einfalt* vorkommt und für ahd. *hagustalt* as. *hagustold*, mhd. *hagestolt* und durch Entstellung *hagestolz* eintritt. — Ahd. *zurdel* impatiens erklärt Kluge, Grdr. S. 342 aus germ. **tus-polaz*. — In *wëlih, solih* (vgl. g. *hileiks, swaleiks*) tritt für *ch* = germ. *k* der Hauchlaut *h* ein: *wëlihêr solihêr*, dann mit Schwund des *h* alem. *wëlêr, solêr*, oder mit Unterdrückung des Mittelvocales *wëlh, solh.* Br. § 292 A. 1. — Neben *lîchamo* d. i. *lîk-hamo* kommt *lîhmo* vor. — Für *niowiht, niewiht* (= *ni ëo wiht*) braucht N. schon *nieht*; ebenso ist ein anlautendes *w* aufgegeben in *ërachar* = **air-wakr*;

vgl. § 117. 335. ahd. *kataro* will Kluge aus *kad-haro (*haro* = *haso* Hase) deuten. — Stärkeren Lautverlust zeigen ahd. *hiuto, hiuro* aus *hiu tagu, *hiu jâru (Kluge PBb. 12, 376), denen sich ahd. *hi-naht, hînet*, mhd. *hînt*, nhd. *heint* anschliesst. Die ärgste Verstümmelung erfährt das Adv. *eckorodo* bis zum mhd. *et, ot.* Über ahd. *impitôn, impfitôn, impfôn* s. Kluge, e. Wb.

317. Andere Kürzungen kommen später hinzu. Manche Composita sind zu einsilbigen Wörtern zusammengeschrumpft: ahd. *zwelif*, mhd. *zwelif, zwelf*; ahd. *einlif*, mhd. *einlif, eilif, eilf*; ahd. *wërolt*, mhd. *wërelt* Welt; mhd. *ieze, jetzt*; ahd. mhd. *ôheim*, nhd. *Oheim, Ohm*; vgl. auch *Drilch, Zwilch*, mhd. *drilih, zwilih*, Nachbildungen von l. *trilex, bilex*; echt = *êhaft* § 98.

Die meisten haben äusserlich die Form abgeleiteter Wörter angenommen: *Adler*, mhd. *adel-ar, adlar, adler*; *bieder*, mhd. *biderbe*; *Eimer*, ahd. *einbar*, mhd. *einber, eimber, ember, eimer, emmer*; *immer* ahd. *iomêr*, mhd. *iemer, imer, immer*; *Jungfer* mhd. *juncfrouwe, jumphrouwe*, ndrh. *junffer, jonffer*; *Junker*, mhd. *juncherre*; *Kiefer*, vermutlich aus *Kienföhre*, mhd. *kienforhe*; *Messer*, ahd. *mezziras, mezzirahs, mazsahs, mezzisahs* d. i. Speiseschwert; *Schuster*, mhd. *schuohsûtære, schuchster, schuoster*; *Wimper*, mhd. *wintbrâ, winbrâ, wimbrâ, wimbraue*; *Zuber*, ahd. *zubar* = *zui-bar*, mhd. *zûber, zwuber, zuober, zober*. — Auf *-el* gehen aus: *Urtel, Drittel, Viertel* etc., Composita mit Teil; *Hampfel* = *hantvoll*. — *seltsam*, ahd. *seltsâni* (*sâni* < *sêȥuni-*, participiale Bildung zu *sëhan*, Franck AfdA. 13, 216 Anm.) hat sich den Adj. auf *-sam* angeschlossen. Vgl. ferner *Grummet*, mhd. *gruonmât*; *Krammetsvogel*, mhd. *kranewitvogel*; *Wildbret* aus *wiltbrât, wiltbræte*. Auch das etymologisch undeutliche *Hexe*, ahd. *hagazussa, hagzissa* mag hier erwähnt werden.

a als Vocal der unbetonten Silbe gilt in *Nachbar*, mhd. *nâchbûre*; *Bräutigam*, mhd. *briutegome*; und namentlich in den Adjectiven auf *-bar*, ahd. *-bâri*, mhd. *-bære* aber auch *-ber* (Whd. § 296); z. B. *dankbære, ahtbære, sunderbære*.

Einfache Verkürzung, wie in -*lich*, ist in Eigennamen auf -*rich* eingetreten: *Heinrich, Dietrich* u. a.

Anm. Als Beispiele für die Entstellung des ersten Bestandteils seien noch angeführt: *Bofist* = *Bubenfist, Hambutte* = *Hagebutte, Hellebarte* – mhd. *hëlmbarte, Bistum*, ahd. *biscętuom, biscoftuom*. — Über die Assimilationen von *un-, ent-* s. § 109. Im allgemeinen s. über die Änderungen im Compositum Paul, PBb. 7, 122 A. Bremer eb. 11, 30.

Der Vocal in der Compositionsfuge.

318. In den echten Compositis, d. h. in Compositis, deren erster Bestandteil ein unflectiertes Nomen ist (vgl. nhd. *Landmann* : *Landsmann*), zeigt die ältere Sprache in der Compositionsfuge in der Regel einen Vocal. Ursprünglich war dieser Vocal nichts anderes als der Stammauslaut des ersten Bestandteils, kam also nur vocalischen Stämmen zu; aber schon in vor- und urgermanischer Zeit ist dies Verhältnis zwischen dem Compositionsvocal und der reinen Stammform vielfach getrübt. Besonders ist zu bemerken, dass die *ô*- und *n*-Stämme dieselbe Form wie die *a*-Stämme angenommen haben und dass diese häufigste Form auch auf consonantische Stämme übertragen wird. Lange Vocale finden wir nirgends.

Im Gotischen begegnen *a, i, u, ja*.

a zeigen 1. *a*-Stämme (M. und N.); z. B. *aiƕatundi* Dornstrauch, *daurawards* Thorhüter, *figgragulþs* Ring. 2. *n*-Stämme (M. und N.) *gumakunds* männlich, *augadaurô* Fenster. 3. *ô*-Stämme: *airþakunds* irdisch, *ƕeilaƕairbs* der Zeit sich fügend. 4. Einige consonantische Stämme: *nahtamats* Nachtmahl, *aizasmiþa* Erzschmied, *brôþralubô* Bruderliebe (daneben *brôþrulubô* Brgm. II S. 70), *manasêþs* Welt, *manamaurþrja* Mörder.

ja die kurzsilbigen *ja*-Stämme: *vadjabôkôs* Unterpfand, *lubjaleis* giftkundig.

i die *i*-Stämme und die lang- oder mehrsilbigen *ja*-Stämme. a. *matibalgs* Speisetasche, *aurtigards* Krautgarten. b. *andilaus* endlos, *aglaitiwaurdei* unschickliche Rede, *arbinumja* Erbe.

u die *u*-Stämme: *fôtubaurd* Fussschemel, *faihugairns* schatzgierig, *handuwaurhts* mit der Hand gemacht.

Nur selten fehlt jeder Bindevocal. Einigemal bei consonantischen Stämmen: *manleika* Bild, *sigislaun* Siegeslohn; bei *i*-Stämmen: *brûpfaþs* Bräutigam, *þuthaurn* Posaune; bei *a*-Stämmen: *gudhûs* Tempel, *guþblôstreis* Gottesverehrer (aber *guda-faurhts, -laus, gupa-skaunei*), *weindrugkja* Weintrinker (aber *weinabasi, -gards-, tains, -triu*), *piudangardi* Königreich; vgl. *armahairts* barmherzig, aber *hauhhairts* hochherzig; *lausawaurds* geschwätzig, aber *lausqiþrs* mit leerem Magen; *ainabaur* der Eingeborne, *ainamunds* einmütig, aber *ainfalþs* einfältig. — Woher diese Verschiedenheit stammt, ist noch nicht hinreichend aufgehellt; vermutlich hängt sie mit der Betonung zusammen; s. Kluge, KZ. 26, 81. Brgm. II § 40. S. 66; vgl. auch Kremer, PBb. 8, 371—460.

Anm. In den ersten Jahrhunderten unserer Zeitrechnung finden wir statt *a* noch das alte idg. *o* in der Compositionsfuge; z. B. *Marcomanni, Langobardi, Inguiomerus*. Gr. 2, 412. 414. 417. Kluge, Grdr. § 26.

319. Die Quantität und der Umfang der Stammsilbe hat im Gotischen nur bei den *ja*-Stämmen Einfluss auf den Bindevocal, ähnlich wie in der Flexion (§ 129). Von durchschlagender Bedeutung wird dieses Moment im Ahd. Der Zustand, welchem die Sprache zustrebt, ist: Erhaltung des unbetonten Vocales nach kurzem Stamm, Unterdrückung nach langen und mehrsilbigen Stämmen (vgl. § 257). Eine gründliche und zusammenfassende Behandlung des Materials fehlt noch. Otfrieds Sprache zeigt ziemlich regelmässige Verhältnisse. So heisst es bei ihm einerseits *dagafrist, gotewuoto*; *botascaf, rëbekunni* Rebengewächs; *bëtahûs; duriwart; hugulust* Gesinnung u. a.; anderseits: *skalkslahta, wintwanta* Wurfschaufel, *kornhûs, lantliut; ërdbiba, firndât* Übelthat, *sprâchhûs; brûtlouft, nôtdurft; fuazfallôn* etc.; ferner: *himilrîchi, magadburt* jungfräuliche Geburt, *thëgankind, thionostman, wazzarfaz* etc. Nur die substantivischen *ja*-Stämme behalten auch nach langer Stammsilbe regelmässig den Bindevocal, so dass grade die Stämme, die im Got. je nach ihrer Quantität verschieden behandelt werden, im Ahd. in gleicher Form erscheinen. Es heisst nicht nur *herizoho* Herzog, *redihaft* verständig, *elilenti* Fremde; sondern auch *bettiriso* der Gichtbrüchige, *hellipina, wunnisam,* wo die Stammsilbe erst durch Einfluss des *j* lang geworden ist (§ 138) und *richiduom, endidago* jüngster Tag, *kerzistal* Leuchter, wo sie von Hause aus lang war. Sievers, PBb. 12, 489.

320. Composita, die sich der Regel nicht fügen, sind bei O. zwar nicht selten, aber bei weitem die meisten sind nur scheinbare Ausnahmen.

1. Ein Vocal nach langer Stammsilbe steht in den verallgemeinernden Wörtern auf *-lîh*: *mannolîh* jeder Mann, *leidalîh* jedes Leid, *guatilîh* alles Gute, *friuntilîh* jeder Freund, *guatigilîh, mannogilîh, leidogilîh, wortogilîh* jedes Wort. Es sind nicht echte Composita, sondern Genitivverbindungen (vgl. *leidalîh* jedes Leid, aber *leidlîh* jammervoll); als unregelmässige Bildung erscheint nur *armalîh* erbärmlich. — Aus dem Einfluss unechter Composition oder syntaktischer Verbindungen erklärt sich auch der Vocal in den Adj. auf *-lôs*. Im Gotischen haben wir die echten Composita *akrana-, andi-, guda-, vitôda-laus*; aber *lôs* konnte auch mit einem vorangehenden Genitiv verbunden werden; z. B. Hildebrandsl. 22 *arbeo laosa,* Heliand *ferhes, libes, liohtes, gisiunes, giwâdies, wammes lôs, sundiono lôs; sundea, barno lôs*. Und solche Verbindungen bewirkten dann die Erhaltung des Bindevocales auch in der Composition. So braucht O. nicht nur *suntilôs* zu *suntịō-,* sondern auch *goumilôs* achtlos, *drôstolôs* trostlos. Andere zahlreiche Beispiele aus dem Ahd. und Mhd. in Graff 2, 268 f. Mhd. Wb. 1, 1034. — Als Genitivverbindung kann man auch *brûtigomo* ansehen (Brgm. II § 44. S. 74) und *nôtigistallo* Notgefährte. Auffallender ist *thiarnuduam* Jungfrauschaft, und *êragrehti* Gnade, wofür man, wenn die geläufige Erklärung richtig ist, in O.'s Sprache *êr-girihti* erwarten sollte. — *arnogizît* Ernte lehnt sich an das Verbum *arnôn* ernten (vgl. Brgm. II, § 41 S. 71).

2. Die substantivischen *ja-* und *jô*-Stämme zeigen regelmässig Vocal in der Compositionsfuge, ebenso der Adjectivstamm *alja-* (*eli-lenti*) und (bei O. nicht belegt) *midja-*: *mittigart, mittivërhî* Lebensmitte, *mittinaht* Mitternacht u. a; ferner

rîchiduam, *hêriduam* Ansehn. Dagegen andere Adjectiva, die in ihrer unflectierten Form auf *i* ausgehen, zeigen keinen Compositionsvocal; so braucht O. *blîdi* : *blîdlîh*, *hôni* : *hônlîh*, *suâri* od. *suâr* : *suârlîh*, *suazi* : *suazlîh*, *wîsi* : *wîslîh*, *wîsduam*, *gizâmi* : *gizâmlîh*, *festi* : *fastmuati*, *gimeini* : *gimeinmuati*, *wuasti* : *wuastwaldi*. Der Grund für diese abweichende Behandlung der Adjectiva auf *i* muss in ihrer Stammbildung liegen; s. Wortbildung. — Für *gundfano* Kriegsfahne wird neben *gundia* Kampf ein Subst. *gund* anzunehmen sein; und *suntlîh* sündhaft weist vermutlich auf ein altes Adj. *sunt (vgl. l. *sons sontis*).

3. In *mankunni* Menschengeschlecht, *manslago*, *-slahta* Mörder, Mord, kann man Composition mit dem Stamme *mann-* annehmen; daneben *manohoubit* Leibeigner, wie im g. *manamaurþrja*, *manasêþs*. — Nach kurzer Stammsilbe fehlt der Bindevocal in *gotkundlîh* göttlich (neben *goteforahtal*, *-leido*, *-wuoto*) und in *gom-man*, wofür nirgends *goma-man* vorkommt.

Anm. 1. Unterdrückung des Vocales vor folgendem Vocal kann nicht auffallen; z. B. g. *hals-agga* Nacken zu *halsa-*, *all-andjô* völlig zu *alla-*, ahd. *wĕr-alt* u. a. Wo er dennoch erscheint, kann er nach der Analogie anderer Wörter hergestellt sein; so in g. *galiuga-apaustaulus*, ahd. *sigo-êra*, *sigi-êra* neben *sigêra*. Brgm. II, § 40. S. 67. AfdA. 16, 66. Vgl. auch § 333.

Anm. 2. In *eli-* = *alja-* hat *j* keine Verdoppelung hervorgerufen; vermutlich war es in Folge der Betonungsverhältnisse (vgl. § 246) verschwunden, ehe es diesen Einfluss zu üben begann. Sievers, PBb. 12, 489. Anders Streitberg eb. 14, 184.

321. Die Qualität des Bindevocales steht nicht mehr so fest wie im Gotischen. Am meisten ist *a* der Änderung ausgesetzt. Durch Assimilation tritt gelegentlich *o* dafür ein: *gotowebbi*, *manohoubit*, *lobosam*, *drôstolôs*; oder *i*: *gomilîh*, *sumilîh*, *armilîh*; *u* in *thiarnuduam*. Durch Schwächung wird es zu *e*: *goteforahtal*, *-leido*, *-wuoto*, *rĕbekunni*, *wĕgenest*, *wĕgerihti*. — Durch Anlehnung an *bëtôn* erklärt sich das *o* in *bëtoman*; ohne sichtlichen Grund steht es in *dagozît* (neben *dageszît*).

Für *u* erscheint einigemal *o*: *hugolusti*, *fridosamo*. *fëhewart* neben *fihuwiari* weist auf eine andere Art der Bildung.

Am besten hält sich *i*, doch zeigt sich im Ahd. bei den *jô*-Stämmen die Neigung sich an die selbständigen Substantiva anzulehnen und *a* für *i* anzunehmen (Brgm. II, § 40. A. 2. S. 68) z. B. *hellafiur, redahaft*, auch *gisellaskaf* (Tatian). Auf *a* mag auch O.'s *o* in *wunnosamo, suntolôso* zurückgehen.

Auch in den unechten Compositis auf *-lîh* schwankt der Vocal: *mannolîh* ist die regelmässige, *mannilîh* die häufigste Form, daneben auch *mannalîh*; ähnlich *leidalîh* neben *leidogilîh*; *guatalîh* neben *guatigilîh*, *friuntilîh* st. *friuntolîh*.

322. In der späteren Zeit lässt die Sprache ebenso wie in der Flexion den Vocal auch nach kurzer Stammsilbe fallen, namentlich nach Liquida und Nasal; z. B. *spërschaft, spilman, gewonheit*, aber auch nach andern; z. B. *botschaft, gotheit, taglôn* u. a. Überhaupt aber treten bestimmte Lautregeln je länger um so weniger hervor, weil die unechten Composita immer weitere Ausbreitung gewinnen und die lautgesetzliche Entwickelung der älteren Compositionsweise beeinträchtigen; s. Wbg.

Wo sich ein Vocal in der Compositionsfuge hält, ist er schon im Mhd. zu *e* geworden; doch zeigen merkwürdiger Weise im Nhd. zwei Wörter, *Bräutigam, Nachtigall* den Vocal *i*, der ihnen im Ahd. gebührte, obwohl im Mhd. *briutegome* und gewöhnlich auch *nahtegale̦* geschrieben wird. Das *i* wird in ihnen unter dem Einfluss des folgenden *g* entstanden sein. Behaghel, Grdr. § 52, 2.

Vorsilben.

323. Gewisse Partikeln haben im Hochdeutschen verschiedene Formen entwickelt, je nachdem sie mit einem Nomen oder Verbum zusammengesetzt sind. In der nominalen Composition nämlich tragen sie der allgemeinen Regel gemäss den Haupton (§ 344), vor dem Verbum dagegen stehen sie proklitisch und lassen in folge dessen ihre Vocale verkümmern. Das Gotische, obwohl wir eine dem Hd. entsprechende Betonung voraussetzen müssen, lässt den Partikeln im allgemeinen dieselbe Form im Nomen und Verbum; nur bei *anda-* tritt ein Unterschied hervor, indem im Verbalcompositum immer

and-, im Nomen *anda-* oder *and-* gebraucht wird. Es heisst *andniman* annehmen, aber *andanêms* angenehm, *andanumts* Annahme; *andsitan* schelten : *andasêts* verabscheuenswert · *andhaitan* bekennen : *andahait* Bekenntnis; *andbeitan* schelten · *andabeit* Tadel; *andhafjan* antworten : *andahafts* Antwort; *andwaurdjan* antworten : *andawaurdi* Antwort. Also während im Verbum der unbetonte Mittelvocal fehlt, haftet er in den entsprechenden Nominibus; der betontere Vocal der ersten Silbe aber steht überall fest. Anders im Hd. Bei mehreren Partikeln übt zwar die Verschiedenheit der Betonung keinen entscheidenden Einfluss (§ 329 Anm.); andere aber lassen in der proklitischen Stellung vorm Verbum ihre Laute verkümmern. Es sind dies namentlich die Partikeln, die als selbständige Wörter früh ausser Gebrauch kommen: g. *ga-*, *fra-*, *fair-*, *dis-*, *tuz-*, *us*, *and*, *at*; aber auch *in* und *furi*, die sich mit *and-* und *fra-*, *fair-* vermischen, und *bi*. Diese Wörtchen nehmen je nach Ort und Zeit verschiedene Gestalt an. Bald wird die Neigung überall *i* zu gebrauchen ziemlich allgemein, später tritt *e* an seine Stelle. O. setzt fast überall *i*, N. pflegt es nur noch in der Vorsilbe *in(t)-* zu gebrauchen, also vor Nasal, der auch sonst Verwandtschaft zu *i* zeigt (§ 269), seit dem Mhd. herrscht *e*. So haben sich die Vorsilben *be-*, *ent-*, *er-*, *ge-*, *ver-*, *zer-* ergeben; in manchen Wörtern haben sie ihren Vocal ganz verloren (§ 330).

Auch die betonten Formen sind zum Teil aus der Sprache verschwunden, nicht durch Lautentwickelung, sondern durch Um- und Neubildungen. Erhalten hat sich namentlich *ur* (= *er*), in einigen Wörtern auch *ant* (= *ent*); ausserdem solche, die als selbständige Wörter fortleben, also immer von neuem zur Composition gebraucht werden konnten.

Anm. 1. Ob die unterschiedslose Gleichheit, welche das Gotische in den Partikeln zeigt, ursprünglich ist, wird bezweifelt. Man nimmt an, dass die Verschiedenheit der Betonung schon in früherer Zeit Doppelformen erzeugt hatte, die im Got. wieder ausgeglichen sind (betontes *ga*, *za*, unbetontes *gi*, *zi* für **ke*, **de*; Kögel, Litbl. 1887. S. 109). In der Mannigfaltigkeit der ahd. Vocale könnten dann zum Teil alte Unterschiede fortleben. Br. § 70. A. 1. Behaghel, Grdr. § 55.

Anm. 2. Dass in den got. Verben *anda* zu *and* geworden

ist, mag sich daraus erklären, dass die Verschmelzung der Partikel mit dem Verbum erst eintrat, nachdem *anda* durch Wirkung des vocalischen Auslautgesetzes zu *and* geworden war (Brgm. I § 687). Jedenfalls muss das Wort vorm Verbum weniger betont gewesen sein, als im Substantivum; vgl. Kluge, KZ. 26, 80 f.) — Auch *faura* und *faur* stehen im Got. nebeneinander; aber beide Formen kommen auch als selbständige Wörter vor und sowohl in der Nominal- als Verbalcomposition; vgl. AfdA. 16, 65 f.

324. Über die einzelnen Partikeln ist folgendes zu bemerken:

1. Dem unbetonten *en(t)*- entsprechen zwei Partikeln, betontes *ant-* und *in-*; z. B. a. mhd. *antheiz* Gelübde (dazu Adj. *antheize, antheizec* verpflichtet, nhd. *anheischig*): *entheizen* geloben; *antvanc* Empfang : *enphâhen*; *antwërc* Maschine zum Zerstören : *entwürken*; *antsage* Widersage : *entsagen* Fehde ankünden; *antsiht* Anblick : *entsëhen*; *antlâz* Sündenerlass : *entlâzen*; *antwîch* Neigung, Biegung : *entwîchen*. — b. *imbiz* : *enbîzen*; *inbot, ingebot* : *enbieten*; *ingëlt* : *engëlten*. Das Gotische unterscheidet auch in der verbalen Composition genau zwischen *and* und *in*; z. B. *andbeitan* schelten, *andhamôn* entkleiden; aber *inagjan* in Angst setzen, *inbrannjan* in Brand stecken. Im Ahd. wird *ant-* früh durch *in(t)-* ersetzt (Br. § 73) und durch die Unterdrückung des *t* der Unterschied von *in-ganz* aufgehoben. *ant-* belegt für die fränkische Mundart nur noch Is. In vielen Quellen hat *in-* das regelmässige *int-* ganz verdrängt, in andern hängt der Gebrauch der einen oder andern Form von dem folgenden Laut ab; zuweilen erkennt man die Spur des verschwindenden Lautes in seinem Einfluss auf den folgenden Consonanten: *enpf-* für *entf-*, *enk-* für *entg-* (§ 161). Das Nhd. hat fast überall die vollständigste Form *ent-* wieder hergestellt, resp. eingeführt.

Anm. 1. Je weniger vernehmbar das *t* vor dem folgenden Laute war, um so leichter schwand es (vgl. § 158). So braucht O. immer *in-* vor *t, th, d, z, b, k*; gewöhnlich vor *s*, vereinzelt vor *f* (*infualen*); *int-* vor Vocalen, *h, w, r*, gewöhnlich vor *f*, vereinzelt vor *s* (*intslupfen*); schwankend ist der Gebrauch vor *n* (*innagelen, intneinen*) und *g* (*ingangan* entgehen, *intgëltan*). Notker hat im Boethius *in* vor *t, z, b, g, ch, f*; *int* vor Vocalen *h, w, l, r*; vor *s* schwankt der Gebrauch. Kelle, Wiener Sitz. Ber. 109 S. 238 A. Ob *ant-* oder *in-* zu Grunde liegt, ist aus der Bedeutung der Worte nicht immer zu erkennen.

Anm. 2. Neben *and-, in-* hat das Got. auch Composita mit *und*: *undgreipan* ergreifen, *undrēdan* besorgen, *undrinnan* zulaufen und *unþa*: *unþaþliuhan* entfliehen.

325. *er-* geht auf g. *us-*, ahd. *ur-* zurück; vgl. mhd. *urbor-, -bar* Einkünfte von Dienstgut: *erbern*; *urbëte* F. die Steuer: *erbiten*; *urbot* N. das Erbieten, *urbietic* erbietig: *erbieten*; *urdanc* (commentum, expositio, tractatus): *erdenken*; *urdruz, urdrütze* Verdruss, *urdrütze* Adj.: *erdriezen* (g. *uspriutan*); *urgift* Einkünfte: *ergëben*; *urgiht* Aussage, Bekenntnis: *erjëhen*; *urhap* Sauerteig, Anfang: *erheben*; *urkunde*: *erkennen*; *urkuole*: *erküelen*; *urlôse*: *erlœsen*; *urloub*: *erlouben*; *ursatz* Ersatz: *ersetzen*; *ursprinc, -sprunc*: *erspringen*; *urstat* Unterpfand: *erstaten*; *urstende* Auferstehung: *erstân*; *ursuoch* Nachforschung, Untersuchung: *ersuochen*; *urteil,-teile*: *erteilen*; *urvrâge*: *ervrâgen*. — Die Form *ur-* in proklitischer Stellung findet sich nur noch einzeln, in wenigen alten oberdeutschen Quellen; die gewöhnliche Form ist zunächst *ar-*, nicht nur im Oberdeutschen sondern auch im Is. Daneben aber treten schon im 8. Jahrh. *ir-* und *er-* auf, und im 9. gewinnen diese Formen die Herrschaft. Br. § 75.

326. *ver-*. Die altdeutschen Mundarten weichen in dieser Vorsilbe merklich von einander ab. In Ostfranken gilt *for-, fur-*, im Rheinfränkischen *fir-, fer-*; in den älteren oberdeutschen Quellen ist *far-* die gewöhnliche Form; doch begegnen daneben auch *for (fur)* und *fir, fer*; die letzteren herrschen dann am Ende des 9. Jahrh. in allen Mundarten. Br. § 76. Zum Teil beruht die Vocalentwickelung jedenfalls auf *fṛ*. Kluge, KZ. 26, 73. Im Mhd. ist *ver-* die gemeine Form, daneben aber wird in nd. Mundarten *vor- (vur-)* gebraucht, und so schreibt auch Luther im Gegensatz zur kursächsischen Kanzlei bis 1521 fast ausnahmslos: *vorachten, vornunft, vorlassen* u. a. Franke § 43. — Verschiedene Partikeln sind in dieser Vorsilbe zusammengefallen. In der betonten Silbe nominaler Composita entsprechen ahd. *fra* und *furi (firi)*; z. B. a. *frawâz* anathema: *firwâzan*; *framano*

§ 327. 328.] Die Vocale der unbetonten Vorsilben; zer-, be-. 297

contemptor : *firmanên*; *fratât* scelus : *firtân* impius. — b. *furiburt* (continentia) : *virbëran*; mhd. *vürdranc* Gewaltthat : *verdringen*; *vürsatz* Pfand : *versetzen*; *vürslac* Befestigung (vgl. nhd. Verhau) : *verslahen*; *vürewise* verirrt : *verwîsen*. — Im Gotischen entspricht gewöhnlich *fra-*; z. B. *frarinnan* sich verlaufen, *fradailjan* verteilen, *fraïtan* fressen, *frawrikan* verfolgen; aber auch *faur-* und *fair-* kommen in Betracht; vgl. g. *faursniwan* zuvorkommen, ahd. *firloufan* vorauslaufen; g. *fair-rinnan* sich erstrecken, gelangen, ahd. *firslîchan* hinschleichen; g. *fairweitjan* hinsehen auf, umherspehen, ahd. *firsëhan* auf etwas bedacht sein, sich auf etwas verlassen.

327. *zer-*. Im Ahd. sind die gewöhnlichen Formen *za zi, ze*; aus dem Fränkischen ist nur *zi* belegt, *za* gilt im Alemannischen und namentlich im Bairischen, doch kommt im Alemannischen schon im 8. Jahrh., im Bairischen im 9. daneben *zi* und *ze* vor (Br. § 72); später stellt sich durch Vermischung mit der Präposition (Germ. 31, 382 A.) im Md. auch *zu* ein. Auf *r* ausgehende Formen sind, obwohl das *r* etymologisch nicht unbegründet ist, im Ahd. in sehr beschränktem Gebrauch; häufiger begegnen sie im Mhd., aber noch Luther braucht *ze* (*zebrechen, zestossen*) und daneben nach md. Weise *zu*. Franke § 56. 94. Also erst spät hat die Neigung der Schriftsprache, die vollste Form zur Anerkennung zu bringen, obgesiegt. — Als entsprechende betonte Form ist g. *twis-* in Betracht zu ziehen, das durch *twi(s)-standan* sich trennen und *twisstass* Zwiespalt, Uneinigkeit belegt ist; und vor allem das häufige *dis-* (z. B. *disdailjan, disskaidan, disskreitan*), obwohl das Got. und Hd. hier in den anlautenden Consonanten dasselbe abnorme Verhältnis zeigen wie in den Präpos. *du* und *zi*. Kaum wird man das Nominal-Präfix *zur-*, g. *tuz-*, gr. δυς- (ahd. *zurlust* taedium, *zurgift* proditio, *zurtriuwi* perfidus, *zurwâri* suspiciosus, g. **tuzwêrs, tuzwêrjan* zweifeln, Kluge, KZ. 26, 71) heranziehen dürfen; vgl. jedoch ahd. *zurgang* defectus, dispendium : *zigangan*; *zurwërf* repudium : *ziwërfan*.

328. *be-*. Hier scheiden sich die betonte und unbetonte Form erst später, weil das *i*, welches der betonten Form zukam, auch der unbetonten gerecht war. *bi-* gilt, wie im Got.,

so im Ahd. *be-* tritt daneben im 8. und 9. Jahrh. erst selten auf, vom 10. an gewinnt es die Oberhand; vgl. mhd. *bigiht* Beichte, Bekenntnis : *bejëhen*; *bileite* : *beleiten*; *bivilde* Bestattung; *bevëlhen*; *bispráche* Verleumdung, *bisprëch*, *bisprœche* : *besprëchen*; *bischaff* belehrendes Beispiel, Fabel : *beschaffen*; *bisorge* Fürsorge : *besorgen*.

329. *ge-*. Die alte Form g. *ga-* findet sich, auch in unbetonter Stellung, noch in den ältesten hochdeutschen Denkmälern; daneben in einigen alemannischen *ge-*. Dann breitet sich *gi-* aus; im Fränkischen herrscht es schon zu Anfang des 9. Jahrh., bald folgt das Alemannische; am längsten, bis in die zweite Hälfte des Jahrh.'s widerstand das Bairische. Endlich, seit dem 11. Jahrh. wird *ge-* die gemeingültige Form. Br. § 71. Betontes *ga-* lässt sich verhältnismässig selten nachweisen, doch fehlt es in den verschiedenen Mundarten nicht an Spuren, dass es vorhanden war. Kluge, KZ. 26, 70. (ZfdA. 26, 156). Grdr. § 19, 5. Im Gotischen lassen vielleicht Verba wie *gagáleikôn*, *gagátilôn*, *gagámainjan* auf betontes *gáleiks*, *gátils*, *gámains* schliessen; ahd. *gábissa* gehört vermutlich zu *vësa*, ags. *geatwe* Rüstung zu g. *téwô*; N. belegt *gáscaft* zu *giscepfen*; selbst im Nhd. kommt noch *gástad* vor, aber vermutlich doch nur in Folge jüngerer Accentverschiebung, wie in dem Namen *Gébauer* aus mhd. *gebûre*.

Anm. Andere Partikeln, die sich dem Tone des Verbums unterordnen können, wie nhd. *durch, um, über, unter, wider* (§ 343) behaupten auch in proklitischer Stellung ihre Form; doch vgl. ahd. *ábláz* : *obláƶan*, ags. *víþra-* und *viþ-*. Kluge, Grdr. § 19, 5.

330. Unterdrückung des Vocales. Da der Vocal in den proklitischen Vorsilben noch schwächer ist als in den Flexionssilben, sollte man erwarten, dass er hier auch früher und entschiedener unterdrückt würde als dort. Das ist im allgemeinen aber nicht der Fall, weil die schweren Consonantverbindungen, welche durch die Synkope meist entstehen würden, die Bewegung hemmen.

Ahd. *az*. — Im Gotischen ist *at* eine häufige Partikel, die als Adv., Präp. und in der Zusammensetzung gebraucht wird. Das ahd. *az* bleibt nur bis in die Mitte des 9. Jahrh. in Gebrauch und wird dann durch *zi, zuo* ersetzt. Br. § 74.

§ 380.] Die Vocale der unbetonten Vorsilben. Synkope. 299

In verbaler Composition mit Verlust des anl. Vocals zeigt es ahd. *zougen*, mhd. *zöugen* = g. *ataugjan*; auch ahd. *zagên zagen* erklärt man so; vgl. g. *agis* Furcht. Kluge, KZ. 26, 69.

ga-. Bei O. verliert, wie das Metrum zeigt, die Partikel *gi*- vor vocalisch anlautendem Wort fast immer ihren Vocal. Während es im Gotischen durchaus *gaaukan, gaibnjan, gaunlêdjan* arm machen etc. heisst, schreibt O. nicht selten *gi*, zuweilen auch nur *g*: *giscôtun, gavarôt, gâzun, girrit*, ein Zeichen, dass in solchen Verbindungen der betonte Vocal ohne Vocaleinsatz gesprochen wurde. Wilmanns, Beitr. 3, 78. Anderwärts begegnet in der Schrift dieser Gebrauch verhältnismässig selten (Br. § 71 A. 3); doch ist daraus nicht sicher zu schliessen, dass er der lebendigen Mundart nicht geläufiger war. Auch bei mhd. Dichtern wird der Vocal nicht selten unterdrückt; so braucht Walther: *gêret, gunêret, girret, ungahtet*. Unterdrückung des Vocales vor Consonanten *(w, r, n, l)* wird erst seit dem 10. 11. Jahrh. häufiger; bei N. ist er in manchen Wörtern regelmässig oder meist verschwunden; z. B. *guis, guon, guinnen; gnôto, gnôz, gnâda; grêht; glouben*; in andern nie Br. § 71 A. 4. Kelle, Wiener Sitz. Ber. 109. S. 240. 242. 243 A. Walther braucht *gwalticlîche, gnâde, gnôz, gnuoge, glîchet, unglîche, unglücke*, aber andere sind enthaltsamer und auch Walther liefert in den Liedern fast gar keine sicheren Belege. Also die Kunstsprache widersteht der Synkope. — Der Gegensatz pflanzt sich fort. In den Mundarten greift die Synkope immer weiter um sich, namentlich im Südwesten, wo die synkopierten Formen die regelrechten werden und zu völliger Unterdrückung des Präfixes führen. Behaghel, Grdr. § 55, 3. Aber im Gegensatz zu dieser Neigung, die je länger um so mehr auch in die Schrift eindringt, entsteht eine Gegenströmung, die von Mitteldeutschland ausgeht und von den Leuten genährt wird, die Anlass haben über die Sprache nachzudenken, von Schriftstellern, Schreibern und Druckern. Im 17. Jahrh. hat die Neigung *ge*- möglichst zu schützen und wieder herzustellen, im Bewusstsein der Gebildeten gesiegt. Eingehend handelt darüber Hildebrand, DWb. 4, 1, 1602. Unsere heutige Sprache erkennt die Synkope nur in wenigen Wörtern an, deren Bildung, weil sie ohne *ge-* nicht mehr vorkommen, verdunkelt ist: *gönnen, Gnade, Glaube, gleich, Glied, Glimpf, Glück*; auch *Ganerbe* wird so erklärt, zweifelhafter sind andere. Schwankenden Gebrauch haben wir in *gerade, Geleise, genug*, während in *Vergnügen, begnügen*, wo noch eine unbetonte Vorsilbe vorangeht, allgemein Synkope gilt. Das Part. *ge-g-essen* ist doppelt zusammengesetzt, weil das zweite *ge-* in Folge der Synkope nicht mehr als die für das Part. Prät. charakteristische Vorsilbe empfunden wurde.

bi-. Synkope erfolgte schon im Ahd. in dem Verbum *ir-b-an* missgönne, wahrscheinlich auch in *erbarmen, barmhërzic*. Sonst behauptet sich der Vocal sehr gut; vgl. Whd. § 79. Im Nhd. haben wir Synkope in *binnen, bange*; vor einem Consonanten in *bleiben*; über *Block* s. Kluge, e. Wb.   Mhd. *bigiht* wird zusammengezogen zu *biht*, nhd. *Beichte*.

ver-. Vor folgendem Vocal hat die Vorsilbe ihren Vocal verloren in ahd. *vrëzzan* g. *fraïtan*, vielleicht auch in *Fracht, frevel* s. Kluge, e. Wb. KZ. 26, 74. Neben ahd. *firliosan, firlâzan* findet sich zuweilen *vliosan, vlâzan*; *vliesen* ist auch im Mhd. geläufig. Br. § 76 A. 3. *r* ist geschwunden, indem es sich dem folgenden *l* assimilierte. Br. § 99. A. 1.

Anm. 1. Wie ahd. *zougen* zu g. *atauqjan*, so stellt Kluge (Grdr. S. 340, KZ. 26, 69) ahd. *spreiten* zu g. *usbraidjan*, und vermutet ahd. *spulgen* *us-pulgjan zu germ. *plëgan*; ahd. *brâwa* Braue vorgerm. *pro-ēqá* (idg. *ēq-* Auge) eig. 'die Decke vor den Augen'.

Unterdrückung des Vocales in der Vorsilbe *ir-* bezeichnet O. zuweilen nach vocalisch auslautendem Worte: *tho erstarb, thie irkantun*; auch die Schreibung *yr* deutet wohl auf eine Aussprache, in der der Vocal ganz erlosch und nur silbenbildes *r* übrig blieb.

Anm. 2. Gelegentliche Unterdrückung anlautender unbetonter Silben begegnet auch sonst: *Bischof, Brille* mhd. *berille, Frettchen* it. *furetto*; vgl. auch *Falter* - mhd. *vivalter, kein — dekein*. Anderes der Art bei Kremer, PBb. 8. 377.

Lautschwächung in pro- und enklitischen Wörtern.

331. Verkürzung und Schwächung des Vocales. Wörtchen, welche im Zusammenhang der Rede unbetont zu bleiben pflegen, unterliegen ähnlich wie die Flexions- und Ableitungssilben früh gewissen Verstümmlungen. Schon im Gotischen hat das wenig

betonte Pronomen *is, si, ita* im N. Sg. F. kurzes *ĭ* für *ī*, während das stärker betonte *sŏ* den langen Vocal behauptet. Streitberg, Zur germ. Sprachgeschichte S. 9 f. Im Hd. erscheinen beide Pronomina schwach. Für *sie* wird bei O. oft *se*, für *sia, thia* zuweilen *sa, tha* geschrieben; in *sia, sio, thia, thio* geht der Diphthong schon früh in *ie* über; in *siu, thiu* dringt die Entwickelung des *iu* zu *eu* nicht durch (Br. § 283. 287. Whd. § 477. 479. 482—484); schliesslich sind für alle diese Formen nur *sĭ, dĭ, sĕ, dĕ* übrig geblieben. — Wie in ahd. *gesti*, g. *gasteis*, so ist auch in ahd. *wir*, g. *weis* der Vocal verkürzt. — In hd. *ih* ist das *i* für idg. *e* vermutlich eine Folge der Unbetontheit. — Ahd. mhd. *dŭ* unterliegt nicht der Diphthongierung zu *dau*.

Das Adv. *dô* entwickelt sich zwar zu *duo*, aber *dô* bleibt daneben bestehen und wird die herrschende Form. *zô, zuo* wird proklitisch als Präposition zu *za, zi, ze* verkürzt und ist erst im Nhd. wieder durch die Form des Adv. verdrängt. *ur* und *bi* können im Ahd. als Präpositionen derselben Schwächung unterliegen wie als Verbalpräfixe (Br. § 75. § 77. A. 2), und *be* begegnet noch im Mhd. in einer ganzen Reihe adverbial erstarrter Verbindungen; z. B. *bedaz* während, *bediu* deshalb, *begegene* entgegen, *behinden* hinten, *behinder* hinter, *behende* bei der Hand, *begarwe* ganz und gar, *belange(n)* endlich, *benamen* wahrlich, *berücke* rückwärts, *besît, -e, -en, -es* beiseit u. a. *bevor, besonder* sind der nhd. Sprache verblieben (das Adj. *behende* gehört nicht hierher s. Weigand Wb.). Noch häufiger sind solche Verbindungen mit *en* = *in* im Mhd. *enbinnen, engegen, enûzen, enbûzen, envor, ensamen, enmitten, enëben, envollen, enzwei, envierîu, enhundert, enhant, enlant, enlîbe, envreise, enwëge, enzëlt* im Passgang, *enwiderstrît* u. s. w. *enbore* ist im Nhd. zu *empor* entstellt, *engegene, enzwei* zu *entgegen, entzwei, enëben* zu *neben, enwëc* zu *weg*. Mhd. *triuwen* traun neben *entriuwen, intriuwen* kann adv. Dativ sein. Die Negation *ni* ist schon bei N. zu *ne* geworden.

Auch in g. *twôs*, ahd. *zwô* dringt die Diphthongierung *zwuo* nicht durch.

332. Elision und Synalöphe. Oft haben solche Wörtchen,

indem sie mit benachbarten Wörtern verschmolzen, schon im Ahd. den Wert einer selbständigen Silbe eingebüsst. Besonders neigen sie unter einander zu dieser engen Verbindung.

Den geringsten Widerstand findet die Verschmelzung, wo vocalischer Auslaut und Anlaut zusammentreffen, und kein Denkmal bietet so zahlreiche Belege wie Otfried. Während einsilbige Wörter mit auslautendem kurzem Vocal, wenn sie betont sind, gedehnt werden, unterliegen umgekehrt manche einsilbige Wörter mit langem Vocal, wenn sie unbetont sind, der Verkürzung. Die Negation *ni*, die Präpositionen *zi* und *bi*, die unflectierten Pronominalformen *thi* und *the* und unflectiertes *si* (Nebenform zu *siu* N. Sg. Fem.), haben bei O. immer kurzen Vocal, lang und kurz braucht er das Pron. *thŭ*, das Adv. *sŏ*, auch *thô* und *nŭ* und den Opt. *sî*. Die Wörter der ersten Art verlieren vor vocalisch anlautendem Wort regelmässig ihren Vocal, wie die Flexionsendungen (§ 270), die andern können ihn verlieren. Auch die Pronominalformen *sia, sie, sio, siu* und *thiu, thia, thie, thiu* können durch Elision verschmelzen. Oft ist die Elision bezeichnet dadurch dass der Vocal gar nicht geschrieben oder mit einem Pünktchen versehen ist, in den meisten Fällen bleibt es dem Leser überlassen die Verschleifung vorzunehmen. So finden sich *bira* (= *bi ira*), *bunsih, sih* (= *so ih*), *sës* (= *sia ës*), *thêvangelion* (= *thie e.*), *thiuuo dâti* (= *thio iuuo d.*), *thiuue kuninga* (= (= *thie iuue k.*), und immer *nioman, niamêr* (= *ni io man, ni io mêr*); ferner *bi̭ eineru, thṷ allaz, so̭ eigun, tho ubarlût, si̭ imo* u. v. a. Bei andern Partikeln wie *iu, io, wio, zua* lässt sich eine Abschwächung des auslautenden Vocales nicht erweisen.

Seltner wird der vocalische **Anlaut** nach vocalischem Auslaut unterdrückt. Belegt ist dieser Vorgang für die Präp. *in*, das Verbum *ist*, die Pron. *ih, ër, iz, ës* und die zweisilbigen *imo, inan, ira, iro*; z. B. *wior* (= *wio ër*), *nust* (= *nu ist*), *uuioz* (= *uuio iz*), *tho er̭, sia i̭st, so i̭n, siu inan* u. a. —

Sind der aus- und anlautende Vocal gleich, so ist nicht zu unterscheiden, welcher unterlegen ist; z. B. *simo* (= *si imo*), *siuz* (= *si iu iz*), N. Sg. F. *siz, simo, sinan, siru, siro*; N. A.

§ 333. 334.] Pro- und enklitische Wörter. Elision und Synalöphe. 303

Pl. M. *sës, simo, siro, sinan* etc. *thier*; *thûzar, thunsih, thuns* u. a. s. Wilmanns, Beitr. 3, 72—92.

333. Die Verschmelzung setzt voraus, dass das zweite Wort ohne Vocaleinsatz gesprochen wurde (§ 14. § 101 A. 1), und so ist es ganz natürlich, dass sie öfter bei einem unbetonten als bei einem betonten Worte mit kräftiger Articulation eintrat. Ob sie im Ahd. überall so beliebt war wie in der Mundart O.'s, ist sehr fraglich. Bei den mhd. Dichtern ist die Unterdrückung des Vocales vor betontem Anlaut jedenfalls seltner. Verschmelzung des Artikels mit dem folgenden Nomen findet noch hier und da statt; so bietet Walther *d'andern, under d'ougen, in d'ërde*; aber nichts was O.'s *bi alten, so eigen, tho ubarlût* entspräche.

Gewöhnlich verschmelzen nur einsilbige Wörter mit einander und im Gegensatz zu Otfried scheint die Neigung grösser den Anlaut des zweiten als den Auslaut des ersten fallen zu lassen; also während bei O. die Verschmelzung vorzugsweise auf Elision beruht, beruht sie hier auf Enklisis. So findet bei Walther Verschmelzung oder Synaloephe statt zwischen *dâ, wâ, swâ, dô, sô, swie, die* einerseits und *ëz, ës, ist, ër, ich, ir* anderseits. Elision tritt ein bei der Negation *ne*, der Präp. *ze* und den enklitischen Pronominalformen *sĭ* und *dŭ*, z. B. *swazt uns hâst benomen, dazt an fröiden niht verdirbest*.

Anm. Darf man daraus, dass diese Erscheinungen seltner werden (vgl. auch § 270) schliessen, dass der Vocaleinsatz früher schwächer gebildet wurde? und hängt seine Verstärkung vielleicht mit der Entwickelung des anlautenden *h* zum Hauchlaut zusammen! — Die Wahrnehmung, dass die Prothese des *h*, welche den Verlust des Vocaleinsatzes voraussetzt (§ 87 A. 2), im Mhd. seltner ist als im Ahd. (Garke, QF. 69, 21), würde zu dieser Annahme stimmen. Über den Vocaleinsatz vgl. Sievers, Phonetik § 17, 1. A. Paul, Über vocalische Aspiration und reinen Vocaleinsatz. Ein Beitrag zur Physiologie und Geschichte derselben. Hamb. 1888 (Progr.).

334. Synkope. Unterdrückung eines Vocales zwischen Consonanten gestatten bei Otfried die Pronominalformen *imo* und *inan*; *mo* findet sich nur nach *r*, *nan* auch nach andern Consonanten; Kelle O. II, 325 f. Im Mhd. verlieren namentlich *ëz, ës, ist* ihren anlautenden Vocal; bei Walther lehnt

sich *ist* an *dër, ër, mir*, mit deren Auslaut es leicht zur Silbeneinheit verschmilzt; *ëz* und *ës* auch an andere Consonanten: *wilz, hânz, ichz, michs, dichs*. — Auslautender Vocal schwindet im Mhd. in *so* vor indefiniten Pronominalformen: *swër, swaz, swenne* etc. für ahd. *so wër, so waz, so wenne* etc.; in dem Prom. *si*: *müezens beide, ich schiltes niht*; und namentlich in der Negation *ne*, nicht nur nach *ir, ër, dër*, mit denen sich *n* zur Silbeneinheit verbindet, sondern auch nach andern: *ichn vindes mê, ëzn lëbe* u. dgl. Dieses vocallose *n* veranlasste einerseits die Entstehung der Nebenform *en*, anderseits bereitete es den Untergang der einfachen Negation vor. — Inlautenden Vocal verliert im Mhd. oft das unbetonte *dar* vor betontem Adverbium; z. B. *dran, drinne, drunder*.

335. Dass in dieser Verschmelzung auch ein Consonant unterdrückt wird, findet im Ahd. namentlich in Verbindungen der Präp. *zi* mit dem Pron. *dër* statt; Br. § 287. A. 2. So braucht O. *zën, zëru, zëmo, zës = zi thën, zi thëmo, zi thëru, zi thës*, aber auch *ziu = zi hiu (huiu)*. Zweifelhaft ist, ob auch in *theiz, theist, theih*, welche oft neben gleichbedeutenden *thaz iz, ist, ih* gebraucht werden, und in *weih, weist = waz ih, ist* ein Consonant unterdrückt ist; vielleicht liegen hier unerweiterte Neutralformen *tha, wa* (g. *hva*) zu Grunde.

Im Mhd. hat die Neigung das unbetonte Pron. *dër* mit dem benachbarten Worte zu verschmelzen bedeutende Fortschritte gemacht. Besonders oft lehnt es sich an Präpositionen: *anme amme ame, anez anz, bîme, durhz, hinderm, nâchme, ûfem, ûfz* etc., aber auch an ein folgendes Nomen: *'s âbents, 's morgens, 's küniges*, oder ein vorangehendes Verbum: *Philippe setze en weisen ûf, brâhte dez mëz, lâze dën hof* u. dgl. Auch die Formen *deih, deir, deiz, deist* finden sich noch. Mhd. Wb. 1, 313. f. — Vgl. ferner *nieht, niht = niewiht, niwiht*; *nirgend = ni wergin*; *neizwër, neizwaz = ne weiz wër, waz*; *sëlfiu got = so hëlfe iu got* so wahr euch Gott helfe. Whd. § 19.

336. Die nhd. Schriftsprache verhält sich natürlich gegen alle diese Verstümmelungen sehr ablehnend. Am häufigsten ist noch die Verschmelzung des Artikels mit einer Präposition, in manchen Fällen sogar notwendig; z. B. *am besten*, *nicht im geringsten, im Voraus, im Vorübergehen, einen zum besten haben, zum König wählen.* Auch ausser solchen festen Verbindungen werden *ans, ins, fürs, vors, aufs, durchs, am, im, vom, beim, zum, zur, vorm* ohne Anstoss gebraucht; andere aber, die im Mhd. geläufig sind, gemieden.

Enklitisches *es* verliert oft den anlautenden Vocal, z. B. *Was giebts*; proklitisches *dar* den inlautenden: *draussen, drüben, drinnen, drauf, dran, drunter, drüber* (Heyse 1, 355); *zwar* ist aus *ze wâre* entstanden.

Die lebendige Rede geht viel weiter; z. B. *Wo hasten = Wo hast du ihn. Wo ist ern = ist er denn. Was willstn = willst du denn. 's Morgens. Er hats (hat das) grosse Loos gewonnen. Mal, emál = einmál*, wie *weg* für *enweg* § 331. — Sehr fest ist im allgemeinen der vocalische Einsatz betonter Wörter; ein *d'Erde, d'Augen, b'alledem* wird nicht mehr gebildet; aber von *guten Abend* hört man oft nichts weiter als *nabend*, u. ä.

Wortaccent.

337. In jedem mehrsilbigen Worte pflegt sich eine Silbe durch ihre Betonung vor den anderen auszuzeichnen, d. h. sie trägt den Accent. In der idg. Ursprache war dieser Accent an keine bestimmte Silbe des Wortes gebunden; die Wurzelsilbe konnte ihn ebensowohl tragen wie die Suffixe, weder die Quantität noch die Silbenzahl übten entscheidenden Einfluss. Die Spuren dieses freien Accentes hat das Germanische im Ablaut und in den Wirkungen des Vernerschen Gesetzes erhalten, der Accent selbst ist wie in den verwandten jüngeren Sprachen aufgegeben. Im Griechischen kann der Accent nur auf den drei letzten Silben des Wortes ruhen, im Lateinischen nur auf der vor- und drittletzten, in beiden Sprachen ist er ausserdem, aber in verschiedener Weise, abhängig von der Quantität. Die germanischen Sprachen dagegen pflegen den Accent auf die erste Silbe des Wortes zu legen, so dass es in der Regel die Stamm- oder Wurzelsilbe ist, welche ihn trägt. Selbst die Vocale, die sich erst aus sonantischen Liquiden und Nasalen entwickelt haben, z. B. in den Participien der st.V. 1[bc], haben den Accent, nur wenige Wörter, deren Wurzelsilbe schon ehe die germanische Accentuationsweise eintrat, ihre Selbständigkeit verloren hatte, tragen ihn notgedrungen auf einem Suffix; so gehört zur Wz. *es* g. *sind, sijau,* ahd. *sint, sî* etc. auch das Adj. g. *sunjis* wahr (eigentl. seiend), zur Wz. *ed* g. *tunþus,* ahd. *zand* Zahn (eigentl. der beissende); vgl. ferner ahd. *suîn* Schwein zu *sû;* g. *kniu* zu gr. γόνυ, l. *genu;* g. *triu* Baum zu gr. δόρυ u. a. Brgm. I § 669 f. Kluge, Grdr. § 18 f.

Wegen dieser Betonung der Stammsilbe hat man den Unterschied zwischen den germanischen und klassischen Sprachen so aufgefasst, dass in diesen der Accent von mechanischen Gründen, von Quantität und Silbenzahl abhange, in jenen von logischen. Die Silbe, welche den Bedeutungskern des Wortes bilde, sei durch einen starken Exspirationsdruck über die andern erhoben. Von dieser Auffassung ausgehend hatte Scherer[1] 156 f. Wesen und Bedeutung des germanischen Accentes zu ergründen gesucht. Aus dem Charakter der Germanen, denen er unter allen Nationen des modernen Europas die allgemeinsten, tiefsten, dauerndsten Leidenschaften glaubte zuschreiben zu dürfen, leitete er ihre Betonungsweise und aus dieser die eigentümliche Form ihrer alten Poesie und Sprache ab. Die Festlegung des Accentes setzte er in den Anfang der germanischen Sprachgeschichte, sie war die notwendige Bedingung der allitterierenden Poesie, in ihr sah er auch die Quelle der wichtigsten Erscheinungen, welche den germanischen Sprachen den verwandten gegenüber ihr eigentümliches Gepräge gaben. Das Accentprincip habe zur normalen Wortmelodie geführt, diese dem Vocalismus das Übergewicht gegeben, die Neigung zu vocalischen Extremen, die Vernachlässigung der Consonanten hervorgerufen, und daraus seien dann die Lautverschiebung und das vocalische Auslautgesetz gefolgt. Aber diese geistvolle Combination hat nur kurzen Bestand gehabt. Verners Untersuchung über die Erweichung der stimmlosen Spiranten ergab, dass der germanische Accent verhältnismässig jung ist, jünger als die Verschiebung der Tenues zu Spiranten. Noch geraume Zeit, nachdem die germanischen Sprachen sich aus der idg. Gemeinschaft gelöst hatten, muss der alte freie Accent in ihnen bestanden haben, denn von diesem Accent hing es ab, ob der aus der Tenuis verschobene Spirant den Stimmton annahm oder nicht (§ 22).

338. Den Grund für die eigentümliche Regelung des Accentes sieht Verner in einer umfassenden Formübertragung (KZ. 23, 129). Die Fälle, in denen der Accent auf der Wurzelsilbe ruhte, seien schon unter dem alten Betonungsprincip in der Mehrzahl gewesen und die Betonungsweise habe dann in der germanischen Grundsprache um sich gegriffen, indem die Wortformen, die den Accent auf der Endung hatten, ihn

nach und nach auf die Wurzelsilbe zurückzogen. Brugmann I, § 687 zweifelt, ob diese Erklärung genügt, er sehe nicht ein, wie z. B. bei den zahlreichen mehrsilbigen Adverbien und Präpositionen, deren Anfangssilbe nach Ausweis des Vernerschen Gesetzes ursprünglich unbetont war, sich mit Analogiewirkungen auskommen lasse; er glaubt, dass man sich der Annahme freier Entwickelung des recessiven Accentes nicht ganz werde überheben können. Der Grund der Accentverschiebung wäre dann ebenso verborgen wie der Grund der meisten Lautveränderungen, die im Laufe der Zeit eingetreten sind. Auf keinen Fall hat man ein Recht vorauszusetzen, dass im Germanischen die Lagerung des Accentes durch weniger mechanische Gründe geleitet wurde als in andern Sprachen

339. Ausser der Lage kommt auch die Beschaffenheit des Accentes in Betracht, die nach den Gegenden mannigfach wechselnde, zum Teil mit der Quantität der Vocale zusammenhangende Unterschiede zeigt. Bald wird er kräftig gestossen, bald schwillt er allmählich ab, bald verbindet er verschiedene Grade von Tonhöhe und -stärke (vgl. Sievers, Phonetik[3] § 30). Aber leider haben diese musikalischen Elemente der Rede in der Schrift fast gar keinen Ausdruck gefunden. Nur in den Schriften Notkers sind mit Sorgfalt verschiedene Accente angewandt: die kurzen Vocale bezeichnet er mit dem Acut, die langen mit dem Circumflex; und dass er damit nicht etwa die Quantität ausdrücken wollte, zeigt die Behandlung der Diphthonge, denen er bald den Acut bald den Circumflex giebt; den Acut erhalten *iu, ou, ei, eu*, den Circumflex *uo, ie, ia, io*; er muss hier also verschiedene Betonungsweise wahrgenommen haben. Schlüsse auf die Beschaffenheit des Accentes gestattet auch die Lautentwickelung, die Diphthongierung einfacher Vocale (ahd. *ê, ô*, mhd. *î, û*), die Monophthongierung von Diphthongen (mhd. *iu, uo, ie, üe*), vermutlich auch die nhd. Dehnung kurzer Vocale (§ 237. 239). Wie weit es möglich sein wird, aus solchen Anzeichen und der Beobachtung der lebenden Mundarten die Geschichte des Accentes auch nach seiner musikalischen Seite zu ergründen, mag dahin gestellt bleiben. Ich beschränke mich

darauf, die Lagerung der Accente zu verfolgen, für welche die Entwickelung der Sprache sowohl als der Gebrauch der Dichter reicheres Material bieten. Die grundlegende Arbeit ist Lachmanns Abhandlung Über ahd. Betonung und Verskunst, die 1831 und 32 in der Akademie der Wissenschaften gelesen wurde. Ein Nachtrag aus dem Jahre 1834 ist erst nach seinem Tode zusammen mit der Abhandlung in den kleineren Schriften Lachmanns 1, 358—406 gedruckt. Lachmann stützte sich vorzugsweise auf den altdeutschen Vers; von der Entwickelung der Sprache gehen aus Sievers, Zur Accent- und Lautlehre der germanischen Sprachen, PBb. 4, 522, und Paul, Untersuchungen zum germ. Vocalismus, PBb. 6, 130. Vgl. ferner Fleischer, Das Accentuationssystem Notkers in seinem Boethius, ZfdPh. 14, 129 und andere Schriften, die Kluge und Behaghel im Grdr. 1, 337. 553. 557 verzeichnen.

Anm. Die Versuche, die Accentuationsweise des Idg. zu ergründen, stützen sich namentlich auf die griechische Unterscheidung von Acut und Circumflex und die litauische vom geschliffenen und gestossenen Accent. Dass beide Unterschiede zusammengehören, hat zuerst Bezzenberger ausgesprochen (BB. 7, 66 f. Gött. Gel. 1887 S. 415). Die Bedingungen, unter denen geschliffener Accent eingetreten ist, untersucht Hirt, Indog. Forsch. 1, 1 f. Hansen und Hirt haben auch zuerst versucht, die verschiedene Accentuationsweise zur Erklärung der germ. Auslautgesetze zu benutzen; s. § 254. Über spätere Accentänderungen, welche mit der Abschwächung der Endungen zusammenhängen, s. AfdA. 12, 217 f. Jellinek, Beiträge S. 53 f.

Der Haupton.

340. Die Regel, dass die erste Silbe den Haupton trägt, stand schon im Beginn unserer Zeitrechnung fest (Kluge S. 317. 338) und erleidet in nicht zusammengesetzten Wörtern nur wenige Ausnahmen. Otfried betont *inan, imo, ira, iru, unsih* bald auf der ersten bald auf der zweiten Silbe und braucht neben den beiden ersten auch einsilbiges *nan, mo* (§ 332. 334). Man hat die Erscheinung aus dem idg. Accent erklären wollen (Scherer[2] 81. PBb. 4, 536); wahrscheinlicher aber ist, dass die enklitischen Wörtchen keinen ausgesprochenen

Hauptton hatten. Sie ordneten sich dem Accent des benachbarten Wortes unter; ein schwacher Ictus konnte je nach den Umständen auf die erste oder zweite Silbe fallen und die Synkope des ersten Vocales bewirken. Sie bilden also nicht insofern eine Ausnahme, dass eine andere als die Stammsilbe den Hauptton getragen hätte, sondern insofern, dass keine Silbe einen Hauptton hatte; PBb. 6, 125.

Entschiedene Verletzungen der allgemein gültigen Regel sind nhd. *lebéndig*, mhd. *lébendic* (auch *lebmtic lembtig lentig*), *Holúnder*, ahd. *hólunder*, mhd. *holnder, holder, holler, holre*, *Forélle* mhd. *forhel, forhen, fórelle, forle*. Die merkwürdige Accentverschiebung ist wohl durch schulmeisterliches Streben den verstummenden Silben Geltung zu verschaffen entstanden; vgl. Hildebrand, ZfdU. 6, 641. 7, 91. — Für die Fremdwörter gilt die Regel natürlich nicht, auch nicht für die fremden Ableitungssilben *-ei, -ieren, -alien*, wenn sie an deutsche Stämme treten: *hofieren, glasieren, Brauerei, Lappalien*.

341. Composita. Als in der Sprache die Neigung durchdrang den Accent auf die erste Silbe zu verlegen, folgten ihr natürlich auch die Composita; aber nicht in gleichem Schritt. Am entschiedensten die Substantiva, weniger die Adjectiva, am wenigsten die Verba. Von den Adjectiven haben die mit *ala-*, zuweilen auch die mit *un-* schon im Ahd. den Ton auf dem zweiten Bestandteil; von den Verben die mit präpositionalen Partikeln, mit *voll-* und *miss-* zusammengesetzten. Der Grund der Absonderung kann nur darin liegen, dass entweder diese Composita weniger als Einheit empfunden wurden, oder dass der erste Bestandteil weniger als zum Wesen des Wortes gehörig erschien, ihm gegenüber nur eine formale (steigernde, negierende) oder unwesentlich differenzierende Bedeutung hatte.

Mit der Zeit wuchs auch unter den Adjectiven und Substantiven die Zahl derer, welche dem zweiten Bestandteil den Ton gaben. Zum grossen Teil wird die Störung durch Composita veranlasst, welche nicht nach dem Muster der älteren gebildet wurden, sondern der Sprache aus der Verschmelzung syntaktisch verbundener Wörter erwuchsen und das ursprüngliche Tonverhältnis ihrer Bestandteile festhielten (§ 351 f.). Aber auch

Composita anderer Art lassen die erste Silbe nicht selten unbetont und bekunden, dass neben dem Fortwirken der alten Regel sich neue Einflüsse geltend machten.

In manchen Wörtern ist die Sprache zu einer allgemein anerkannten Betonung noch nicht gelangt; in nicht wenigen zeigt das Nhd. wechselnden Accent je nach der Stellung des Wortes. Am Ende des Satzes wird die letzte Silbe betont, in der Mitte, wenn noch ein betontes Wort folgt, die erste; z. B. *Der Ménsch ist noch blutjúng. Ein blútjunger Ménsch. Ich hab' ihn erst dréimal geséhen. Wie oft? dreimál.* In der Pausastellung neigt die Sprache am entschiedensten zur Accentverschiebung; vgl. die Betonung der Ortsnamen § 351.

Indem wir uns nun dazu wenden, die Gruppen aufzusuchen, welche sich der Hauptregel entziehen, sind die von Compositis abgeleiteten Composita auszuscheiden; denn ihre Betonung richtet sich nach dem Grundwort, sie bilden also keine selbständigen Ausnahmen. Die Betonung *Barmhérzigkeit, Wahrháftigkeit,* ist bedingt durch *barmhérzig, wahrháftig; Volléndung, Unterschéidung* durch *vollénden, unterschéiden* etc. Auf die selbständigen Composita ist die Untersuchung zu richten.

A. Betonung der Composita in der älteren Sprache.

342. Wir betrachten zunächst die Composita, welche schon im Ahd. den Hauptton nicht auf der ersten Silbe tragen und zugleich den Unterschied zwischen Nomen und Verbum, zwischen Adjectiv und Substantiv deutlich hervortreten lassen.

Partikelcomposita. Gewisse Partikeln erscheinen von Anfang an in besonders enger Verbindung mit dem Verbum. Einige (*ga-, fra-, fair-, dis-, twis-*) kommen schon im Gotischen als selbständige Wörter nicht mehr vor. Die meisten sind zugleich als Präpositionen in Gebrauch, pflegen aber auch dem Verbum unmittelbar voranzugehen und in der Schrift mit ihm verbunden zu werden; so *af, afar, ana, at, bi, du, faur, faura, hindar, in, þairh, uf, ufar, und, us, wiþra.* Einen Rest grösserer Selbständigkeit zeigen diese Partikeln noch darin, dass ihnen zuweilen enklitische Wörtchen folgen, ohne jedoch die Verbindung mit dem Verbum aufzuheben; z. B. *ub-uh-wôpida* Lc. 18, 38. *ga-h-mêlida* Lc. 1, 63. *ga-u-ƕasêƕi* Mc. 8, 23. *diz-uh-pan-sat* Mc. 16, 8. — Wie aus den verwandten Sprachen zu schliessen ist, wechselte in solchen Verbindungen ursprünglich der Accent zwischen dem Verbum und der Partikel und auch für das Gotische ist jedenfalls verschiedene Accentuation anzunehmen, wenn sie auch in der Überlieferung keinen Ausdruck gefunden hat und für den einzelnen Fall nicht sicher zu bestimmen ist. Im allgemeinen ist anzunehmen, dass die Wörtchen, wo sie mit dem Verbum verbunden sind, proklitisch stehen; auf Unbetontheit weist das einsilbige *and-* neben *anda-* in der Nominalcomposition und der stimmhafte Anlaut von *ga-* (§ 24). Dagegen wo sich enklitische Wörtchen anlehnen, ist Betonung der Partikel vorauszusetzen. Kluge, KZ. 26, 79 f.

Anm. *ana, du, faur, faura* kommen auch getrennt geschrieben oder dem Verbum folgend vor; z. B. 1 Thim. 1. 13 *ikei faura was*. Gal. 2, 6 *ni waiht ana insôkun*. Lc. 8, 44 *atgaggandei du*. Mc. 8, 6 *ei atlagidêdeina faur*. — *miþ* pflegt dem Verbum unmittelbar voranzugehen, hält sich aber selbständig, und *fram* erscheint immer als selbständiges Adverbium wie *iup, ût, inn* u. a. bald vor bald nach dem Verbum. — *undar* kommt zwar als Präposition vor, aber nicht als Adv., dafür *uf*.

343. Für das Ahd. geben uns der Gebrauch der Dichter, die Accente Notkers und die Entwickelung der Sprache deutlichere Auskunft.

Am wenigsten geeignet einen selbständigen Ton zu tragen sind die einsilbigen. Die den g. *and, in, us, fra, fair, dis, twis, bi, ga, at* entsprechenden Partikeln sind durchaus unbetont. Sie behaupten wie im Gotischen fest ihren Platz vor dem Verbum, können auch nicht mehr durch enklitische Wörtchen von ihm getrennt werden und verfallen in ihren Lauten früh dem Schicksal der unbetonten Endsilben. Sie sind die Grundlage der unbetonten Vorsilben *ent, er, ver, zer, be, ge*. § 313 f. — Ein dem g. *af* entsprechendes einsilbiges *ab* hat das Ahd. in der verbalen Composition selten; Spuren, dass die Partikel wie die andern unbetont gebraucht wurde, fehlen nicht (§ 329 A.), meistens aber ist sie durch zweisilbiges betontes

§ 343. 344.] Betonung der Partikelcomposita. Verba. Nomina. 313

aba ersetzt. g. *du*, *und*, *uf* sind im Hd. untergegangen und durch andere Bildungen ersetzt; betontes *bî* kommt erst später auf (N.).

Von zweisilbigen Partikeln erscheinen *aba* und *ana* immer betont, fast immer *furi* und *fora*, wechselnd *hintar*, *widar*, *gegin*, *umbi*; Lachmann S. 369 f. Dagegen unbetont *untar* und *ubar* (daneben die betonten Adverbia *untari*, *ubari*), meistens *thuruh*. Doch begegnet bei O. schon vereinzelt *úbarfuar*, *úbarfuari*, und N. unterscheidet unbetontes, unselbständiges *durh* von betontem selbständigem *dure*: *durhséhen*, *durhskínen*, *dúre skíezen*, *dúre leitta*. Im Mhd. sind betonte *durch*, *über*, *under* in häufigem Gebrauch. Lachm. S. 367. — Man sieht die Neigung und Fähigkeit unbetonte Partikeln mit dem Verbum zu verbinden hält sich in engen Grenzen und nimmt mit der Zeit nicht zu. Man kann daraus schliessen, dass, wo wir im Hd. diese Verbindung finden, sie alt überliefert ist.

Die Grenze zwischen betonten und unbetonten Partikeln wird dann weiter gefestigt durch die Ausbildung der Wortstellung. Nur die unbetonten behalten den Platz vorm Verbum und erscheinen unlösbar mit ihm verbunden; die andern treten wie die gewöhnlichen Adverbien im Hauptsatz hinter das Verbum. Wo doppelter Gebrauch stattfindet, tritt auch früh Differenzierung der Bedeutung ein; vgl. KZ. 26, 79.

In Nhd. werden *wider*, *um*, *durch*, *über*, *unter* betont und unbetont, trennbar und untrennbar gebraucht: *übersétzen*, *unterhálten*, *durchdríngen*, *umréiten*, *widerspréchen*, und *übersetzen*, *únterhalten* etc.; *hinter* nur noch unbetont in untrennbarer Zusammensetzung: *hinterlégen*, *hinterbríngen* (für betontes *hinter* wird *zurück* gebraucht); *gegen* verbindet sich überhaupt nicht mehr mit dem Verbum, dafür *entgegen*.

344. Dieselben Partikeln, die neben dem Verbum den Ton entbehren, hatten ihn, wie namentlich das Ahd. deutlich erkennen lässt, in den zusammengesetzten Nominibus angenommen; § 323 f. Selbst die Verbaladjectiva schlossen sich dieser Betonungsweise an; vgl. g. *ándanêms* zu *andniman*, *ándasêts* zu *andsitan*, *ándapâhts* zu *andpágkjan* u. e. a. Kluge, Grdr. § 19, 5[b]. KZ. 26, 73 f. — Von den Partikeln, welche zu un-

betonten Vorsilben herabsinken, hat sich freilich nur eine in einer starken Wortgruppe erhalten, g. *us*, hd. *ur*, die andern nur in einzelnen Beispielen wie *Antwort, Antlitz, Inbrunst, Imbiss, inständig, bieder* ahd. *biderbi*. Die meisten sind untergegangen oder nach dem Muster der Verbal-Composita umgebildet. Dagegen die Präpositionen *wider, um, durch, über, unter, hinter* behaupten in der nominalen Composition durchaus den Ton, selbst in Wörtern, denen Verba mit unbetonter Partikel zur Seite stehen. Während *befínden Befúnd, entgélten Entgélt, verstéhen Verstánd, zerfállen Zerfáll* mit gleicher Betonung gebildet werden, betont man *widerspréchen Wíderspruch, unterhálten Únterhalt, durchstéchen Dúrchstich, überschlágen, Überschlag* etc. Nur solche, die mit einer Ableitungssilbe gebildet sind, folgen der Betonung des Verbums: *Wiederhólung, Umgébung, Durchdríngung, Überhébung, Unterháltung, Hinterlássenschaft*.

Anm. Auffallend ist, dass sich im Hd. so wenig Spuren eines betonten *gá-* finden (§ 329), obwohl grade mit dieser Partikel viele Nomina gebildet werden, die nicht von Verben abgeleitet sind; z. B. *Gemahl, Gefährte, Gebirge, getreu, geraum, gelenk*. Vielleicht hat hier die Betonung der ersten Silbe nie allgemein gególten; vgl. Behaghel, Grdr. § 19, S. 554. — In *únbithèrbi, úmbirùah* hat *bi* schon bei O. unter dem Einfluss des betonten *un-* den Ton verloren.

345. *voll-* und *miss-* werden wie die präpositionalen Partikeln vorm Verbum unbetont, vorm Nomen betont gebraucht. Es heisst *vollbríngen, vollführen, vollénden, missráten, misslíngen, missglücken, missfállen, missgönnen, misskénnen*; aber *Vóllmacht, Vóllblut, vóllzählig, vóllständig, vóllgültig; Míssstand, Míssbrauch, Míssgunst, míssgünstig, míssmutig*. — *vollkómen* steht als Participium des jetzt erloschenen Verbums *volquĕman* mit der Regel in Einklang; ebenso *Míssbildung* und *Misshándlung*, denn jenes ist eigentliches Compositum, dieses Ableitung von *misshándeln*. — Wörter wie *missgelaunt, missgestalt, missgeartet* sind nicht als Participium zu *missláunen, misstéllen, missárten* anzusehen, sondern durch Zusammensetzung mit den adjectivischen Participien *gelaunt, gestalt, geartet* gebildet, vgl. *übel gelaunt, wohl gestalt, wohl* *geartet*. Es ist aber begreiflich, dass durch solche Bildungen, die auf Nomen und Verbum bezogen werden konnten, die Regel gelockert wurde und im Nhd. betontes *miss-* auch vorm Verbum erscheint: *misshandeln, misszuhandeln, missgehandelt, gemisshandelt* u. ä., Formen, welche Lachmann 'als üble Bildungen des 16., höchstens 15. Jahrh.'s' bezeichnet; vgl. auch Weigand DWb. 2, 101.

346. *ala-* hat in zusammengesetzten Substantiven den Hauptton, in Adjectiven nur einen Nebenton, und dem gemäss accentuiert O. *alafésti, alaníuuaz, alauuássaz, alauuáltentan*, aber *in álafesti, in álagâhi, in álathrâti*. Lachmann S. 375. Doch finden sich auch Ausnahmen, namentlich wird *alawâr, in alawâr* mit verschiedenem Accent gebraucht. Wilmanns, Beitr. 3, 96. Im Nhd. entsprechen der alten Regel: *Állmacht, Állgewalt, Álltagskleid* und *álliebend, állmächtig, állein* u. a.; aber *Allgüte, Allwissenheit, Allgégenwart* haben den Ton auf die zweite Silbe genommen, und umgekehrt *albern* mhd. *alwære*, wo die ursprüngliche Bedeutung erloschen ist, auf die erste.

B. Jüngere Tonverschiebungen.

347. Durch jüngere Tonverschiebungen wird namentlich das **Adjectivum** betroffen.

1. In den mit *un-* zusammengesetzten Adjectiven setzen schon die Schreiber O.'s den Accent nicht ganz selten auf die zweite Stammsilbe: *thie ungilóubige, ungisëwanlîcho, ungilônôt, ungidânes* etc., und der Dichter entzieht gelegentlich der Silbe *un-* selbst den Ictus: *unlástarbârig, unuuírdig*; Lachmann S. 376 f. Häufiger betonen die mhd. Dichter die zweite Stammsilbe, und wenn auch daraus nicht zu schliessen ist, dass diese Betonungsweise in der gewöhnlichen Rede ebenso gewöhnlich war — denn das Bedürfnis des Verses begünstigt oft die Verschiebung des Accentes —, so zeigt doch die Entwickelung der Sprache, dass der Accent nicht sehr fest stand. — Das Nhd. betont *un-* noch in vielen Adjectiven, zumal in solchen, welche in fühlbarem Gegensatz zu dem positiven Simplex stehen; z. B. *únecht, únrecht, únaufmerksam, un-*

gnädig, unfreundlich etc. Aber wenn das Simplex nicht oder wenig gebräuchlich ist (a) oder Simplex und Compositum in ihrer Bedeutung sich eigentümlich entwickelt haben (b), wird oft der zweite Bestandteil betont, z. B. a. *unságbar, uberéchenbar, unaufháltsam, unentwégt,* und viele auf *-lich: unzählig, untadelig, unsäglich, unerforschlich, unerbittlich, unverzüglich* etc. b. *unendlich, unvergesslich, ungeheuer, ungemein* etc. Doch greift die Regel nicht durch. Nicht wenige Adjectiva halten an der alten Betonung fest, obwohl sie nicht durch den Gegensatz zum Simplex gestützt wird: *unwirsch, unstät, unflätig, unpässlich, unliebsam, ungestüm, ungestalt, ungeschlacht, unbescholten* — und manche, deren Simplex gebräuchlich ist, lassen *un-* unbetont, bes. *unmöglich, unsterblich,* auch *unglaublich, unbegreiflich, unverantwortlich.* — Schwankend ist der Accent in *unbeschadet, ungeachtet,* wechselnd nach der syntaktischen Stellung in *unentgeltlich, unverdrossen.* — Wenn das negative Moment besonders hervorgehoben werden soll, kann *un-* in allen betont werden.

2. Ähnlich überlässt das steigernde *ur-* und das jüngere entlehnte *erz-* im Nhd. den Hauptton der folgenden Stammsilbe. Mit wechselnder Betonung braucht man *uralt, erzfaul, erzdumm· urplötzlich* betont man auf der zweiten Silbe. In *úrkundlich, úrsächlich* behauptet sich der Accent der Substantiva *Urkunde, Ursache;* aber in *ursprünglich* ist er verschoben.

348. 3. Auch Adjectiva, deren erster Bestandteil ein Nominalstamm ist, haben den Accent im Nhd. vielfach auf den zweiten verlegt, zumal wenn diesem noch eine Ableitungssilbe folgt. Es heisst zwar regelmässig: *éigenhändig, vierfüssig, gróssmütig, léutselig, wétterwendisch* etc., aber den zweiten Bestandteil betonen: *leibéigen, barmhérzig, dreiéinig, willkómmen, altéhrwürdig;* ferner Adj. auf *-haftig: wahrháftig, leibháftig, teilháftig* (gegen *wáhrhaft* etc.) und viele auf *-lich,* auch solche, denen ein regelmässig betontes Substantivum zur Seite steht: *Abscheu abschéulich, Augenblick augenblicklich, Eigentum eigentümlich, Überschwang überschwänglich, Willkür willkürlich, Vórzug vorzüglich* (aber *ábzüglich, ánzüglich, náchweislich* u. a.). *offenbár, unmittelbár* (aber *míttelbar*) haben den Accent sogar auf der letzten Silbe.

4. Besonders anzuführen sind die Adjectiva, deren erster Bestandteil wesentlich formale Bedeutung hat. Wie *ala-* regelmässig unbetont bleibt, so betont O. auch einmal *ëbanéwigan*. — Im Nhd. haben die Adjectiva, die mit einem verstärkenden Substantivum zusammengesetzt sind, wechselnde Betonung je nach der syntaktischen Stellung: *baumstark, bettelarm, blutjung, bombenfest, eiskalt, federleicht, grundfalsch, haarscharf, himmelhoch, sonnenklar, stockblind, weltbekannt, wunderschön, steinalt. Stéinreich* ist reich an Steinen, *steinréich* oder *stéinreich* (mit wechselndem Accent) = sehr reich.

Man sagt *ziegelrot, púrpurrot* um eine bestimmte Nuance der Farbe zu bezeichnen, aber *feuerrot, grasgrün, kohlschwarz, pech-, rabenschwarz, schneeweiss* mit wechselndem Accent, da es nur auf eine Verstärkung ankommt.

Ebenso spricht man mit wechselndem Accent die Adjectiva und Participia, die mit einem steigernden Adjectiv oder adjectivischen Adverb zur Einheit zusammengefasst zu werden pflegen: *hellgelb, dunkelgelb, scharlachrot, schreiend rot, gelblich weiss, schlecht bevölkert, dichtbelaubt, neuvermählt, hochfein, hochwichtig, eng verbunden, nahe befreundet*; aber *wéitgehend, áltklug, dúmmdreist dúmmgut*. Man spricht *vielbewundert, vielgenannt, vielgeschmäht* mit wechselndem Ton, aber *vieldeutig* und *vielsagend*, wo *viel* Object ist, und *féststehend, fréigelassen, fréigesprochen*, wo *fest* und *frei* prädicative Adjectiva sind.

349. Die Betonung der zusammengesetzten Substantiva steht in der älteren Sprache sehr fest. Einige Ausnahmen O.'s: (*fihuwíari, himilgúallîche, himilríchi, dagafrísti, adalérbon, widarwínnon*) lassen sich meist aus dem Einfluss des Versrhythmus erklären. Wilmanns, Beitr. 3, 92.

Für *wëroltunstáti, wëroltréhtwîson*, die anderwärts im Ahd. nachweisbar sind (Lachm. S. 378), ist die verstärkende Bedeutung von *wërolt* zu beachten. Ähnlich im Nhd. *Herzbrúder, Herzliebste* und *Erzzánker, Erzbösewicht* neben *Érzbischof, Érzherzog*.

Im Nhd. aber hat die Tonverschiebung weiter um sich gegriffen, indem sich die Neigung geltend macht, in Compositis, deren zweiter Bestandteil ein zusammengesetztes Wort ist, diesem den Hauptton zu gewähren; z. B. *Feldháuptmann, Berghdúptmann, Vicefèldwebel, Hofmúndschenk, Fronléichnam, Pfingstsónntag, Karfréitag, Kriegsschdúplatz*; eine Betonung, die dann weiter auch in solchen Compositis, deren erster Bestandteil ein zusammengesetztes Wort ist, Accentverschiebung herbeiführt, z. B. *Landgeríchtsrat*. Man gruppiert die Nebentöne um den Hauptton, anstatt sie ihm folgen zu lassen. Doch ist die regelmässige Betonung keineswegs verloren; z. B. *Féldiebstahl, Háuseigentümer, Únterbeinkleid*.

350. Zusammengesetzte Verba sind, wenn man von den Partikelcompositis und den mit *voll*- und *miss*- gebildeten absieht, nicht häufig, meist Ableitungen von zusammengesetzten Substantiven, oder nach dem Muster solcher Ableitungen gebildet. Den Ton tragen sie auf der ersten Silbe. Zwar betont O. gelegentlich *fuazfállônti, gimuatfágôta*, aber das regelmässige ist *fúazfallôn, múatfagôn, hálsslagôn* etc. und ebenso nhd. *rátschlagen, hérbergen, wállfahrten, rádebrechen* u. a. Aber *willfáhren* hat den Accent auf die zweite Silbe genommen und ebenso die aus Zusammenschiebung entstandenen *lobsingen, lobpreisen, frohlocken*, die eben durch die Verlegung des Accentes zu untrennbaren Compositis geworden sind. Von Rechts wegen sollten sie wie *haushalten, teilnehmen, wertschätzen* u. ä. die erste Silbe betonen und trennbar sein.

C. Composita, welche die Betonung ihrer Bestandteile festhalten.

351. Nicht selten erklärt sich die unregelmässige Betonung der Composita daraus, dass sie die Betonung ihrer ursprünglich selbständigen Bestandteile festgehalten haben.

a. Substantiva. Die Adjectivstämme, die mit einem Substantivum componiert sind, haben in der Regel den Hauptton; z. B. *Blindschleiche, Grossvater, Halbbruder, Grobschmied, Jungfrau, Graubart, Weissbier* u. a., auch solche, die augenscheinlich an Stelle syntaktischer Verbindungen getreten sind, wie *Mitternacht (ze mitteru naht), Mittag (ze mittemo tage), Weihnachten (ze den wîhên nahton), Viertel (daz fiorda teil)*. Daneben aber giebt es einige, welche den zweiten Bestandteil betonen, also das Tonverhältnis anerkennen, das in der jetzigen Sprache zwischen Adjectiv und Substantiv zu walten pflegt. Schon O. betont *drŭtlíut, drŭtménnisgon, altgiscríb*; auch Verbindungen mit unflectiertem *sëlb* wie *sëlb drŭhtíne, sëlb stéinónne* können hier angeführt werden. Im Nhd. finden wir diese Betonung besonders in adverbialen Verbindungen (§ 353), aber auch in einigen andern: *Altwéibersommer, Langewéile* (aber *Kúrzweil*), *Geheimerát* (aber auch *Gehéimrat*), *das Hohelied, der Hohepriester, die Sauregúrkenzeit* u. ä., in denen das *e* der Flexion noch auf den Ursprung aus der syntaktischen Verbindung hinweist. — Ein unbetontes Substantiv bildet den ersten Bestandteil in *Hanswúrst, Hansnárr* (*Hans* als Vorname), *Kräutchenrúhrmichnichtan, Fürstbischof*; auffallender in *Nordóst, Südóst, Nordwést, Südwést*. — Ferner: *Vaterúnser, Nimmerwiedersehn*. — Andere haben den Ton auf die erste Silbe treten lassen: *Páckan, Sáufaus, Sprínginsfeld, Léberecht, Tráugott*.

Besonders beliebt ist die Betonung des zweiten Bestandteils in Ortsnamen: *Grossbéeren, Schönflíess, Hohenlóhe, Kleinásien, Neuwíed, Neurúppin, Neuséeland, Altenáhr, Altbreisach* (aber *Néustadt, Néuenburg, Áltenburg, Mágdeburg, Hóhenstein*, wo der zweite Bestandteil ein einfaches Appellativum ist); *Dreilínden, Siebenbürgen, Oberwésel, Wüste Wáltersdorf, Rheinbreitbach, Donauwört; Goarsháusen, Eberswálde, Karlsrúhe, Kaiserslaútern, Königswínter, Königswústerhausen* u. a. vgl. § 341.

Anm. Anders gebildet sind Wörter wie *Auseinándersetzung, Instándhaltung, Zugrúndelegung*; sie sind nicht einfach zusammengeschoben, sondern von Wortverbindungen abgeleitet und also feste Composita, wie g. *faúradauri* Gasse = das vor der Thür befindliche; aber als junge Bildungen haben sie das Tonverhältnis der ihnen zu Grunde liegenden Wörter bewahrt.

352. b. Von Adjectiven sind hierher zu zählen die in § 349, 4 angeführten Verbindungen wie *héllgelb, víelgenannt*, und die auf adverbialen Verbindungen beruhenden *vorhánden, zufríeden*; § 353 A.

c. In Zahlwörtern haben die undeutlich gewordenen Substantiva *-zig* und *-tel* durchaus die Tonfähigkeit verloren;

ebenso bleibt -*zehn* immer unbetont: *dréizehn, fíerzehn* etc. Sonst pflegt in der Verbindung verschiedener Zahlen der letzte Bestandteil betont zu werden: *vierundzwánzig, der vierundzwánzigste, dreihúndert, fünftdúsend,* jedoch mit der Neigung in attributiver Verbindung den Ton des ersten zu verstärken. Auch die Wörter auf -*mal* und -*lei* neigen zu wechselnder Betonung. (Die Zahlwörter werden wie die Ortsnamen besonders oft in Pausastellung gebraucht.) — In Verbindungen wie *Viertelstúnde, Vierteljáhr* behauptet das abhängige Substantiv den Ton, aber in der adjectivischen Zusammensetzung *Halbjahr* hat der erste Teil den Ton. — *selb* ist unbetont: *selbánder, selbdrítt.*

d. Pronomen. *dersélbe,* aber stärker demonstrativ *dérjenige;* ahd. *dehéin, nehéin, dewéder, newéder;* so *wér,* mhd. *swér;* aber *íoman, níoman, íogiwëdar, íowëdar, éddeswër, éddeslîh.*

353. e. Sehr häufig ist Betonung des zweiten Bestandteils in **Adverbien**, die auf mannigfache Weise durch Zusammenschiebung selbständiger Wörter vermehrt werden.

1. Adjectiv und Substantiv; z. B. *keinesfálls, jedesfálls, allenfálls, geradeswégs, keineswégs, allerwége, allerórten, allezéit,* auch in der beliebten Adverbialbildung auf -*weise*: *glücklicher wéise, törichter-, schlauer wéise* u. a. Dagegen mit Betonung des ersten Bestandteils, wenn dieser ein Substantiv ist: *áusnahmsweise, kréuz-, ánhangsweise.*

2. Präposition und Nomen. Partikeln, die aus Präposition und Nomen verschmolzen sind, begegnen schon im Ahd., z. B. *ingágini, ingágin, ubarál, ubarlût, umbiring.* Im Mhd. wächst ihre Zahl; namentlich *bi* und *in* (Beispiele § 331) werden so gebraucht, aber auch *ze* (*zehant, zestunt, zesamene, zewâre, zevorn*) und *mit* (*mitálle* od. *betálle*). Hier erscheint die Präposition ganz in der Gestalt einer unbetonten Vorsilbe und auch in ihrer Bildung stehen die Wörter den verbalen Partikelcompositis gleich, nur dass sie jünger sind. Das Nhd. hat nur wenige von diesen Wörtern behalten (§ 331), in den meisten gleichgebildeten zeigt die Präposition ihre selbständige, ungeschwächte Form. Bald ist sie mit einem Substantiv verbun-

§ 354.] Der Hauptton in zusammengeschobenen Compositis. 321

den: *zufolge, zumal, zuwege, zurück, zuzeiten, zuhauf, zurecht, infolge, inmitten, insonderheit, anstatt, anheim, beizeiten, beiseite, unterwegs, unterweilen, überhaupt, bisweilen, abhanden, vorhanden*; bald mit einem Adjectiv: *zuerst, zuletzt, zuvörderst, zunächst, überall, überquer, fürwahr, fürlieb, beinahe, nachgrade*; bald mit einem Pronomen: *indem, vordem, andem, zudem, ausserdem, nachdem, seitdem, trotzdem, ohnedies, überdies* und Verbindungen mit *einander: durcheinánder, mit-, von-, über-, untereinánder.* — Selbst der Artikel ist zuweilen in die Verbindung aufgenommen: *insbesondere, insgemein, insgesammt, vorderhand*. — Die meisten Bildungen dieser Art belassen dem Nomen seinen Accent; einige werden nur bei besonderem Nachdruck auf der ersten Silbe betont (*beinahe, ausserdem, trotzdem*); in andern aber ist diese Betonung Regel geworden: *abseits, hinterrücks, vormals, vorgestern, übermorgen*, oder zulässig: *sintemal*. Im Ahd. finden wir auch Unterordnung des Pronomens unter die Präposition: *untaz, unz* vgl. g. und *þatei, êdes, ínnedes* bei Williram.

Anm. Aus solchen Verbindungen sind die nhd. Adjectiva *zufrieden, vorhanden* hervorgegangen, und die Subst. *Vormittag, Nachmittag*, deren Ton schwankt.

354. 3. Nomen und Partikel. Substantiva: *bergauf, bergab, himmelan, stromauf, stromnieder, jahraus, jahrein.* — Adjectiva: *geradeaus, kurzab, linksum, künftighin, schlechtweg.* — Pronomina: *demnach, demnächst, demgemäss, demzufolge, deshalb, deswegen* (mit Nachdruck *déshalb, déswegen*), *dessenungeachtet, weshalb*. Auch *meinetwégen, meinethálben* wird betont, wenn die erste Person nicht besonders hervorgehoben werden soll. Aber *um-willen* verlangt nach dem unbetonten *um* betonten Genitiv.

4. Partikel und Partikel. Einige dieser Verbindungen betonen den ersten Bestandteil: *immer, nimmer* (O. *iamêr, niamêr*, aber *iowánne* neben *iowanne, iogilícho*), *also* (*alse, als*), *ebenso, dennoch, damals, ehemals, nochmals*, und die Adverbia auf *-wärts*: *aufwärts, einwärts, auswärts*. Die meisten den zweiten. So die mit den pronominalen Adverbien *so, her, hin, da, hier, wo* zusammengesetzten Wörter: *sonach, somit, sofort, sogleich, so-*

W. Wilmanns, Deutsche Grammatik. 21

bald; *heraus, herein, hinab, hinaus, hinfort* etc.; *davor, damit, darnach, darauf*; *hierauf, hieran, hiermit*; *wonach, woraus, womit, worüber* etc. Nur wenn das hinweisende Moment besonders hervorgehoben werden soll, können auch *da, hier, wo* betont werden. In derselben Weise unterscheidet schon Notker betontes und unbetontes *dár, dara* (Fleischer a. O. S. 148 f.), während O. *thara* und *thár* im allgemeinen nicht betont und nur in *tharazua* je nach Bedürfnis die erste oder letzte Silbe hervortreten lässt. Wilmanns, Beitr. 3, 98. — *hiersélbst, dasélbst, wosélbst* können nur auf der zweiten Silbe betont werden.

Auch Präpositionen, locale Adverbia, Conjunctionen u. g. ä. ordnen sich dem folgenden Worte unter: *voraus* (aber *im Vóraus*), *vorbei, mitunter, untenan, obenauf, hintennach*; *wohlan, wohlauf*; *nunmehr*; *obgleich, obschon, obwohl, wenngleich, wiewohl*. — *Vorher* (aber nicht *vorhin*), *nachher, hinterher, fürbass* gestatten verschiedene Betonung; *vorán* und *vóran* unterscheiden sich in der Bedeutung.

Nebentöne.

355. Der Silbe, welche den Hauptton trägt, ordnen sich alle andern Silben des Wortes unter, doch nicht in gleichem Abstand. In Wörtern wie *Gräfin, Reichtum* erscheint die letzte Silbe gegenüber der ersten zwar als unbetont, aber doch weniger unbetont als in *Grafen, Reichen*, die mit einem reducierten, fast erloschenen Vocal gesprochen werden. In *Gräfinnen, Reichtümer* treten die Silben *fin, tü* stärker hervor; sie nehmen eine Mittelstellung ein zwischen der hoch betonten ersten und der unbetonten letzten; noch kräftiger in *Bürgerinnen, Altertümer*, wo eine unbetonte Silbe sowohl vorangeht, als folgt. Die Wörter *Gräfin, Reichtum, Gräfinnen, Reichtümer* werden mit absteigendem Accent gesprochen; die erste Silbe erscheint in unserer Sprache als die eigentliche Quelle der Energie, die allmählich gegen das Ende hin nachlässt, in *Bürgerinnen* und *Altertümer* eröffnet sich in der dritten Silbe eine neue Quelle, zwar schwächer als die erste, aber deutlich vernehmbar.

Die Tonabstufungen, in denen sich die minder betonten Silben bewegen, sind mannigfaltig und kaum gegeneinander abzugrenzen. Einen gewissen Massstab giebt die Geschichte der Sprache: die Silben, welche an der Lautentwickelung der Stammsilben teilnehmen, stehen ihnen auch im Ton am nächsten; schwächer sind die, welche ihre Vocale in unbetontes *e* oder *i* übergehen lassen; am schwächsten die, deren Vocal ganz erlischt. Doch ist nicht zu übersehen, dass diese Entwickelung nicht von der Schwäche des Tones allein abhängt. Das Gewicht der Endung, die Qualität der Vocale, der vorangehenden und folgenden Consonanten, die Stellung, welche die unbetonte Silbe im Flexionssystem einnimmt, kommen, wie in dem Abschnitt über die Vocale in den unbetonten Silben hervorgehoben ist, in Betracht. Besonders sei hier auf den Unterschied zwischen dem Gewicht der Endung und der Energie des Tones hingewiesen. Silben mit langem Vocal sind schwerer als solche mit kurzem, geschlossene Silben schwerer als offne, ja die einzelnen Laute selbst haben nicht gleiches Gewicht (§ 328); aber eine leichte Silbe kann stärker betont sein als eine schwere. In *lŏ-bôt* trägt die kurze offne Silbe den Hauptton, auf die zweite, geschlossene mit langem Vocal entfällt nicht einmal ein Nebenton. Die Präterita *salbôta*, *frâgêta* sprach O. noch mit langem Vocal in der Mittelsilbe, den Nebenton aber legt er in der Regel auf die dritte. § 361.

Anm. Pauls Annahme, dass zwischen zwei benachbarten Silben notwendig eine Abstufung des Tones stattfinden müsse, scheint mir Jellinek, Flexion S. 29 mit Recht abzulehnen.

356. Verschiedene Betonungsweise der minder betonten Silben lassen Notkers Accente erkennen, indem er wie in den haupttonigen Stammsilben bald den Acut, bald den Circumflex braucht. Aber dabei fällt auf, dass er den Circumflex in Ableitungs- und Flexionssilben mit langem Vocal zwar nicht regelmässig, aber sehr oft braucht, dagegen den Acut in Flexionen nie, ausser in der Endung *iu*, in Ableitungssilben selten, am häufigsten in *-unga*, einmal in *-ing*, einigemal in *-niss* (Fleischer S. 289 f.). Dass in seiner Sprache die Endungen mit kurzem Vocal durchweg mit geringerer Energie gebildet wurden als die mit langem Vocal, folgt daraus nicht. Vielmehr zeigt seine Accentuationsweise, dass er nicht sowohl die Energie des Tones bezeichnete, als bestimmte Arten des Accentes. Den Acut nahm er in den Bildungssilben im allgemeinen nicht wahr, wohl aber die eigentümliche Betonungsweise des Circumflexes. Früher mag auch der Acut in minderbetonten Silben häufiger gewesen sein. Auch im Idg. waren die verschiedenen Accentqualitäten nicht an den Wortaccent gebunden. Hirt, Idg. Forsch. 1, 3.

Anm. 1. In § 237 ist bemerkt, dass die nhd. Dehnung der Stammsilben mit einer Änderung der Accentuationsweise zusammenhängt. Es liegt nahe zu vermuten, dass auch gewisse Dehnungen in minder betonten Silben dadurch veranlasst sind, dass sie den Acut verloren: *Sîfrîde, Gunthêre, Gîselhêre, Liutwîn* (Bartsch, Untersuchungen zum Nibelungenliede S. 168. Whd. § 42).

Anm. 2. Auch die charakteristische Betonungsweise des Circumflexes fängt in N.'s Sprache an in den Endungen zu schwinden. Besonders ist wahrzunehmen, dass sie zurücktritt, wenn eine accentuierte Silbe folgt, in den Prät. auf *-ôta* (Fleischer S. 172) und den Participien auf *-ôt* (S. 158), in den Comparativen auf *-ôr* (S. 165) und den Adjectiven auf *-îg* (S. 163).

357. Über den Nebenton im Gotischen ist wenig zu sagen. Durch die Festlegung des Hauptones auf der ersten Silbe hatte das germanische Wort im allgemeinen eine absteigende Betonung erhalten, die in den germanischen Auslautgesetzen ihre Wirkung äussert. Aber gleichmässig absteigend war die Betonung damals gewiss ebenso wenig wie jetzt. In einem Compositum wie *þiudangardi*, vermutlich auch in Ableitungen wie *þiudinassus* war die dritte Silbe stärker betont als die ihr vorangehende, und in den verbalen Partikelcompositis ordneten sich die präpositionalen Adverbia, obwohl sie die Form der selbständigen Wörter bewahren, dem Tone des Verbums unter. Erhebung einer Endsilbe über eine vorhergehende zeigen deutlich *ainnôhun* neben *ainana*, *ainummêhun* neben *ainamma*; die Anlehnung des enklitischen Wörtchens verschaffte der vorhergehenden Silbe das Übergewicht und der Vocal der drittletzten entartete oder verstummte.

358. Bessere Einsicht gewährt das A h d., nicht nur weil die Tonverhältnisse der Sprache deutlichere Spuren eingedrückt haben, sondern auch weil die Accente Notkers und der Gebrauch der Dichter uns Hülfsmittel gewähren, die wir für das Gotische entbehren müssen. Jedoch ist, was die Verse betrifft, zu beachten, dass nicht jeder Ictus einen sprachlichen Nebenton beweist. Im pathetischen Vortrag und in künstlerischer Declamation treten die Nebentöne der Sprache nicht nur stärker hervor, sondern es werden auch Silben gehoben, die in der gewöhnlichen Rede unbetont bleiben. Aus dem Gebrauch der Dichter erkennt man wohl, welche Silben hebungsfähig waren, aber aus der Hebungsfähigkeit folgt nicht, dass sie für gewöhnlich wirklich gehoben wurden. Wenn O. gelegentlich *fingàr thinàn* scandiert mit einem Ictus auf jeder Silbe, und wenn er Wörtern der Form ′— sehr oft, im Verschluss regelmässig zwei Ictus giebt, so entsprach das der gewöhnlichen Rede sicher nicht.

359. Die Lage des Nebentones hängt in erster Linie von der Beschaffenheit der vorangehenden Tonsilbe ab. Eine Silbe, welche auf eine betonte offene Silbe mit kurzem Vocal folgt, ist nicht hebungsfähig. Bei Notker können solche Silben zwar den Circumflex erhalten, z. B. *lobôt, ënêr, sëhên* etc. aber nie den Acut. In Wörtern wie *einúnga, scáffúnga* er kennt N. nicht selten einen zweiten Acut an, nicht in *skidunga, nemunga, pewdrunga* u. ä. In den Versen tragen Wörter wie *guatî, liutî, dâto, wollet* sehr oft einen Ictus auf der zweiten Silbe, solchen wie *scolo, thësa, sagên* ist er versagt; selbst das zweite Compositionsglied in Wörtern wie *suliche, wëlichaz, zuelifi, zuivalta, worolti* ist nicht hebungsfähig (wohl aber *in-òuwa, un-êra*, weil die erste geschlossen ist). Eine neue Hebung kann erst eintreten, wenn die Kraft des Haupttones sich erschöpft hatte, und dafür bot die kurze offene Silbe nicht genügenden Raum.

Anm. Die Regel steht in merkwürdigem Verhältnis zu dem westgermanischen Synkopierungsgesetze, welches in Wörtern der Form ⏑⏑ weniger Macht über den Vocal der Endung hat, als in solchen der Form —⏑, also einen Nebenton gerade nach kurzer, Tonlosigkeit nach langer Stammsilbe vorauszusetzen scheint: *fihu* aber *tôd, wini* aber *gast* (§ 257). Aber dieser Gegensatz ist nur scheinbar. Das *fihu* und *wini* durch einen Nebenton gegen das Synkopierungsgesetz geschützt wurden, ist aus der Erhaltung des Vocales nicht zu schliessen. Vielmehr ist bei ihnen wie bei den langsilbigen *daupus, *gastis eine gleichmässig absteigende Betonung vorauszusetzen, die in der langen Stammsilbe ganz verbraucht wurde, so dass der folgende Vocal erlosch, die kurze dagegen überdauerte, so dass sie noch den folgenden Vocal stützen konnte; (vgl. Jellinek, Flexion S. 28). In der Betonung der Wörter ⌣⌣ findet also kein Unterschied zwischen der älteren und jüngeren Weise statt. Und wenn ahd. Wörter der Form ⌐⌣ einen Nebenton tragen, den urgermanische wie *daupus und *gastis nicht gehabt haben können, so bekundet auch das keinen Umschwung in den Betonungsverhältnissen. Denn wir haben keinen Grund anzunehmen, dass die hochdeutschen Wörter, die in ihrer zweisilbigen Form das Synkopierungsgesetz überstanden hatten, oder durch dasselbe erst zweisilbig geworden waren, ebenso betont wurden, wie die ursprünglich zweisilbigen, die das Synkopierungsgesetz beseitigte.

360. Minderbetonte Stammsilben. Den sichersten Anspruch auf einen Nebenton haben die Stammsilben, welche in einem Compositum der Haupttonsilbe folgen; z. B. *súntolòs, wúntarlìch, thíonostmàn, lántlìut, kúanhèit* u. a.; nhd. *Fállthùr, Schréibfèder, Váterlànd* etc. Wo mehrere Stammsilben dem Hauptton untergeordnet sind, findet zwischen ihnen eine weitere Abstufung statt, indem die Silben, welche in den Gliedern des Compositums den Hauptton tragen, auch in der Zusammensetzung am kräftigsten hervortreten. Ist das erste Glied ein Compositum, so trägt in der Zusammensetzung die zweite Stammsilbe den geringeren, die dritte den stärkeren Nebenton; z. B. *Kírchtùrmspitze, Lándràtsamt, úrtèillòs*; ist das zweite Glied ein Compositum, so hat das Wort gleichmässig fallende Accente: *Félddiebstàhl, Háuséigentùmer* etc. Doch haben in solchen Wörtern vielfach Accentverschiebungen stattgefunden (§ 349). Weniger kräftig sind im allgemeinen die Stammsilben, welche der Haupttonsilbe vorangehen. Die präpositionalen Partikeln in der Verbalcomposition, die ersten Silben in *dehein, nohein* u. dgl., welche von Anfang an der zweiten Stammsilbe untergeordnet sind, ferner oft die einsilbigen Präpositionen, die in adverbialen Verbindungen mit einem Nomen verschmelzen (§ 353), und die Partikel *dar* vor einer Präposition (§ 336) erscheinen ganz tonlos und teilen das Schicksal der Flexionen.

Dagegen *voll-*, *miss-*, *all-* halten sich, auch wo sie nicht den Hauptton tragen, und ebenso andere Silben, denen im Laufe der Zeit durch Accentverschiebung der Hauptton entzogen wird, namentlich auch *un-* und *ur-* (§ 347).

361. Der Nebenton in Ableitungs- und Flexionssilben. Während die Stammsilben als solche einen Nebenton erhalten, hängt die Betonung der Ableitungs- und Flexionssilben weniger von ihnen selbst, als von der Form des Wortes ab. Wenn mehrere Silben dieser Art auf einander folgen, macht sich, wofern sie überhaupt einen Nebenton erhalten, die Neigung geltend, die zweite zu betonen, also einen Wechsel von Hebung und Senkung eintreten zu lassen. Notwendig ist diese Betonung 1. in den Worten mit kurzer, offner Stammsilbe; z. B. *gótinnà, mánungà, sălidà, lŏbŏtà*. Ebenso 2., wenn noch eine dritte Bildungssilbe folgt; z. B. *mártolòtun, fórdoròno wáltantèmo, frénkisgèro* etc. (Wilmanns, Beitr. 3, 113 f.). 3. Wenn die zweite eine Ableitungssilbe ist; z. B. *édilìng, rúomisàl, zuîfilìn, góugalàri, finstarnìssi, múrmulùnga* etc.

Verschieden und weniger fest ist der Gebrauch bei Wörtern der Form ´‿‿, deren letzte Silbe eine Flexion ist. Unterordnung unter die Flexion gilt mehr oder weniger für alle kurzen Mittelsilben, besonders für die Substantiva auf *-ida*, z. B. *sálida*, die flectierten Formen von *nackot* und *ander*, auch für *hêrero, fordoro, jungoro*; aber auch für *druhtîn* und die Adjectiva auf *-în*, die man mit langem *î* anzusetzen pflegt, für die Superlative und die Präterita auf *-ôta* und *-êta*. Ebenso ist schwache Mittelsilbe anzunehmen für die Adjectiva auf *-ig* und *-îg*, die Genitivendung *-ono*, die 1 Pl. auf *-mês* u. e. a. Dagegen widerstreben der Unterordnung die Ableitungssilben *-inn, -niss, -ôt, -ing, -ônt, -ênt, -and, -ônn, -ĕnn, -ann*; in ihnen pflegt absteigende Betonung zu gelten wie in den zweisilbigen Wörtern der Form ´‿ und in den Compositis, deren Stammsilben unmittelbar auf einander folgen (*lántlìuti, éwàrto*). Die Wörter auf *ări* sind der schwankenden Quantität des *a* entsprechend beiden Betonungsweisen gerecht. Wilmanns, Beitr. 3, 111 f.

362. Kraft der Nebentöne. Die Nebentöne sind von

geringer Kraft. Im altdeutschen Verse treten sie am entschiedensten hervor, wenn das Wort am Ende des Verses, also in Pausa steht. Wörter der Form ⸌⏑ verlangen hier stets zwei Ictus, Wörter der Form ⸌_⏑ drei; z. B. *flîzè, kléinè, fúntàn, zélitùn, théganá, ládôtùn; wáhsèntì, érèntì, frénkìsgòn, ágalèizè.* Im Innern des Verses aber muss in der Regel eine unbetonte Silbe folgen, wenn die nebentonige gehoben werden soll, sei es dass diese unbetonte Silbe demselben Worte angehört oder dem folgenden, also eine Vorsilbe oder ein unbetontes einsilbiges Wort ist. Und selbst in diesem Fall wird der Nebenton oft nicht beachtet. Wörtern der Form ⸌_⏑ giebt O. im Innern des Verses nie drei Ictus, Wörtern der Form ⸌⏑ oft nur einen, auch wenn noch eine Senkung folgt; ja selbst Wörter wie *frágêta, wúntorôn, mánagemo, wúntorôta*, die einen Nebenton auf der vorletzten gestatten, können so gebraucht werden, dass nur die Stammsilbe betont wird.

Dass eine Flexions- oder Ableitungssilbe gehoben wird, ohne dass eine minder betonte, ungehobene folgt, kommt nur selten vor (a. O. § 78 f.). Öfter behauptet die minder betonte Stammsilbe eines Compositums ihre Hebungsfähigkeit vor folgender Tonsilbe; z. B. *in thaz spráhhùs in; áltdùam suáràz; théiz sîn ámbàht uuás*. Aber auch diesen Stammsilben wird nicht selten der Ictus vorenthalten. O.'s Belege sind meistens Wörter, die als Composita wenig oder gar nicht mehr empfunden werden, z. B. *einlif, zweinzug, frammort, ambaht, kuanheit, wîsduam, hôrsam, wârhaft*, überall *suslîh* und *iawiht*, häufig *iamêr, niamêr, iaman, niaman*; doch kommen auch andere vor; *lantliut, náhuuist, sueizduah, unmaht* u. a. a. O. § 92. Nur wenn die beiden Stammsilben durch eine unbetonte getrennt sind, z. B. *brúderscaf, thionostman* enthält er der zweiten den Ictus nie vor. Notker lässt ihn selbst in diesem Fall öfters unbezeichnet, zumal vor langer Silbe, z. B. *étewanân, sámenthaftîg, wúnnesamiu, ánawartigiu, álamahtîg*, und nach den Partikeln *á-, ún-, úr-, ánt-*, aber auch sonst, z. B. *misseliches, trôlicho* u. a.

363. Accentverschiebungen. Die Mittelstellung, welche

[§ 363.] Tonverschiebungen.

die nebentonigen Silben zwischen den haupttonigen und unbetonten einnehmen ermöglicht allerlei Accentverschiebungen, indem der Haupton sich dem Nebenton, eine nebentonige Silbe sich einer unbetonten unterordnet. Immer aber nimmt die Verschiebung, soweit sie in der Sprache zur Anerkennung gekommen ist, die Richtung auf das Ende des Wortes, sodass sie zu der germanischen auf den Anfang des Wortes gerichteten Tonverschiebung in einem gewissen Gegegensatz steht (vgl. § 341); für *êwàrto* kann *êwartò* eintreten, aber für *brúaderscàf* nicht *brúadèrscaf*.

1. Unterordnung des Hauptones kommt abgesehen von wenigen und späten Fällen, wie *lebéndig* u. ä. (§ 340), nur in Composits vor, in ihnen aber früh und je länger um so häufiger (§ 347 f.); nur mit dem kräftigen Nebenton einer Stammsilbe konnte der Haupton vertauscht werden.

2. Unterordnung des Nebentones kommt sowohl in einfachen als in zusammengesetzten Wörtern vor.

Von den einfachen kommen nur Wörter der Form ⌣⌣́⌣ in Betracht, also Wörter mit langer Stammsilbe, auf die noch zwei Bildungssilben folgen. Diejenigen unter ihnen, die an und für sich die Neigung haben, die letzte Silbe zu betonen, können im altdeutschen Verse einen Ictus auf der vorletzten empfangen, und die, welche die Neigung haben, die vorletzte zu betonen, umgekehrt auf der letzten. Die gewöhnliche Betonung ist *sálidà*, *wállôntì*; aber O. 1, 28, 16 ist zu scandieren: *mit sálidon niazàn*. 5, 20, 74 *theih wállôntì ni giangì*. Vor der betonten Silbe *niazan* weicht der Nebenton von der letzten auf die vorletzte; vor dem unbetonten *ni* rückt er von der vorletzten auf die letzte. Beiden Betonungsweisen gemeinsam ist, dass sie dem Bedürfnis des declamatorischen Vortrages entsprechend, die Nebentöne kräftiger hervortreten lassen; wie weit sie in der gewöhnlichen Rede zur Geltung kamen, wird sich schwer bestimmen lassen. Die erste ist der allgemeinen Richtung der Accentverschiebung zuwider, die andere stimmt mit ihr überein und bewirkt einen Wechsel von Hebung und Senkung, wie er in Wörtern mit kurzer Stammsilbe und mit mehr als zwei Bildungssilben überhaupt herrscht.

364. Mannigfacher und fester sind die Tonverschiebungen in Compositis. Der kräftigere Nebenton der zweiten Stammsilbe kann sich dem geringeren der dritten unterordnen. Am öftesten ist dies eingetreten, wenn die zweite Stammsilbe eine präpositionale Partikel ist; z. B. *Pfándinháber, Militáranwärter,* bes. in Adjectiven mit *un*: *unabänderlich, unaufhörlich, unaufhaltsam, unausbleiblich, unausstehlich, unnachahmlich, unumstösslich,* auch *unmassgeblich, unwillkürlich* u. a. Auch einer Ableitungssilbe kann sich die minderbetonte Stammsilbe unterordnen; z. B. *Beóbachtùngen, Aúfseherìnnen, Vórlesùngen,* und O. hebt, wenn eine unbetonte Silbe folgt, zuweilen sogar die Flexion über die Stammsilbe; z. B. *ùrdeilès, êwartò, lìchamòn,* namentlich über *-lìch*: *sùntlìchèmo, êrlìchò* u. dgl. a. O. S. 117 f. In allen diesen Fällen nimmt man das Bestreben wahr, die Nebentöne zu verteilen und einen Wechsel von Hebung und Senkung einzuführen.

365. Die geringe Kraft der Nebentöne und ihre oft nach äusseren Einflüssen wechselnde Lage hat den minder betonten Silben keinen sicheren Schutz gewährt. Selbst Stammsilben sind nicht unversehrt geblieben (§ 316 f.) und würden jedenfalls noch häufiger verkümmert sein, wenn nicht die lebendige Beziehung zu den selbständigen Wörtern sie gehalten hätte. In den Flexionen ist der Vocal schon früh in unbetontes *e* übergegangen oder ganz unterdrückt, ebenso in vielen Ableitungssilben. Lange Vocale und Diphthonge haben sich nur in einzelnen Wörtern gehalten, Entwickelung eines langen Vocales zum Diphthongen ist nur in der Endung *-lein* durchgedrungen (§ 307). Als selbständige Energie erscheint der Nebenton nur in solchen Ableitungssilben, denen eine unbetonte Silbe vorangeht; z. B. *Kämmerling, Finsternis, Königin, Sammelung*; im übrigen zeichnen sich durch ihr Gewicht diejenigen aus, welche einen charakteristischen Vocal *ei, o, a, u* haben ferner *-ing, -inn, -niss* (§ 306 f.).

Einfluss des Satzaccentes auf den Wortaccent.

366. Wie im Worte die Silben so werden im Satz die Worte mit mannigfach wechselnder Tonstärke gebildet. Das

§ 366. 367.] Einfluss des Satzaccentes auf den Wortaccent. 331

Subject wird im allgemeinen weniger betont als das Prädicat und im Prädicat das Verbum weniger als seine näheren Bestimmungen; Vollwörter (Substantiva, Adjectiva, Verba) erfordern grössere Kraft als Formwörter (Pronomina, Präpositionen, Conjunctionen, Hülfszeitwörter) etc. Eine genauere Darlegung dieser Tonverhältnisse sowie der Satzmelodie bleibt der Syntax vorbehalten, hier soll nur kurz der Einfluss bemerkt werden, welchen der Satzton auf den Wortton hat.

Am wichtigsten ist der Satzton für die einsilbigen Wörter; denn sie können nur im Verhältnis zu den benachbarten Wörtern also nur durch den Satzton gehoben werden, während in den mehrsilbigen an und für sich eine Silbe durch den Hauptton sich vor den andern auszeichnet. Unabhängig vom Satzton sind jedoch auch die mehrsilbigen Wörter keineswegs, denn von ihm hängt es ab, wie stark der Hauptton hervortritt.

Wo der Satzaccent fehlt, kann der Hauptton so gering werden, dass er mit dem Nebenton auf eine Stufe rückt und wie dieser sogar im nachdrucksvollen Vortrag ganz verschwindet. So finden wir schon bei Otfried zweisilbige Wörtchen zuweilen in der Senkung; im Innern des Verses nur die leichtesten, die zum Teil in seiner Sprache schon einsilbig gebraucht werden konnten, namentlich *thëra, thëru, thëro* zuweilen auch *thëmo, thara, hëra*; im Auftact auch andere: *wara, fora, furi, thuruh, oba, ubar, odo*, selbst einige mit langer Stammsilbe: *inti, thanne, untar*. Wilmanns, Beitr. 3, § 47 f. Der Dichter konnte ihnen den Ictus vorenthalten, weil ihr Hauptton im Satzaccent keine Stütze fand.

367. Die Kraft des Hauptones hängt unmittelbar vom Satzton ab; mittelbar auch der Nebenton. Denn da der Nebenton sich immer dem Hauptton unterordnen muss, so muss er um so schwächer werden, je geringer dieser wird. Auch dies Verhältnis kommt im Vers wie in der Sprache zum Ausdruck. In Wörtern der Form ´⏑ pflegt O., wenn der dritte Ictus auf die erste Silbe fällt, der folgenden nebentonigen den vierten Ictus zu geben; z. B. *was lìuto fìlu in flîzè*; er kann ihn aber auch auf ein folgendes einsilbiges Wort legen; z. B. *sàr sô quìmit mìnaz thíng,* so dass der Nebenton des zweisil-

bigen unbeachtet bleibt. Die Wörter jedoch, die der Dichter so braucht, sind meistens solche, denen der Zusammenhang der Rede kräftigern Nachdruck versagt. Pronomina und Partikeln: betonte Wörter, Nomina und Verba, lässt er an dieser Stelle des Verses nur ausnahmsweise ohne Ictus auf der zweiten Silbe: a. O. S. 106 f. Ihr kräftiger Hauptton sichert auch dem Nebenton seine Geltung.

Für die Sprache ergab sich aus diesen Verhältnissen, dass Synkope und Apokope nicht in allen Wörtern zu gleicher Zeit eintreten, früher als in den Nominibus, in den Pronominibus und Partikeln, aber auch in den Verben § 271. 275.

Lightning Source UK Ltd.
Milton Keynes UK
UKHW02f1953190118
316491UK00004B/315/P